北京大學國學研究院中國傳統文化研究中心

國學研究

第四十一卷

主编　袁行霈

北京大學出版社
PEKING UNIVERSITY PRESS
二〇一九年・北京

圖書在版編目(CIP)數據

國學研究. 第四十一卷/袁行霈主編. —北京:北京大學出版社,2019.3

ISBN 978－7－301－30198－2

Ⅰ.①國… Ⅱ.①袁… Ⅲ.①國學—中國—文集 Ⅳ.①Z126.27-53

中國版本圖書館 CIP 數據核字(2019)第 001183 號

封面刊名:集蔡元培先生手迹

書　　名	國學研究(第四十一卷) GUOXUE YANJIU (DI SISHIYI JUAN)
著作責任者	袁行霈　主編
責任編輯	徐丹麗　張　晗
標準書號	ISBN 978－7－301－30198－2
出版發行	北京大學出版社
地　　址	北京市海淀區成府路 205 號　100871
網　　址	http://www.pup.cn　新浪微博:@北京大學出版社
電子信箱	pkuwsz@126.com
電　　話	郵購部 010－62752015　發行部 010－62750672　編輯部 010－62752022
印 刷 者	北京大學印刷厂
經 銷 者	新華書店
	787 毫米 × 1092 毫米　16 開本　23 印張　348 千字
	2019 年 3 月第 1 版　2019 年 3 月第 1 次印刷
定　　價	60.00 圓

本刊之出版，先後承蒙南懷瑾、查良鏞、駱英、林振芳等先生暨全國高等院校古籍整理研究工作委員會慷慨資助，特此致謝。

目　録

“帝道”與“黄老”

——再論黄老政治哲學的歷史貢獻

鄭　開

【提要】　戰國中期以來的道家黄老學展現了在道與法之間、混沌與秩序之間的張力中思考政治哲學問題的旨趣,創造性地提出一種試圖超越王(道)、霸(道)之外的新思維——帝道。從思想上看,這是一種新的話語系統和理論範式,具有鮮明的時代性,即針對王道和霸道而發。如果説理想主義的儒家推崇王道的話,現實主義的法家更青睞霸道;然而進一步分析表明,道家黄老學派創發的帝道,不僅豐富了法家(如慎到、韓非子)關於“法”的闡述,賦予其複雜深刻的内涵,而且亦滲透於早期儒家政治哲學之肌髓,俾使儒家王道觀念踵事增華、更上層樓。而“皇”“帝”“王”“霸”成爲後世討論政治哲學、表達政治期望的理論模式,足見道家黄老學派開闢創發的“帝道”之重要意義。

一　引言:從德禮體系的崩潰談起

戰國中期以來的黄老道家展現了在混沌與秩序之間的張力,道法之間思想空間中思考政治哲學問題的持續努力,提出一種力圖超越“王道”“霸道”之外的政治哲學新思維——帝道或帝王之道。從思想史角度看,帝道或帝王之道是一種新的話語系統和理論範式,它的出現并非偶然。如果説理想主義的儒家推崇

鄭　開　北京大學哲學系

王道的話,現實主義的法家更青睞霸道,而道家黄老學派則開闢了一個新的向度。

諸子百家蜂起,其思想動機在於"救時之弊"。倘若我們推敲這種思想動機的所以然之故,追問其思想形成之來龍去脈,似乎還應該從春秋戰國時代政治—社會結構的革命性轉型,即從封建制(嵌套政治與社會兩個層面的宗法結構爲基礎的早期國家)到郡縣制(以中央集權的帝制爲基礎的王朝國家)的恢宏歷史進程中,尋求和發現其中的規律。拙著《德禮之間》曾指出,從文化史上的前軸心時期到軸心時期的轉折,亦對應於思想史上的前諸子時期到諸子時期的"哲學突破",更相當於由德禮體系向道法體系的深刻蜕變。

傳統的説法是,王道備載於《詩》《書》。的確,"六藝"之中出現了不少"王道"的字眼,例如《詩經》所載"王道蕩蕩"云云(文繁不舉)。真正耐人尋味的是,"王道"乃是西周初年創設的"德禮體系",包括政治社會制度以及匹配其上的文化、倫理和思想等方面,被稱之爲"周德""周禮"和"周文"。儒家思慕之,豔稱之,又稱之以"詩教""文教""禮教""德教""名教",强調它的"教"即"教化體系"的意義。總之,"王道"的要害在於"德""禮"兩方面。如果説"王道"是一種尺度的話,那麽"德"即是其價值尺度,而"禮"則是其規範政治社會生活的行爲準則。

王道政治從本質上説就是某種貴族(世襲)政治,通過"封建""世官世禄,以守宗祊"建構政治結構與社會結構相互嵌套的宗法體系,即德與位的匹配關係,乃是"王道"的基本特徵。作爲王道的推崇者和維護者,儒家極力反對在"德禮體系"頭上動土,堅决反對異質性的因素(比如説"法")容身於"德禮體系",因爲"王道"已成爲儒家政治思想的信念,成爲他們對歷史上黄金時代的追憶了。

春秋時期王道失序,代之以風起雲涌的"霸道",齊桓晋文以來的霸道在政治層面體現爲"尊王攘夷",《左傳》成公二年曰:"五伯之霸也,勤而撫之,以役王命。"這是一個比較實事求是的説法。即便是孔子,對霸道的評價也是毁譽參半。《公羊傳》成公十五年:"《春秋》内其國而外諸夏,内諸夏而外夷狄。"這不就是董仲舒所稱道的政治原則嗎?《公羊傳》僖公四年:"桓公救中國,而攘夷狄,卒怗荆。以此爲王者之事也。"何休注曰:"言桓公先治其國以及諸夏,治諸夏以及夷狄,如王者爲之。”而歷史地看,“霸道”相對於“王道”而言,是對“王道”的挑戰。王霸之論由來已久。一般認爲,“霸道”始乎東周春秋時期,賈誼説:“周室卑微,五霸既歿,令不行於天下。”(《過秦論》)太史公曰:“以討伐爲會盟主,政由五伯。”(《史記·十二諸侯年表序》)班史則稱:“至春秋時,尚有數十國,五失迭興,總其盟會。”(《漢書·地理志》)《白虎通義》:“昔三王之道衰,而五霸存其政,帥諸侯、朝天子,正天下之化,興復中國,攘除夷狄,故謂之霸也。”柳宗元指出:“王室東徙,而自列爲諸侯,厥後問鼎之輕重者有之,射王中肩者有之……余以爲周之喪久矣,徒建空名於公侯之上耳。”(《封建論》)通常認爲,“霸道”就是“以力服人”,不同於“王道”之“以德服人”。那麽,“霸道”的歷史何在呢?從現實上説,始於齊桓公、管仲,鑄成春秋霸業的“霸道”,突破了周德,更張了周禮。管仲變法,是對當時已經不能適應於時代要求的經濟、社會、政治關係進行系統調整的結果,史稱“管仲之法”,《管子》記載了管仲遺説,包括“管仲之法”的部分内容,涉及面相當廣泛,包括經濟(例如田畝制)、軍事(例如保甲制)、政治等層面。需要强調的是,“管仲之法”(或“管偃之法”)的核心在於“法”(詳見《管子》《國語·齊語》等,文繁不録)。雖然管子變法推陳出新的“法”是針對“(周)禮”而發,是“禮”的補充與調整,但已經藴含了某些新的質素——相對於“禮”而言是異質性的。看來,管仲變法所引入的“法”,確有從制度之内顛覆周禮的端倪或萌芽。無論是齊桓公時代的“管仲之法”、晋文公時期的“郭偃之法”,還是鄭子産所作之“刑書”、晋范宣子所鑄之“刑鼎”、楚國曾推行的“楚僕之法”,都突出了制度創設中的“法”的因素之滋育,可謂法家思想之前驅,而與儒家思想格格不入。實事求是地看,齊桓、晋文之所以稱霸(伯),“變法”被證明是其必由之路,因爲“變法”既深刻改變了政治、經濟方式甚至結構,也推動了法律層面的革新與創造,思想和精神文化層面的躍進亦日益醞釀,諸子蜂起自由争鳴乃是這一歷史進程的思想史體現。

孔子曾以“禮壞樂崩”概括他所處時代(春秋末年戰國初期)的政治失序狀態,并表示痛心疾首,然而,戰國以降,“王道(周德)陵夷”、霸道横行的局勢每況愈下,實際上已不可逆轉。儒家思想的現實感和針對性是什麽呢?葛瑞漢(A. C. Graham)説,儒家針對當時歷史趨勢,做出了“保守的回應”[①]。這個説法很有啓發性,因爲孔子所謂“正名”,很明顯就是要恢復周禮,同時反對一切不符合周禮的“變法”(即局部的改革措施之總和)。而道家,特别是黄老學派,却對此浩浩蕩蕩歷史潮流做出了冷静、積極的回應,黄老(在某種意義上又稱道法家)和法家代表了真正意義上的時代精神。

“王道陵夷”“周德衰微”“禮壞樂崩”之政治失序、社會失範仿佛思想上的混沌之局,如何重建秩序,就不僅要提出系統的制度設計,還要在理論上闡述其合理性。這其實是諸子百家尤其是儒家、道家(尤其是黄老學)和法家需要直面的重要問題。更具體一點説,春秋戰國時期現實政治與理論思考之間“治絲愈棼”的複雜關係可謂混沌,試圖突破混沌的兩種秩序模式——“王道”與“霸道”,也是當時政治人物關注的重要問題,同時也是哲學家思考的現實背景。經過梳理和分析,我以爲,黄老學派力圖於王霸之外開創一種政治哲學新思維,而這種政治哲學新思維的核心内容就是“帝道”[②]。這一點豈容抹殺?進而言之,黄老開闢的“帝道”不但豐富了道家政治哲學的内容,亦深刻影響了儒家和法家。

黄老學一方面是戰國道家思想的重要拓展,另一方面也是春秋中晚期以來源遠流長的思想潮流之延續。所謂“黄老”,正如王充所言,“老”指“老子”而“黄”指“黄帝”[③];這個名詞意味深長,暗示了黄老學思想資源的兩個最重要的方面:既繼承了老子哲學,又熔鑄了雜而多端的“黄帝之道”,特别是“黄帝之道”内藴的政治哲學思考部分。如果説從德禮體系向道法體系的結構性變動意味着範式轉移的話,那麽從道法之間的思考空間考慮,所謂“帝道”“帝王之道”“帝王之德”的理論結構和思想内容乃是老莊“道德之意”的延續與更化,同時也試圖糅合與平衡舊的德禮體系之中的合理因素,從而不斷推動我們姑且稱之爲“道法體系”的新秩序。可見,“道法體系”是黄老政治哲學新思維催生的新秩序理念,其中部分地調和與容納了德禮體系的制度與觀念;换言之,它是調和、平衡禮與法的産物。

我想强調的是,黄老思想圍繞“帝道”“帝王之道”展開,儘管其思想多歧,有點雜蕪;從早期思想史脈絡分析,“帝道”乃是黄老學卓越獨特的思想創造。更重要的是,作爲黄老政治哲學新思維的“帝道”,曾深刻影響了古代中國的政治哲學思考。由於法家與黄老之間的緊密聯繫,那麽法家所致力推動的“法”難道僅僅是世俗性的官方圖籍和法律條例嗎？我的意思是説，從黄老和法家理論層面上分析，“法”的背後隱約有一個“道”的影子，正如“德禮體系”中的“禮”的背後有一個作爲其精神動力的“德”一樣。秦漢以來的王朝國家始終遵循“漢承秦制”“百代皆沿秦制度”的歷史規律，而秦漢制度又被稱爲“王霸雜之”、禮法糅合。我以爲，僅僅以王霸雜之、禮法融合概括秦漢政治秩序的特徵仍有需要進一步分梳和澄清之處，我希望能夠進一步揭示秦漢之際以郡縣代封建的浩蕩歷史潮流之中，黄老（包括韓非子）政治哲學新思維的建設性意義何在，它與儒家政治哲學的思考（例如董仲舒）的異同何在，儒家和道家（黄老）政治哲學之間的對話關係是什麽，黄老創發的“帝道”如何深刻影響了古代政治哲學思考，等等。這些都是本文即將討論的問題。

二　帝道：王霸之外的新維度

應該説戰國中晚期以來，古代哲人通過皇、帝、王、霸（道）的話語評斷政治，形成了具有鮮明特色的政治哲學思維，黄老學可謂始作俑者。羅根澤、饒宗頤等都曾經討論過這一問題④，然而百密一疏，没能捅破那層窗户紙：黄老所謂帝道或帝王之道實際上針對王霸之道而言，旨在開拓王霸之外的政治哲學新思維向度。

顧立雅（Greel）和郭沫若都曾指出，西周時期啓用了“天”代替了殷商的“帝”，折射了思想史的變化。這一論斷精確不磨，因爲整個西周和春秋時期思想史中，“帝”這個語詞已不復具有殷商時期的重要性了。然而，黄老學者却熱衷於談論“帝”和“帝道”，努力使“帝”的字眼及其理論話語死灰復燃，很耐人尋味，也很值得注意。《孟子》裏出現“帝”字凡十一次，要麽是指《詩》裏稱頌的、人格化的“上帝”，要麽是指“帝堯”“帝舜”等歷史中出現的聖王，總之都是日常語言裏的意思。檢《郭店楚墓竹簡》，“帝”字的用法也不過如此。但在同是戰國中期編纂的文獻《管子》《莊子》及馬王堆帛書《經法》諸篇裏面，“帝”“帝道”語詞出現的頻次高、含義深，已不限於日常語言範疇，值得深入推敲；實際上，出現於黄老學文獻中的“帝道”藴含着更深的含義，已具有較强的理論叙事的意義。

《莊子·應帝王》篇有一個著名的"渾沌寓言":"南海之帝爲儵,北海之帝爲忽,中央之帝爲渾沌。"《應帝王》篇的思想主題在於政治,其中出現的"南海之帝""北海之帝""中央之帝"都出現了一個"帝"字,意味深長[5]。簡言之,"帝"(包括黄帝)的出現其實應該是王霸之外的新語詞,折射了對當時(戰國年間)既有的王道、霸道兩種主要政治模式的新思考,也何嘗不是道家終結王霸之論的政治理論建構呢?實際上,《莊子》(特别是外雜諸篇)和黄老道家諸書屢稱"帝"或"帝道",也許正是針對當時盛行的王道、霸道而提出的另一種政治模式和理念。例如:

> 無爲者帝,爲而無以爲者王,爲而不貴者霸,不自以爲所貴,則君道也。貴而不過度,則臣道也。(《管子·乘馬》)
>
> 常至命,尊賢授德,則帝。身仁行義,服忠用信,則王。審謀章禮,選士利械,則霸。定生處死,謹賢修伍,則衆。信賞審罰,爵材禄能,則强。計凡付終,務本飭末,則富。明法審數,立常備能,則治。同異分官,則安。(《管子·幼官圖》)
>
> 明一者皇,察道者帝,通德者王,謀得兵勝者霸。故夫兵雖非備道至德也,然而所以輔王成霸。今代之用兵者不然,不知兵權者也;故舉兵之日而境内貧,戰不必勝,勝則多死,得地而國敗,此四者,用兵之禍者也。四禍其國,而無不危矣。(《管子·兵法》)

《兵法》提出皇、帝、王、霸(道)四種政治模式,其思想史意味值得推敲,因爲它説的"皇""帝""王"分别對應於"一""道""德","霸"則訴諸"道德"之外的原則——"兵"("以力服人"原則的體現)。《乘馬》則更進一步,把"帝""王""霸"三種政治模式和治理方法嵌套於"無爲""爲而無以爲"和"爲而不貴"理論話語進行闡述,并與作爲政治原則的"君道""臣道"聯繫起來討論。而我們知道,"君道""臣道"恰恰是春秋中晚期特别是戰國中期以降思考政治問題的焦點之一。馬王堆漢墓出土黄老古佚書之《稱》提到了"帝者""王者"和"霸者",指三種不同的政治理念與模式。《史記·田敬仲完世家》指出,田齊威王"自稱爲王,以令天下",特别强調了"王道"之上的"帝道"。這樣的話語比比皆是,難道出於偶然？實際上，《莊子》中“帝”字反復出現達七十餘次，且言“帝道”“帝（王之）德”甚繁，似乎旨在建構另一種政治合理性、統治合法性的譜系，以抗衡儒家。其中約略出現於戰國中期思想史料中的“黄帝”（話語、形象）尤其令人矚目。

“禮壞樂崩”“王道陵夷”的另一種表現形式就是制度層面上的新創設，始於春秋中晚期的“變法運動”集中體現了這一點。同時，戰國時期規模空前的兼併戰争又極大地促進了政治擴張、民族融合和文化認同。從某種意義上説，“黄帝”就是上述政治訴求的“象徵符號”，它（“黄帝”）背後隱含的人文動機異常複雜。司馬遷説：“《尚書》獨載堯以來，而百家言黄帝，其文不雅馴，薦紳先生難言之。”（《史記・五帝本紀》）所謂“百家言黄帝”恐怕就是諸子時代以來文獻關於黄帝的載記[⑥]，從體裁或文體上説，這些載記不是“春秋”（史）而是“語”——“諸子百家語”（哲學）[⑦]。我們知道，史册中出現的“黄帝”衹是上古傳説的殘迹[⑧]，儒家宗師孔、孟以及儒家所傳的《春秋》（《公》《穀》兩傳）都絶口不提“黄帝”，熱衷於渲染黄帝故事的，反而是道家、法家和陰陽家[⑨]。《莊子》書中的“黄帝形象”呈現出比較複雜的“内部差異”現象，但總的來説，“黄帝”似乎喻示了治國以無爲的政治理念，以及上古“黄金時代”的“至德之世”——遠遠超出了儒家信守的堯舜時代（《莊子・胠篋》）。《商君書》《韓非子》中的黄帝也是如此[⑩]。司馬遷説鄒衍“語閎大不經”，“先序今以上至黄帝……推而遠之，至天地未生，窈冥不可考而原也”（《史記・孟荀列傳》）。然而，“諸子百家語”雖然蔓衍不經，却深具意味。比如説，黄帝幾乎被塑造成爲華夏民族的遠祖、“共祖”，“輩分”高於堯舜禹湯——傳統意義上的帝王世系（政治）氏族譜系（民族）的“端點”，那麽訴諸黄帝的政治合法性與號召力就不言而喻了。再比如説，“黄帝”的名號——“帝”，也值得玩味，據顧頡剛説，古之“帝”“天”爲互文，“然則何以稱人王爲‘帝’也？曰：《曲禮》有言：‘君天下曰天子……崩曰天王崩……措之廟、立之主曰帝。’王也而曰‘帝’者，臣子對於所崩之主，尊之至極，配天不足則上同於天，故假帝號以號之。商王之有帝甲、帝乙、帝辛，正如宋之有神宗，清之有聖祖耳。神宗、聖祖非神、聖，則帝甲、帝乙非帝可知。然戰國時七國稱王，王名已不足以威天下，故帝制運動起焉”。這就是戰國末葉，“王”（人王）升級爲“帝”的緣故[⑪]。銀雀山漢墓竹簡《孫子兵法》説黄帝是中央之帝，他“已勝四帝，大有天下”,“天下四面歸之”,所以黄帝具有“四面”形象。就是説,春秋戰國以來,諸侯僭用“王號”,那麼兼併天下、統一中國者,捨“黄帝”其誰耶?這一點很重要。我們還知道,儒家文獻中的堯舜乃是表示政治美德和政治合理性(例如仁義、禪讓)的“符號”,那麼老莊道家以及黄老學派中的“黄帝”是否就是“玄德”的化身呢?再比如,《陳侯因齊敦》標榜黄帝,目的在於爲田陳篡齊張目,其曰:

> 陳侯因齊曰:皇考孝武恭哉,大謨克成。其唯因齊,揚皇考昭統,高祖黄帝,邇嗣桓、文,朝問諸侯,合揚厥德。[12]

《越絶書》一反炎、黄“勢不兩立”、征誅不已的古史傳説,謂“炎帝有天下,以傳黄帝”(《計倪内經》)。據顧頡剛推斷,“疑出於田齊與姜齊嬗代之際”,“以禪讓而不以征誅,與田齊之承姜齊更近似矣”[13]。這也許部分説明了黄老學者集中於稷下學宫的原因,畢竟政治企圖是思想轉變的動力之一。郭沫若更指出:“黄帝本是上帝或皇帝的轉變。”[14]從民族融合的角度看,堯舜禹自然要比殷祖契、周祖稷更具廣泛的整合力與號召力。契、稷祇是諸夏民族的宗神,堯舜禹乃是四夷民族認同諸夏文化的符號,那麼“黄帝”(以及炎帝)的“覆蓋面”顯然更廣,從那些充滿了意識形態意味的歷史記叙如《史記·匈奴列傳》《漢書·東夷列傳》《西南夷列傳》《華陽國志》等可以看出這一點,因爲那些僻處華夏(“中國”)邊緣的“夷狄”往往自稱“炎黄之嗣”“堯舜之後”,以此“攀附”華夏,以期“進於中國”。《管子》説得好,黄帝“欲陶天下而以爲一家”(《地數》篇),所以它(“黄帝”符號)能夠打破地域、民族的藩籬,使原本“以鄰爲壑”的不同種族集團、文化傳統整合、摶聚在一起,更能夠維繫共同的政治、文化與精神信仰,反映“大一統”的政治訴求[15]。黄老學特别重視“一”“恒”(常)的觀念,恐怕就是上述“天下歸一”“大一統”政治訴求的抽象形式或哲學表達吧!同時,我想强調,“黄帝”的出現與流衍,黄老學的發軔與發展,正體現了戰國中期道家學派因應時代要求,致力於政治思想和治理模式的推陳出新,於王道、霸道之外尋求新突破的努力,這種新思維指向了“帝道”,具體分析,就是黄帝形象所代表、黄帝話語所藴含的政治哲學。

簡言之,“帝”(包括黄帝)的出現其實應該是王霸之外的新語詞,折射了對當時(戰國年間)既有的王道、霸道兩種主要政治模式的新思考,也何嘗不是道家終結王霸之論的政治理論建構呢？自兹篇(《莊子·應帝王》)以降的黄老道家諸書屢稱“帝”或“帝道”,也許正是針對當時盛行的王道、霸道這兩種政治模式而發。下面我們具體討論“帝道”“帝王之道”“帝王之德”所包含的實質内容。

(一)圍繞《莊子》中的黄老篇什的討論

《莊子》中的黄老篇什包括《天道》《天運》《天下》《在宥》《庚桑楚》等,劉笑敢認爲它們出自莊子後學中的黄老派[16]。其中有兩個問題值得深入推敲:一是質疑和反思當時(春秋戰國時期)流行的政治思想、政治模式(包括王道和霸道等);二是另闢蹊徑,别構一種聖王譜系,以拮抗儒家竭力鼓吹的聖王譜系。

(1)考《莊子》的政治批判,其思想基礎仍是“道德之意”,例如:

> 天道運而無所積,故萬物成;帝道運而無所積,故天下歸;聖道運而無所積,故海内服。明於天,通於聖,六通四辟於帝王之德者,其自爲也,昧然無不静者矣。聖人之静也,非曰静也,善故静也;萬物無足以鐃心者,故静也。水静則明燭鬚眉,平中準,大匠取法焉。水静猶明,而况精神。聖人之心静乎？天地之鑒也,萬物之鏡也。夫虚静、恬淡、寂漠、無爲者,天地之平而道德之至,故帝王、聖人休焉。休則虚,虚則實,實者倫矣。虚則静,静則動,動則得矣。静則無爲,無爲也,則任事者責矣。無爲則俞俞,俞俞者,憂患不能處,年壽長矣。夫虚静、恬淡、寂漠、無爲者,萬物之本也。明此以南鄉,堯之爲君也;明此以北面,舜之爲臣也。以此處上,帝王天子之德也;以此處下,玄聖素王之道也。以此退居而閒遊,江海,山林之士服;以此進爲而撫世,則功大名顯,而天下一也。静而聖,動而王,無爲也而尊,樸素而天下莫能與之爭美。夫明白於天地之德者,此之謂大本大宗,與天和者也;所以均調天下,與人和者也。與人和者,謂之人樂;與天和者,謂之天樂。(《天道》)

這段話豐富而深邃的含義需要細加分析。首先,“天道”“帝道”“聖道”之間的并列(抑或同構)關係耐人尋味。蔣錫昌注意到了“天道”“帝道”“聖道”之間的關係,并認爲它們之間互通互明,因爲“帝王政治基礎,全以天道爲根據”;此外他還特别指出莊子哲學中“帝道”與“臣道”的關係[17]。其次還要留意這裏所説的“帝王之德”“帝王天子之德”“玄聖素王之道”,其實飽含了政治意味[18]。再次，出現於上文的"天樂"（與"人樂"相對，有可能暗指儒家所謂"樂"）也隱約内蘊了理想政治的含義。又次，我認爲這段話甚至可以看作是莊子政治哲學的綱領。更值得注意的是，它將政治問題（諸如君臣、"天下一也"）歸結爲"昧然無不静"的"心"（即深層的"常心"，而非表層的"成心""機心"）的問題，换言之，"虚静恬淡寂漠無爲者"既是"天地之平、道德之至"，也是"萬物之本"，同時也是"帝王天子之德""玄聖素王之道"，故曰"大本大宗"。這裏面雖然没有出現"渾沌"語詞，但"虚静恬淡寂漠無爲者"難道不是它的另一種表述嗎？最後一點，如果説這段話涉及了政治語境，顯然《莊子》政治語境糾結於心性語境，换言之，政治語境與心性語境相互涉入、相互嵌套。何以如此之故？值得深入探討。

事實上，《莊子》多次談到了"三皇五帝"，指出"三皇五帝之禮義法度"乃因時而設，亦需"應時而變"（詳《天運》篇）。在另外的地方，莊子又指出堯舜禹以至儒墨的政治主張，皆有其局限性。比如説："黄帝之治天下，使民心一，民有其親死不哭而民不非也。堯之治天下，使民心親，民有爲其親殺其殺而民不非也。舜之治天下，使民心競，民孕婦十月生子，子生五月而能言，不至乎孩而始誰，則人始有夭矣。禹之治天下，使民心變，人有心而兵有順，殺盗非殺，人自爲種而天下耳，是以天下大駭，儒墨皆起。其作始有倫，而今乎婦女。何言哉？"（《天運》篇）看來，惟有黄帝之治天下的模式值得稱道。《天道》篇則曰："天不産而萬物化，地不長而萬物育，帝王無爲而天下功。故曰：莫神於天，莫富於地，莫大於帝王。故曰：帝王之德配天地。此乘天地，馳萬物，而用人群之道也。"顯然"天不産而萬物化"數語，即"生而不有，爲而不恃，長而不宰（是謂玄德）"的另一種表述，换言之，就是"玄德"的體現。那麽這裏把"帝王之德"比擬於"玄德"，含義深刻。總之，"三王五帝之治天下"或"三王五帝之運"（《秋水》篇）就是"帝道""帝王之德"題中應有之義，而"帝王之德配天地"的説法，難道不是西周以來"以德配天"思想的反映嗎？馬王堆帛書《經・立命》提到"黄宗"（即黄帝）之所以能"爲天下宗"的原因時，亦曰"唯餘一人□乃肥（配）天"，其中□似乎可以補爲"德"字⑲。

再説《莊子》屢言"治國"，更盛言"治天下"（達三十例，多見於外雜諸篇），似乎頗不尋常。《莊子》出現的堯舜禹黄帝等聖王，特别是反復出現的"堯之治天下"段落是有特殊意義的。爲什麽這麽説呢？《論語》中《爲政》《衛靈公》《泰伯》等篇,贊嘆了堯舜的聖王之治,《易傳》《孟子》又力圖構擬聖王的譜系,强化王道的道統色彩。在莊子生活、《莊子》撰著的戰國中期,堯舜形象已逐漸成爲理想政治的象徵,這一點在儒家典籍中有較充分的體現,即以《論語》而論,《爲政》《泰伯》《堯曰》諸篇什都提到了,郭店竹書《唐虞之道》也是以堯舜禪讓爲典範的。倘若如此,《莊子》關於堯舜之治天下的話語,顯然折射了《莊子》對儒家政治理念的反思與批判,因爲《莊子》的主要思想傾向非常明顯,就是針對儒家政治理念而發的;問題的複雜性在於,《莊子》一方面借用堯的符號寄托了其正面的想法,更多的是指出了堯舜的政治模式的負面性——堯與幾位隱者(許由、伯成子高、意而子、子州支伯)之間的對話表明了這一點[20]。堯之禪讓故事(即讓德)爲人們津津樂道,然而這裏的幾個故事,似乎展現了一種不同於俗的價值取向;堯舜之間的一段對話(詳見《天道篇》)有點特别,舜竟然是道家正面意見(無爲而治)的代表,似乎很滑稽,然而很深刻[21]。《莊子》的結論很耐人尋味——"天下,大器也,而不以易生",并强調説,這是"有道者之所以異乎俗者"(《莊子·讓王》)。可以認爲這是針對儒墨政治理念的,特别是儒家所宣揚的仁政。由此可見,《莊子》的質疑與反思,很有意義[22]。實際上,《莊子》政治思想主要體現於這些黄帝、堯舜出没的段落之中。《莊子》甚至質疑了黄帝以來的聖治傳統(注意這個聖治傳統是被有意識地建構起來的),其曰"世之所高,莫若黄帝,黄帝尚不能全德,而戰涿鹿之野,流血百里",又擺出事實——"堯不慈,舜不孝,禹偏枯,湯放其主,武王伐紂,文王拘羑里",更指出他們"皆以利惑其真而强反其情性,其行乃甚可羞也"。

(2)《莊子》黄老諸篇顯然不認可戰國中期徜徉於世的堯舜黄帝之"聖王譜系"的政治合理性,這一點,殊不同於儒家[23]。我們甚至尚能在《莊子》中發現其重構另一種聖王譜系的痕迹,例如:

> 夫道,有情有信,無爲無形;可傳而不可受,可得而不可見;自本自根,未有天地,自古以固存;神鬼神帝,生天生地;在太極之先而不爲高,在六極之下而不爲深;先天地生而不爲久;長於上古而不爲老;狶韋氏得之,以挈天地;伏羲氏得之,以襲氣母;維斗得之,終古不忒;日月得之,終古不息;堪壞得之,以襲昆侖;馮夷得之,以遊大川;肩吾得之,以處太山;黄帝得之,以登

雲天;顓頊得之,以處玄宮;禺强得之,立乎北極;西王母得之,坐乎少廣,莫知其始,莫知其終;彭祖得之,上及有虞,下及五伯;傅説得之,以相武丁,奄有天下,乘東維,騎箕尾,而比於列星。(《大宗師》)

子獨不知至德之世乎?昔者容成氏、大庭氏、伯皇氏、中央氏、栗陸氏、驪畜氏、軒轅氏、赫胥氏、尊盧氏、祝融氏、伏羲氏、神農氏,當是時也,民結繩而用之,甘其食,美其服,樂其俗,安其居,鄰國相望,雞狗之音相聞,民至老死,而不相往來。若此之時,則至治已。(《胠篋》)

上述古帝王的名號泰半不見其他史册,難以稽考,可能出乎構擬,换句話説,不是“歷史”而是“學説”;但其中藴含的思想意味值得深究。如果説孔孟以來儒家建構的聖人(王)譜系可以歸結爲“祖述堯舜,憲章文武,宗師仲尼”的話,那麽,莊子所譜寫的“道統”顯然範圍更廣,時代更邈遠。此外,《應帝王》提到了“有虞氏”“泰氏”,《馬蹄》提到了“赫胥氏”,都不見其他舊籍,尤其是儒家傳承的典籍。那麽,《莊子》强烈反傳統、反權威背後的動機是什麽?是不是試圖重構某種更加渺遠的聖王譜系,旨在解構儒家正在醖釀的“道統”呢?我認爲不能排除這種可能,并以爲這也許是一種合理的解釋。

(二)圍繞《管子》諸篇的討論

如同其他先秦子書一樣,《管子》也是一部文集。郭沫若有一句名言:“《管子》是一個大雜拌兒。”馮友蘭認爲《管子》是“稷下學術中心的一部論文總集”[24]。余敦康指出,《管子》保存“管仲學派遺説”[25]。劉節指出,《管子》四篇——《心術上》《心術下》《白心》《内業》——具有明顯的道家色彩,屬於道家黄老學派的文獻。實際上,《管子》中的道家黄老思想不限於“《管子》四篇”,比如説《樞言》《宙合》《水地》《四時》《五行》《形勢》等篇也應該屬於道家黄老學的文獻,應稱爲“《管子》諸篇”[26]。除此而外,我認爲,像《法法》《幼官》(即《玄宫》)等亦滲透了很多黄老思想,也可以稱之爲黄老篇什。《幼官》比較特殊,配有《幼官圖》(《玄宫圖》),而且具有很强的形式感,與長沙子彈庫帛書的性質接近[27]。我們先從它開始討論:

通之以道,畜之以惠,親之以仁,養之以義,報之以德,結之以信,接之以禮,和之以樂,期之以事,攻之以官,發之以力,威之以誠。一舉而上下得終,再舉而民無不從,三舉而地辟散成,四舉而農佚粟十,五舉而務輕金九,六舉而絜知事變,七舉而外内爲用,八舉而勝行威立,九舉而帝事成形,九本搏大,人主之守也。八分有職,卿相之守也。十官飾勝備威,將軍之守也。六紀審密,賢人之守也。五紀不解,庶人之守也。動而無不從,静而無不同。治亂之本三,尊卑之交四,富貧之終五,盛衰之紀六,安危之機七,强弱之應八,存亡之數九。(《管子·幼官》)

通之以道,畜之以惠,親之以仁,養之以義,報之以德,結之以信,接之以禮,和之以樂,期之以事,攻之以言,發之以力,威之以誠,一舉而上下得終,再舉而民無不從,三舉而地辟散成,四舉而農佚粟十,五舉而務輕金九,六舉而絜知事變,七舉而内外爲用,八舉而勝行威立,九舉而帝事成形。(《管子·幼官圖》)

這兩段文字的叙事方式在《管子》中屢見不鮮(《管子》四篇、《文子》近之),具備了黄老文獻“詳於制度”的特點。這裏所説的“帝事”其實就是理想意義上的“君道”(“人主之守”),因爲出現於上文的“九舉”,仿佛《莊子》裏的“九變”。試對比《莊子》中的兩段話:

是故古之明大道者,先明天,而道德次之;道德已明,而仁義次之;仁義已明,而分守次之;分守已明,而形名次之;形名已明,而因任次之;因任已明,而原省次之;原省已明,而是非次之;是非已明,而賞罰次之;賞罰已明,而愚知處宜,貴賤履位,仁賢不肖襲情,必分其能,必由其名。以此事上,以此畜下,以此治物,以此修身;知謀不用,必歸其天,此之謂大平,治之至也。故書曰:有形有名。形名者,古人有之,而非所以先也。古之語大道者,五變而形名可舉,九變而賞罰可言也。驟而語形名,不知其本也;驟而語賞罰,不知其始也。倒道而言,迕道而説者,人之所治也,安能治人?驟而語形名賞罰,此有知治之具,非知治之道;可用於天下,不足以用天下,此之謂辯士,一曲之人也。禮法數度,形名比詳,古人有之,此下之所以事上,非上之所以畜下也。

本在於上,末在於下;要在於主,詳在於臣。三軍、五兵之運,德之末也;賞罰利害,五刑之辟,教之末也;禮法度數,形名比詳,治之末也;鐘鼓之音,羽旄之容,樂之末也;哭泣衰絰,隆殺之服,哀之末也。此五末者,須精神之運,心術之動,然後從之者也。(《莊子·天道》)

上引《天道》篇兩段話不太容易理解,或易生誤解,因爲"分守""因任""原省"的含義不是特别清楚。有意思的是,王安石尤爲重視這兩段話,他解釋説:"萬物待是而後存者,天也;莫不由是而之焉者,道也;道之在我者,德也;以德愛者,仁也;愛而宜者,義也。仁有先後,義有上下,謂之分;先不擅後,下不侵上,謂之守。形者,物此者也;名者,命此者也。所謂物此者,何也?貴賤親疏,所以表飾之,其物不同者是也。所謂命此者,何也?貴賤親疏,所以稱號之,其命不同者是也。物此者,貴賤各有容矣;命此者,親疏各有號矣。因親疏貴賤任之以其所宜爲,此之謂因任。因任之以其所宜爲矣,放而不察乎,則又將大弛,必原其情,必省其事,此之謂原省。原省明而後可以辨是非,是非明而後可以施賞罰。故莊周曰:'先明天,而道德次之;道德已明,而仁義次之;仁義已明,而分守次之;分守已明,而形名次之;形名已明,而因任次之;因任已明,而原省次之;原省已明,而是非次之;是非已明,而賞罰次之。'是説雖微莊周,古之人孰不然?古之言道德所自出而屬之天者,未之有也。堯者,聖人之盛也,孔子稱之曰:'惟天惟大,惟堯則之',此之謂明天;'聰明文思安安',此之謂明道德;允恭克讓,此之謂明仁義;次九族,列百姓,序萬邦,此之謂明分守;修五禮,同律度量衡,以一天下,此之謂明形名;棄后稷,契司徒,皋陶士,垂共工,此之謂明因任;三載考績,五載一巡狩,此之謂明原省;命舜曰'乃言底可績',謂禹曰'萬世永賴,時乃功''蠢兹有苗,昏迷不恭',此之謂明是非;'皋陶方祗厥叙,方施象刑,惟明',此之謂明賞罰。"(《王安石集》卷六七《九變而賞罰可言》)荆公的解釋多少對我們有一點兒啓發,更重要的是他打破了門户之見,致力於儒道會通,同時也容納了法家的思想,這難道不正是黄老學的特色與風格嗎?可見,倘若把《天道》篇視爲"黄老之言",也許更合理。其中談及的一些問題甚至語言風格(例如"五變""九變"云云)近乎《管子》《鶡冠子》和馬王堆黄老古佚書。蘇東坡亦曾認爲,莊子對儒家思想的批判實際上是"陽擠而陰助之"(《莊子祠堂記》),這幾乎就是王安石的同心之言。王安石説:“昔先王之澤,至莊子之時竭矣,天下之俗,譎詐大作,質朴并散,雖世之學士大夫,未有知貴己賤物之道者也。……莊子病之,思其説以矯天下之弊而歸之於正也。”(《王安石集》卷六八《莊周上》)現在回頭來看《管子》中的這兩段話,同樣體現出糅合儒、道、法甚至陰陽家的思想傾向,因爲《幼官》《幼官圖》與《天下》篇一樣,都不再决絶地反對仁義禮法,却頗能正視仁義禮法之於社會政治秩序的建設性作用。

更值得玩味和需要探究的是,前引《管子》段落有助於我們進一步分析黄老政治哲學的理論結構。如果老莊哲學可以概括爲“道德之意”,那麽黄老學則推展了這種“道德之意”,其基本特點就是把仁、義、禮、法納入“道德之意”之中,結合爲某種價值序列,從而形成了某種新的理論結構,黄老政治哲學之思想空間更爲廣闊、複雜了。《管子·心術上》則更充分地表明了“道德之意”理論結構層面之變化:

> 虚無無形謂之道。化育萬物謂之德。君臣父子人間之事謂之義。登降揖讓,貴賤有等,親疏之體,謂之禮。簡物小未一道,殺僇禁誅謂之法。大道可安而不可説,直人之言,不義不顧。不出於口,不見於色,四海之人,又孰知其則。
>
> 天之道,虚其無形。虚則不屈,無形則無所位赶,無所位赶,故遍流萬物而不變。德者道之舍,物得以生。生知得以職道之精。故德者,得也。得也者,其謂所得以然也。以無爲之謂道,舍之之謂德。故道之與德無間。故言之者不别也。間之理者,謂其所以舍也。義者,謂各處其宜也。禮者,因人之情,緣義之理,而爲之節文者也。故禮者謂有理也,理也者,明分以諭義之意也。故禮出乎義,義出乎理,理因乎宜者也。法者所以同出,不得不然者也。故殺僇禁誅以一之也,故事督乎法,法出乎權,權出乎道。

可以説,無論是《天道》,還是《幼官》《幼官圖》《心術上》,其“對‘道’的理解和‘道’與‘德’關係的界説,毫無疑問出自《老子》”㉘。更確切地説,黄老政治哲學的新思維激發和推動了“道德之意”的深刻蜕變和創造性轉化。同時不難發現,“理”“法”出現於“道德之意”(道家)與“仁義之際”(儒家)相互交涉融合的界面，體現了黄老學以道家(老莊)哲學爲理論基礎兼綜百家的思想傾向。黄老政治哲學思考最具特色的部分仍是圍繞“帝道”展開的，例如：

古之聖王，所以取明名廣譽，厚功大業，顯於天下，不忘於後世，非得人者，未之嘗聞。暴王之所以失國家，危社稷，覆宗廟，滅於天下，非失人者，未之嘗聞。今有土之君，皆處欲安，動欲威，戰欲勝，守欲固，大者欲王天下，小者欲霸諸侯。而不務得人，是以小者兵挫而地削，大者身死而國亡，故曰：人不可不務也。此天下之極也……明王之務，在於强本事，去無用，然後民可使富。論賢人，用有能，而民可使治。薄税斂，毋苟於民，待以忠愛，而民可使親。三者，霸王之事也。事有本而仁義其要也，今工以巧矣，而民不足於備用者，其悦在玩好。農以勞矣，而天下飢者，其悦在珍怪，方丈陳於前。女以巧矣，而天下寒者，其悦在文繡。是故博帶梨，大袂列，文繡染，刻鏤削，雕琢采。關幾而不征，市鄽而不税。古之良工，不勞其知巧以爲玩好，是故無用之物，守法者不失。(《管子・五輔》)

帝王者用之而天下治矣。帝王者，審所先所後，先民與地，則得矣。先貴與驕，則失矣。是故先王慎貴在所先所後。人主不可以不慎貴，不可以不慎民，不可以不慎富，慎貴在舉賢，慎民在置官，慎富在務地。故人主之卑尊輕重，在此三者，不可不慎。國有寶，有器，有用。城郭險阻蓄藏，寶也。聖智，器也。珠玉，末用也。先王重其寶器，而輕其用。故能爲天下生而不死者二，立而不立者四。喜也者，怒也者，惡也者，欲也者，天下之敗也，而賢者寶之。爲善者非善也，故善無以爲也，故先王貴善。王主積於民，霸主積於將戰士，衰主積於貴人，亡主積於婦女珠玉，故先王慎其所積……天以時使，地以材使，人以德使，鬼神以祥使，禽獸以力使。所謂德者，先之之謂也，故德莫如先，應適莫如後。先王用一陰二陽者霸，盡以陽者王，以一陽二陰者削，盡以陰者亡。量之不以少多，稱之不以輕重，度之不以短長，不審此三者，不可舉大事。能戒乎？能勑乎？能隱而伏乎？能而稷乎？能而麥乎？春不生而夏無得乎，衆人之用其心也，愛者憎之始也，德者怨之本也，唯賢者不然。先王事以合交，德以合人，二者不合，則無成矣，無親矣。(《管子・樞言》)

黄帝唐虞，帝之隆也，資有天下，制在一人；當此之時也，兵不廢；今德不及三帝,天下不順,而求廢兵,不亦難乎?故明君知所擅,知所患。國治而民務積,此所謂擅也。動與静,此所患也。是故明君審其所擅,以備其所患也。(《管子·法法》)

這幾段文字,表面上看,好像與帝道没什麽關係,需要進一步的具體分析。《五輔》并没有出現“帝”或“帝道”,但其所謂“聖王”恰與“霸王”相對,因此“聖王”相當於“帝王”;《樞言》正作“帝王”。《樞言》討論“霸(道)”,也講“王(道)”,而“帝王(之道)”顯然要比傳統意義上的“王道”更加寬泛,更具有時代精神的色彩。《法法》篇衹是出現了“黄帝”“唐虞”字樣,但我們已經知道,這段話就是典型的、關於“帝道”的理論叙事,是否出現“帝道”字眼其實無關宏旨。實際上,反復出現於早期文獻中的“三皇五帝”,特别是黄帝神農之政教的説法與判詞,大多可以視爲政治哲學的理論叙事。從以上文本的簡單分析看來,《管子》政治哲學思維還是比較抽象,却可以從“道德之意”的理論結構的推陳出新,從圍繞“帝道”的理論叙事當中見出端倪。

對《管子》諸篇的分析,使我們認識到,黄老政治哲學思考的出發點仍是老莊哲學的核心理論——“道德之意”,其理論歸宿則是闡發一種王霸之外的“帝道”“帝王之道”。那麽,如何從批判性、玄理性的“道德之意”出發,建構系統性的政治哲學體系——“帝道”,則成爲《管子》諸篇關注的焦點。

(三)圍繞《吕氏春秋》《淮南子》的討論

《吕氏春秋》《淮南子》兩著的性質較爲複雜,《漢志》將其列爲“雜家”,因爲它們的思想傾向是多元的,似乎包羅萬象。但進一步的分析研究表明,《吕氏春秋》《淮南子》包含不少黄老之言和黄老篇什[29]。下面抄録的兩段話就包含了典型的“黄帝之言”:

黄帝曰:“芒芒昧昧,因天之威,與元同氣。”故曰同氣賢於同義,同義賢於同力,同力賢於同居,同居賢於同名。帝者同氣,王者同義,霸者同力,勤者同居則薄矣,亡者同名則觕矣。其智彌觕者,其所同彌觕;其智彌精者,其所同彌精:故凡用意不可不精。夫精,五帝三王之所以成也。成齊類同皆有合,故堯爲善而衆善至,桀爲非而衆非來。《商箴》云:“天降災布祥,并有其

職。"以言禍福人或召之也。故國亂非獨亂也,又必召寇。獨亂未必亡也,召寇則無以存矣。(《吕氏春秋·應同》)

黄帝曰:"芒芒昧昧,因天之威,與元同氣。"故同氣者帝,同義者王,同力者霸,無一焉者亡。故人主有伐國之志,邑犬群嗥,雄雞夜鳴,庫兵動而戎馬驚。今日解怨偃兵,家老甘卧,巷無聚人,妖菑不生,非法之應也,精氣之動也。故不言而信,不施而仁,不怒而威,是以天心動化者也。施而仁,言而信,怒而威,是以精誠感之者也。施而不仁,言而不信,怒而不威,是以外貌爲之者也。故有道以統之,法雖少,足以化矣;無道以行之,法雖衆,足以亂矣。(《淮南子·泰族訓》)

值得注意的是,《吕氏春秋》《淮南子》對於同一句"黄帝曰"的解釋旨趣不同。如果對照《管子·乘馬》來分析也許更容易一點兒。高誘《吕氏春秋注》曰:"同氣,同元氣也;同義,同仁義也;同力,同武力也。"多少有點兒語焉不詳。問題的關鍵在於:這裏的"氣"或"元氣"意味着什麽?爲什麽"與元同氣"的是"帝"?顯然,"帝"位於"王""霸"之上,"《應同》篇要義在説明統治之層次,最高是帝,其次爲王,霸斯下矣"[30]。那麽如何理解"帝者同氣""王者同義""霸者同力"呢?如果説"霸道"訴諸"硬實力"(包括政治、社會、經濟,尤其是軍事)的話,"王道"還强調了價值與秩序的重要意義,那麽"帝道"建基於其上的"氣"或"元氣"似乎有點兒含糊不清。饒宗頤指出:"蓋霸道求富强,王道重德禮,皆限於人之境界。若乎帝道,則上求與天同一。"[31]其説雖不必信,却有力地提示了"帝道"的理論基礎,比起那種人間的、太人間的王霸之道來説,更上層樓。倘若我們借助《莊子》"渾沌"以及《管子》四篇"精氣"概念及其理論進行思考,那麽不難看出,所謂"與元同氣"表明了"帝道"的理論基礎其實就是太一渾沌之"氣",或者説虚無無形之"道"。换言之,"帝道"以"道—氣"概念及其理論爲基礎,多少超出了推崇霸道的現實政治考量、執著於王道的價值判斷和烏托邦理想,因爲王霸之道的理論基礎不過是那些人間的、太人間的説辭和理由。我們不妨再抄録幾條材料如下:

爲天下及國,莫如以德,莫如行義。以德以義,不賞而民勸,不罰而邪止,此神農、黄帝之政也。以德以義,則四海之大,江河之水,不能亢矣;太華之高,會稽之險,不能障矣;闔廬之教,孫、吴之兵,不能當矣。故古之王者,德迴乎天地,澹乎四海,東西南北,極日月之所燭,天覆地載,愛惡不臧,虚素以公,小民皆之其之敵而不知其所以然,此之謂順天;教變容改俗而莫得其所受之,此之謂順情。故古之人,身隱而功著,形息而名彰,説通而化奮,利行乎天下而民不識,豈必以嚴罰厚賞哉?嚴罰厚賞,此衰世之政也。(《吕氏春秋·上德》)

古之君民者,仁義以治之,愛利以安之,忠信以導之,務除其災,思致其福。故民之於上也,若璽之於塗也,抑之以方則方,抑之以圜則圜;若五種之於地也,必應其類,而蕃息於百倍。此五帝三王之所以無敵也。身已終矣,而後世化之如神,其人事審也。(《吕氏春秋·適威》)

堯以天下讓舜。鯀爲諸侯,怒於堯曰:“得天之道者爲帝,得地之道者爲三公。今我得地之道,而不以我爲三公。”以堯爲失論。欲得三公。怒甚猛獸,欲以爲亂。比獸之角,能以爲城;舉其尾,能以爲旌。召之不來,仿佯於野以患帝。舜於是殛之於羽山,副之以吴刀。禹不敢怨,而反事之,官爲司空,以通水潦,顔色黎黑,步不相過,竅氣不通,以中帝心。(《吕氏春秋·行論》)

可見,黄老政治哲學語境中所討論的“神農黄帝之政”“堯舜禹之道”,遠較既有的討論王霸之道的理論闡述更加複雜、深刻,也更具理論性。由於“得天之道者爲帝,得地之道者爲三公”,所以黄老政治哲學語境中的“德”“仁”“義”被賦予了更深廣的意義,其理論視野并不限於“人間世”,而是從天地萬物渾然一體的、廣袤無垠的宇宙視野俯瞰天下、審視人類社會及其歷史命運!這難道不正是道家政治哲學一以貫之的追尋嗎?

比較起來,《淮南子》更爲集中、清晰地闡述了“帝道”的核心内容、主要特徵和重要意義:

昔者黄帝治天下,而力牧、太山稽輔之,以治日月之行律,治陰陽之氣,節四時之度,正律曆之數,别男女,異雌雄,明上下,等貴賤,使强不掩弱,衆不暴寡,人民保命而不夭,歲時孰而不凶,百官正而無私,上下調而無尤,法令明而不暗,輔佐公而不阿,田者不侵畔,漁者不爭隈。道不拾遺,市不豫賈,城郭不關,邑無盜賊,鄙旅之人相讓以財,狗彘吐菽粟於路,而無忿爭之心。於是日月精明,星辰不失其行,風雨時節,五穀登熟,虎狼不妄噬,鷙鳥不妄搏,鳳皇翔於庭,麒麟遊於郊,青龍進駕,飛黄伏皂,諸北、儋耳之國,莫不獻其貢職,然猶未及虙戲氏之道也。(《淮南子·覽冥訓》)

往古之時,四極廢,九州裂,天不兼覆,地不周載,火爁炎而不滅,水浩洋而不息,猛獸食顓民,鷙鳥攫老弱,於是女媧煉五色石以補蒼天,斷鼇足以立四極,殺黑龍以濟冀州,積蘆灰以止淫水。蒼天補,四極正,淫水涸,冀州平,狡蟲死,顓民生。背方州,抱圓天,和春陽夏,殺秋約冬,枕方寢繩,陰陽之所壅沈不通者,竅理之;逆氣戾物,傷民厚積者,絶止之。當此之時,卧倨倨,興眄眄,一自以爲馬,一自以爲牛,其行蹎蹎,其視暝暝,侗然皆得其和,莫知所由生,浮游不知所求,魍魎不知所往。當此之時,禽獸蝮蛇,無不匿其爪牙,藏其螫毒,無有攫噬之心。考其功烈,上際九天,下契黄壚,名聲被後世,光暉重萬物。乘雷車,服駕應龍,驂青虬,援絶瑞,席蘿圖,黄雲絡,前白螭,後奔蛇,浮游消摇,道鬼神,登九天,朝帝於靈門,宓穆休於太祖之下。然而不彰其功,不揚其聲,隱真人之道,以從天地之固然。何則?道德上通,而智故消滅也。逮至夏桀之時,主暗晦而不明,道瀾漫而不修,棄捐五帝之恩刑,推蹶三王之法籍。是以至德滅而不揚,帝道掩而不興,舉事戾蒼天,發號逆四時,春秋縮其和,天地除其德,仁君處位而不安,大夫隱道而不言,群臣準上意而懷當,疏骨肉而自容,邪人參耦比周而陰謀,居君臣父子之間,而競載驕主而像其意,亂人以成其事。是故君臣乖而不親,骨肉疏而不附,植社槁而墆裂,容臺振而掩覆,犬群嘷而入淵,豕銜蓐而席澳,美人挐首墨面而不容,曼聲吞炭内閉而不歌,喪不盡其哀,獵不聽其樂,西老折勝,黄神嘯吟,飛鳥鎩翼,走獸廢脚,山無峻幹,澤無窪水,狐狸首穴,馬牛放失,田無立禾,路無莎薠,金積折廉,璧襲無理,磬龜無腹,蓍策日施。(《淮南子·覽冥訓》)

逮至當今之時,天子在上位,持以道德,輔以仁義,近者獻其智,遠者懷其德,拱揖指麾而四海賓服,春秋冬夏皆獻其貢職,天下混而爲一,子孫相代,此五帝之所以迎天德也。夫聖人者,不能生時,時至而弗失也。輔佐有能,黜讒佞之端,息巧辯之説,除刻削之法,去煩苛之事,屏流言之迹,塞朋黨之門,消知能,脩太常,隳肢體,絀聰明,大通混冥,解意釋神,漠然若無魂魄,使萬物各復歸其根,則是所脩伏犧氏之迹,而反五帝之道也。(《淮南子·覽冥訓》)

這幾段話和前面引述的《吕氏春秋》等文獻的口吻比較接近,不斷强調“持以道德,輔以仁義”的理論旨趣,基本上體現了“帝道”訴諸“道德之意”,依據“天道”“天德”理論的中心思想,統攝仁義禮法等秩序性語詞,俾使“天下混而爲一”。第一段文本通過黄帝君臣的叙事展示“帝道”的某些特徵(近乎馬王堆黄老古佚書),第二、三兩段則更加充分地提示了黄老政治哲學的内在理論結構,即政治哲學叙事當中嵌套了理想國、烏托邦和精神境界的複雜向度,所謂“當此之時,卧倨倨,興眄眄,一自以爲馬,一自以爲牛,其行蹎蹎,其視瞑瞑,侗然皆得其和,莫知所由生,浮游不知所求,魍魎不知所往”,“黜讒佞之端,息巧辯之説,除刻削之法,去煩苛之事,屏流言之迹,塞朋黨之門,消知能,脩太常,隳肢體,絀聰明,大通混冥,解意釋神,漠然若無魂魄,使萬物各復歸其根,則是所脩伏犧氏之迹,而反五帝之道也”是也,因爲其中溶解了心性論的意味,這應該是黄老政治哲學的重要特色之一。

更耐人尋味的是,《淮南子》還以“體太一”概括“帝道”,以“法陰陽”概括“王道”,以“則四時”概括“霸道”,以示區别:

帝者,體太一;王者,法陰陽;霸者,則四時,君者,用六律。秉太一者,牢籠天地,彈壓山厭川,含吐陰陽,伸曳四時,紀綱八極,經緯六合,覆露照導,普汜無私;蠉飛蠕動,莫不仰德而生。陰陽者,承天地之和,形萬殊之體,含氣化物,以成埒類,赢縮卷舒,淪於不測,終始虚滿,轉於無原。四時者,春生夏長,秋收冬藏,取予有節,出入有時,開闔張歙,不失其叙,喜怒剛柔,不離其理。六律者,生之與殺也,賞之與罰也,予之與奪也,非此無道也;故謹於權衡準繩,審乎輕重,足以治其境内矣。

是故體太一者,明於天地之情,通於道德之倫,聰明耀於日月,精神通於萬物,動静調於陰陽,喜怒和於四時,德澤施於方外,名聲傳於後世。法陰陽者,德與天地參,明與日月并,精與鬼神總,戴圓履方,抱表懷繩,内能治身,外能得人,發號施令,天下莫不從風。則四時者,柔而不脆,剛而不鞼,寬而不肆,肅而不悖,優柔委從,以養群類,其德含愚而容不肖,無所私愛。用六律者,伐亂禁暴,進賢而廢不肖,扶撥以爲正,壞險以爲平,矯枉以爲直,明於禁舍開閉之道,乘時因勢,以服役人心也。帝者體陰陽則侵,王者法四時則削,霸者節六律則辱,君者失準繩則廢。故小而行大,則滔窕而不親;大而行小,則狹隘而不容。貴賤不失其體,而天下治矣。(《淮南子・本經訓》)

這裏所説的"太一"的具體含義就是最高原則的意思,具體一點説就是"明於天地之情,通於道德之倫,聰明耀於日月,精神通於萬物,動静調於陰陽,喜怒和於四時",因此兼具了王霸之道的核心内容——"調於陰陽""和於四時"。可見,"帝道"也就是"太一之道"超越於"王霸之道",其治理效果更是"德澤施於方外,名聲傳於後世",比"王道"所能追尋的"與天地參"更進一境。我們知道,黄老政治哲學語境中的"太上"往往用以描述最好的政治,最合理、最成功的治理,這裏所説的"太一"可以説是"太上"的另一種表述,尤其是從它們之中藴含的政治哲學意味來分析。總的來説,從天道的高度論説"帝道",或者將"帝道"比擬於天道,使得黄老政治哲學的理論視野推拓於家國天下之外,從某種意義上説,這也是比"天人合德"更爲深閎的政治理論。

《淮南子》曾以"至德"(亦即"玄德)和"帝道"并舉[32],表明了所謂"帝道"其實就是"玄德"的具體而微的表現,同時也表明了把老莊玄理與黄老思想聯結起來需要某種紐帶。同樣我們也會看到老莊哲學奠定的理論上的有無關係,也是黄老政治哲學思考的重要依據,例如:

夫圓者,天也;方者,地也。天圓而無端,故不可得而觀;地方而無垠,故莫能窺其門。天化育而無形象,地生長而無計量,渾渾沉沉,孰知其藏。凡物有朕,唯道無朕。所以無朕者,以其無常形勢也。輪轉而無窮,象日月之運行,若春秋有代謝,若日月有晝夜,終而復始,明而復晦,莫能得其紀。制刑而無刑,故功可成;物物而不物,故勝而不屈。刑,兵之極也,至於無刑,可謂極之矣。是故大兵無創,與鬼神通,五兵不厲,天下莫之敢當。建鼓不出庫,諸侯莫不慴悽沮膽其處。故廟戰者帝,神化者王。所謂廟戰者,法天道也;神化者,法四時也。脩政於境内,而遠方慕其德;制勝於未戰,而諸侯服其威。内政治也。(《淮南子・兵略訓》)

故法者,治之具也,而非所以爲治也,而猶弓矢,中之具,而非所以中也。黄帝曰:“芒芒昧昧,因天之威,與元同氣。”故同氣者帝,同義者王,同力者霸,無一焉者亡。故人主有伐國之志,邑犬群嗥,雄雞夜鳴,庫兵動而戎馬驚。今日解怨偃兵,家老甘卧,巷無聚人,妖菑不生,非法之應也,精氣之動也。故不言而信,不施而仁,不怒而威,是以天心動化者也。施而仁,言而信,怒而威,是以精誠感之者也。施而不仁,言而不信,怒而不威,是以外貌爲之者也。故有道以統之,法雖少,足以化矣;無道以行之,法雖衆,足以亂矣。(《淮南子・泰族訓》)

《淮南子》不僅把天圓地方納入到道物觀、有無關係中予以討論[33],更借助有無關係的理論結構分析了“刑”與“無刑”“兵”與“大兵”,一方面揭示了道在理論、價值上的優先地位,另一方面也表達了有形的“刑”與“兵”乃由於“無刑”“大兵”。道法之間的關係若此。《泰族訓》引述“黄帝曰”,略同《吕氏春秋》,然兩書解釋的旨趣顯然不同。《泰族訓》的重點是討論道法關係,“法者,治之具也,而非所以爲治也”,那麽“所以爲治者”就衹能是“道”(比法的原則更根本、更基礎的原則)了。正因爲黄老政治哲學中的“帝道”不能不訴諸“天道”“玄德”予以闡述和解釋,這就注定了它特具某種理論性和抽象性,畢竟無形的天道、無爲的玄德都屬非常抽象的玄理。但無論如何,黄老政治哲學既然致力於重建秩序,那麽法、理、綱、紀,甚至仁、義、禮、樂都是其資取的對象,衹不過使秩序得以重建的那個更根本的力量或原則是看不見的、無形的“道德之意”。可見,“道德之意”催生的“帝道”仍是“因時變法”的理論根據,同時是推動整個社會政治由德禮體系向道法體系轉型的思想基礎。

總之,黄老政治哲學以道德、有無、終始、陰陽、形神等理論語言,重新討論了帝道、王道和霸道,反思了仁、義、禮、法的價值與意義,廣泛探討了涉及倫理學和政治哲學的諸多問題,開出古代政治思想史的新生面。可以説《淮南子》始乎

“道德之意”，終於“帝王之道”，請看《淮南子・要略》的“總結性發言”：

凡屬書者，所以窺道開塞，庶後世使知舉錯取捨之宜適，外與物接而不眩，内有以處神養氣，宴煬至和，而己自樂所受乎天地者也。故言道而不明終始，則不知所傚依；言終始而不明天地四時，則不知所避諱；言天地四時而不引譬援類，則不知精微；言至精而不原人之神氣，則不知養生之機；原人情而不言大聖之德，則不知五行之差；言帝道而不言君事，則不知小大之衰；言君事而不爲稱喻，則不知動静之宜；言稱喻而不言俗變，則不知合同大指；已言俗變而不言往事，則不知道德之應；知道德而不知世曲，則無以耦萬方；知氾論而不知詮言，則無以從容；通書文而不知兵指，則無以應卒已；知大略而不知譬喻，則無以推明事；知公道而不知人間，則無以應禍福；知人間而不知修務，則無以使學者勸力。欲强省其辭，覽總其要，弗曲行區入，則不足以窮道德之意。故著書二十篇，則天地之理究矣，人間之事接矣，帝王之道備矣！

黄老政治哲學的理論宗旨與表述形式莫過於此：它不是那種政治學的討論，而是抽象的理論。雖然《莊子》的黄老篇什、《管子》諸篇和黄老帛書比較措意具體的制度設施，却更關注制度和秩序背後的價值與意義，就是説，它更傾向於從唯變所適的立場探究時代性的問題——例如禮崩樂壞的必然性和變法運動的合理性等。《要略》所論，就是通過對内外、終始、凡聖、帝道與君事之間的關係（應該是相互貫通的關係），亦即通過政治哲學的抽象理論闡述“道德之意”和“帝王之道”。因此，黄老政治哲學語境中的“帝道”以及“帝道”所包孕的“法治”，就不是那種純政治的秩序，而是内藴了更複雜人文動機的法治秩序[34]。即便是法家韓非子的法理之學也顯示出交涉於更深刻的道的概念及其理論之思想縱深，更不用説黄老政治哲學了。

三　儒道會通及黄老學的歷史影響

經過前面的討論，我們知道帝道出現於思想史有其必然性，它是黄老政治哲學卓然不群的理論創造。雖然前輩學者已經注意到皇、帝、王、霸話語折射了政治評判的意義,却没有分析出它來源於黄老政治理論的濡染和歷史影響。現在我試着討論一下這個問題。

如果考察帝道出現於思想史的情況,不妨先看看宋人的政治哲學思考。“北宋儒學從本質上講是一種政治哲學”[35]。更進一步説,舉凡從天道、天理層面探究政治問題的理論都屬於政治哲學而不是政治學。王安石曾對宋神宗説:“刑名法術非治之本,是爲吏事,非主道也。國有六職,坐而論道,謂之三公。所謂主道者,非吏事而已。蓋精神之運,心術之化,使人自善遷善而遠罪者,主道也。”[36]王安石這一席話很清楚地表明了政治哲學不同於政治學,并且表露了他自身的政治哲學思考濡染於道家黄老學。接下來,再看看宋儒是怎麽説的:

孔子贊《易》,自羲、軒而下;序《書》,自堯、舜而下;删《詩》,自文、武而下;修《春秋》,自桓、文而下。自羲、軒而下,祖三皇也;自堯、舜而下,宗五帝也;自文、武而下,子三王也;自桓、文而下,孫五霸也。(邵雍《觀物内篇》,《宋元學案》卷九引)

三王,尚行者也;五霸,尚言者也。尚行必入於義也;尚言必入於利也。(《宋元學案》卷九引邵雍語)

馮友蘭曾指出:“依中國舊日對於歷史之見解,中國歷史可截然分爲兩時期,即三代以上及三代以下。所謂三代以上之時期,乃一完全黄金時代。在其社會之各方面,皆完全爲理想的。至於三代以下,則完全爲一墮落時期,在此時期中之各時代,其距三代愈遠,其墮落愈甚。邵康節之《皇極經世》,即此種見解之最有系統的表現也。”[37]這也是我們從邵雍開始討論問題的原因。顯然,宋儒的説法呈現出條理整齊的模式化認知之特點,這表明皇帝王霸的階序化早已定型,早已成爲政治哲學思考的模式或出發點了。唐太宗李世民説:“禁民爲非者莫大於法”,“夫法者,爲治之末也,亂世之事也。皇者用道德,帝者用仁義,王者用禮樂,霸者用忠信。亡者不能用道德、仁義、禮樂、忠信,即復取法以制其衰亂焉”[38]。可見,皇帝王霸已經成了人們思考評判“治道”的模式或尺度。究其歷史原因,則不難發現宋儒之言承繼了漢唐諸儒的遺説。比如説陸賈、賈誼都提及了“帝道”:

堯以仁義爲巢，舜以禹、稷、契爲杖，故高而益安，動而益固。然處高之安，乘克讓之敬，德配天地，光被四表，功垂於無窮，名傳於不朽，蓋自處得其巢，任杖得其材也。秦以刑罰爲巢，故有覆巢破卵之患，以趙高、李斯爲杖，故有傾僕跌傷之禍，何哉？所任非也。故杖聖者帝，杖賢者王，杖仁者霸，杖義者强，杖讒者滅，杖賊者亡。（陸賈《新語·輔政》）

德爲上，行以仁義爲本。故尊於位而無德者黜，富於財而無義者刑，賤而好德者尊，貧而有義者榮。段干木徒步之士，脩道行德，魏文侯過其閭而軾之。夫子陳、蔡之厄，豆飯菜羹，不足以接餒，二三子布弊褞袍，不足以避寒，倥傯屈厄，自處甚矣；然而夫子當於道，二三子近於義，自布衣之士，上□天子，下齊庶民，而累其身而匡上也。及閔周室之衰微，禮義之不行也，厄挫頓僕，歷説諸侯，欲匡帝王之道，反天下之政，身無其立，而世無其主，周流天下，無所合意，大道隱而不舒，羽翼摧而不申，自□□□深授其化以厚終始，追治去事以正來世，案紀圖録以知性命，表定《六藝》以□□□，善惡不相干，貴賤不相侮，强弱不相凌，賢與不肖不得相踰，科第相序，爲萬□□□而不絶，功傳而不衰，《詩》《書》《禮》《樂》，爲得其所，乃天道之所立，大義之所行也。（陸賈《新語·本行》）

地制一定，則帝道還明，而臣心還正，法立而不犯，令行而不逆；貫高利幾之謀不生，機奇啓章之計不萌。細民鄉善，大臣致順，上使然也，故天下咸知陛下之義。（賈誼《新書·五美》）

建國者曰："匈奴不敬，辭言不順，負其衆庶，時爲寇盜，撓邊境，擾中國，數行不義，爲我狡猾，爲此奈何？"對曰："臣聞彊國戰智，王者戰義，帝者戰德。故湯祝網而漢陰降，舜舞干羽而三苗服。今漢帝中國也，宜以厚德懷服四夷，舉明義博示遠方，則舟車之所至，人迹之所及，莫不爲畜，又且孰敢怮然不承帝意？"（《賈誼《新書·匈奴》）

黄帝曰：道若川谷之水，其出無已，其行無止。故服人而不爲仇，分人而不譐者，惟其道矣。故播之於天下，而不忘者，其惟道矣。是以道高比於天，道明比於日，道安比於山。故言之者見謂智，學之者見謂賢，守之者見謂信，樂之者見謂仁，行之者見謂聖人。故惟道不可竊也，不可以爲虚也。故黄帝職道義，經天地，紀人倫，序萬物，以信與仁爲天下先。然後濟東海，入江内，取緑圖，而濟積石，涉流沙，登於崑崙，於是還居中國，以平天下，天下太平，唯躬道而已。（賈誼《新書·修政語上》）

陸賈《新語》“紹《孟》《荀》而開賈（誼）、董（仲舒）”（嚴可均《新語叙》）比較重要。王利器指出：“陸賈者，蓋兼儒道二家，而爲漢代學術思想導乎先路者也。”[39]的確，陸賈體現出了糅合各家主張，既重視清静無爲（道家），又强調賞善罰惡（法家）和教之以禮義（儒家）的思想傾向，這不是黄老學的餘緒又是什麽呢[40]？實際上，他深受黄老思想的影響是顯而易見的[41]。賈誼將王者帝者并提，不足爲奇，其曰“王者戰義，帝者戰德”，應屬“太上貴德，其次務施報”“太上以德撫民，其次親親以相及”思想邏輯馳騁的範圍之内。值得注意的是，“漢帝中國”的“帝”却應該是動詞，表示漢家統馭中國，確切地説就是以“帝道”統馭中國，而下文所言之“帝意”，也是“帝道”的另一種説法。《修政語上》所引“黄帝曰”則是典型的、流行一時的黄老學的表述方式，但應該注意到，賈誼思想仍以儒家仁義德教爲本，多少不同於黄老學。進一步爬梳各種史料就會發現，“帝”高於“王”，或“帝道”高於“王道”，竟然是不少漢代知識分子思想上的共識。兹枚舉數如下：

四海之内，莫不系統，故能帝也。（《淮南子·詮言訓》）

帝，諦也。王天下之號也。（《説文解字》）

帝者天號，王者人稱。（《尚書緯·刑德放》）

五帝修名立功，修德成化。統調陰陽，招類使神，故稱帝。（《春秋緯·運斗樞》）

帝、王之德有優劣。（《白虎通·爵》）

德合天地者稱帝，仁義合者稱王，别優劣也。（《白虎通·號》）

可見，無論《經》《緯》，都承認帝高於王，而且將帝號歸之於天，帝道係之於天。《禮記·曲禮下》曰：“措之廟，立之主曰帝。”鄭玄《注》云：“同之天神。”孔穎達《疏》曰：“帝者天神曰帝，今號此主同於天神，故題稱帝。云文帝、武帝之類也。”可見漢唐諸儒心目中的“帝”，意味深長。戰國末期，已有諸侯僭稱帝號者。入秦漢以後，帝號則凝固爲政治制度了。然而，從我們之前的討論則不難發現，思想史語境特别是政治哲學語境中的"帝"含義深邃,如果不考慮黄老政治哲學的思考,理解這一點乃是不可想象的。

接踵而至的問題是,黄老政治哲學創發之"帝道""帝王之道"是否影響了儒家政治哲學的思考,儒道兩家是否圍繞着帝王之道發生過對話關係?下面我們簡單討論一下董仲舒王道理論和《禮記》(《禮運》《曲禮》)中幾條材料的闡釋。

一般認爲,"董仲舒的思想是站在《公羊》家的立場上借用陰陽家的理論對陸賈的學説加以改造的産物"[42]。董仲舒拈出的新王道,旨在確立漢家制度的理論基礎,有意思的是,他思之慕之的新王道亦將戰國秦漢時期流行的"帝道"融攝於其中。也就是説,董仲舒關注的焦點是如何在理論上重建王道,以爲漢代政治制度的基礎——漢道[43]。董仲舒言:"春秋之道,奉天而法古。"(《春秋繁露·楚莊王》)又説:"《春秋》大一統者,天地之常經,古今之通誼也。"(《天人三策》)這是其最重要的原則。更具體一點説,他所説的王道,核心内容就是"任德教而不任刑""務以德善化民":

> 王者承天意以從事,故任德教而不任刑……爲政而任刑,不順於天,故先王莫之肯爲也……古者修教訓之官,務以德善化民,民已大化之後,天下常亡一人之獄矣。(《天人三策》,《漢書·董仲舒傳》)
>
> 王者欲有所爲,宜求其端於天。天道之大者在陰陽,陽爲德,陰爲刑。刑主殺而德主生。是故陽常居大夏,而以生育養長爲事;陰常居大冬,而積於空虚不用之處。以此見天之任德不任刑也。(同上)
>
> 天之任陽不任陰,好德不好刑。(《春秋繁露·陰陽位》)

陰陽五行可以説是董仲舒依據"天道"討論"王道"的理論範本,而黄老學與陰陽家之間思想交涉甚深[44];上文提及的陰陽刑德理論恰是黄老學和陰陽家彼此莫辨的思想内容之一。另外我們知道,"任德不任刑""尊德禮而卑刑罰"幾乎就是漢儒一致的信仰[45],"德教"這一語詞廣泛出現於漢代著作中[46]。董仲舒同樣如此,他特别强調"王道""德教"究竟意味着什麼呢?孔子所説的"道之以德,齊之以禮"顯然是他思考這一問題的出發點。那麼他推崇的"仁義法"也許就是這一問題的答案。他所説的"仁義法"乃是"求仁義之别,以紀人我之間"的原則:

> 《春秋》之所治，人與我也。……所以治人與我者，仁與義也。是故《春秋》爲仁義法；仁之法在愛人，不在愛我；義之法在正我，不在正人。（《春秋繁露·仁義法》）

這樣一種基於正人必先正己的“仁義法”，旨在維繫人我關係與社會秩序。我想强調的是，它雖是董氏念兹在兹的“堯舜之道”的核心内容之一，却不能窮盡“王道”“德教”的内涵，“仁義法”顯然不是“王道”“德教”的全部答案，因爲“德法”“德教”似乎更寬泛、更普適、更根本。關鍵在於，倘若我們推究董仲舒所言“德”或“堯舜之德”，總覺得疑惑難明，因爲其準確含義不夠清晰，難以把握：

> 先王顯德以示民，民樂而歌之以爲詩，説而化之以爲俗。故不令而自行，不禁而自止，從上之意，不待使之，若自然矣。故曰：聖人天地動、四時化者，非有他也，其見義大故能動，動故能化，化故能大行，化大行故法不犯，法不犯故刑不用，刑不用則堯舜之功德。此大治之道也，先聖傳授而復也。（《春秋繁露·身之養重於義》）
>
> 天地神明之心，與人事成敗之真，固莫之能見也，惟聖人能見之。聖人者，見人之所不見者也，故聖人之言亦可畏也。（《春秋繁露·郊語》）
>
> 覺者著也，王者有明著之德行於世，則四方莫不響應，風化善于彼矣。（《春秋繁露·郊祭》）

上文所稱的“德”（功德、德行）語義含混，如何使之落實於制度設施更是語焉不詳。董仲舒在《天人三策》中提出過三條基本原則，即“謹於承天意”“務明教化民”和“正法度之宜”。前兩條怎麽制度化？是不是也有一種説不清、道不明的意思？總的來説，涵泳陸賈、賈誼、董仲舒所謂“德教”，其中既内藴了明德的意思，同時也隱含了玄德的影響，這種語義含混恰是思想闡釋醖釀意義增殖的生長點。换言之，正是由於“德”這個關鍵語詞的複雜性引發了黄老政治哲學與儒家政治哲學之間的“暗度陳倉”，將黄老帝道理論移植到儒家王道秩序的討論之中，儒道之間的對話關係如此深刻，超出了之前的估計。

接下來，我們擬圍繞着《禮記》的兩條材料及其解釋史之分析，進一步判明黄老政治哲學語境中的“帝道”怎樣深入於儒家的政治哲學思考。陳蘇鎮檢出的一條材料很有意思[47]：

(高貴鄉公)問曰："'太上立德，其次務施報。'爲治何由而教化各異？皆修何政而能致於立德，施而不報乎？"博士馬照對曰："'太上立德'，謂三皇五帝以德化民。'其次報施'，謂三王之世以禮爲治也。"帝曰："二者致化薄厚不同，將主有優劣邪？時使之然乎？"照對曰："誠由時有朴文，故化有薄厚也。"(《三國志》卷四《魏書·三少帝紀》)

"太上立德，其次務施報"語出《禮記·曲禮上》，原文作"太上貴德"。馬照解釋説，"太上立德"爲"三皇五帝以德化民"，"其次務施報"爲"三王之世以禮爲治"。倘若因此把"以德化民"與"以禮爲治"對立起來，則是片面的，未免機械了一點兒。但是，"以德化民"顯然要比"以禮爲治"更進一步，屬理想的、最好的政治。《左傳》僖公二十四年載富辰語曰："太上以德撫，其次親親以相及也。"杜預《集解》和馬照的詮釋判斷如出一轍，他説："以德撫民"即"無親疏"；"親親以相及"則意味着"先親以及疏，推恩以行義"。儒家政治哲學語境中出現的最好的政治、最合理的治理，無不訴諸聖王的先知先覺及其不可解釋的德性，同時亦體現出"究天人之際"的理論視野。問題是，儒家討論天道時，却往往資取道家(包括黄老)之説；同樣，漢儒思考"王道""德教"的時候，也多少濡染了黄老政治哲學卓有特色的"帝道"理論[48]：

太上帝皇之世，其民施而不惟報。三王之世，禮始興焉。(鄭玄《曲禮上》"太上貴德，其次務施報"注)

"太上貴德"者，太上謂三皇五帝之世也。其時猶淳厚其德，不尚往來之禮，所貴者在於有德，故曰"貴德"也……其次謂三王之世也……獨親其親，獨子其子，貨力爲己，施則望報。(孔穎達《禮記正義》卷一)

最值得玩味的莫過於漢唐諸儒把德禮之間的張力關聯式結構化爲"太上""其次"之價值判斷序列，確定了"三皇五帝之道"(德)與"三王之道"(禮)之間的優劣："是三皇行道，五帝行德，不同者但德由道生，道爲其本，故道優於德。散而言之，德亦是道，故總云'貴德'。既三皇行道，五帝行德，以次推之，則三王行仁，五霸行義。"(孔穎達《禮記正義》卷一)歷史地看，關於"三皇五帝之道"特别是“黄帝之道”“黄帝之言”的記載更多見於道家(含黄老)者流的著作當中。漢儒及其著作顯然抄襲了道家的理論表述形式,這種借鑒和對話既賦予了儒家政治思想以内容,也賦予了其形式。比如説,黄老的“帝道”甚至深深嵌入了漢儒政治理論的結構之内。《禮記·禮運》曰:

大道之行也,天下爲公。選賢與能,講信修睦,故人不獨親其親,不獨子其子,使老有所終,壯有所用,幼有所長,矜寡孤獨廢疾者,皆有所養。男有分,女有歸。貨惡其棄於地也,不必藏於己;力惡其不出於身也,不必爲己。是故謀閉而不興,盜竊亂賊而不作,故外户而不閉,是謂大同。

今大道既隱,天下爲家,各親其親,各子其子,貨力爲己,大人世及以爲禮。城郭溝池以爲固,禮義以爲紀;以正君臣,以篤父子,以睦兄弟,以和夫婦,以設制度,以立田里,以賢勇知,以功爲己。故謀用是作,而兵由此起。禹、湯、文、武、成王、周公,由此其選也。此六君子者,未有不謹於禮者也。以著其義,以考其信,著有過,刑仁講讓,示民有常。如有不由此者,在勢者去,衆以爲殃,是謂小康。

鄭(玄)《注》云:“大道謂五帝時也。”孔(穎達)《疏》曰:

自“大道之行”至“是謂大同”,論五帝之善。自“大道既隱”至“是謂小康”,論三王之後。今此經云“大道之行也”,謂廣大道德之行,五帝時也。

孔穎達進一步闡釋説:

言帝者,天之一名,所以名帝。帝者,諦也。言天蕩然無心,忘於物我,言公平通遠,舉事審諦,故謂之帝也。五帝道同於此,亦能審諦,故取其名。若然,聖人皆能同天,故曰大人。大人者與天地合其德,即三王亦大人。不得稱帝者,以三王雖實聖人,内德同天,而外隨時運,不得盡其聖,用逐迹爲名,故謂之爲王。《禮運》曰:“大道之行,天下爲公”,即帝也;“大道既隱,各親其親”,即王也。則聖德無大於天,三皇優於帝,豈過乎天哉!然則三皇亦不能過天,但逐同天之名,以爲優劣。五帝有爲而同天,三皇無爲而同天。(《尚書正義》卷二《堯典》)

可見,儒家區别“天下爲公”的“大同”與“天下爲家”的“小康”的立論基礎就是隱“帝道”(三皇五帝之道)與“王道”(文武之道)之分野。饒宗頤指出:“是帝與王,以公私區分。親其親者爲王,故封建制立。天下爲公,則務去私,此帝道也。”而這裏所説的“帝道”,“殆出於吕不韋”,從思想内容上説,“大一統及天人相應實爲帝道之核心思想”[49]。饒説不盡精確。我們還是應該從儒道思想對話與會通的視野分析問題,也就是説,無論是董仲舒致力於重建的“王道”,還是《禮運》闡述的新思想[50],都取資於道家尤其是黄老。

如此看來,從儒學文獻和儒家思想互動角度分析,圍繞聖人(尤其是堯舜)形象的思想史建構耐人尋味,值得探究。我們當然可以把不斷增殖、豐富的堯舜故事視爲早期儒家的“王道敘事”,但我想特别强調的是,這種“王道敘事”同時也是在某種對話關係下展開的,實際上,儒家關於王道的闡釋和想象已不可避免地滲入了黄老帝道的因素。换言之,儒家思想内部同樣需要一種“帝道”爲自身政治哲學張目,衹不過儒家極其巧妙地將“帝道”定位於傳統“王道”的邏輯延長綫上,似乎兩者之間天衣無縫;其實儒學内部那種看起來有點兒模糊不清的“帝道”就是“王道”的延續和變種。比較起來,黄老之“帝道”却在阻抑傳統王道思想的關係中發軔發展,旨在追尋超越王霸之外的新政治。

近現代中國人文學術普遍經受了“古史辨”運動的洗禮,然而其弊端則是“疑古過甚”。我以爲,以顧頡剛爲核心的“古史辨”學派的一個建設性貢獻就是通過系統梳理三皇五帝之歷史敘事,有力揭明了“層累造成的古史觀”。從思想史層面分析,“層累造成的古史”這一歷史文化現象背後涌動的人文動機最值得玩味,最應該探究[51]。相似的例子是,林毓生激烈地批判歷史上的“聖王觀念”,指責、質疑其理論上的合理性,其實没有什麽建設性,因爲批判和質疑并不能回答“聖王觀念”之出現於中國古代思想史、哲學史的必然性。真正有意義的問題在於:“層累造成的古史”不能以一般歷史學的尺度來衡量,而是應該通過思想文化史視角審視之,誠如馮友蘭所説:“古人所述三代以上之社會,多非歷史,而實即其政治或社會理想。”[52]一言以蔽之,“層累造成的古史”衹能是思想史,衹能經由思想史分析纔能呈現其真正的意義。如此看來,堯舜故事的孳乳變化、三皇五帝傳説的衍生增殖其實都是思想史發展投射於文獻史料的印迹,儒家倫理學

(含政治哲學)尤其訴諸三皇五帝的歷史叙事、王霸之政教。顯然我們有可能逆用“層累造成的古史”的“古史辨運動命題”,并通過它來逆向觀察儒家政治哲學的歷史建構,正面闡釋儒家政治哲學的價值與意義。這何嘗不是“走出疑古時代”的真正意義呢?

順便提及一個流行已久的傳統觀點:儒家推崇王道而法家主張霸道。然而這一説法粗疏且經不起推敲。倘若我們不再漠視黄老帝道的獨特歷史貢獻及其影響力的話,就會注意到法家的政治裏有一個深遠的黄老政治哲學之理論背景,儒家政治理論在推進王道的理論思考時亦打上了深刻而不可磨滅的黄老政治哲學思維之印迹。

黄老政治哲學語境中的“帝道”源遠流深,不僅開出了早期政治思想史的新生面、新維度,甚至對儒家政治哲學之思考亦有推波助瀾的歷史影響。

注　釋

① 〔英〕葛瑞漢《論道者:中國古代的哲學論辯》,張海晏譯,中國社會科學出版社 2003 年版,第 11 頁。

② 鄭開《黄老的帝道:王霸之外的新思維》,《道家文化研究》第 30 輯,中華書局 2016 年版。

③ 王充《論衡・自然》曰:“黄者,黄帝也;老者,老子也。黄老之操,身中恬淡,其治無爲。”

④ 羅根澤《古代政治學中之“皇”“帝”“王”“霸”》,《諸子考索》,人民出版社 1958 年版,第 115—129 頁;饒宗頤《王道帝道論》,《澄心論萃》,上海文藝出版社 1996 年版,第 414—416 頁。近年來,這一問題也有進一步的討論。我曾於 2014 年 9 月參加清華大學哲學系主辦的“黄老道家研究前沿論壇”,發表了《黄老的帝道:王霸之外的新思維》(此文後來發表於《道家文化研究》第 30 輯);曹勝高(《帝道的學理建構與學説形成》,《哲學動態》2015 年第 9 期)和葉樹勳(《“帝道”理念的興起及其思想特徵》,稿本)進一步討論了相關問題。葉樹勳教授以稿本見贈,使我先睹爲快,謹致謝忱。

⑤ 鄭開《〈莊子〉混沌話語:哲學叙事和政治隱喻》,《道家文化研究》第 29 輯,生活・讀書・新知三聯書店 2015 年版。

⑥ 吴光指出:“自戰國至魏晋,古籍所記黄帝故事頗多。《藝文類聚》卷一一與《太平御覽》卷七九以及清人馬驌《繹史》卷五均有詳細輯録。”(吴光《黄老之學通論》,浙江人民出版社 1985 年版,第 116 頁脚注)

⑦ 這并不是説,《春秋》(史册)中没有關於黄帝的記載,實際上《左氏春秋》和《國語》都記載了黄

帝傳説。儒家所傳的文獻《五帝德》《帝系姓》兩篇，亦載黄帝，何以司馬遷説"儒者或不傳"？顧頡剛指出，《五帝德》《帝系姓》兩篇，以及《史記·五帝本紀》，"都從神話中汰濯而來"。(《史林雜識初編》，中華書局 1963 年版，第 176 頁)

⑧ 例如《左傳》僖公廿五年、昭公十七年，《國語·魯語上》《晋語四》以及《逸周書·嘗麥解》。

⑨ 吴光説："戰國中期以後，諸子百家幾乎都言黄帝。道家如《莊子》《鶡冠子》《吕氏春秋》，法家如《書》《韓非子》，儒家如《尸子》《荀子》，兵家如《孫子》《尉繚子》，陰陽家如鄒衍等，都或多或少地記載着黄帝治國之言或黄帝征伐之事。"(同注⑥，第 116 頁)

⑩ 例如《商君書·更法·畫策》《韓非子·揚權》等。

⑪ 同注⑦，第 176—177 頁。

⑫ 兹依郭沫若《十批判書·稷下黄老學派批判》中的釋文，其中"銘文古字或假借字已改爲今文"(《郭沫若全集·歷史編》，人民出版社 1982 年版，第二卷，第 155 頁)。

⑬ 同注⑦，第 180 頁。

⑭ 同注⑫，第一卷，第 155 頁。

⑮ 實際上，古史傳説中的蚩尤臣服於黄帝的故事，銀雀山《孫子兵法·黄帝伐赤帝》的記叙，都表明了"黄帝"是戰無不勝、天下歸一的象徵符號。

⑯ 劉笑敢《莊子哲學及其流變》，中國社會科學出版社 1987 年版，第 299 頁。

⑰ 蔣錫昌《莊子哲學》，上海書店 1992 年版，第 19—22 頁。

⑱ 早期文獻中的"德"富於政治意味，詳參拙著《德禮之間》。《莊子·天運》篇曰："天有六極五常，帝王順之則治，逆之則兇。九洛之事，治成德備，監臨下土，天下戴之，此謂上皇。"此更表明了這一點。

⑲ 魏啓鵬《馬王堆漢墓〈黄帝書〉校釋》，中華書局 2004 年版，第 97 頁。

⑳ 詳見《逍遥遊》《大宗師》《天地》《讓王》諸篇什，具體分析參見拙稿《〈莊子〉渾沌話語：哲學叙事與政治隱喻》。

㉑ 實際上，儒家也盛言"無爲"，特别是《論語·衛靈公》："子曰：'無爲而治者，其舜也歟！夫何爲哉，恭己正南面而已矣。'"何晏《集解》："言任官得其人，故無爲而治也。"皇侃《疏》："孔子嘆舜無爲而能治也，既受授善得人，無勞於情慮，故云夫何爲哉。"

㉒ 比較有趣也比較費解的是，《莊子》政治語境中的黄帝形象亦如此：既有正面意義，同時也是被譏諷的物件，詳見《在宥》《徐無鬼》《知北遊》《盗跖》《天地》諸篇。

㉓ 實際上《莊子》寓言中出現了許多人物及其對話，涉及什麽是好的、理想的政治這樣的問題。例如：肩吾見狂接輿，狂接輿曰："日中始何以語女？"肩吾曰："告我：'君人者以己出經式義度，人孰敢不聽而化諸？'"狂接輿曰："是欺德也！其於治天下也，猶涉海鑿河，而使蚊負山也。夫

聖人之治也,治外乎? 正而後行,確乎能其事者而已矣。且鳥高飛以避矰弋之害,鼷鼠深穴乎神丘之下,以避熏鑿之患,而曾二蟲之無知!”再如:“天根遊於殷陽,至蓼水之上,適遭無名人而問焉,曰:‘請問爲天下。’無名人曰:‘去! 汝鄙人也,何問之不豫也! 予方將與造物者爲人,厭,則又乘夫莽眇之鳥,以出六極之外,而遊無何有之鄉,以處壙埌之野。汝又何帠以治天下感予之心爲?’又復問。無名人曰:‘汝遊心於淡,合氣於漠,順物自然而無容私焉,而天下治矣。’”(《應帝王》)

㉔ 馮友蘭《中國哲學史新編》第二册,人民出版社 1983 年版,第 197 頁。

㉕ 余敦康《論管仲學派》,《中國哲學》第 2 輯,生活・讀書・新知三聯書店 1980 年版。

㉖ 馮達文《道家哲學略述》,巴蜀書社 2015 年版,第 86 頁。

㉗ 李零《長沙子彈庫帛書研究》,中華書局 1985 年版;饒宗頤、曾憲通《楚地出土文獻三種研究》,中華書局 1993 年版。

㉘ 同注㉖,第 87 頁。

㉙ 蒙文通《古學甄微》,巴蜀書社 1987 年版;牟鍾鑒《〈吕氏春秋〉與〈淮南子〉思想研究》,齊魯書社 1987 年版。

㉚ 饒宗頤《澄心論萃》,上海文藝出版社 1996 年版,第 415 頁。

㉛ 同上書,第 414 頁。

㉜ 《淮南子》:“至德滅而不揚,帝道掩而不興。”(《覽冥訓》)

㉝ 前引《管子・乘馬》“無爲者帝,爲而無以爲者王,爲而不貴者霸”也是按照分析“無爲而無不爲”(無和有關係之一種)的方式區别帝、王、霸的。

㉞ 閻步克曾説,法家推行的“法治”代表一種純政治的秩序,而儒家所維護的“禮治”則代表一種更大的、更具混融性的文化秩序,它把親緣系統和文教系統的規則、目標和角色,與政治秩序有機地融爲一體。對此,陳來認爲值得重視。詳見閻步克《士大夫政治演生史稿》,北京大學出版社 1996 年版,第 86、171—173 頁;陳來《古代宗教與倫理》,生活・讀書・新知三聯書店 1996 年版,第 285—286 頁。

㉟ 盧國龍《宋儒微言》,華夏出版社 2001 年版,第 2 頁。

㊱ 《續資治通鑑長編》卷二三〇。

㊲ 馮友蘭《中國政治哲學與中國歷史中之實際政治》,《古史辨》第七册下編,上海古籍出版社 1982 年版,第 296 頁。

㊳ 《請家兄明法改科書》,《全宋文》第 3 册,第 612 頁。

㊴ 王利器《新語校注》之“前言”,中華書局 1986 年版,第 11 頁。

㊵ 陸賈説:“道莫大於無爲,行莫大於謹敬。”(《新語・無爲》)“聖人執一政以繩百姓,持一概以

等萬民,所以同一治而明一統也。"(《懷慮》)"君子之爲治也,塊然若無事,寂然若無聲,官府若無吏,亭落若無民。"(《至德》)"今之爲君者……治不以五帝之術,則曰今之世不可以道治也。爲臣者不思稷、契,則曰今之民不可以仁義正也。"(魏徵等編《群書治要·新語》)

㊶ 同注㊴,第14頁。

㊷ 陳蘇鎮《兩漢魏晉南北朝史探幽》,北京大學出版社2013年版,第230頁;王博《陰陽五行視野下的董仲舒政治哲學》,北京大學博士論文2015年。

㊸ 陳蘇鎮《兩漢魏晉南北朝史探幽》,第231頁。

㊹ 陳麗桂《黄老與陰陽》,《道家文化研究》第30輯。

㊺ 瞿同祖《中國法律與中國社會》第六章以及附録"中國法律之儒家化",中華書局2003年版。

㊻ 例如賈誼認爲,"道之以德教"就是"以禮義治之"。(《漢書·賈誼傳》)《鹽鐵論·遵道》:"上自黄帝,下及三王,莫不明德教,謹庠序,崇仁義,立教化。此百世不易之道也。"

㊼ 同注㊸,第232—234頁。

㊽ 陳贇以爲,"德"與"禮"的對峙意味着它們代表了"不同的政治綱領,分别意味着五帝時代與三王時代的政教理念的總結,對應於聖王之道的兩個歷史階段:大同時代和小康時代"(《莊子哲學精神》第205—206頁,上海人民出版社2016年版)。

㊾ 同注㉚,第416頁。

㊿ 衆所周知,董仲舒資取了不少齊學的思想因素,包括前面提到的陰陽五行之説;而《禮運》篇的性質,據鄭氏《目録》的説法:"名曰《禮運》者,以其記五帝三王相變易、陰陽轉旋之道。"(《禮記正義》卷二一引)莫非類似於鄒衍"五德終始"説?這是一個值得深入探究的有趣問題。

51 王汎森對此分析頗詳,參《古史辨運動的興起——一個思想史分析》,臺北,允晨文化有限公司1987年版。

52 同注㊲。

論音樂法則與人類生活秩序

臧藝兵

【提要】 本文從哲學、思想史、音樂學角度，從音樂知識體系與人類社會的内在聯繫出發，以歷史文獻爲基礎，分析了中國先秦和古代希臘哲人以及現代哲學家對音樂廣泛意義的深刻思考。通過對音樂所具有的獨有特性的描述歸納，指出音樂是地球上存在的一種既崇尚秩序，又表達自由；既體現萬物共存，又尊重個體差異；既協調人與自然，又溝通神人世界；既拓展人類智慧，又捍衛美善法則的文化範式。這種體現宇宙法則的文明範式，對人類生活會产生極大的人性守護和社會形塑的力量。

人類在創造歷史過程中形成了各種經驗總結和先驗領悟，音樂是其中之一。如果説，地球上的確存在一種既崇尚秩序，又表達自由；既體現萬物共存，又尊重個體差異；既協調人與自然，又溝通神人世界；既拓展人類智慧，又捍衛美善法則的文化範式，那麼這種範式就是音樂。這個範式所體現出的思想體系，我們姑且稱之爲"音樂法則"(musical principle)①。

一　歷史語境中的人類音樂

在當今公衆視野裏，音樂是一種藝術形式、一種娛樂方式。作爲一種學術，研究這門學問的人纔知道它的真相，對於音樂學科之外的大部分研究者來説，也許音樂學術祇是爲音樂的表演和創作服務的應用研究。此外，音樂學術界通常

臧藝兵　集美大學音樂學院

必須采用的技術化研究描述,以及與其他學科的交叉融合偏少,特别是對哲學漸顯疏遠的態度,也使得這門古老學問在今天的時代,其内在價值没有得到應有的揭示。總之,無論是音樂以外的整個知識界,還是社會公衆,人們對滲透在我們生活中的、作爲知識之學的"音樂"關注甚少。自古以來音樂學是一個知識領域,同時也是一種獨特的學術路徑。作爲一種科學的方法,它依據一定的邏輯原理,擁有廣泛可供操作的自然科學的量化標準。作爲知識領域,是把音樂作爲一種物理的、心理的、美學的和文化現象對它進行研究。

(一)早期西方人對音樂的發現

儘管在西方,從畢達哥拉斯以來,關注音樂的哲人如柏拉圖、亞里士多德、赫爾墨斯、托馬斯、奥古斯丁、開普勒、笛卡兒、康德、叔本華、馬克斯·韋伯等不在少數,但是作爲"quadrivium"之一的音樂直到現代社會并没有像算術、幾何、天文一樣成爲純粹工具性的智慧之學。而至多祇是被思想家們另眼看待的一門"藝術"。

懷特海(A. N. Whitehead)在《科學與近代世界》(*Science and Modern World*)一書的第二章"作爲思想史要素之一的數學"中寫道:"純粹數學這門科學在近代的發展可以説是人類性靈最富創造性的産物。另外還有一個可以和它争這一席地位的就是音樂。"[②]懷特海雖然將音樂同數學"同日而語",但在該書中没有更多涉及音樂,他祇是在論述數學時這樣説:"推演出假設中所包含的完整模式来的邏輯推理的諧和是一種最普遍的審美性質。""'存在'的這種理性諧和是一個複雜事態的統一體所必需的,這種諧和再加上該事態的邏輯諧和所牽涉的一切完整體現就是形而上學理論的主題。"[③]一種事態的統一性所涉及的邏輯諧和既是排他的,又是無所不包的。"畢達哥拉斯第一個掌握了這一普遍原則的全部意義……他看出了數字在幫助人們叙述出自然秩序中所涉及的條件時的重要意義。"[④]在筆者看來,這些話也同樣適用於音樂。相對於語言和數學所揭示知識世界,音樂向我們描述的世界,事實上絶大部分我們都難以作實質性的解釋,它是那樣神秘、不確定、有趣和美好。

在人類的早期,音樂是人類與自然溝通的一種主要方式,隨着人類社會群體化發展,人類對自然的依賴程度减弱,音樂這種人與自然的對話的功能也隨之弱化。音樂從更多的“與天”變爲更多的“與人”。關於音樂與世界的關係變化,《音樂理論與自然秩序:從文藝復興到 20 世紀早期》(*Music Theory and Natural Order: From the Renaissance to the Early Twentieth Century*)一書這樣圖解(見圖一):

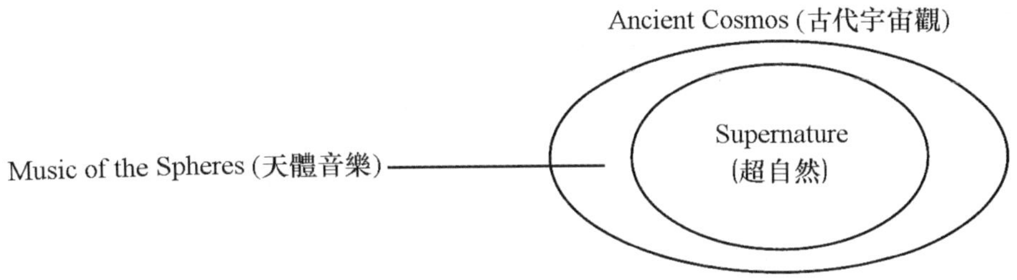

圖一

古代希臘天文、數學和音樂關係非常密切,在畢達哥拉斯看來宇宙是數字構成,而音樂是數字構成的一種宇宙現象。音樂中的和諧的數比關係體現了宇宙和諧的特徵。音樂涵蓋了宇宙中某些最基本的東西。曾寫過六卷《論音樂》的奥古斯丁認爲:所有發音的東西都處於運動之中,音的節奏性旋律性的關係是以變化着的被創造物或物體的數爲基礎的。在這樣的數之上,還有不變的、永恒的、精神的數[5]。從畢達哥拉斯、柏拉圖、萊布尼茨、開普勒到牛頓、愛因斯坦,音樂在他們的頭腦中,都不衹是單純娱樂和審美方面的事情。(見圖二)

在畢達哥拉斯的思想裏,音樂是有關宇宙萬物存在與秩序的哲學,音樂是數字,而宇宙是音樂[6]。“亞里士多德,在他的《形而上學》中展示一幅畢達哥拉斯的思想的清晰圖畫,告訴我們它是如何從數字的純粹原則中得到其物理世界的圖景的,最爲重要的是,這些原則是如何由音樂表現的:‘……音樂音階的屬性和比例是用數字表現的;因爲全部其他事情就其全部自然本性來説似乎也都是模仿數字的,而數字似乎是整個自然中的第一位的事情,他們認爲數字的要素便是一切事情的要素,而整個天堂便是一個音樂音階和一個數字。’”[7]

叔本華(Arthur Schopenhauer)説:“音樂完全孤立於其他一切藝術之外。我們不能把音樂看作世間事物上的任何理念的仿製、副本,然而音樂却是這麽偉大和絶妙的藝術,是這麽强烈地影響着人的内心;在人的内心裏作爲一種絶對普遍

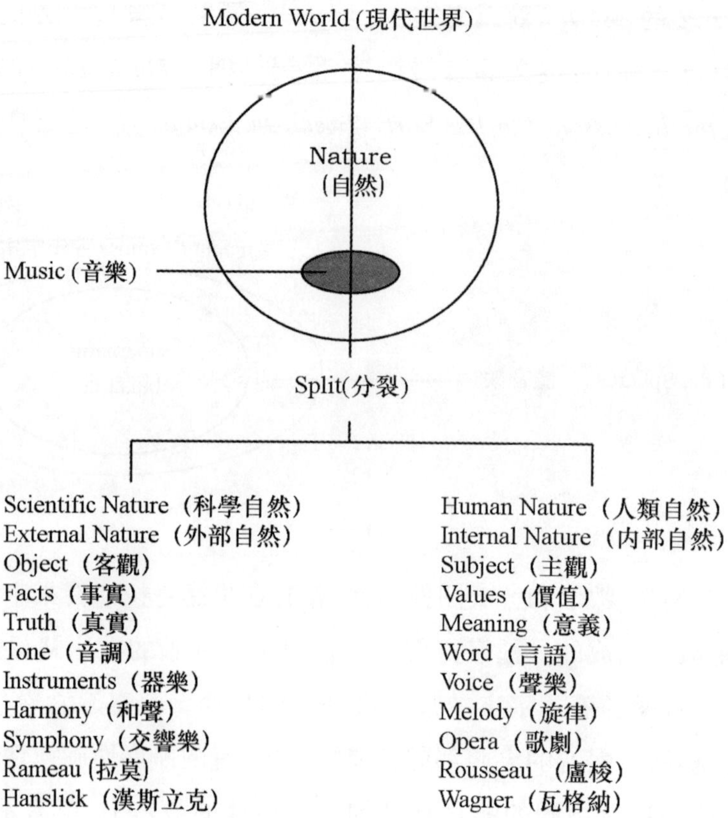

圖二

的,在明晰程度上甚至還超過直觀世界的語言,是這麽完整地、這麽深刻地爲人所領會;——以致我們在音樂中,除了一種'下意識的、人不知道自己在計數的算術練習'外,確實還有別的東西可尋。"⑧

整個歐洲文明歷史,宗教、哲學、音樂和科學一直緊密地交織在一起。但是,西方世界的廣泛音樂觀念到現代已經演變分化爲十分具體的藝術學科。音樂中那種引導人類不斷向宇宙廣闊的領域探索的認知功能在人類知識的主流話語中被逐漸淡化,以往對音樂的哲學意義的思考更多轉向審美的解析。音樂不再具有數學、天文、幾何一樣的"元學科"地位,儘管在人類的實際生活中,音樂同過去一樣在宗教、教育、世俗社會等領域發揮着超出人們預想的作用。音樂學科在人們精神中地位的跌落,到底對於人類的文明發展進程産生了什麽樣的影響,現在還很難判定。

（二）中國人對音樂法則的揭示

現代許多音樂考古成果，都反映了古老的中國人對音樂的卓越發現和運用。1986年在河南省舞陽縣賈湖出土了十八隻遠古的骨笛，根據考古的^{14}C測定和樹輪校正，這些骨笛距今約八千年。這批用鳥類腿骨做成的骨笛有七音孔和八音孔，保存完好的至今可以吹奏出我們今天的音樂曲調。特別是在骨笛的音孔處還有明顯的計算音孔位置的刻痕，説明我國古人已經有意識地利用聲學測量方法中的計量、分析手段來調校樂器的音準⑨。通過現代測音證明，當時的人已經具有音階的概念⑩。所謂音階（scale），是指人對音列内部各音之間音程關係的規格所指稱的一種結構形態。一種音階意識的形成，至少要涉及對聲音組織的三方面的認識：1. 對泛音列的認識；2. 對律高方面的意識；3. 對一列音關係的結構意識。這三方面的意識的產生，不僅説明了人對聲音的細緻感受力，更需要人對聲音秩序建立的深入認識和思考。以什麼樣的法則和技術手段來組織音樂的聲音，不僅反映出人對於聲音效果的審美追求，更反映人們按照自己的意志創造和控制聲音的能力。

1978年和1981年先後兩次在湖北省隨縣（現隨州市）城郊擂鼓墩出土了七千多件文物，其中有一百二十四件古代樂器，曾侯乙編鐘是其中的一套大型青銅樂器。兩千四百多年前，曾國是楚國的一個國中國，曾侯乙墓的墓主是曾國一位君主，名乙，侯是爵位。全套編鐘六十五件（甬鐘四十五件，鈕鐘十九件，鎛鐘一件）分三層九組懸挂在造型精美的繁複花紋鐘架上，其氣勢精微與廣大并絶。另有神奇之處，每個甬鐘都能敲出兩個樂音，兩個音構成一個三度音程。全套鐘總音域跨度五個八度，在三個八度的音程的中部音區内十二個半音俱全。可以旋宫轉調，演奏五、六、七聲音階的樂曲。鐘體鐫刻有錯金銘文兩千八百二十八字，主要用於表明各鐘發音屬於何律（調）的階名，以及這些階名與楚、晋、周、齊、申等國（地）的各律（調）的對應關係。

這套在文化聲譽上可與長城并提的大型青銅編鐘，不僅在於其精湛的鑄造工藝，更在於其編鐘設計中所體現的音樂理論成就，是先秦音樂思想物化實證。作爲墓主所在的曾國，并無自己的獨立的律名體系，它所應用的律名基本來自周王室，可知在文化上與周王室有着不可分割的聯繫。同時它與楚之間有着十分密切的關係[11]。同時,編鐘銘文刻有與其他國家銘文的對應關係,也説明當時其他各國音樂理論也有相應高度發展。

這兩種古代中國樂器的遺存狀況能夠充分説明先秦時期的中國人對音樂的整體認識水準以及音樂實踐水準。如果説舞陽骨笛反映的中國人對音樂高度認識的時間久遠性,那麼,兩千四百多年前的曾侯乙編鐘的出土,則更加充分顯示先秦時期樂器製造構想體現當時人們的音樂觀念,特别是這些青銅樂器至今演奏出的樂音,使我們在兩千多年後的今天,仍能真實領會當時音樂的音色,樂律體系等重要音樂要素。

古代的中國人對音樂的科學理性認識成就表現爲"律學"這門學科,它是從發聲體振動規律出發研究樂音的數量關係的科學,是中國獨特的一門學科,也是中國傳統科學文化的結晶,在西方語言中找不到相應的名詞術語。"二十四史"中多有專門篇章予以討論,它和古代的曆法一起,在史書上統稱爲"律曆志"[12]。

中國的律學誕生兩千多年來,一直都在尋求對樂律體系合理性的數理邏輯的論證,爲使音樂在進行中能夠進行一種圓滿的回圈轉調。理論上講,所謂十二律,就是將一個八度分成十二份,而十二平均律,則是將一個八度分成十二個平均等份,如同現在鋼琴上一個八度所包含的十二個半音。中國的樂律家從京房、何承天、蔡元定等一直都在設法計算使"黄鍾還原""旋相爲宫",直到明代的朱載堉纔完成了這個計算,比西方要早一百多年。兩千五百年左右,中國出現了"五度相生律",西方出現了"畢達哥拉斯律",其後,都分别出現了"純律",十七世紀前後則又分别出現了"十二平均律"。在音樂實踐的層面,依據不同的樂律創制音樂,體現對不同的聲音範式的文化心理適應,塑造不同音樂聽覺習慣。如中國民族音樂絶大部分使用五度相生律,構成了中國音樂的整體風格特徵,而西方音樂則主要運用十二平均律體現西方音樂的風格特質。另一方面看,音樂中的十二律、七聲音階等音樂法則殊途同歸的發現和運用,反映了人類常常在相互隔離的地區創造了相同的人類文明,并遵循着統一宇宙秩序的事實。就此一點,對於我們當下,過多强調不同地域文化的表層差異而忽視不同文化中的内在共性應該具有啓示。

樂律學是人類對樂音和諧秩序的理想追求,一方面,人類在各種音樂實踐中,憑藉自己的聽覺經驗,創造着各種“賞心悦耳”的音樂;另一方面,人類希望通過數理思維以及聲學試驗探求聲音和諧的秘密。同時,遠古的人們,還善於將對聲音的體驗和感受,對自然秩序的思考以及社會意識形態等結合起來整體思考,希望能夠從中發現綜合理解并把握這個世界的一種力量。他們對音樂理論所表現出的極大興趣,無論是在通過思考音樂揭示宇宙本質秩序方面,還是運用音樂造福人類社會所作的現實努力,都超出我們今天所理解的音樂學科範圍。

音樂對於人類社會具有强大的影響力,對此最具信念的是先秦西周的統治者。爲此他們設計了一種以禮和樂爲主幹的社會管理制度,這個制度在中國歷史上延續了三百多年,它的逐漸形成是一種文化的建構過程,經歷了近百年。

作爲一種社會文化,從制度層面來看,周代統治者將音樂作爲管理國家的主要手段,“制禮作樂”建立起國家的“禮樂制度”,足夠説明音樂在早期中華文明中處於非同一般的地位。如果説原始時期的禮和樂是自然統一於先民的各種祭祀活動之中,那麽經過夏商兩代階級政權之後,到周代前期就人爲地結合在一起,成爲周代統治性文化結構的重要部分。禮和樂演進到其第二層含義——典章和教化,進入到新的階段——禮樂制度階段⑬。從《禮記》等文獻對音樂社會功用的闡釋來看,音樂的範疇在當時涵蓋了天文曆法、哲學、數學、政治、道德等領域。

“禮”主要包括國家典章制度以及社會外在行爲規範。“樂”是滲透在禮之中的各種音樂,用於完善人的内心秩序和情感,二者“相須爲用”。“禮主其減”,禮具有節制人精神的作用,“樂主其盈”,音樂具有張揚人性自由的一面,是所謂“樂由中出,禮自外作。樂由中出,故静。禮自外作,故文。大樂必易,大禮必簡。樂至則無怨,禮至則不争。揖讓而治天下者,禮樂之謂也。暴民不作,諸侯賓服,兵革不試,五刑不用,百姓無患,天子不怒,如此則樂達矣。合父子之親,明長幼之序,以敬四海之内,天子如此,則禮行矣”⑭。禮樂的宗旨是内外同治建立社會秩序。

禮樂爲什麽會具有如此的功用價值呢?《禮記·樂記》中説:“天高地下,萬物散殊,而禮制行矣。流而不息,合同而化,而樂興焉。春作夏長,仁也。秋斂冬藏,義也。仁近於樂,義近於禮。樂者敦和,率神而從天;禮者别宜,居鬼而從地。故聖人作樂以應天,制禮以配地。禮樂明備,天地官矣。”⑮

上述説明,禮制的設立,不是主觀隨意,而是根據天地萬物的特性和差異,遵循自然之理。而樂制的確立,則是依據了天地萬物的運動變化,而和合化育。生命的春生夏長,體現着天地的仁厚、慈愛;秋收冬藏,體現着自然的嚴正、義律。仁和樂、義和禮的性質相近。音樂貴在同合,而遵從宇宙的天道法則;禮則使我們區别大地萬物的屬性:所以聖人創制音樂,以對應宇宙法則,昭明禮制,以諧配人的生存。禮樂都完備了,天地萬物自然各得其所。

在今天的人看來,這裏表達的是一種人與自然和諧共存的社會理想,雖然我們現在不能夠確認這種社會理想當時在多大程度得以實現,但是從稍後孔子的言論中,從戰國時期大量思想家自由的精神狀態中,筆者傾向相信此種社會的確在相當的程度上存在過。不然東周時的孔子也不會有"禮崩樂壞"的感嘆。事實上,即便禮樂社會没有存在過,按照人類今天的情况,世界仍然面臨着許多同兩千多年前同樣的問題。禮樂制所描繪的社會理想,仍然具有現實意義。

比畢達哥拉斯早去世二十年的儒家聖哲孔子,是一個極其崇拜周代禮樂制度的人。他所常常念道的"克己復禮",就是希望復興周代的禮制。文獻記載孔子自己是一個熱愛音樂的人,也會彈琴唱歌。《莊子·山木》中説,孔子曾困於陳國和蔡國之間,七天不能生火做飯,但仍然敲着枯木,唱着神農時代的歌謡[16]。他在教授三千弟子的核心課程中繼承了周禮中包含音樂的"六藝":禮、樂、射、御、書、數。從先秦時期的教育看,對音樂的重視不僅是孔子個人的喜好,也是那個時代文化的特徵。

中國學術史有"六經注我,我注六經"之説,這六經是《詩》《書》《禮》《樂》《易》《春秋》,這話有些言過其實,但"六經"的確是中國文化濫觴的主要經典,也足可以説明,《樂》經在中華文明歷史中一直是倍受重視的。遺憾的是,這"六經",實際上現在留存的祇有"五經",據説《樂》經是在"秦火"中被焚毁了,無從考稽,這也使得被先秦儒家推崇備至的周代"禮樂制度"中的"音樂"的真實面貌,成爲千古之謎。

儘管《樂》經的具體内容没有流傳下來,但從"三禮"中我們可以知道西周近三百年間"禮樂"諧配、規模、教育傳承等在當時的社會生活中的重要的情况。禮樂文化從理論到實踐都具有完備的内容。無論是民間的日常喪葬婚禮還是宫廷的祭祀禮儀,如何演奏音樂,用什麽樂器演奏,樂器的擺放、演奏人數、演奏的樂曲等,常常都有細緻的規定。如:“大師掌六律六同,以和陰陽之聲。陽聲:黄鍾、太蔟、姑洗、蕤賓、夷則、無射。陰聲:大吕、應鍾、南吕、函鍾、小吕、夾鍾。皆文之以五聲:宫、商、角、徵、羽。皆播之以八音:金、石、土、革、絲、木、匏、竹。”[17]

上述大師所掌的音樂内容:“十二律”“五音”前已及,而“八音分類”則是世界音樂史上按照製造樂器不同的材料質地對樂器進行的最早的分類,距今已有三千年歷史。這幾個重要概念一直是中國音樂理論和音樂形態變化所依據的核心内容之一。

從中國歷代撰修的史書典籍中我們可以看出,音樂在統治思想體系中的象徵意義一直被延續下來(見表一):

表一

書名		史記	漢書	三國志	晉書	宋書	南齊書	梁書	陳書	魏書	北齊書	周書	南史	北史	隋書
志目	1	禮書	禮樂志		禮志	禮志	禮志			禮志					禮儀志
	2	樂書			樂志	樂志	樂志			樂志					音樂志

書名		舊唐書	新唐書	舊代五史	新五代史	宋史	遼史	金史	元史	明史	清史稿
志目	1	禮儀志	禮樂志	禮志		禮志	禮志	禮志	禮樂志	禮志	禮志
	2	音樂志		樂志		樂志	樂志	樂志		樂志	樂志

此外,中國古籍“十通”(《通典》《通志》《文獻通考》《續通典》《續通志》《續文獻通考》《清朝通典》《清朝通志》《清朝文獻通考》《清朝續文獻通考》)以及歷代“會要”“類書”中均有“禮”“樂”的門類[18]。這些典籍是中華文明的重要組成部分,音樂在其中具有結構性的地位。

中國文明是世界上唯一没有中斷過的古老文明。如果説周代的禮樂文化不是一朝一夕形成的,那麽我們可以説從夏商開始,就存在極其重視音樂的禮樂文明,這種文明一直延續下來。禮樂制度在歷代宫廷中的存在,對於統治者來説,是政權順應天道,天下萬物、舉國萬民和諧共存,國運昌盛的政治文化象徵,代代傳襲。即便改朝换代也要重新制禮作樂。在民間,宫廷禮樂有廣泛的民間延伸,更有民風禮俗的培育和傳承,《禮記》所記載的禮樂實施規則,特别是婚喪之禮,直到現在,在我國許多鄉村民間生活中還能看到。

從宇宙秩序、自然法則到社會禮儀、行爲規範,再到個人言行、心性調理,中華禮樂精神千年綿延,中國人"樂和天地人和""樂者天地之和也,禮者天地之序也""禮自中出,樂自外作"的觀念,深深影響着他們的處事態度和生活方式。

二　對人類音樂法則的解讀

(一) 音樂與自然法則

音樂像數學一樣,是人類自己創造的非自然的文化形態,體現着自然界的法則。愛因斯坦(Einstein)説:"這個世界可以由音樂的音符組成,也可以由數學的公式組成。我們試圖創造合理的世界圖像,使我們在那裏面就像感到在家裏一樣,并且可以獲得我們在日常生活中不能達到的安定。"[19]人在聆聽音樂的時候,能夠獲得一種美的愉悦,正是對世界和諧秩序的一種體驗,而這種和諧秩序的産生,來源於我們對於自然秩序的領悟和采用的音樂轉换。這種領悟有些能夠通過科學的手段被實證解釋,有些則超越了我們的科學經驗。

中國文化將人的一切行爲以及社會秩序都同天道聯繫在一起,是基於人們對天象運動規律的觀測,人們依據日月星辰的天時和大地萬物的地象,綜合處理人們日常生活及事物。十二律就是同天象聯繫在一起的。史籍記載十二律音高的産生是黄帝的樂官伶倫聽鳳凰鳴叫而定的:"昔黄帝令伶倫作爲律。伶倫自大夏之西,乃之阮隃之陰,取竹於嶰谿之谷,以生空竅厚均者,斷兩節間,其長三寸九分,而吹之以爲黄鐘之宫,吹曰舍少。次制十二筒,以之阮隃之下,聽鳳凰之鳴,以别十二律。其雄鳴爲六,雌鳴亦六,以比黄鍾之宫適合。黄鍾之宫皆可以生之,故曰‘黄鍾之宫,律吕之本’。”[20]

《禮記·月令》記載了每月的儀式,包括奏樂用何種音調、定律用何種音高等的諧配使用情况。如:“孟春之月……其音角,律中大蔟。”“仲春之月……其音角,律中夾鍾。”“季春之月……其音角,律中姑洗。”[21]十二律的律名意義也是同自然相聯繫的,如黄鍾,“黄鍾者,是六律之首,故以黄鍾爲名。黄者,土之色,陽氣在地中,故以黄爲稱。鍾者,動也,聚也。陽氣潛動於黄泉,聚養萬物,萌芽將出,故名黄鍾也”,太蔟,“太者,大也。蔟者,臻也。言正月之時,萬物之生。隨於陽氣,蔟地而出,故爲之太蔟”[22]。

黄帝是中國人的始祖,關於音樂與自然,黄帝同他的臣子北門成曾有這樣精彩的對話,載於《莊子·天運》:“北門成問於黄帝曰:帝張咸池之樂於洞庭之野,吾始聞之懼,復聞之怠,卒聞之而惑;蕩蕩默默,乃不自得。帝曰:‘汝殆其然哉!吾奏之以人,徵之以天,行之以禮義,建之以大清。夫至樂者,先應之以人事,順之以天理,行之以五德,應之以自然,然後調理四時,太和萬物。四時迭起,萬物循生;一盛一衰,文武倫經;一清一濁,陰陽調和,流光其聲;蟄蟲始作,吾驚之以雷霆;其卒无尾,其始无首;一死一生,一僨一起;所常无窮,而一不可待。汝故懼也。”[23]

這是黄帝對《咸池》一曲第一部分音樂的闡釋,充分説明了他依據自然變化而演奏音樂的哲學理念,將自然、音樂和人的感受融爲一體的狀態。

春秋時期的《管子·地員》是一篇研究土壤學的論文。該文中,作者提出了音律與農業生産等相關聯的論點,把音的高度與井的深度及植物生長三者相互聯繫起來。管子把宫、商、角、徵、羽等由低到高的一列音,與家禽的鳴聲相比擬:“凡聽徵,如負猪豕,覺而駭。凡聽羽,如鳴馬在野。凡聽宫,如牛鳴窌中。凡聽商,如離群羊。凡聽角,如雉登木以鳴,音疾以清。”[24]今天來看,這種比附在音樂實踐中,并非完全没有道理,我們從一些徵調式、羽調式、宫調式、角調式、商調式的民歌中是能夠體驗到這段話的絶妙之處的。

而在杜佑《通典》中,五音則表述爲另一種文化象徵意義:“宫者,義取宫室之像,所以安容於物。宫者,土也,土亦無所不容,故謂之宫。又宫者,中也,義取中和之理。其餘四聲而和調之。”“商者,金也,金堅强,故名之。亦當時物皆强堅成就之義也。”“角者，觸也，言時萬物象陽氣觸動而出。角者，木生從地而出，觸動之義也。”“徵者，止也，言物盛則止，象陽氣盛而止。又徵者，火也，火生炎盛之義也。”“羽者，舒也，時陽氣將復，萬物孳育而舒生也。”㉕

以上五音與自然和政治的關係，儘管可以看作是一種文化的象徵表達，但在今天的人看來，難免感到有些附會。事實上，這種關係包含了當時人們通過音樂活動對人類社會及世界萬物一體化秩序的一種追求。

音樂使我們對大自然産生無限的親近感，音色起着重要作用。譬如，短笛的任何吹奏都無法使我們不去想象鳴叫的小鳥就在眼前；古箏和豎琴總把我們帶到江河湖海的情境中；古琴的音色也總使我們體驗浩淼的宇宙和無垠的時間；大鼓聲響如同雷聲；吊鈸聲響如同閃電。

人類依照自然的法則制造樂律，按照樂律製造樂器演奏，根據樂律的聲音法則演奏演唱音樂，既能模仿自然界的聲音，又能夠完全創造出自然界没有的聲音。因此，音樂能唤起人類對自然的融洽感，有助於人與自然的溝通。人在音樂中能夠獲得類似在自然中體驗到的東西。音樂的十二律與一年的十二個月，一周的七天與音樂音階的七個音，當我們知道最早的天文曆法同音樂樂律的關係之後，你還能夠説這完全是一種數字上的偶合和附會嗎？音樂的律動與人生命的心脈律動以及自然界律動存在着某種神奇的趨同性。這是音樂的節奏總能觸及我們内心并牽引我們意識的一個重要秘訣。爵士樂中常常運用“連續切分”的節奏，改變正常音樂的節律，便使人獲得不穩定和躁動的刺激。音樂中變化萬千的樂音尋求和諧統一運動，同大千世界萬物共生共存依賴關係，存在着某種對應性的異質同構。

最近，中國量子衛星技術的突飛猛進，使人們的目光聚焦到量子力學理論，人們發現量子力學的出現，似乎顛覆了人們對宇宙的根本看法，也使得我們對過去被我們稱爲神秘文化的力量有機會重新看待，特别是對中華文化貫穿古今的禮樂思想有了重新的認識。爲什麼中華文明被稱爲禮樂文明？從禮樂治國到和諧社會，爲什麼禮樂思想在中國人的生活中綿延數千年？波普爾認爲，世界存在的基本物質形態是振動，低頻的是看得見的無知，高頻的是思想觀念。而音樂這種神奇的以聲波振動若隱若現地影響人類的精神世界的東西，與暗物質、量子糾纏、薛定諤的貓等有着怎樣的關聯，音樂是否可以成爲未來的數學，爲未可知。

（二）音樂與神性法則

幾乎所有的宗教都需要借助音樂進入神性的世界或促成神靈的降臨。似乎衹有彌漫在音樂之中，人們纔能感受到是人和神共處在一個時空中。人們創造這種時空的途徑，是在各種宗教儀式中運用獨特音樂帶給人一種迷幻（trance）的狀態。早期的基督教曾經將耶穌描繪成一個音樂家，基督教教堂穹隆的房頂更有利於聲音的混響，教徒們在管風琴的伴奏下集體演唱聖詠，更容易形成天國的氛圍。

早期基督教著作家所描繪的最有力的象徵物乃是想象中的所有的音樂，它是一個巨大的和諧秩序的組成部分，由神創造并維繫。神是最偉大的作曲家，他譜寫的乃是宇宙中的和諧。由此，人類所創造和演奏的音樂表達一個象徵着無限崇高偉岸的意圖，正契合神的造物，對於基督教而言，認可音樂具有神秘的屬性成爲至關重要的推理結果，尤其在對音樂之美的認知上，聖·托馬斯·阿奎那認爲“美是秩序的光彩”[26]。

没有宗教音樂的存在，我們甚至很難想象世間宗教的存在。信衆對神性的接近極大地依賴音樂的力量。他們的心中天堂和神的樣子也許并不一樣，音樂恰好爲他們提供了構築自己天堂和神性的心理時空。音樂之神秘，也許使他們相信，它甚至不衹是神與人的語言，也可能是神與萬靈的語言。因爲音樂不僅可以安撫腹中的胎兒，也能使奶牛多産牛奶，使番茄生長得更好。衹要能夠感受到聲音的物種，都能夠通過音樂獲得對它們有用的訊息。音樂是萬物與神溝通的橋梁，儘管不是所有的人都意識到的這個意義上的橋梁；音樂是神人共用的語言，儘管不是所有的人都意識到的這種意義上的語言。

音樂能隨時呼喚人性的平等和尊嚴意識。不論是國王還是乞丐，不論是囚徒還是富翁，不論是幼稚的孩童還是博學的老者，不論是專業音樂家還是普通聽衆，在音樂中，生命尊嚴得到等同對待。個人分享音樂的權利得到同樣尊重。

真正的音樂，可以跨越時空，超越形式的繁簡，山野村夫的歌聲和氣勢龐大的交響樂，都可以震撼人類的靈魂。在一切生命面前，音樂永遠都是摯情深重的朋友。音樂没有貴賤高下之分，衹有被理解和被感悟的差異。音樂體現了生命的多元、文化的多元以及多元背後的平等。

（三）音樂與自由、秩序法則

聯合國《2000 年人類發展報告：人權與人類發展》認爲："所有文明的標志是對人的尊嚴和自由賦予的尊重。"[27]被譽爲"經濟學良心"的阿馬蒂亞·森（Amartya Sen）説："發展可以看作是人們享有真正自由的一個過程。"[28]

如果我們把原始人類最初獲取獵物之後的滿足呼喊稱作原始音樂的話，那麽，自從地球上有了人類，這種文化範式就是爲了表達人的心靈的自由而産生的。隨着人類社會借助聲音表達自由的方式愈加豐富，音樂也越來越多地同人類的生活融在了一起，這既是人類創造音樂的過程，也是人類追求自由和秩序的心理歷程。任意呼喊和敲擊的聲音雖然可以反映心靈的自由感受，但是節奏感和泛音列這種有規律、有節制的和諧聲音能夠給精神帶來更大的滿足。於是，人們開始努力不斷地豐富音響和建立聲音秩序。這種尋求秩序的要求，不是來自外力的迫使，而是内心的渴望，一種同自由相對應的要求。人類的音樂歷史發展表明，人們將越來越多的聲響材料賦予音樂的意義，其範圍遠遠超出樂音甚至樂音型噪音的界定[29]。人類對聲音的組織觀念、結構形態、組織方式是人類思想史的一部分。無論是作曲者還是演奏者、演唱者、電聲合成者，對聲音的選擇和組合一方面取决於他們的思想觀念和情感喜好，另一方面新的音樂構成又成爲他們新思想的來源之一。

音樂歷史的演進，能帶給人類審美之外的啓示是：人類對聲音材料自由選擇的態度與建立音響組合秩序的精神，以及對此長期所持有的平静而富創造的心態，培養了人的一種思維品質。這種品質促使人們把自己的生活安排得更自由、有序、精緻、幽雅。在現實的音樂生活中，音樂創造是在尋求最佳秩序形態的前提下實現自由價值。人通過音樂所體現的精神自由是在追求聲音和諧與心靈和諧的統一中完成的。

音樂所體現的自由與秩序價值，還表現在某一具體的音樂不僅適於滿足各種差異的生命狀態，同時，不同的生命狀態也能夠在同一音樂範式中獲得精神的認同感。音樂範式的精神認同完全包容自由個性的張揚。這種尊重差異的共同性使不同的音樂範式實現了自由的動態和諧共存。

自由與秩序在音樂範式中的另一表達,是我們能夠在音樂中發現人類最大的寬容和最極端的苛刻并存的原則。

在人類的現實生活中,每當我們張揚個人自由的時候,總會面臨與秩序的矛盾,因爲人是社會文化積澱過程中的產物。但是在音樂中,當我們努力表達自由的時候,常常會誕生一種相應的新秩序。新的秩序爲自由而生,它總是被舊秩序所接納和包容。當我們意欲創造新音樂的時候,圍繞着我們的却又是期待的心靈。

音樂這種充滿數理、邏輯的思維活動,居然那樣不可思議地將不可捉摸的情感、漫無邊際的想象、人言人殊的美感輕鬆地統攝在一起,心靈的自由在這裏似乎遭遇不到任何阻力。

人對自由的體驗不是無拘無束的,而是對秩序的認識和駕馭,這同我們對音樂的體驗是一致的。當一種完美、和諧的音響秩序建立起來的時候,我們的心靈體驗到的是一種自由的暢快。

爲什麽人類能夠在音樂中實現自由與秩序的和解?因爲人們從來不認爲在音樂中漫無邊際地拼湊音符就是優美的音樂,也從來不認爲那些嚴格的數學和邏輯法則必須凌駕於我們的心靈之上。

美與自由和秩序從來都是交織在一起的。無論哪一種審美判斷都不可能將音樂美排除在外。有的哲學家認爲:美是客體内在依賴於心靈的性質[30],而音樂又是一種通過組織音響刺激和挑戰心靈的藝術[31]。音樂對於人心靈的影響在各種藝術門類中最爲直接。簡單的行走和奔跑都能產生律動,將身心與節奏點同步就能產生愉悦感。因此,音樂中音的運動所表達的美對於心靈的作用最爲顯著。從純粹美學的角度看,愛德華·漢斯立克(Eduard Hanslick)認爲:“音樂美是一種獨特的衹爲音樂所特有的美。這是一種不依附、不需要外來内容的美,它存在於樂音以及樂音的藝術組合之中。優美悦耳的音響之間的巧妙關係,它們之間的協調和對抗、追逐和遇合、飛躍和消逝,——這些東西以自由的形式呈現在我們直觀的心靈面前,并且使我們感到美的愉快。”[32]在通常情况下,音樂就是美與和諧的代名詞,衹有在特定的條件下,人們纔會下“這是糟糕的音樂”這樣的判斷。“如果我們發現從對感觀的依賴性可以過渡到道德上的自由,我們就不應該再感到困惑不解,因爲美就是對感官的依賴性可以同道德上的自由完美地共存的例子,就是人們爲了發揮自己作爲精神的作用并不需要逃避物質的例子。美這一事實告訴我們,人可以是自由的,而又仍然可以是感官性的。”[33]

當我們把真的概念引入音樂的時候,我們便發現,音樂聽起來是虚空的,其物質的表現形態是看不見的,但是這種聲波的物質屬性不可否認。更重要的是它有效作用於人的靈魂,是一種無法弄虚作假的事。中國的先民曾説:“惟樂不可以爲僞。”因爲即便是虚僞的音樂也一定是將虚僞的心靈一同呈現出來,依然給我們一個真實。現代人支離破碎的精神就在我們的日常音樂中有所展現:原來在録音棚一點點拼貼出來的演唱效果是經不起考驗的,當歌星面對公衆的時候,他們往往在盡力地表演口型和表情。儘管大衆并非完全不知道,但也欣然接受這一切。這就是一種大衆文化心態:極度的虚榮和浮躁文化透過音樂而真實地浮現。

當都市的人們對浮躁的文化、雜交的文化生出些許厭倦的時候,原生態的民歌形式開始在媒體中出現,人們對那種淳樸、未加修飾的民歌的興趣,反映了大衆的一種心理需求。但是,媒體對原生態民歌形式躲躲閃閃的舞臺化包裝,又反映了都市人内心深處對真正質樸的一種隔膜。這一切都做不了假。

真實不一定都意味着音樂的特性,但對於人的心靈來説,不真實的虚假,不能使我們接近宇宙原本的秩序存在,也不能使我們感受到真正的音樂。

以善的培育爲基礎的倫理體系認爲,一系列的規則限定了正確與錯誤,好人就是時刻記住這些規則,并在行動上與這些規則一致的人[34]。音樂可以看作是一種具有普遍意義的抽象的道德。樂者,德之華也。在人類的實際生活中,雖然音樂與人類惡的行爲聯繫在一起的現象少之又少,我們不能認定熱愛音樂就能導致必然的善的行爲,但音樂確實是一種能夠爲人的心靈帶來秩序暗示的藝術,而我們通常所理解的心靈秩序,恰恰是一種道德感:告訴我們如何行動,決定我們在特定場合下做該做的事情的一組規則。同時我們很難理解一個心靈有序的人,行動是無序和荒誕的。可是,如果當人瘋癲了,音樂如何作用瘋癲人和人群?這是一個有趣的研究。第二次世界大戰時期的德國和中國的“文化大革命”時期,都不是音樂缺乏的時期,相反音樂極其盛行。在“文化大革命”時有情緒癲狂的語録歌,有内容充滿革命但音樂精緻的樣板戲。戰争中的德國飛行員聽着莫扎特的音樂,向城市空投着炸彈,也是常有的事情。音樂在多大"用量上"醫治瘋癲,從而使人獲得正常的道德感,相信是非常值得研究的課題。

人類在創造音樂的整個過程中,始終圍繞着天、地、人三者的和諧存在進行着全方位思索。董仲舒《春秋繁露》曰:"天、地、人,萬物之本也。天生之,地養之,人成之。天生之以孝悌,地養之以衣食,人成之以禮樂。三者相爲手足,合以成體,不可一無也。"㉟

人之成爲人在禮樂,人具有融入天地的本性和能力,表現在禮樂的數理性、情感性、審美性、道德性、符號性、整合性、獨創性等方面。人類通過各種音樂活動所建立起的音樂思維範式,能夠使人獲得對生命的獨特領悟和對宇宙秩序的特有洞察。

當音樂能夠在感知、美、道德方面帶給我們綜合性的領悟的時候,音樂拓展我們的智慧是一件順理成章的事。理想的音樂所創造的是一種即時即刻的智慧,它對無益於人的混亂時空往往是一種無形無狀的彌蓋。音樂甚至不對它們作無謂的修改和糾正,有時音樂在隨時拉起的一道"無知之幕"上,呈現美麗的宇宙風景。

三　音樂法則與人類生活

談論音樂與我們生活的關係,是一個極其現實而又充滿理想色彩的話題。但是現在我們不得不從我們這個世界的失序説起。因爲眼下的人類舞臺似乎正在演奏着一首首十分不協調的樂曲:坐空能源與環境持續惡化;絶對貧困與相對奢侈與日俱增;局部戰争與全球恐怖蔓延;核戰争對人類的毁滅如頭頂懸劍;爲基本生存被迫付出人的尊嚴與自由;物質條件改善的同時人的幸福感却在衰減;等等。

仔細想來,人類當下所面臨的各種各樣的危機,甚至極端衝突的戰争背後,莫不是文化危機使然。中國有句俗語叫"先禮後兵",文化是"禮",禮之不存則兵戎相見。中國人講究"以禮相待""禮尚往來""來而不往非禮也",禮是人類交往中互敬互愛的表達方式,是相互瞭解、相互適應的彈性空間,是各種文化中高尚道德的體現。各民族的禮俗是從各自的文化傳統中生長出來的,是“樂”的和諧内心中流露出來的。由此可見,以文化作爲互相溝通的管道,不僅可以使人與人之間容易建立起互敬互愛、互諒互讓的關係,更可以有效避免禮之不存、兵戎相見的結果。所謂世界和平、共同繁榮、全球治理,與其説是重構世界政治、經濟新秩序,不如説是從根本反思全球範圍内的文化的態度。人類在政治、經濟活動中既要反思忽視文化介入所産生的不良後果,也要反思少數文化素養欠佳的政治家,因爲莽撞、衝動和偏狹所作出的不當決策,給全人類帶來的連鎖性的災難。

也許將音樂及其學術説成是救世之學有些聳人聽聞,儘管從周代開始,中國人就是這麼主張的。但如果將當今人類社會的失序、部分自然界的失序以及人與自然關係的失序都歸因於人類心境的失序,再從音樂對營造人類心境秩序方面所發揮的獨特作用的歷史事實來看,説音樂具有某種救世之功效也不爲過。我們也能夠理解孔子爲什麽對“禮崩樂壞”那麽心憂感嘆了!

心境本身呈現了一種人對世界的反應態度[36]。任何個人、群體、種族、國家的狀態、一個事件、一種行爲方式等,莫不是人心境的一種反映:戰争表達一種仇恨的心境;和平表達一種對衝突的排斥、對和諧美好的嚮往和珍惜的心境;掠奪表達一種貪婪的心境;任何形式的强權與霸權無論用什麽辭藻掩飾,事實上都表達着一種暴戾、粗野、蠻横的心境……個人和群體的某種心境的形成,其原因是多方面的,可能是歷史事件的影響,也可能是文化因素所決定。我們的心境一方面被外部的世界(包括音樂)所建構,反過來,我們的心境又建構着我們周圍的世界。這種情形在一個人、一個家庭、一個族群、一個國家、一個地區乃至全人類中時刻都有表現。

政治、經濟、文化等要素無時無刻不在影響我們的心境,决定我們的某些整體特徵。作爲文化要素之一的音樂,除了在國家典禮儀式、政治活動場所、正統教育體系、官方媒體中播放之外,更多在家庭、商店、電梯、公共交通工具、大街、商務儀式、表演、宗教、體育活動、醫療活動等各種公私場合,隨時隨地直接影響人們的心境,并影響我們的日常行爲,從而深刻、無形地影響着我們的世界。音樂可以使人的心境平和,也可以使人的情緒狂躁,可以使人明智,也可以使人盲從,可以改變人一念之間的決策,總之,音樂對於人類非凡的影響力,是在不經意中發生的。這一點早已被人類所認識,如孔子就説過:“移風易俗,莫善於樂。”而風俗就是人群生活的行爲模式。

關於音樂對人類生活的影響,這是一種常識性的知識,每一個受過基本教育的人,都能夠從自己的社會生活中感受到音樂的存在。音樂人類學家艾倫·帕·梅里亞姆(Alan P. Merriam)將音樂對人類生活的影響分爲十個方面:1. 情感表達;2. 美的享受;3. 娛樂;4. 傳達資訊;5. 象徵表示;6. 律動信號;7. 用於社會規範;8. 用於風俗禮儀;9. 對於文化連續和穩定的作用;10. 社會凝聚作用㊲;并從觀念(concept)、聲音(sound)和行爲(behavior)三個觀察的向度㊳,考察音樂同人類生活的千絲萬縷的聯繫。人類音樂的觀念體系、音響形式、行爲方式共同構成了人類完整的音樂概念和音樂文化的範式。不同的音樂文化範式對應着人類不同的生活方式㊴。

我們今天所知道的音樂門類有:流行全世界的西方古典音樂,各國自己的傳統音樂,跨越國界的流行音樂,富有先鋒精神的現代音樂,也有專屬不同教派的宗教音樂,也有按照地理語言形成的區域音樂,也有按照民族身份形成的民族音樂等。這些不同音響風格和文化屬性的音樂,將豐富多樣、大相徑庭的人類精神世界一并展現,但凡靈魂真實體驗,無不覺得神奇。

四　結　語

九十七年前,伯特蘭·羅素(Bertrand Russell,1872—1970)在中國進行了爲期九個月(1920 年 10 月 12 日至 1921 年 7 月 11 日)的考察訪問之後,翌年,他出版了一本關於中國的書,書名叫《中國問題》(*The Problem of China*)。羅素在書的開篇寫道:“顯而易見,中國目前的問題主要歸結爲經濟、政治和文化這三個方面。它們之間相互關聯,不能單獨加以討論。我個人認爲無論對於中國還是對於世界,文化問題最爲重要。衹要文化問題能夠解決,無論采用哪種政治或經濟制度去實現這一目的我都能接受。然而,不幸的是,當政者往往視金錢與權力爲自身與國家的根本,而置文化問題於不顧。藝術家在當今商業社會裏走投無路,這已成了小説家和道德説教者的老生常談。畫家窮困而死,收藏家則收購他們的遺作,却自夸爲慈善之舉。中國也許可以視爲一個藝術家的國度,她具有藝術家所具有的所有善惡之德:其善主要有利他人,而其惡却足以危害自己。中國人的這些美德能流傳下去嗎?抑或,中國爲了生存下來,反而不得不去選擇那些損人利己的惡德。如果中國真的照搬她正在與之打交道的這些外國的模式,這個世界又將會變得怎樣呢?”[40]可以告慰羅素的是,中國解決了自身的許多問題,没有完全變成羅素所預言的那樣,但是,羅素所提出的問題并非得到根本的解決,對於中國和世界的未來來説,羅素的警言仍不失爲一柄頭頂懸劍。

羅素還在書的題頁後引用了《莊子·應帝王》中的一段話:“南海之帝爲儵,北海之帝爲忽,中央之帝爲渾沌。儵與忽時相與遇於渾沌之地,渾沌待之甚善。儵與忽謀報渾沌之德,曰:‘人皆有七竅以視聽食息,此獨无有,嘗試鑿之。’日鑿一竅,七日而渾沌死。”[41]用以表達他對文明世界整體結構性的崇尚和未知事物的尊重。

2004 年 9 月 12 日於武昌兩湖書院初稿

2017 年 5 月 15 日於厦門集美學村二稿

注　釋

① “The New Grove Dictionary of Music and Musicians,” no. 12 vol. *Musicology*, New York: Oxford University 1980, pp. 836-838.

② 〔英〕A. N. 懷特海《科學與近代世界》,何欽譯,商務印書館 1959 年版,第 20 頁。

③ 同上書,第 27 頁。

④ 同前注。

⑤ 〔日〕野村良雄《音樂美學》,金文達、張前譯,人民音樂出版社 1991 年版,第 9 頁。

⑥ 參見〔美〕傑米·詹姆斯《天體的音樂:音樂、科學和宇宙自然秩序》,李曉東譯,吉林人民出版社 2003 年版。

⑦ 同上書,第 27 頁。

⑧ 〔德〕叔本華《作爲意志和表象的世界》,石冲白譯,商務印書館 2011 年版,第 337—338 頁。

⑨ 韓寶强《音的歷程:現代音樂聲學導論》,中國文聯出版社 2003 年版,第 119—120 頁。

⑩ 黄翔鵬《舞陽賈湖骨笛的測音研究》,《文物》1980 年第 1 期,第 25—39 頁。

⑪ 崔憲《曾侯乙編鐘鐘銘校釋及其律學研究》,人民音樂出版社 1997 年版,第 5 頁。

⑫ 戴念祖《中國聲學史》,河北教育出版社 1994 年版,第 5 頁。

⑬ 楊華《先秦禮樂文化》,湖北教育出版社 1997 年版,第 48 頁。

⑭ 《禮記・樂記》,《十三經注疏》(清嘉慶刊本),中華書局 2009 年版,第 3315—3316 頁。

⑮ 同上書,第 3319 頁。

⑯ [清]郭慶藩《莊子集釋》,王孝魚點校,中華書局 1961 年版,第 690 頁。

⑰ 《周禮》,《十三經注疏》(清嘉慶刊本),第 1717 頁。

⑱ 張傳璽《中國歷史文獻簡明教程》,北京大學出版社 1990 年版,第 282 頁。

⑲ 〔美〕愛因斯坦《愛因斯坦文集》,許良英等譯,商務印書館 1984 年版,第 284—285 頁。

⑳ 許維遹《吕氏春秋集釋》,中華书局 2009 年版,第 120—122 頁。按:原引文"鍾""鐘"混用。

㉑ 同注⑭,第 2928—2951 頁。

㉒ [唐]杜佑《通典》,王文錦等點校,中華書局 1988 年版,第 3633 頁。

㉓ 同注⑯,第 501—502 頁。

㉔ 黎翔鳳《管子校注》,梁運華整理,中華書局 2004 年版,第 1080 頁。

㉕ 同注㉒,第 3635 頁。

㉖ 〔英〕安德魯・威爾遜-狄克森《基督教音樂之旅》,畢祎、戴丹譯,上海人民美術出版社 2002 年版,第 10 頁。

㉗ 聯合國開發計劃署組織編著《2000 年人類發展報告:人權與人類發展》,中國財政經濟出版社 2001 年版,第 1 頁。

㉘ 〔印度〕阿馬蒂亞・森《以自由看待發展》,任賾、于真譯,中國人民大學出版社 2002 年版,第 24 頁。

㉙ 樂音和噪音的定義如下:能夠給聽覺以明確高度的音,叫作"樂音";没有明確音高,但有音區歸屬感的音叫作"樂音型噪音";没有明確音高,也没有音區歸屬感的音叫作"噪音"。同注⑨,第 114 頁。

㉚ 〔英〕肯尼思・麥克利什主編《人類思想的主要觀點:形成世界的觀念》,查常平等譯,新華出版社 2004 年版,第 142 頁。

㉛ 同上書,第 959 頁。

㉜ 〔奥〕愛德華・漢斯立克《論音樂的美》,楊業治譯,人民音樂出版社 1980 年版,第 49 頁。

㉝ 〔英〕鮑桑葵《美學史》,張今譯,商務印書館 1985 年版,第 377 頁。

㉞ 同注㉚,第 1512 頁。

㉟ 《春秋繁露 · 立元神》,清武英殿聚珍版叢書本。

㊱ 本文的"心境"是人的生理狀態、心理狀態和文化狀態的綜合含義。

㊲ Merriam, Alan. P, *The Anthropology of Music*, Northwestern University Press, 1964, pp. 219-225.

㊳ 同上。

㊴ 〔美〕艾倫 · 帕 · 梅里亞姆《音樂人類學》,穆謙譯,陳銘道校,人民音樂出版社 2010 年版。

㊵ 〔英〕伯特蘭 · 羅素《中國問題》,秦悦譯,學林出版社 1996 年版,第 1—2 頁。

㊶ 同注⑯,第 309 頁。

晚唐敦煌地區鼓類樂器製作考

朱曉峰

【提要】 根據敦煌文書記載,晚唐敦煌地區音樂活動通常以寺院陳設和官方組織爲兩大中心開展,這些音樂活動不論具有佛教或政府性質,必然會使用鼓類樂器,而鼓類樂器的來源無外乎敦煌本地製作或從敦煌以外地區傳入兩種途徑。本文通過研究相關敦煌文書并綜合莫高窟壁畫音樂圖像,首先確定晚唐敦煌地區鼓類樂器製作行業的存在,之後進一步明確鼓類樂器使用的場合以及製作規模,爲考證敦煌地區音樂活動和樂器製作行業進行相應的補充。

敦煌文書中有一定數量的記載與音樂相關,這些記載大多零散地分布於各類寫卷中,内容反映當時敦煌地區音樂在機構設置、活動組織、從業人員分工等方面一鱗半爪的信息。如果將這些記載做横向關聯,就會發現在漫長的社會變遷中,敦煌地區曾形成過一個包括音樂管理、教育、從業、製作、傳播以及消費在内的系統産業鏈,它的産生與發展除滿足當地社會需求之外,同樣也爲敦煌壁畫上的音樂圖像提供了一定的現實依據[①]。特别是在部分社會經濟類文書中,曾多次提及敦煌地區與"造鼓"有關的一類工匠,這些工匠的存在説明敦煌地區音樂活動使用的鼓類樂器至少有一部分是當地工匠製作的。當然,爲形成完整的證據鏈,進而確定文獻反映這一信息的真實性,本文擬從鼓的真實存在、鼓的實際使用以及鼓的當地製作等幾個方面進行詳細分析與論證。

朱曉峰　敦煌研究院、蘭州大學歷史文化學院

一　關於鼓的真實存在

首先,來看 P.2613《咸通十四年(873)正月四日沙州某寺就庫交割常住什物色目》的記載:

咸通十四年癸巳歲正月四日,當寺　尊宿剛管徒衆等,就庫交割前都師義進、法進手下,常住旛像、幢傘、供養具、鐺鏉、銅鐵、函櫃、車乘、氈褥、天王衣物、金銀器皿,及官疋帛紙布等,一一點活,分付後都唯法勝、直歲法深,具色目如後。

…………

故破鼓腔貳(内壹在音聲)。

…………

紫檀鼓腔壹(在音聲)。[2]

録文括弧中的"内壹在音聲"和"在音聲"等字均以小於正文字號的方式分别標注於"故破鼓腔貳""紫檀鼓腔壹"右下,這應該是以文字形式對"鼓腔"交割時去向的説明,同樣的標注在文獻中多次出現,如"小銀泥旛子伍口(在索僧政院佛帳子内)""大櫃壹口(在修造司)"等。

"腔"在《説文解字》中意爲"内空"[3],我們通常把器物中空的部分稱爲"腔",那麼"鼓腔"就是一般呈桶形或柱形的鼓身。直到今天,在鼓類製作中依然將這一部分叫作鼓腔。文書對常住什物細節的描述極爲細緻,如"胡鎖腔壹。漢鎖壹具,並鑰匙(在張僧政)。小櫃子壹,無蓋(在張僧政)。故破牙盤壹,無脚"等,據此,"故破鼓腔"應指鼓面不存且有破損的鼓身,説明此二鼓已長時間使用;"紫檀鼓腔"則説明鼓身的材質爲名貴木種紫檀,所以作特别交代,但應該也是長時間使用且僅存鼓身,因爲如果紫檀鼓腔是新鼓部件,按文書描述的詳細程度而言應該有所標注。

以上就是文書中有關鼓的部件——鼓腔的記載,儘管我們無法獲知此三件鼓腔所屬鼓的種類,但文獻反映的信息是極爲重要的,即敦煌地區鼓類樂器是真實存在的。既然鼓是存在的,那麼鼓使用的真實性同樣不言而喻,而且鼓肯定會用於當時的音樂活動中。

二　關於鼓的實際使用

敦煌文書中可見的音樂活動通常包括兩大類,即寺院陳設和官方組織。之所以在文書中出現這兩類音樂活動,原因無非是:有較强的組織性且具一定規模。

如 P. 2638《清泰三年(936)六月沙州儭司教授福集等狀》所載:

> 七月十五日賞樂人,二月八日賞法師禪僧衣直諸寺蘭若慶陽等用,布貳仟柒佰壹拾尺,三年中間沿僧門,八日法師,七月十五日設樂三窟禪僧衣直布薩慶陽吊孝等用。[④]

説明敦煌某寺在七月十五盂蘭盆法會中的設樂以及賞賜樂人。此外,敦煌社會經濟類文書也有關於寺院向音聲支付糧食、油料和酒的賬目[⑤],這不僅證明寺院設樂的存在,而且可以説明當時佛事活動的頻繁以及音樂在其中的重要性。關於寺院設樂,姜伯勤在《敦煌音聲人略論》中有詳細考證,認爲主要包括"節慶、祭祀中的歌場設樂,安傘、窟上齋供等法事中的設樂以及行像行列及宗教巡行中的儀仗"[⑥]。

敦煌地區由官方組織的音樂活動多出現在歸義軍時期的文書中,這些文書除明確的"設樂"記載外,均以音樂、舞蹈等相關詞彙出現,證明當時社會凡此類活動均以樂舞綜合形式出現。另外,相對於寺院設樂,官方組織的音樂活動要更加豐富,更具世俗的意味。

P. 4640V《歸義軍乙未(899)至辛酉年(901)布紙破用曆》記載:

> 九月七日……支与音聲張保升造胡滕衣布貳丈四尺。
>
> …………
>
> (二月)十四日,支与王建鐸隊(武)[⑦]儛額子粗紙壹帖[⑧]。

文書明言歸義軍某機構向音聲張保升支出布匹用以製作"胡滕衣"。《説文解字注》釋"騰"爲"滕"的假借,故此又可作"胡騰衣",顧名思義,即出演胡騰舞所著服裝。

"胡騰"爲唐代盛行的健舞曲之一,這在唐末段安節《樂府雜録》"舞工"部分有記載:

> 舞者,樂之容也,有大垂手、小垂手,或象驚鴻,或如飛燕,婆娑,舞態也,蔓延,舞綴也。古之能者,不可勝記。即有健舞、軟舞、字舞、花舞、馬舞。健舞曲有稜大、阿連、柘枝、劍器、胡旋、胡騰。[10]

健舞通常以節奏快速著稱,與柔婉抒情的軟舞正相對應,鼓類樂器正是健舞最重要的伴奏樂器。

文書第二條記載是向"隊儛"支出定額粗紙的賬目,"儛"古同"舞"[11],其中"王建鐸"應該是這支"隊舞"方隊的長官或頭目,支出的粗紙爲何用,今已不知,文書也未交代,唯一確定的是歸義軍機構下轄有從事舞蹈的方隊。

"隊舞"一詞,見於《宋史》卷一四二,其曰:

> 每春秋聖節三大宴:其第一,皇帝升坐,宰相進酒……第九,小兒隊舞,亦致辭以述德美……第十四,女弟子隊舞,亦致辭如小兒隊。
>
> …………
>
> 隊舞之制,其名各十。小兒隊凡七十二人:一曰柘枝隊……四曰醉鬍騰隊,衣紅錦襦,繫銀鞊韘,戴氊帽……
>
> 女弟子隊凡一百五十三人……十曰打毬樂隊,衣四色窄繡羅襦,繫銀帶,裹順風脚簇花幞頭,執毬杖。大抵若此,而復從宜變易。[12]

根據記載,隊舞在宋代爲宫廷樂舞之一,主要用於重要的宴饗場合。隊舞分小兒隊與女弟子隊,各隊都有特定的服飾、樂曲、歌、舞、道白以及主題,但總體以歌功頌德爲主要功能。按《宋史》説法,胡騰隊是屬於隊舞序列的,所以 P. 4640V 所提及的"胡滕衣"應該就是王建鐸隊舞中胡騰舞所用,説明敦煌地區在歸義軍時期已有隊舞的設置與表演,而且爲樂舞兼備的形式。另外,在上述記載中,有隊舞女弟子隊第十爲"打毬樂隊",而"毬樂"一詞又見於敦煌文書 P. 2842P4《轉帖》:

廿九日毬樂,切要音聲……今月廿九日平明,於毬場門前取齊。如不到者,官有重罰。[13]

此件文書是敦煌某官府於某年五月二十九日在某處毬場舉行毬樂的通知性文書[14],但需要區分的是《宋史》卷一四二所述"毬樂"屬宫廷宴樂之一,《轉帖》所指爲毬場奏樂,二者使用場合明顯有區别。但無論如何,通過 P. 2638、P. 4640V 以及 P. 2842P4 三件文書來看,寺院陳設和官方組織的音樂活動在當時的存在是無疑的,那麽音樂活動中必然會使用到鼓類樂器,因爲鼓自古就是華夏民族音樂實踐中不可或缺的樂器。即便如此,敦煌文書中其實并没有鼓類樂器用於音樂活動的直接證據,因此,我們需要借助敦煌壁畫中的音樂圖像來强化這一結論的可靠性。

三　敦煌壁畫關於鼓類樂器的反映

衆所周知,敦煌壁畫大量的音樂圖像均出現在佛教題材的繪畫之中,儘管其中繪有爲數衆多的鼓類樂器圖像,但其與現實音樂之間存在佛教藝術的轉化過程,如果將這些圖像直接與現實音樂進行對應,還需剥離其中的佛教因素。那麽要在文獻研究基礎上綜合圖像加以佐證,就應該選取具有一定真實性的壁畫。

開鑿於晚唐時期的莫高窟第 156 窟中[15],繪有兩幅長卷式的壁畫《張議潮統軍出行圖》和《宋國河内郡夫人宋氏出行圖》,其中均有出行樂、舞隊的展現(見圖一、圖二)。對此,本人先前已做過研究,證明其中所示鼓、角和樂、舞伎的使用規模與 P. 3773V《凡節度使新授旌節儀》以及《唐六典》記載相合,説明兩幅《出行圖》所示儀仗編制符合歸義軍時期儀制,也就進一步明確歸義軍時期官方組織音樂活動的真實存在[16]。既然音樂活動在晚唐敦煌地區的出現是確定的,也就意味着《張議潮統軍出行圖》中的馬上大鼓、背負式大鼓和腰鼓,《宋國河内郡夫人宋氏出行圖》中的背負式大鼓和腰鼓理應真實存在過,這就爲我們引出本文的核心問題——敦煌文書中關於鼓類樂器製作的記載。

圖一　第 156 窟《張議潮統軍出行圖》中鼓吹前導以及舞、樂伎方隊圖像

（圖像采自敦煌文物研究所編《中國石窟·敦煌莫高窟》第四卷，文物出版社；東京，平凡社，1987 年，圖版 133）

圖二　第 156 窟《宋國河内郡夫人宋氏出行圖》中前置散樂以及樂、舞伎方隊圖像

（圖像采自李月伯《莫高窟第 156 窟、第 161 窟》，段文傑主編《敦煌石窟藝術》，江蘇美術出版社，1995 年，第 37 頁）

四　關於鼓的製作

接引前文 P. 2613 所載,敦煌晚唐某寺對於三件鼓腔的記録已説明鼓的存在,而鼓的來源無非兩種可能:第一,作爲成品的鼓直接從敦煌以外傳入;第二,鼓的原材料如紫檀一類原産地非敦煌地區的木材傳入,然後經由當地工匠製作。第一種可能依目前有限的史料已無從查證,而第二種可能的關鍵——製鼓工匠,在敦煌文書中是有記載的。如 P. 2641《丁未年(947)六月都頭知宴設使呈設宴帳目》中有當地宴設司向造鼓木匠供應食料的詳細記録:

(九日)造鼓木匠拾人,共麵捌㪷。

…………

(十三日)造鼓木匠捌人,早上食餺飥,午時各胡并(餅)兩枚,供叁日,食断。

…………

(廿日)造鼓木匠馮常安等捌人,早上餺飥,午時各胡并(餅)兩枚,供伍日,食断。[17]

此件文書共 4 頁,每頁右上均以"宴設司"三字標注,每頁結尾都有"都頭知宴設使"落款、簽字、日期以及爲憑若干日的時限説明[18],所以在《敦煌社會經濟文獻真迹釋録》第三輯中確定爲"破用曆狀及判憑",也就是説文書在當時已完成上報、審批手續,并且已付諸實施。文書中"造鼓木匠"應該是由宴設司組織製作鼓類樂器的工匠,宴設司在《敦煌學大辭典》中解釋爲:"歸義軍節度使所屬機構。主要負責對來往使客、修造、牧種者、佛事、助葬等宴設和食料供應,日常工作由宴設使主持。"[19]所以造鼓木匠應該是爲歸義軍節度使機構即當地官方製作鼓,也有可能是爲樂營製作鼓。鑒於古代鼓類樂器除作爲樂器之外,也有報時、宣威、警示等功能[20],而文中僅言"造鼓",故無法確知其用途。

單從時間看,造鼓這一活動至少持續近一月時間,人數記載十人或八人不等,但由於出自同一件文書,故應爲同一批木匠。如果以十人工作一月時間計算,其工作總量相對較大[21]。據此推測,在947年6月,宴設司組織造鼓木匠所要製作完成的鼓或者體量較大,或者數量較多。文中所言造鼓爲木匠,就鼓而言,木製部件衹有P.2613提到的鼓腔,所以此木匠可能衹是製作鼓體和鼓面拼裝,而妝繪等其他工作可能另有工匠完成,因爲在敦煌文書中我們發現造鼓木匠之外又細分出其他造鼓工種。

S.1366《使衙油麵破曆》記載:

> 八日,供造鼓床木匠九人,逐日早上各麵一升,午時各胡并(餅)兩枚,至十五日午時喫料断,中間八日用麵一石四斗四升。九日,供造牙床木匠八人勾當人,逐日早夜麵各麵二升,午時各胡并(餅)兩枚,至十六日夜断,中間八日用麵兩碩一斗六升。
>
> …………
>
> (九日)支油鼓床油五升。
>
> …………
>
> 十五日,供畫鼓畫匠五人,逐日午時各胡併(餅)兩枚,至十九日午時喫料断,中間五日用麵二斗五升。
>
> …………
>
> (廿二日)衙内畫鼓畫匠兩日食麵一斗,胡并(餅)二十枚,用麵二斗。[22]

該文書時代由唐耕耦、陸宏基先生考訂在980—982年之間,性質爲"歸義軍衙内油麵破用曆"[23]。文書中記載大量從事不同行業的工匠或工種如"打窟人""遮羊人""牙床木匠""釀羊皮""縫鞋",各種活動的食料用度如"賽神""動土祭拜""迎史""助葬"等,而且出現與鼓類樂器製作相關的工種或工序,包括"造鼓床木匠""油鼓床"以及"畫鼓畫匠"。

"床"在《辭海》中的解釋有"安置器物架子"之意[24],所以"鼓床"應該是放置鼓的支架,林謙三《東亞樂器考》就將羯鼓鼓架稱爲"鼓床"[25]。另外,也有將羯鼓鼓架稱爲"牙床"的,如陳暘《樂書》卷一二七有云:

> 羯鼓,龜兹、高昌、疏勒、天竺部之樂也,狀如漆桶,下承以牙床,用兩杖擊之。[26]

文書中“造鼓床木匠”與“造牙床木匠”又是先後并列出現的,但鑒於“牙床”一詞在古代通常指裝飾精美的床榻,如李商隱《細雨》曰:

帷飄白玉堂,簟卷碧牙床。㉗

所以文書中的“牙床”并不一定指羯鼓一類的鼓架,有可能就是爲歸義軍某機構製作的睡床或坐榻,但“鼓床”應該就是安置鼓類樂器的木架。

“油”作爲名詞,“統指動物的脂肪和由植物或礦物中提煉出來的脂質物”;若爲動詞,則是“用油塗抹”之意,如蔡襄《茶録》所言:

茶色貴白,而餅茶多以珍膏油其面。㉘

那麽,“支油鼓床油五升”中前一個“油”應該作動詞講,後一個作名詞講纔符合文意,即支付用以塗刷鼓床所用油料五升。由於“我國使用漆器的歷史有7000多年(浙江河姆渡遺址出土的朱漆木碗),但利用大漆防腐的歷史恐怕還要更久。古代油漆特指桐油和大漆(天然植物漆),前者因爲防腐防水、清澈透明,常用於上光油;而後者則起到全面防護作用”㉙,因此,對鼓床進行塗刷處理應該是保護和裝飾之用。文書雖然僅有一處記載,但如果“油鼓床”確實,按理也應有“油鼓”這一工序,因爲相對而言,在鼓與鼓床之間,鼓應占主要地位。另外,在敦煌文書中,也未發現諸如“油漆匠”一類工匠的記載,所以“油鼓床”一類的工作可能由“畫匠”代爲完成。

文書兩次出現“畫鼓畫匠”,第一條記載畫匠“逐日午時各胡併(餅)兩枚”,説明歸義軍衙内每日中午向五位畫匠各提供兩枚胡餅作爲餐食,一日共十枚胡餅,與第二條衙内畫鼓畫匠兩日“胡并(餅)二十枚”相合,所以兩條記載的應是同一批畫匠。馬德在《敦煌工匠史料》中,認爲敦煌地區畫匠主要從事壁畫繪製㉚,而此處“畫匠”前面有確切的定語——畫鼓,説明敦煌地區的畫匠并不祗進行壁面繪製,器物表面的妝繪也是其工作之一。通常,在製作鼓類樂器的過程中,爲使鼓兼具觀賞性與象徵性,要在鼓體周身繪以各種紋樣和圖案的裝飾,最後再施一道清光漆以達到定色和防護的作用㉛,這應該就是文書中“畫鼓畫匠”要完成的工作。

通過以上兩件文書可以確定,敦煌地區的確有一批製作鼓類樂器的工匠,按原文書中的表述,包括造鼓木匠、造鼓床木匠、油鼓床匠以及畫鼓畫匠,這四類工匠各自承擔的工種符合鼓與鼓床製作的規律:鼓體需要裝飾,所以要"畫鼓";鼓床作爲固定鼓的支架,裝飾與圖案并非必須,所以"油鼓床"即可。也就是説,晚唐時期敦煌地區在製鼓這一工藝和流程上已經達到相對完備與考究的水準,這表現在不同工匠的協同參與和鼓附屬部件的製作上。另外,由於鼓類樂器在中國傳統的"八音"分類法中屬革屬樂器[32],按理其製作應由製革工匠完成,這在《考工記》中有明確記載:

國有六職,百工與居一焉。

凡攻木之工七……攻皮之工五……攻木之工,輪、輿、弓、廬、匠、車、梓……攻皮之工,函、鮑、韗、韋、裘。

韗人爲皋陶,長六尺有六寸,左右端廣六寸,中尺,厚三寸,穹者三之一,上三正。鼓長八尺,鼓四尺,中圍加三之一,謂之鼖鼓。爲皋鼓,長尋有四尺,鼓四尺,倨句,磬折。凡冒鼓,必以啓蟄之日。良鼓瑕如積環。鼓大而短,則其聲疾而短聞;鼓小而長,則其聲舒而遠聞。[33]

其注曰:

鄭司農云:"韗,書或爲鞠。皋陶,鼓木也。"[34]

冒,蒙鼓以革。[35]

文中的"韗人"即製鼓工匠,屬"攻皮之工","皋陶"則是製鼓所需木質原材料。值得注意的是,儘管《考工記》將製鼓工匠列爲"攻皮之工",但全文主要針對製鼓的規格和形制展開,這恰恰與木製鼓腔有關,也暗合敦煌文書反映的木匠製鼓的信息,對於鼓的發聲裝置——蒙皮以及皮匠的功能却隻字未提,而且《考工記》所列七種"攻木之工":輪、輿、弓、廬、匠、車、梓似乎也與製鼓無關,其注曰:

攻木之工七,輪人爲輪蓋,輿人爲車輿,弓人爲六弓,廬人爲柄之等,匠人爲宫室、城郭、溝洫之等,車人爲車,梓人爲飲器及射侯之等。[36]

但是《考工記》的另一記載似乎能解釋這個疑點:

故一器而工聚焉者,車爲多。[37]

《考工記》以車爲例，説明器物製作在很大程度上需要多個工種的協同完成。那麼，我們是否可以理解爲鼓類製作同樣需要木匠和皮匠（韗人）協作，木匠以皋陶製作鼓腔，皮匠完成製皮與蒙皮。衹是由於鼓類樂器爲革屬樂器，便被《考工記》順理成章地安排在"攻皮之工"的"韗人"條目下叙述，但其文字主要是對鼓腔形制的描述，對於"冒鼓"衹是一語帶過，説明在鼓的整個製作流程中，鼓腔的設計和製作具有的重要性。如此一來，敦煌文書中造鼓木匠所造其實是鼓類樂器的鼓腔和木製鼓架，製皮與蒙皮工序或依然由皮匠來完成，但截至目前并未發現關於皮匠製鼓的敦煌文書記載，所以也不排除敦煌地區鼓的製皮、蒙皮工序由木匠代爲完成的可能。

五　餘　論

現將本文所列敦煌文書的記載以及圖一、圖二所示晚唐出行圖像按出現的時間先後列爲表一：

表一

時　間	出　處	所載（繪）相關內容
861—865 年	第 156 窟所繪《張議潮統軍出行圖》和《宋國河内郡夫人宋氏出行圖》	馬上大鼓、背負式大鼓和腰鼓圖像
873 年	P. 2613《咸通十四年正月四日沙州某寺就庫交割常住什物色目》	三件鼓腔
899—901 年	P. 4640V《歸義軍乙未至辛酉年布紙破用曆》	官方組織音樂
936 年	P. 2638《清泰三年六月沙州儭司教授福集等狀》	寺院陳設音樂
947 年	P. 2641《丁未年六月都頭知宴設使呈設宴帳目》	造鼓木匠食料供應
980—982 年	S. 1366《使衙油麪破曆》	造鼓床木匠、油鼓床匠、畫鼓畫匠食料供應

通過表一可知，鼓類樂器和造鼓工匠的出現時間大致從 861 年延續至 982 年，正好是歸義軍政權在敦煌地區的統治時期[38]，所以我們有理由相信敦煌地區在歸

義軍時期已完全具備製作鼓類樂器的能力并已形成專門從事此類樂器製作的工匠群體，而且其時間的上限很可能早於歸義軍政權。至於所造鼓類樂器的用途，應該與敦煌文書和莫高窟壁畫反映的寺院陳設和官方組織音樂活動有直接關係。

注　釋

① 關於敦煌文獻中反映音樂内容的記載，本人已在博士學位論文《唐代莫高窟壁畫音樂圖像研究》中加以整理研究，參見朱曉峰《唐代莫高窟壁畫音樂圖像研究》，蘭州大學博士學位論文，2016 年 6 月，第 81—105 頁。

② 上海古籍出版社、法國國家圖書館編《法藏敦煌西域文獻》第十六册，上海古籍出版社 2001 年版，第 255—256 頁；唐耕耦、陸宏基《敦煌社會經濟文獻真迹釋録》第三輯，全國圖書館文獻縮微複製中心 1990 年版，第 9—11 頁。

③ [漢]許慎《説文解字》，中華書局 1963 年版，第 90 頁。

④ 上海古籍出版社、法國國家圖書館編《法藏敦煌西域文獻》第十七册，上海古籍出版社 2001 年版，第 38 頁；唐耕耦、陸宏基《敦煌社會經濟文獻真迹釋録》第三輯，第 394 頁。

⑤ 此類文書如 P. 4524(8)《官布籍》、P. 2842P4《轉帖》、S. 6064(3)《報恩寺午年正月一日至未年正月十六諸色斛㪷入破曆計會》、S. 5800《光化三年(900)正月一日以後講下破除數》等。參見上海古籍出版社、法國國家圖書館編《法藏敦煌西域文獻》第三十一册，上海古籍出版社 2005 年版，第 368 頁；《法藏敦煌西域文獻》第十九册，上海古籍出版社 2001 年版，第 83 頁；中國社會科學院歷史研究所等編《英藏敦煌文獻》，四川人民出版社 1994 年版，第十卷，第 64 頁，第九卷，第 155 頁。

⑥ 姜伯勤《敦煌音聲人略論》，《敦煌研究》1988 年第 4 期，第 3 頁。

⑦ 原卷此字旁有誤字符，應爲錯寫。

⑧ 上海古籍出版社、法國國家圖書館編《法藏敦煌西域文獻》第三十二册，上海古籍出版社 2005 年版，第 260、266 頁。

⑨ 參見《説文解字注》"縢"字完整解釋。[漢]許慎撰，[清]段玉裁注《説文解字注》，上海古籍出版社 1981 年版，第 548 頁。

⑩ [唐]段安節撰，吴企明點校《樂府雜録》，中華書局 2012 年版，第 127—128 頁。

⑪ 參見《康熙字典》"僻"字完整釋義。漢語大詞典編纂處整理《康熙字典》，漢語大詞典出版社 2002 年版，第 45 頁。

⑫ 《宋史》，中華書局 1977 年版，第 3348—3350 頁。

⑬ 《法藏敦煌西域文獻》第十九册，第 83 頁。

⑭ 同注①,第 87—89 頁。

⑮ 《張議潮統軍出行圖》中題有:“河西節度使檢校司空兼御史大夫張議潮統軍□除吐蕃收復河西一道(出)行圖。”根據敦煌文書記載,張議潮於咸通二年(861)攻占涼州,之後被授予“檢校司空”一職,所以第 156 窟的始建應該在 861 年。另外,賀世哲考證第 156 窟竣工時間應在咸通六年,而且第 156 窟甬道壁畫以張淮深的名義所畫,據此推斷,第 156 窟前室和甬道繪製的主持人應該是張淮深。因此從石窟性質來講,第 156 窟是曾先後擔任歸義軍節度使的張議潮、張淮深叔侄的功德窟,張議潮營建在先,張淮深續修在後。參見鄭炳林《敦煌碑銘贊輯釋》(增訂本),待出版;賀世哲《從供養人題記看莫高窟部分洞窟的營建年代》,敦煌研究院《敦煌莫高窟供養人題記》,文物出版社 1986 年版,第 209 頁。

⑯ 參見朱曉峰《〈張議潮統軍出行圖〉儀仗樂隊樂器考》,《敦煌研究》2015 年第 4 期,第 26—27 頁。

⑰ 三條記載分别出現在 P. 2641(4-1)(4-2)和(4-3)。《法藏敦煌西域文獻》第十七册,第 62—63 頁;《敦煌社會經濟文獻真迹釋録》第三輯,第 610—613 頁。

⑱ P. 2641(4-1)(4-3)(4-4) 落款“都頭知宴設使”爲宋國清,(4-2)爲宋國忠。爲憑時間分别是十三、十八、二十五和一日。

⑲ 參見《敦煌學大辭典》唐耕耦撰“宴設使”詞條完整解釋,引文處有删節。季羡林主編《敦煌學大辭典》,上海辭書出版社 1998 年版,第 382 頁。

⑳ 《周禮》卷一二載:“鼓人,掌教六鼓、四金之聲音,以節聲樂、以和軍旅,以正田役。” 十三經注疏整理委員會《周禮注疏》,北京大學出版社 2000 年版,第 371—372 頁。

㉑ 2014 年 7 月 25 日,中央電視臺第七頻道《農廣天地》欄目播出關於“樂亭大鼓”的介紹,其中就有樂亭書鼓的製作流程介紹。之所以將此引入本文,是因爲片中的老藝人姬尊生完全采用傳統工藝手工製作書鼓,書鼓要求“硬木去心,上下蒙皮”,鼓面直徑 6 寸 4 分(21. 3 釐米),鼓身高 2 寸 4 分(8 釐米)。製作原料爲椿木和牛皮,製作工具以傳統的斧、刨、鋸、鑿爲主,製作過程中除膠水外未使用任何現代工具和材料。流程主要包括:鼓身切割粘接、鼓身造型、鼓面拼裝、調音和修整。製作完成一面書鼓需要一人製作五天。由於書鼓製作基本沿用古法,故可以與 P. 2641 中的木匠造鼓做一對比,若以一人五天製作一面小體量的鼓來計算,文書中十人一月至少可以製作六十面。當然這僅是對文書中工匠造鼓大致的模擬與衡量,并不具備科學性與準確度。

㉒ 文書中“麵”“油”皆以朱筆書寫。《敦煌社會經濟文獻真迹釋録》第三輯此卷録文遺漏“中間八日用麵兩碩一斗六升”中的“兩碩”。中國社會科學院歷史研究所等編《英藏敦煌文獻》第二卷,四川人民出版社 1990 年版,第 277—279 頁;《敦煌社會經濟文獻真迹釋録》第三輯,第

281—286 頁。

㉓ 參見《敦煌社會經濟文獻真迹釋録》第三輯，第 281 頁。

㉔ 參見《辭海》第六版"床"字完整解釋，引文處有删節。辭海編輯委員會《辭海》第六版，上海辭書出版社 2009 年版，第 325 頁。

㉕ 參見〔日〕林謙三《東亞樂器考》，錢稻孫譯，上海書店出版社 2013 年版，第 105 頁。

㉖ [宋]陳暘《樂書》，《景印文淵閣四庫全書》第二一一册，上海古籍出版社 2012 年版，第 553 頁。

㉗ 中華書局編輯部點校《全唐詩》第八册，中華書局 1999 年版，第 6252 頁。

㉘ 參見《辭海》第六版"油"字完整解釋，引文處有删節。《辭海》，第 2769 頁。

㉙ 劉馨等《淺談中國木結構古建築的油漆彩畫工藝》，《中國塗料》2015 年第 5 期，第 70—71 頁。

㉚ 參見馬德《敦煌工匠史料》，甘肅人民出版社 1997 年版，第 8 頁。

㉛ 此處參考象脚鼓製作中妝繪的相關工藝，參見曹文敏等《象脚鼓製作技藝：傣家真善美的追求》，《世界遺産》2011 年第 3 期，第 90—91 頁；龍成鵬《佤族象脚鼓製作工藝》，《今日民族》2015 年第 4 期，第 12—15 頁。

㉜ 《周禮》卷二三載："大師掌六律六同，以和陰陽之聲……皆播之以八音，金、石、土、革、絲、木、匏、竹。"注曰："革，鼓鼗也。"《周禮注疏》，第 714—715 頁。

㉝ 同上書，第 1236、1245、1302—1305 頁。

㉞ 同上書，第 1302 頁。

㉟ 同上書，第 1305 頁。

㊱ 同上書，第 1246 頁。

㊲ 同上書，第 1248 頁。

㊳ 851—872 年，張議潮時任歸義軍節度使。978—995 年，由曹延禄出任歸義軍節度使。參見榮新江《歸義軍史研究——唐宋時代敦煌歷史考索》，上海古籍出版社 1996 年版，第 129—130 頁。

西漢竹書《老子》上經校勘繹言

李　開

【提要】 本文運用傳統語言文字學方法，對照不同傳本以校勘北京大學藏漢簡《老子》"上經"，共得異文37條。在對異文的繹述考證中，筆者認爲：漢簡《老子》上經文字彰顯了上古《老子》思想，合於上古生成論，其用字總趨勢是正規化；河上本《老子》成書於西漢，其中多存古本《老子》舊文，可推定漢簡本《老子》所據之原本甚古，與帛書本《老子》存在種種關聯，用漢簡本和帛乙本校王本應可信從。并討論了漢簡本《老子》多楚地用語，以及漢簡本《老子》爲楚人抄寫等方面的問題。

北京大學藏漢簡《老子》的問世，使《老子》傳本增加到四種：傳世王本《老子》，漢帛書本《老子》甲、乙本，郭店簡《老子》甲、乙、丙本，北大漢簡《老子》傳本。《老子》傳本是成系統的，傳本系統首先體現的是學術精神[①]，除王本系統外，其餘還衹是"孤本"。如果把以王本爲核心的傳世本系統的不同文本作比較是同質化研究，不同文本的傳本系統作比較則是異質化研究，異質化研究更有利於揭示《老子》的古本面目及其思想内涵。

1. **漢簡《老子》1章1簡："下德不失德，是以無德。"**緊接下文：**"上德無爲而無以爲，下德【爲】之而無以爲。"**均作"無"字，而帛書本均作"无"字。漢簡本"無德"下注云："帛書甲、乙本大多寫作'无'，漢簡本均作'無'。"[②]"無德"句、"無爲而無以爲"句王本均作"無"。公元前300年左右下葬的郭店楚墓，竹簡本

李　開　南京大學文學院、澳門科技大學通識教育部

《老子》甲本31、32簡有“我無事”“我亡爲”之對文,13簡也有“亡爲”之説。乙本3簡有“亡爲”“無敗”“無執”之説。郭店簡甲、乙、丙本都没有出現“无”字,4簡有“亡憂”“亡爲而亡不爲”。丙本11簡有“無爲”。由是可推知,先秦古本《老子》的用字意向是指向“無”字的,宁可用假借字“亡”也决不用“无”字。漢簡《老子》用“無”不用“无”,是上承先秦古本傳統,下啓後世傳本的[③]。承上啓下,方爲學術正宗,漢簡《老子》是躋身於宗傳的正本之屬。“无”字,先秦習見[④]。《説文·亡部》“無”字下把“无 ”字説成是“無 ”的“奇字”(古文奇字)。還説“无通於元者”,意即“无”與上蒼元氣的虚無寂寞同義,段注本《説文》更謂“无”是“虚无道也”。《説文》還引古代通人之説:“王育説,天屈西北爲无。”“无”字的右下曲折之筆正是古人黄道視運動“右西下北”之向。段注:“屈,猶傾也。天傾西北,地不滿東南。”可見,其一,“无”字形表示上蒼之“天”向西北方向傾斜,而造成大地東南部虧缺而多大海的實狀。其二,黄道視運動的“右西下北”之向,實際上是按地球繞太陽公轉來定向的“右東下南”,“天屈西北”實際上就是直接指東南部多大海。有理由認爲,帛書本《老子》用“无”字是著意於造字時代古人所認知的大自然實狀的,簡言之,“无”就是“天”,就是大自然。秦漢時期,“无”字鋭減,“無”字激增[⑤],帛書本《老子》用“无”字絶不用“無”字,完全是有意超越秦漢,折向上古。這與漢初主張黄老思想極有關係,與民休息的黄老思想就是崇尚自然無爲,繾綣上古。以“回到遠古黄帝、上古老子時代去”的思想治世,是漢初統治者的理想主義統治思想的重要組成部分。而漢簡《老子》全部、河上公本《老子》絶大部分作“無”字,則保持了秦漢以來的實際用字習慣。用字習慣反映出對古代文獻的遵從,漢簡老子并不像帛書本從漢初黄老的現實需要去尋找古人用字法,而是從廣袤的學術視野和學術倫理上去敬畏前人。又**漢簡1章1、2簡:“上德無爲而無以爲,下德[爲]之而無以爲”**句,上句河上本、王本同,傳世本中亦有將此句作“上德無爲而無不爲”的[⑥]。上句帛書甲、乙本除作兩“无”字外,句同。下句多數傳本作“下德爲之而有以爲”,衹有唐初傅奕本作“下德爲之而無以爲”,明代焦竑《老子翼》卷八正據傅本稱“古本作上德無爲而無不爲,下德爲之而無以爲”,傅奕、焦竑與漢簡《老子》暗合,僅上句“無不爲”有異,帛書甲、乙本均無下句。以帛書本校傳本,以爲下句係後人(至少有傅、焦二人)

“妄增”[⑦],今從漢簡本看,西漢已有傳本“下德爲之而無以爲/(下德爲之而有以爲)”的説法,此處以帛書本校傳本得出的“妄增”結論并不妥當。日本學者島邦男以嚴本“有不爲”(實際上嚴本作“有以爲”)校傅本、范本、陳景元本“無以爲”,即成“下德爲之而有不爲”,稱:“應古本如此作,今改之。”即校傅本、范本、陳本作“下德爲之而有不爲”[⑧],今謂“無以爲”與“有不爲”有共同語義點“不要有什麼作爲”,不要刻意表現出有作爲。島校亦可參酌。十分重要的是,從郭店本無上德、下德的提法,到帛本有上德而無下德,到漢簡本明確區分上德、下德,爲王本、傅本所宗,表明《德經》的充實和對“下德”的重視。“上”“下”二字見於甲骨文,是遠古先民認知世界的邏輯範疇,“德”是老子把握人類精神世界構成的原初理念,是個非實體的共同體,兩者的結合是邏輯史的必然,因爲有上、下,爲、不爲,有、無這三重對待在内,便容易形成不同的邏輯組合[⑨],這些不同邏輯組合歸根到底反映了人類精神世界狀況、相應的行爲選擇及其結果,合乎“狀態—行爲—結果”一般邏輯式。在價值層面上,“德”與指自然規律、法則,無法區分“上、下”的“道”不同,“下德”是指下“德”之人。漢簡此二句説:“上德之人無慮致虛(不妄爲)不故意表現出他的作爲,下德之人促成某事亦不妄爲,也不故意表現出他的作爲。”可見漢簡本的上德之人與下德之人有同樣的認同,并無大不同,也可以説統治者與老百姓在人類的“狀態—行爲—結果”上并無大别,較爲深切地反映出《老子》本義中特有的上古民主意識。對照王本,説下德之人雖不妄爲,但故意表現出他的作爲。在行爲結果的追求上已不可以道里計,淪爲名副其實的下德之人。對照傅本,説上德之人不妄爲而能無不與事,下德之人不妄爲,也不故意表現出他有作爲,冥合漢簡本視民爲高尚。

2. **漢簡《老子》2 章 6、7 簡:“昔得一者,天得一以精[清],地得一以寧,神得一以靈,谷得一以盈,侯王得一以爲正。”**以天、地、神、谷、侯王五事爲序言“得一”,帛書甲、乙本,河上公本注文言“謂下五事”,皆此五事,王本多出“萬物得一以生”、包括下文“萬物無以生將恐滅”兩句,兩句絶非《老子》原文,當爲帛書本,更可能是河上本問世後妄增[⑩]。今謂漢簡《老子》五事遵從古典生成論,郭店簡《太一生水》之“太一”即“一”,太一生水,水反輔於太一“成(生成)天”,“成地”,“成神明”,“成陰陽”,“成四時”,“成寒熱”,“成濕燥”,“成(年)歲”,并没有“成萬物”,衹是“太一藏于水,行于時,周而又(始)”,是“萬物母”。有聞“道生一”,“一生二,二生三,三生萬物”,未聞“道生萬物”,或“一生萬物”。故王本衍文“萬物得一以生”是違反《老子》以“道”,以“太一”,以“一”爲邏輯起點的系統生成論思想的,漢簡本等是對的。又**下文第8簡:“侯王毋已貴以高將恐厥(蹶)。”**王本承上文“無以清”“無以寧”“無以靈”“無以盈”作“侯王無以貴高將厥(蹶)”,且傳世本流傳多種複雜句式⑪,莫衷一是。今謂漢簡本甚確,意謂“侯王不停止(以)高貴的地位(而自己)予取高享受,必將倒臺”。思想深刻而鋭利。釋“以”爲“予”,於古有據,《廣雅》卷三下《釋詁》:“以,予也。”漢簡《老子》用古義,此亦證例。

3. **漢簡《老子》1章4、5簡:“是以大丈夫居其厚,不居其薄;居其實,不居其華。故去被(彼)取此。”**帛書本作“不居其泊”,王本同漢簡本。“泊”“薄”,上古皆並紐鐸部,二字音同可通。又王本38章“夫禮者,忠信之薄”帛乙本作“泊”,東漢王充《論衡·宣漢》“後世者泊”即借“泊”作“薄”字,查基本古籍庫亦未發現其他以“泊”通“薄”用例,唯上博藏《戰國楚竹書》第二册《容成氏》第35簡:“湯是之又(有)天下,厚施而泊(薄)斂。”可知以“泊”通“薄”也由來已久,而漢簡本作“淺薄”之“薄”。可據知“泊”“薄”二字用法爲王本、漢簡本一系,帛本一系甚明。《詩·小雅·小旻》有“如履薄冰”句,“厚薄”以“薄”字爲正字,由來已久。又漢簡本“去被(彼)取此”亦較帛書本“去皮(彼)取此”爲近正。又**漢簡《老子》1章3簡“故失道而後德,失德而後仁,失仁而後義,失義而後禮”**等四句皆用“後”字,王本同,唯帛甲本用“后”,且原已毁“失義而后禮”句,帛乙本衹有“故失道而后德”句用“后”字,其餘“失德”“失仁”“失義”三句皆用“句”字代“后”字,可見帛本《老子》抄寫時的用字寫别字、寫形近字的民間俗寫的隨意性,應該説,用字隨意俗寫别寫,是帛書本特點,用字求正,是漢簡《老子》用字的總趨勢。

4. **漢簡《老子》2章7簡:“天得一以精(清)。”“天毋已精(清)將恐死〈列〉。”**帛甲乙本、王本皆作“清”,漢簡本似不可解。上古聲母精、清旁紐,漢亦然,又《史記·天官書》有“天精而見景星”句,《漢書·李尋傳》有“日月光精”句,“精”字皆清、清朗義,可知漢簡本把“清”字寫作“精”字亦於漢有據,乃史、班之規式。此外**漢簡《老子》2 章 7、8 簡:"其致之也,天毋已精(清)將恐死〈列〉,地毋已寧將恐發(廢),神毋已靈將恐歇,谷毋已盈將恐渴(竭),侯王毋已貴以高將恐厥(蹶)。"**這裏的五個"毋已"皆爲"不停止"義,"副+動"偏正結構,王本作五個"無以",意爲"没有用",連動結構。河上公本原當作五個"無已"⑫,語義結構全同於漢簡本,河上公注文如"言天當有陰陽施張,晝夜更用,不可但欲清明無已時,將恐分裂不爲天","言地當有高下剛柔,氣節五行,不可但欲安静無已時,將恐發洩不爲地","言神……不可但欲靈無已時,將欲虚歇不爲神","言谷……不可但欲盈滿無已時,將欲枯竭不爲谷"。帛書本亦作"毋已",但甲本殘"毋已"處一,乙本殘"毋已"處一⑬,不如漢簡本全存"毋已"處五,帛書本、漢簡本都指向上古《老子》原本,漢簡本全存"毋已",版本價值於此處勝帛本。又河上公"言天""言地"用"陰陽""氣節"(元氣節令)、"五行",明顯用周秦唯物之陰陽五行言之,思想準繩立足古本《老子》時代,而漢惠帝、吕后時言黄老元氣説,抑或時人追隨而反映到河上公本及其注文中⑭。此亦爲漢簡本所宗,可知漢簡本當與河上公本思想皆既向上古,又合當下⑮。

5. **漢簡《老子》4 章 14 簡:"建德如榆。"**王本"建德若偷",帛甲本全殘,帛乙本殘據王本補"偷"字。日藏河上公本作从"手"之"揄"⑯,唐代傅奕稱"古本作輸",并説河上公从"手"由从"車"草變。實際上"揄""輸"二字古通,《廣雅·釋詁四》:"揄,脱也。"王念孫疏證:"《方言》:'輸,捝也。'……揄、輸聲相近,輸、脱聲之轉。"今謂古从"木"从"手"之字互通例夥,如"揚"字作"楊","校"字作"挍",錢大昕《十駕齋養新録》論及陸德明《經典釋文》時稱,《説文》無"挍"字,"漢碑木旁字多作手旁,此隸體之變,非别有挍字"。河上公本或用漢隸俗變字"揄"(shū,《集韵》舂朱切)通"輸",或本當用漢隸正寫字"榆"通"輸",而漢簡本或用漢隸正寫字"榆"通"輸",河上公"揄"字不誤,以"揄"通"輸",字形上亦以"揄"近"榆",與漢簡本相得益彰⑰。島邦男引敦煌、奈良本作"揄",又引河注文字,肯定了河本作"揄"⑱。又王本下文"質真若渝",帛甲本全毁,帛乙本僅存一"質"字,漢簡本 14 簡作**"桎真如輸"**,傅奕本"渝"作"輸",漢簡本作"輸",《集韵》讀雙雛切,平聲,此處正是"輸"字異寫,當訂作"桎(質)真如輸(輸)"⑲。河上本、漢簡本皆從古本《老子》。

6. **漢簡《老子》4 章 14 簡："大器勉成。"**王本作"大器晚成"，從上文 14 簡**"大方無隅"**，下文 14、15 簡**"大音希聲，天(大)象無刑(形)，道殷無名"**看，此不當作"晚成"。帛甲本全殘毀，帛乙本作"免成"，無所成，當是。先秦勉、免互通，漢簡本、帛乙本合古本《老子》原義。郭店簡乙本作"大器曼成"，廖名春以上文"大方亡禺"推知"曼"訓"無"[20]，甚是。又"勉""免""曼"上古皆明母元部字。"免成""勉成"實際上是"曼成"的異寫。"晚成"則於義不類。又 15 簡：**"道殷無名。"**王本作"道隱無名"，從上下文"大方""大器""大音""大象"看，"道隱"言其小不類，殷，盛，大，"道殷"是。帛乙本作"道褒"，褒，大，意義甚是，但從用韵看，方、象，陽部；音、殷，侵、文通轉；褒，幽部，不能入韵。故漢簡"殷"義、韵均是。漢簡本一"勉"字一"殷"字均指向古本《老子》。如以漢簡本校王本 41 章，則成了"大方無隅，大器勉(免)成，大音希聲，天(大)象無刑(形)，道殷無名"，成了"凡宏大之物均無……"式，邏輯上一以貫之而無礙，内容上凡宏大之物均被遮蔽，宏大叙事均不著邊際，得其反倒是要人們務實慎言。

7. **漢簡《老子》5 章 16、17 簡："人之所惡，唯孤寡不穀，而王公以自命也。"**帛甲本作"天下之所惡"，帛乙本作"人之所亞(惡)"，王本作"人之所惡"，帛甲、乙本均作"槖"，從"惡""穀"二字皆與帛本不同而用後起正字看，漢簡本在帛本後。又"自命"帛甲本作"自名"，乙本殘存一"自"字，王本作"以爲稱"，高明以帛本作"自名"爲音義勝。今謂"自命""自名"之同處異文可加比照，推知漢簡本、帛本所由之古《老子》甚古。古"命""令"同源，字形"命"从口从令諧聲，陳獨秀、聞宥(1933)都把"命""令"同字看作複聲母的 ml-的證據[21]，《老子》以單聲母字"名"m-與複聲母字"命"ml-替代，應發生在語音史的複聲母開始消變向單聲母轉移的時代，此在語音史上爲與《詩經》大體同時的上古早期[22]。從文獻上看，《左傳・桓公六年》有"命""名"二字同義互用例："以名生爲信，以德命爲義，以類命爲象。""以名生"即"以生名"，"以生日起名"之義，桓公六年即公元前706 年，正與語音史上古早期合。又從 ml-發展到 m-的比照看，"命""名"字一律用"命"字的漢簡本所據傳本比一律用"名"字的漢帛本所據傳本要早，從語音史坐標及桓公六年用字例據看，當爲春秋《老子》無疑。

更有甚者，《左傳・桓公六年》講桓公問魯大夫申繻如何起名字，申繻提出了取名的五個原則:"有信,有義,有象,有假,有類。"并説:"以名生爲信,以德命爲義,以類命爲象,取於物爲假,取於父爲類。"即:出生時的特徵、祥瑞之字、相類似的東西、物品、與父親的叫法相類似的意思,都可用來取名。但應拒絶用國名、官名、山川名、隱疾名、牲畜名、器物禮物名來起名,因這些於避諱、祭祀、禮儀有礙。這不可用來取名的六項,總起來"是以大物不可命"(取名)之理。**漢簡《老子》5 章 17、18 簡講"王公以自命"**(名)之理,**"是故物或損而益,或益而損,人之所教,亦我而教人,故强梁者不得死,吾將以爲學(斆,教)父"**。意即王公自名"孤寡不穀",亦有如《左傳》"取於物有假"(借用),且更深入一層,事物本身會發生減損增益之類的變化,借用物取名無問題。"强粱者",王本作"强梁者","强粱者不得死",猶言强行施教者不得好死,因爲他不懂得"柔弱勝剛强"的道理(王本 36 章)。"不得",王本"得"下有"其"字。"學(斆,教)父",朱謙之云:"'教父'即'學父',猶今言師傅。《方言》六:'凡尊老,南楚謂之父。'"可見漢簡《老子》此處"學父"字用楚地語。"父"字用法,可與《左傳》"取於父爲類"相比擬。從《老子》"王公以自命"爲"取于物","學(斆,教)父"則"取於父"看,可推知左丘明已用《老子》書。又漢簡《老子》"以爲學(斆,教)父",同於《尚書》古本"惟學(斆,教)半"字,此情同上言"命""令""名"字替代,再次表明漢簡《老子》本所據本甚古,幾與《尚書》古本可比,而不用河上公本直作"教父"二字,漢簡《老子》用字喜從古而不從今。又郭店簡《老子》甲本 15 簡"惡已"作"亞已",可窺帛乙本并非抄自帛甲本,亦非同源本,倒有可能帛乙本與漢簡本所據相同或相近之源本。

8. **漢簡《老子》6 章 19 簡:"無有入於無閒。"**帛本作"无間",王本作"無間"。以"閒"字作"間"字用,始可見於《論語·里仁》"君子無終日之閒違仁","無""閒"二字連用,見於《禮記·檀弓上》"不晝夜"東漢鄭玄注:"無閒晝夜。"可知漢簡本於此處用字從古而習今。又後世傳本并近代學者有以《淮南子·原道》"出於無有入於無間",遂添改王本"無有入無間"爲"出於無有,入於無間"者。以帛甲本"无有入於无間",尤其是漢簡本"無有入於無閒",可知添改者之誤。王本上文"天下之至柔,馳騁天下至堅",下文"無有入無間"即極柔細之物,如天地之氣,日月之光,進入無空隙處。上下文邏輯貫通,内容一致,加作"出於無有”後甚隔塞[23]。

9. **漢簡《老子》6 章 19 簡:“吾是以智(知)無爲之有益也。”又 7 章 22 簡:“智(知)足不辱,智(知)止不殆,可以長久。”**帛甲本、王本均作“知”。今存最古的《老子》古本郭店簡《老子》凡“知道”之“知”一律作“智”,無例外,例如郭店甲本第 6 簡“智足之爲足,此亙(恒)足矣”[24]。漢簡《老子》凡“知道”之“知”一律作“智”,亦無例外。漢簡本從古甚顯。

10. **漢簡《老子》7 章 21 簡“身與名孰親”**,帛甲本作“名與身孰亲”。帛注以“亲”字爲“親”的古體字,有誤。甲骨文、金文雖均有“親”字形,但不作“親疏”義,而作“薪木”“新舊”義。今謂:“親”字《尚書·堯典》有“以親九族”,《孟子·滕文公上》有“親其兄之子”,故漢簡本“親”字從古不晚。帛甲本 56 章亦有“故不可得而親”句,此處“孰亲”字正是帛本抄寫者誤用俗字之證。帛甲本、王本均“名”字在前,從下文“身與貨孰多?得與亡孰病”看,都强調“身”的重要性,“多”,重要,得到名利與失去健康哪個更重要。一般説,下文的兩句在語義邏輯上均從屬於首句,故首句“身”在“名”前爲確,而帛甲本、王本“名”在“身”前有誤。且**漢簡《老子》17 章 46 簡有“以身觀身”**句,始終强調“以事物之本觀本”的重要,“孰”,表比較的疑問代詞“哪一個”,比較亦考量,亦觀察,首肯重要之物“身”在先爲允當,漢簡本優。

11. **漢簡《老子》15 章 40 簡:“既得其母,|‖ 以智(知)其子;‖ 既智(知)其子,|‖ 復守其母,| 殁身不殆。”**帛乙本、王本大體同,均爲三層複句,帛甲本“既得其母,‖ 以知其[子],| 復守其母,‖ 没身不殆”是二層複句,邏輯關係不同。漢簡本、帛乙本同,可測兩者相近源本之可能;王本同漢簡本,更可知漢簡本承前而啓後。

12. **漢簡《老子》16 章 43 簡:“使我介(挈)有智(知),行於大道。”**帛乙本作“介有知”,王本作“介然有知”,河上公本注稱“介,大也”,“使我介然有於政事”。唯帛甲本作“摞(挈)有知”,帛注認爲當從帛甲本。今謂:如把“摞(挈)有知”四字看作動賓結構“握持有知”,則“有”字爲衍文,如看作連動結構“握持和擁有知識”,則語義重複,故作“介”“介然”爲確,當從河上本解釋爲偏正結構。耿介自信地擁有知識,并施行於大道。此條漢簡本、河上本同,可知二書相關;與帛乙本同,因資二書可能源本近同之證。鄭良樹以嚴本和其他各本作"介然"爲後人所改,可商[25]。漢注本"介"字後括注"挈"字亦可商。

13. **漢簡《老子》16章44簡:"厭食,資貨有餘。"**帛乙本作"猒食而齎(資)財[有餘]","有餘"二字據王本補,甲本殘,據乙本、王本"猒飲食,財貨有餘"補成"[猒飲]食[資財有餘]"。漢簡本用"饜"的古字,帛乙本相近,用古字"厭"的俗字"猒"。此字的發展脈絡是:厭/猒→饜(从厭从食,飽足),"厭食""猒食"意爲吃得太飽。《楚辭》收嚴忌《哀時命》文有"時猒飫而不用兮"句,"猒飫"即"猒食",東漢王充《論衡·辯祟》"飽飯饜食","饜食"亦即"厭食""猒食"。帛書本注以"作'猒食'於義不通",甚誤。以漢簡本、帛乙本校王本"厭飲食,財貨有餘",可知當作"厭食,資貨有餘"。《韓非子·解老》作"厭飲食,而資貨有餘"。

14. **漢簡《老子》18章48簡:"逢(蜂)蠆蚖蛇弗赫(螫),猛獸擢(攫)鳥弗薄(搏)。"**"弗赫"諸傳本均作"不螫",唯帛乙本同此作"弗赫"(螫),帛甲本作"弗螫",漢簡、帛乙源近。帛注以帛本"六六"句型校王本,以"蜂蠆虺蛇不螫,攫鳥猛獸不搏"爲"未曾被竄改的《老子》原文"。今謂"攫鳥猛獸"句義有礙,且從語法結構上看,兩句對文不對。竊以爲漢簡、帛乙本有同"弗赫"(螫),又因漢簡本"猛獸擢鳥"亦不通,當補作"猛獸[不據]",古本老子極可能作"蜂蠆虺(蚖)蛇弗赫,猛獸不據,擢鳥弗搏",爲"六四四"句型,王本《老子》正反映古本面貌,或謂其已從古本《老子》原文,帛注説并不妥當。河上本作"蜂蠆蛇虺(蚖)不螫,猛獸不據,攫鳥不搏",與王本近同,亦頗反映古本面貌。又漢簡本"蚖蛇"二字,西漢早期賈誼《新書·耳痹》"燕雀剖而蚖蛇生",二者可比照,但"蚖"字形體古文字中已見。"蚖"上古疑紐元部字,今讀 wán,毒蛇。"虺",上古曉紐微部字。二字爲旁紐旁轉字。又18章48簡除了俗寫字、借字"逢""蚖""擢""薄""赫"外,尚有"搵固"(帛本王本均作"握固")、"狻怒"(帛乙本作"朘怒",王本作"全作")、"不幽"(帛乙本作"不嚘",王本作"不嗄")、"益生曰詳"(帛本王本均作"吉祥"字)、"蚤已"(帛乙本作"蚤已",王本作"早已")等俗寫字、借字、漢初别説"蚖蛇",可推測漢簡本《老子》當在帛本後(這已爲學界公認)的西漢早期,不在武帝獨尊儒術後。多用俗、借字,正是秦隸走向漢代分隸過程的表徵,是文字尚未講究規範前的現象。内容從古本《老子》(文字當然也是),而文字抄寫又往往從漢分隸早期,是漢簡《老子》的基本面貌。這與避劉邦諱,不避惠帝、文帝、武帝諱是契合的。

15. **漢簡《老子》20 章 54 簡:"以正之(治)國,以倚(奇)用兵,以無事取天下。"**帛甲本作"邦",帛乙本作"國",漢簡本與帛乙本都避諱[26],可測兩本抄寫年代之相近,且在高祖後不久。王本作"以正治國",高明《帛書老子校注》以日本奈良聖語藏舊抄卷子殘本引河上公注文"之,至也"校河上注"以,至也",證明河上公本《老子》原作"以正之國",漢簡本、帛甲本、帛乙本均作"之",王本作"治"係後人改,河上本原本同漢簡本、帛甲、帛乙本,今河上本同王本作"治",可知河上原本距漢帛本、漢簡本不遠。而後人竄改本河上本,内有反切 50 條,反切是佛教傳入中國後,遲至"漢末人獨知反語"(顔之推語),至魏晋盛行,這纔"音韵蜂起"。故本文作者認爲河上公《老子》是漢代作品,漢末魏晋屢遭增竄。"以倚用兵",帛本作"畸",河上本、王本作"奇"。從文義看,當"以奇用兵"。又"倚"以"奇"爲諧聲,"奇",上古群紐歌部,"倚",上古影紐歌部。以深喉音影紐轉聲淺喉音群紐,是有發音上的難度的,當是上古早期的讀音;"畸",上古見紐歌部,以見紐轉聲群紐,是旁轉字,發音上無難度,當是上古晚期讀音;甚至"畸""奇"二字上古音都注音 kral,而"倚"字注音 qrals[27]。又從文獻上看,"倚""奇"相通已見於東漢鄭玄注《周禮·地官·媒氏》引《易·説卦》"参天兩地而奇數焉"稱"本或作倚,音同",今本《周易》作"倚數"。可知《易傳》已見"奇""倚"相通用例。《周禮·春官·大祝》"七曰奇拜"鄭玄注"或云奇讀爲倚"。"倚拜",上古禮儀,持節或持戟而拜。可見《周禮》時代已見"奇""倚"相通,漢人因之,漢簡《老子》21 章 59 簡有"正復爲倚",以"倚"通"奇"。據洪誠先生研究,《周禮》"實起于周初"(前 1046),"成書最晚不在東周惠王(前 676—前 651)後"[28]。從"倚""畸"代"奇"字看,如將語義指向求古,有理由認爲,漢簡本《老子》所據古本《老子》較漢帛本所據古本《老子》要更古老。

16. **漢簡《老子》20 章 55 簡:"人多智而苛物兹(滋)起,灋物兹(滋)章(彰)而盗賊多有。"**帛甲本作"人多知",帛乙本據甲本和王本"人多伎巧"補作"人多知巧"。帛注以甲本"人多知"三字"知"下一字被奪,補作"人多知巧"亦即"人多智巧"。今以漢簡本觀之,不必補成"知巧""智巧",漢簡第 55 簡句和《道經》

60章168簡“絶聖棄智,民利百倍”爲相契一貫之説,皆未及“機巧”之“巧”。又“苛物”字,公認的古本《老子》郭店甲本作从可从戈“戓”字,从戈之字與从艸之字古可通,如“臧”與“葬”字、“藏”字通,《詩經》“蓼蕭”之“蓼”字讀“戮”音。可知郭店簡“戓”字即“苛”字。由“苛”本字、“戓”異字可知漢簡本藍本與郭店本同屬古本。北大注釋據漢簡本讀爲“苛”本字音義,甚確。苛,苛細瑣碎之義。王本作“奇物”,高明注帛甲本作“何(奇)物”,帛乙本據王本補作“奇物”,皆誤。如以帛甲本“何物”即“苛物”而不作“奇物”觀,因“苛”“何”二字上古同爲匣紐歌部字,可知帛甲本亦本古本。唯漢簡本用本字,郭店簡用異字,帛甲本用通假字。金文中已有“苛”字,漢簡本用“苛”本字的字源甚早。**又55簡下文有“灋物兹章”**句,郭店甲本作“法勿慈章”,帛甲本殘,帛乙本據王本補成“[法]物兹章”,河上公本,唐景龍本等作“法物滋章”,王本作“法令滋彰”。今謂漢簡本、郭店本最爲相近和從古,灋、勿、兹、章四字皆用古字。廖名春以“章”作“彰”字爲金文、楚簡用字[29]。河上本亦如漢簡本、帛乙本作“法物”,河上本當去漢簡、漢帛本不遠,或謂河上本與漢簡本同一傳本系統,作“法令”者如《淮南子》《文子》《史記》引《老子》,如王本等,當爲另一傳本系統,高明以“法令”爲後人所改竄,甚是。又56、57簡:**“我無爲而民自化,我無事而民自富,我好静而民自正,我欲不欲而民自樸。”**四句以“無爲”“無事”“好静”“欲不欲”爲序,考郭店《老子》本以“無事”“無爲”“好静”“欲不欲”爲序,漢簡本序與郭店簡序最近,提法同,用字同,而帛本以“无爲”“好静”“无事”“欲不欲”爲序,王本以“無爲”“好静”“無事”“無欲”爲序且提法有異,皆與郭店本有較大出入。漢簡本的藍本近於郭店簡《老子》之古本。從邏輯上看,漢簡本以“無爲”居首更合理,帛本、王本也都將“无爲”“無爲”居首,符合《老子》“上德無爲而無以爲”這一大本一貫之説,“無事”則是具體的。綜此,漢簡本56、57簡當爲古本《老子》之舊。

17. **漢簡《老子》21章58簡:“其正(政)昏昏,其民萶萶(蠢蠢);其正(政)計計(察察),其國夬夬(缺缺)。”**對文,帛甲本前對全殘,後對作“其正(政)察察,其邦(民)夬夬(狘狘)”(狘,讀kuài,同儈,狡詐)。帛乙本前對存,近同王本,後對殘,據帛甲補成“其正(政)察察,其[民狘狘]”。帛注據王本“其民缺缺”,以帛甲“邦”爲“民”之誤,有誤。原文即“其邦夬夬(缺缺)”,不涉“民”字,不誤。劉笑敢亦以帛甲本“邦”字誤[30]，帛注補帛乙後兩句，均未安。今以漢簡本觀之，帛甲本不避諱“邦”，漢簡本諱“邦”用“國”字，不諱“盈”“恒”等帝名，漢簡本、帛本皆爲西漢古本。漢簡本以“其正/其民；其正/其國”對文，帛本以“其正/其民；其正/其邦”對文，可知《老子》古本對文之中有不對，亦句式、句法之變化，帛甲本“邦”字不誤，不當改讀成“民”字。又《淮南子・道應》引有後對二句作“其政察察，其民缺缺”，可知西漢有古本系統和今本系統并存。徐志鈞稱先秦多有書“缺”爲“夬”者，并引《睡虎地秦簡・秦律十八種・置吏律》“故有夬者爲補之”爲例[31]，可見漢簡本用“夬”字不用“缺”字甚古。河上本、傅本、王本前後兩對皆作“其政……其民……”，循西漢今本系統。河上本《順化》58 章後兩句作“其政察察，其民缺缺”，缺，“缺”的俗體字。後一句的河上公注文：“政教，急民不聊生，故缺缺日以疏薄。”由注文可知，“缺缺”的主體是“其國”，指國家事務的缺失。全句説政令愈苛察，國事愈缺失。原爲古本《老子》的河上公本“其民”當爲後人據西漢今本系統改竄。又河上本作“其民(國)缺缺”，“缺缺”二字用楚地語用字，《楚辭・遠遊》：“上至列缺兮，降望大壑。”洪興祖補注：“缺，與缺同。”亦可疑古本河上公《老子》同漢簡本，皆出自楚人之手。又下文**第 58 簡：“福，禍之所倚；禍，福之所伏。”**以叙事標題“福、禍”爲先後，形成“福，禍—倚/禍，福—伏”之對，帛甲本有“禍，福—倚/福，禍—伏”之對，帛乙本殘甚。河上本、傅本、王本同帛甲本。從句内用韵看，漢簡本甚是，禍，上古匣紐歌部，倚，影紐歌部，福，幫紐職部，伏，並紐職部。帛甲本諸本以“幫職”韵“影歌”纏夾太甚。兩句間“倚”“伏”二字間實爲不韵，《老子》韵文此二句正體現在句内韵，而非句間韵。從事理邏輯看，漢簡本“世事多數存福，却須預警在先；然後遇禍須樂觀其前景，樹立信心”，更合乎《老子》叙事必“警戒在先”的一般内容結構邏輯[32]。《太平御覽》459 條《説苑》引《老子》曰：“得其所利必慮其所害，樂其所樂必顧其所敗。”正與漢簡本叙事邏輯同。又下文(諸傳世本同)“正復爲倚，善復爲妖”叙事標題也是“正(福)、善(福)”居要，與上文叙事標題“福、禍”先後、“福，禍—倚”組構一致，相反，帛甲本及諸本的組構倒與此諸家通説“正復爲倚，善復爲妖”前後有矛盾了[33]。綜此，有理由認爲漢簡本“福，禍—倚/禍，福—伏”之對是古本《老子》之舊。

18. **漢簡《老子》22 章 60 簡**開頭四句:**“方而不割,廉而不刖(劌),直而不肆,光而不燿。”**四句帛乙本,王本等傳世本皆屬上,前有“是以”“是以聖人”冠“方”字前,成爲上文福禍、正邪、善妖隨時轉化的推論。漢簡本屬下,無“是以”,無“聖人”,與下文“治人事天,莫如嗇”相近,成爲悟得“治人事天”大道的身邊事比喻例,而這是《老子》中常用的事喻明道之法,如王本 11 章“三十輻共一轂”推出“當其無,有車之用”例。且王本加“聖人”二字(高明已指其純屬多餘)正是熒惑“方而”四句屬下之證。如屬上,上文至“人(每個個人)之謎,其日固久”已推論殆盡,用“是以”連綴屬上已不倫類,用“是以聖人”連綴屬上更不倫類,唯屬下喻例“治人事天”方爲允當。四句屬下是古本之舊。又第二句睡虎地秦簡《爲吏之道》作“廉而毋刖”,亦作“刖”字者爲古本之證。河上本作“害”,音義與漢簡本“刖”字最近。刖,疑紐月部,截切絶斷受傷之義。害,匣紐月部,割斷受傷之義。疑紐與匣紐相轉最近最頻。而帛乙本作“刺”,音清紐錫部,音轉不類,王本等作“劌”,《説文》“利傷也”,亦鋒利物刺傷義,《方言》卷三則明“劌”是“刺”的另一方言説法,可見與“刺”義同,與“刖”“害”截割受傷之義有别。且“刖足”之刑已行於春秋,而“劌”字的出現及作刺傷之義解都較“刖”爲晚。“廉而不刖”是古本之證。漢注本“刖”字後括注“劌”字可商。

19. **漢簡《老子》23 章 63 簡:“治大國若亨(烹)小鮮,以道位(莅)天下,其鬼不神。”**帛乙本作“若亨”“以道立”,帛甲殘甚。帛乙與漢簡近同。鄭良樹引《韓非子》《群書治要》引、唐代諸本“天下”後有“者”字,稱:“蓋另一本也。”[34]而河上本、王本、帛本、漢簡本均無“者”字,可見《老子》傳本系統很複雜。本文以帛本、漢簡本多古本之舊,由此例可知王本亦不乏古本之舊。**又 63、64 簡“非其神不傷人也,聖人亦弗傷。夫兩不相傷,故德交歸焉”,**王本作“聖人亦不傷人”,唯漢簡本、帛甲本作“亦弗傷”,帛乙殘後有“弗傷”二字,作“亦弗傷”當古本之舊。先秦“不”“弗”兩否定副詞的區别,“不”加及物動詞後帶賓語[35],“弗”加及物動詞後不帶賓語,漢簡本、帛本皆合此一般規則,且漢簡本、帛本在“不”“弗”相間的情形下符合先秦語法規則,而王本連續作三個“不傷人”,後人改作明顯。此“相”字爲遞相,非互相。指“鬼神不傷人,聖人不傷民”之“兩不相傷”。《韓非子·解老》:“言其德上下交盛,而俱歸於民也。”聖人不傷民,德歸於民,爲早期道家以民爲本的思想。從本章看，道家之道，以道莅天下，本身就有上古奴隸制民主思想成分在内。

20. 漢簡《老子》24 章 65、66 簡：**“大國者下游也，天下之牝也。天下之交也，牝恒以静勝牡。以其静也，故爲下。”**“之牝”“之交”句傳世本皆倒，帛甲、乙本同漢簡本，可見此序爲古本之舊。“之牝”句在前，“之交”在後，文從字順。意即“大國謙卑居下，是天下之根。天下交往，總是謙卑居下者勝剛强自負者”。高明《帛書老子校注》曾説循此古本序“不僅體現出哲理博深”，且針對性極强，“歷史背景非常清楚”。鄭良樹贊同高明説。今謂以牝、牡，雌、雄，母本、男根取譬，喻天下静躁、强弱、勝負之理，是《老子》近觀以至於觀身而悟悠遠治國之道的叙事明理邏輯、一貫之道和内容條例，一至於此國家間的交往、外交關係準則，深博云何，無以復加。傳世本倒置後歷代解釋謬見甚多，不一而足，高明亦曾列述之，可供疑義與析。又下文 66、67 簡：**“故大國以下小國，則取小國；小國以下大國，則取於大國。故或下以取，或下[而取，故大國不過欲並畜人，小國不過欲入事人。夫各得其欲，則大者宜]爲下。”**帛甲、乙本近同，并據補漢簡本 28 字。唯漢簡本 8 個“國”字，帛甲均作“邦”字，帛乙均作“國”字，“國”“邦”二字示避高祖諱與不避諱，全書無例外。這裏可表明古本《老子》有八個語義邏輯式：以下，取，取於，下以取，下而取，並畜人，入事人，爲下。以下，猶“己下（於）”（對……下）。取，猶“（直接）索取（後帶直接賓語表物件）”。取於，是“動詞‘取’+介詞‘於’構成的介賓結構作補語”，語義上猶今“從……那兒索取”。下以取，指大國卑下可從小國那兒直接索取，亦可對應邏輯式“取”。下而取，指小國卑下可從大國那兒索取，亦可對應邏輯式“取於”。並畜人，（大國）同時養育小國之人。入事人，（小國）入進，去侍奉大國之人。爲下，自我謙卑居下，不同於“以下”，僅譯義上猶“己下”。以上八式，有的很抽象，式例性、對待性均很强，如“取/取於”，有的式例之間又有明顯的對應性，如“取/取於”和“下以取/下而取”之間。有的則較具體，式例性、形上性弱，如“並畜人/入事人”，“爲下”，有的僅在外延隱性關係上可構成并不嚴格的邏輯對待，如“以下”和“爲下”之間，但不論何種情形，漢簡本并同漢帛本都能表明《老子》古本的語言表達邏輯，哲人其思，嚴密之至。相對於上文取譬一貫爲非形式的内容構造邏輯，見本文第 10、

11、17 節,此處八式爲式例化的形式關係結構邏輯。傳世本取消"取/取於"之大别,或都作"取",如王本,或都作"取於"如傅奕本,既昧於《老子》古本,更不察哲人精思。可見邏輯八式,特别是"取/取於"區分式,是古本《老子》的重要標志。

21. **漢簡《老子》25 章 68 簡:"道者,萬物之椃(奥)也。"**帛甲乙本均作"萬物之注(主)",傳本均作"萬物之奥"。十分重要的是,該句與下句**"善人之葆(寶),不善人之所葆(保)也"**之"葆(保)"押韵,從椃(章紐幽部)、注(主,章紐侯部)、奥(影紐覺部)、葆(保,幫紐幽部)看,前三個字上古通轉借用固然無問題,但從押韵看,衹有"椃"字與下句"葆(保)"字爲同部直接相押,最爲諧音,"注(主)""奥"字都是韵轉相押,《老子》韵是《詩經》時代韵,尤重諧和,故可知漢簡本所本最爲古本[36]。漢簡本注"椃"字後可不括注"奥"字,漢簡本用本字。

22. **漢簡《老子》26 章 71 簡:"小大,多少,報怨以德。"**與郭店簡作"大,小之",同爲廓清千古迷霧,順解本章爲負向邏輯一貫之樞。釋爲"使大變小,讓少成多,報怨以德",猶"損有餘而補不足",更與**下文 72、73 簡"是以聖人終不爲大,故能成大"**句(王本作"成其大")相通。帛甲乙本,傳世本皆作"大小,多少,報怨以德",引起歷代解老者種種猜測,以爲"大小"下有脱簡佚文,否則與上文"爲無爲,事無事,味無味",下文"圖難乎其易,爲大乎其細"不類。帛本出現後,可證無脱文,誠是也。帛注連同上下文通觀爲"爲、無爲,事、無事,味、無味,大、小,多、少,報怨以德,圖難於其易,爲大於其細",以爲此成"同一種結構",讀起來也"文暢義順,毫不勉强"[37],實爲一迂曲之説。漢簡本問世後,連同郭店本方知究竟。

23. **漢簡《老子》27 章 74、75 簡:"其脃(脆)易判也,其微亦散也,爲之其無有也,治之其未亂也。"**帛甲、乙本均殘。王本作"其脆易泮"。高明據今本《説文》"膬,耎易破也"并遂州本《老子》作"其毳易破",補帛甲本爲"其脆也,易破也"。"脃",郭店簡作"竁",《經典釋文》引河上本作"膬"。可知河本於古有據。《説文》段注"膬"字下:"脃、膬,蓋本一字異體,《篇韵》皆云膬同脃。"并引據《周禮·小宗伯》注文稱穿地穴聲"竁"即"腐脃"字,并考出陸德明見到的《説文》無"脃"字,僅有"膬"字,至唐李善注《七發》《魏都賦》時見到的《説文》有"脃"字。

又《管子·事語》有"城肥致衝"一語,"肥"爲"胞"誤。今謂脆作"胞"秦漢間習見,《吕氏春秋·順民》"有甘胞不足分,弗敢食"。又《段注》本《説文》"胞,小耎易斷也。从肉,絶省聲"。耎,醢,肉骨。段注引西漢枚乘《七發》"甘胞肥膿",引左思《魏都賦》"稟質遳胞",并稱"作脆者誤也"。段云"胞"字"形聲包會意也,易斷,故从絶省"。可見漢簡本《老子》用"胞"字,不用"脆"字是秦漢間用字習慣。且"胞"用本字,漢注本可不括注"脆"字。判,斷絶。《説文》:"判,分也。"段注以"判"爲"半",形聲兼會意字。分作兩半,斷絶義。漢簡本作"其胞易判",不用"脆"字,皆主"斷絶"義,甚精審。又"判"與下文"散""亂"皆上古元部字押韵。王本作"泮"用借字。今謂高明據《説文》并遂州本《老子》補帛甲本爲"其脆也,易破也",雖有據,但有理由説,漢簡本作"胞",作"判"當據古本《老子》。郭店甲本《老子》作"其毳易畔","畔"同"判"。此四句連上文兩句 74 簡**"其安易持也,其未兆易謀也"**,"持""謀""判""散""有""亂"六字後皆有"也"字,王本六字後均無"也"字。鄭良樹據嚴遵《道德指歸》説前四字後有"也"字"恐有來歷耳"[38],今可知,其來歷正是漢簡本。

24. **漢簡《老子》27 章 75 簡:"合抱之木,作於豪(毫)末;九成之臺,作於絫(蔂)土;百仞之高,始於足下。"**"九成"句,帛書本同,唯帛甲"作於羸(蔂)土",帛乙"作於蔂土"。王本作"九層之臺,起於累土"。今謂:漢簡本、帛書本"九成之臺"爲古本《老子》之舊。郭店簡甲本《老子》亦作"九成之臺"[39]。另《吕氏春秋·音初》:"有娀氏有二佚女,爲九成之臺。"上博簡《容成氏》第 44 簡有"九城之臺"。九成,九重,言其高;下文"百仞"亦言其高。帛甲乙本有異文、闕文,但所指皆"百仞之高,始於足下"。嚴遵本作"百仞之高"。漢簡本"百仞"兩句亦爲古本之舊。漢簡本以"粗大""高大""高大"爲序,王本及多種傳本作"千里之行,始於足下",以"粗大""高大""遠大"爲序,貌似有理,然前序亦於古有徵,馬融《長笛賦》:"托九成之孤岑兮,臨萬仞之石磎。"後句言山谷之深,深亦高也。

25. **漢簡《老子》28 章 76、77、78 簡:"爲者敗之,執者失之,是以聖人無爲,故無敗也;無執,故無失也。……以輔萬物之自然,而弗敢爲。"**王本合於 64 章,與"其安易持……千里之行,始於足下"同爲一章,高明《帛書老子校注》亦將帛書本此内容合於上章。漢簡《老子》另立一章,甚是,内容不類,且郭店簡甲本

《老子》相當於漢簡《老子》27、28 章内容的亦分述兩處,相距甚遠,根本二事不連抄。漢簡《老子》此處分章不與上文合,當爲古本之舊。文中 76、77 **簡:"民之從事也,恒於其成事而敗之,故慎終如始,則無敗事矣。"**帛甲亦作"其成事",全句同。帛乙作"其成",王本作"民之從事,常於幾成而敗之",郭店丙本作"人之敗也,恒於其且成也敗之"。如主題語"民之從事"必對應於"其成事""其成"之類,如主題語説"敗",對應於"敗之",連"其成事""其成"的説法也大變成"其且成也"。今謂,衆多説法中僅漢簡本同帛甲本,郭店甲本無此句可援,漢簡本此説爲古書之舊。又 77、78 **簡"不貴難得之貨"**,帛乙本同,帛甲本作古"貨"字"賜",《説文》作"賜":"資也。从貝爲聲,或曰此古貨字。"段注:"按《玉篇》《廣韵》皆云賭也,許無賭字。"否定了此爲"賭"字。段又説:"按爲化二聲同在十七部,貨古作'賜',猶訛譌通用耳。"十七部爲歌部。由帛甲本"貨"字作"賜",可知"爲""化"替代作偏旁字,於古有徵,漢初仍之,而漢簡本從俗作"貨"字,可知其用字順勢合時。又 78 **簡:"學不學,而復衆人之所過。"**帛甲本同,帛乙本、王本少一"而"字。第一個"學"字郭店簡作"斆"字的初字形"孝"(教,使學)。"復",補償,免除。劉師培以"復"字下有"歸"字,猶王本十四章"復歸於萬物",誤。高明校注本辨之甚詳,并以"復"爲"復補"義[⑩],甚確。今謂:以郭店簡觀之,教,使學,不當復歸過去,而教之使補救過失,教之使免除不犯過失。漢簡本、帛甲本等皆循古本之舊。

26. **漢簡《老子》29 章 79 簡:"古之爲道者,非以明民也,將以愚之也。民之難治,以其智也。"**帛甲本作"故曰:爲道者……",似將本章合於 28 章"爲者敗之,執者失之",而上章帛注本已合於再上章 27 章内容,即皆爲王本六十四章。帛甲本作"故曰"會兩次合上文,幾失文例,甚難信從。帛乙本、王本同漢簡本,皆"古之"開頭,宜其舊本。本簡凡"知道"之"知"字皆用"智",**如 79、80 簡"故以智智(知)國,國之賊也;以不智智(知)國,國之德也","恒智(知)"**,無例外。而帛書本無一"智"字,智慧、知道,一律用"知"字。《説文》:"智,識詞也。从白(自)、从亏、从知。""識詞",認識事物、認識能力的一種説法,意即智慧。段注:"此與矢部知音義皆同,故二字多通用。(徐)鍇曰:亏亦氣也。按,从知,會意,知亦聲。"段注引徐鍇《説文繫傳》説"智"字的小篆从"亏"表示説話的氣流。小篆"智"有兩聲旁"知""白(自)",一形旁"亏",隸楷字"智"衹剩兩聲旁"知""白(自)",氣流形已失,抄寫者書寫心理以兩聲旁"知""自"連偶爲從古之正宗,不當去"自"而僅存"知",且"知道"總是"自己"心里明白而"知",漢簡《老子》全書凡"知道"之"知"字一律寫作"智"字,與抄手用字從古心理有關。另,"知道"之"知"字作"智",《墨子》具例,《耕柱》:"豈能智數百歲之後哉!"《經説下》:"逃臣不智其處,狗犬不智其名也。"兩"知"字必連用時皆用"智"字,漢簡《老子》此處例正類同,甚疑漢簡《老子》抄手同墨家爲楚人。墨翟宋人,宋地近楚,耕柱子久處楚。漢簡《老子》恐係楚人抄楚人老聃書之另一含義上的"楚簡"[41]。又:以上漢簡本四個"國"字,帛乙本同,帛甲本四處皆"邦"字(含補出字),連續出現在同一句中,可知漢簡、帛乙都在劉邦後,避諱,帛甲在劉邦前,不避諱。又:**漢簡《老子》29 章 80 簡:"恒智(知)此兩者,亦楷式。恒智(知)楷式,是謂玄德。"**"兩者"指上文"**以智(知)國,國之賊也;以不智(知)國,國之德也**"。兩"楷式",帛甲、乙本,今見王本皆作"稽式"。今謂:作"楷式"字用本義本字,楷式,典式,法則。《廣雅·釋詁一》:"楷,法也。"又《釋詁四》:"楷,式也。"可見"楷式"爲同義連用。"楷",上古溪紐脂部。"稽",上古見紐脂部。二字旁紐同部。"稽式"用假借字。"稽",本義稽查。《説文·禾部》:"留止也。"段注:"凡稽留則有審慎求詳之意,故爲稽考。"段以"稽考"爲其引申義。《馬王堆漢墓帛書·經法·道法》:"无私者知,至知者爲天下稽。"兩"智慧"義用借字"知";"稽",楷式,用借義。《經法》正漢初黄老思想所本,帛本《老子》亦伏漢初黄老之思,用字同然,殊無足怪。而漢簡本用古"知"字"智",用本字"楷式",皆求古從本之證。又西漢早期嚴遵本,并河上本皆用"楷式"而非帛本"稽式",亦可知嚴本、河本從古之徵,可證河本原本亦西漢時期作品當屬不誤。

27. **漢簡《老子》30 章 81、82 簡:"是[以聖]人之欲高民也,必以其言下之;其欲先民也,必以其身後之。"**帛甲、帛乙本皆有"以聖"二字,漢簡本有"人"字必當以帛本補出"以聖"二字,王本無"聖人"二字。"高"字帛本字作"上"。河上本作"是以聖人欲上民",除少一"也"字外,全同帛本,近同漢簡本。可知河上本直承漢帛、漢簡本不晚也。且"必以其"後世傳本有作"以其"二字,高明帛本校注詳辨"必以"與"以其"之不同,并引河上公解釋文字云:"欲在民上,法江海處謙虚下；欲在民之前也，先人而後己也。”河上正言聖人必謙下而居尊，必居後可率先之理，河本亦作兩“必以”，“必以言下之”，“必以身後之”，例同帛本和漢簡本。有“聖人”二字、作“必以”字二事，漢簡本、漢帛本、河上本皆備。漢簡本、漢帛本二事齊備皆各從古本使然。鄭良樹亦以“必以其言下之”“必以其身後之”爲《老子》祖本語[42]。

28. **漢簡《老子》31 章 85 簡：“天下皆謂我大，以不宵(肖)。”**“以”，遞進連詞，且，而且。與帛乙本語義邏輯同：“天下[皆]胃[謂]我大，大而不宵(肖)。”“而”表遞進。河上本首句全同，作“天下皆謂我大”。王本作“天下皆謂我道大，似不肖”。漢簡本、帛乙本無“道”字本，傳世本中無“道”字的有嚴遵本、遂州本、敦煌本、景龍碑本等，傅本、范本亦無“道”字，但作“吾大”[43]。漢簡本、帛乙本，并河上本無“道”字，作“我大”者當爲古本之舊的遺存。漢簡本兩句作遞進複句，并帛乙本旁證，當亦古本之舊。作“似不肖”者(河上本亦然[44])爲後人臆改。肖，楚地語。揚雄《方言》卷七：“‘肖’類法也。齊曰類，西楚、梁、益之間曰肖。西南梁、益之間凡言相類者，亦謂之肖。”肖，讀“宵”字的古去聲。抄寫時寫作“宵”，實爲相似、類義的“肖”字。漢簡《老子》用楚地語，可繹知抄手楚人也。又 85 簡**下文：“夫唯大，故不宵(肖)。若宵(肖)，久矣其細也夫！”**本簡的 3 個“宵(肖)”字都作相似、同類解。非“不賢”字。上下文連，意爲：天下都説我(指上文 30 章 81 簡爲“百谷王”的江海)大，并且彼此間不相像。正因爲大，所以不相像，若相像，則早已成了細流了！邏輯甚明，大江大海因爲太大，所以互不相像。帛乙本最後兩句全同，中間兩句作“夫唯不宵(肖)，故能大”，意爲：正因爲互不相像，所以(大江大海)能那麽大。必誤！邏輯上搞反了，與上文“夫唯大……”句也不貫通。通觀 85 **簡開頭至此共 6 句，“天下皆謂……其細也夫”，**皆當古本之舊。高明帛注本指出，用“宵(肖)”字而不用像、類等字是《老子》書用楚地語，甚確。又下文：**“我恒有三葆(寶)，侍(持)而葆(保)之。”**以“葆”通“寶”“保”。語義上“持而保之”有連續性、運動性在内，帛乙本作“我恒有三琛(寶)，市(持)而琛(寶)之”，以“琛”通“寶”，實際上是“寶”中間部分“珤”字的俗寫。今謂：將上古定紐字“持”，寫成禪紐字“侍”“市”[45]，撇開韵部不談，猶言將 d-都讀成 ʑ-，這是楚方音的重要特徵[46]。可見，從以“侍”“市”二字代“持”字看，漢簡本、帛乙本的抄手都是南方楚人。又漢簡本“侍(持)而葆之”,高明注帛乙本“市而琛(寶)之”引蔣錫昌稱宋代范本見傳、王二本并作“持而寶之”,又另有注本作“我有三寶,保而持之”[47],寶、保對文,不與帛乙本同文同,與漢簡本同,故謂漢簡本“我恒有……”兩句當爲古本之舊。又:**漢簡本86、87簡:“不敢爲天下先,故能爲成器長。”**帛乙本同,帛甲本作“故能爲成事長”,高明帛注引《韓非子·解老》已作“故能爲成事長”,辨“能爲成”之確,今以漢簡本、帛乙本并觀,“能爲成”説當依舊本,王本作“能成器長”,脱“爲”字爲後人改。“成器”連讀,唯“成事”已出現在帛乙本、漢簡本前,殊難定奪。但從《老子》28章“樸散則爲器,聖人用之則爲官長”之内證看,帛乙本、漢簡本“爲成器”似當爲古本之舊[48]。郭店簡乙本《老子》有“大器曼成”一語,亦“成器”説,可參證。又**漢簡本87簡:“今舍其兹(慈),且勇;舍其斂(儉),且廣;舍其後,且先,則死矣。”**爲三重複句,用三重複句説“捨本逐末必亡”之理。帛乙本同,王本近同河上本。又**漢簡本88簡:“夫兹(慈),以陳(陣)則正。”**帛甲、乙本,今見王本皆可視作“以戰則勝”。高明引馬叙倫、朱謙之皆論王弼本注、文,定王本《老子》原文當爲“以陳則正”。高明以“戰”(章紐元部)與“陳”“陣”(定紐真部),“勝”(書紐蒸部)與“正”(章紐耕部)古音同義近而互借用。今謂不必如此,以漢簡本作“以陳則正”觀之,馬氏、朱氏之説是,漢簡本“以陳則正”爲古本《老子》原文。

29. **漢簡《老子》34章93簡:“吾言甚易智(知),甚易行,而天下莫之能智(知),莫之能行。”**帛甲本亦有兩“甚”字,兩“智”字帛甲、乙均用“知”,“莫”字後有“之”字,“天下”(帛甲“人”字)前有“而”字,表轉折複句,漢簡本、帛甲、乙本多同,古本之舊當有“甚”“而”“天下”“莫之能”。“之”指代“吾言”,在否定式作賓語前置,甚合上古語法。又帛注本據清人蔣錫昌依王弼注文稱“莫之能知也”“莫之能行也”,與唐代傅本、宋代范本有“之”字同,當加改通行王本作有“之”字[49],甚確。西漢初嚴遵本同通行的王本作“莫能知”“莫能行”,非舊本。漢簡本當在嚴本前。又93簡:**“言有宗,事有君。”**帛乙本、河上本、王本等世傳本多先“宗”後“君”,古本之舊當如此。帛甲本先“君”後“宗”當誤。**又93、94簡:“天〈夫〉唯無智(知),是以不吾智(知),智(知)我者希,則我貴矣。”**三個“知道”義均用“智”字,如前所説,爲抄手楚人從古心理之徵。帛乙本、王本皆作

"知"。"不吾知"爲先秦常見,《論語·先進》:"居則曰:不吾知也。"且"不吾"連用有音韵美。不,上古之部;吾,上古魚部。之、魚爲同類旁轉字。而"我"字爲上古歌部,之部與歌部不同韵類。嚴遵本作"不吾知",同漢簡本,爲古本之舊。帛乙本、王本作"不我知"(帛甲"不"字下殘七字),當非舊本。"智(知)我者希"一句王本同,亦古本,可校帛乙本"知者希"。最後一句"則我貴矣"帛甲、乙并同此,用校王本"則我者貴"衍"者"字。高明以王本"貴"字前衍"者"字"誼(義)不可説",今以漢簡本檢之,尤信。

30. **漢簡《老子》35 章 95 簡:"智(知)不智(知),上矣;不智(知)智(知),病矣。"**帛本全改用"知"。帛乙本除作"知""尚矣"外,王本除作"知"、無二"矣"字外,餘同漢簡本。該句四種本子均可分析爲二重複句。第一層并列複句,第二層承接複句。直白言之:知道那些尚未知道的,上等呀!不知道那些該知道的,認識上犯病了。傳世本如傅本、范本等同王本且多二"矣"字[50],實同於漢簡本。又因"知道"之"知"義全部作"智"字,除古今字用字不同外,還可聯繫到老子原本的思想:天道與德性一致,"孔德之容,惟德是從"。"道"或"理"是超越的,"德"與"性"是内在的。老子的認識論、知識論都與其"天道德性"密切相關。河上公注云:"知道言不知,是乃德之上;不知道言知,是乃德之病。"今按漢簡本作"智慧""心智"字解,河上深刻:内心用心智體悟天道德性而説成還不明白(那天道德性是形而上的,不易弄明白),是德性至上;内心不明白天道德性却説已明白,是對德性的傷害。漢簡本用"智慧"字,正可體現《老子》本意:用心智體悟那弄不明白(因是形上性的)的天道德性,至上;不用心智去體悟那些最高的(形而上的)智慧天道德性,是犯病。應該説,漢簡本全部用"智"不用"知",不純粹是個用字問題,而是直接指向古本《老子》的形而上的"天道德性"的,而河上公的注釋是貼近漢簡本的。與形上學"天道德性"密切相關聯的是老子的辯證思想。**漢簡本 95、96 簡用"夫"字緊承上文:"夫唯病病,是以不病,聖人【之不】病,以其不病【病也,是以】不病。"**帛甲、乙本從"是以聖人"説起,無第二個"不"字,王本等通行本從"夫唯"説起,將《老子》辯證思想與上文可解爲形而上的"知"(智)緊繫,甚確,帛本無"夫唯"兩句,辯證思想不繫於上文内容,甚誤,但王本等亦無"聖人"後的第二個"不"字("其"字後的"不"字),作"聖人不病,以其病病,是以不病”。北大漢簡本注釋亦將“聖人”後的第二個“不”字視作衍文。今謂:漢簡本有第二個“不”字的正確,帛本、王本等、北大注釋删“不”,皆誤。從文義看,漢簡本:祇有戒懼傷害德性,因此纔不傷害德性。聖人不傷害德性,因爲他們不會重新犯過去傷害德性的過錯,因此就不傷害德性。前一句負負得正,後一句“負負,負負”得正。要是没有第二個“不”字,後一句成了“聖人之不病,以其病病,是以不病”,語義上完全和前一句重複。俞樾在審察王本時,發現前後語義重複,力主以《韓非子·喻老》篇“聖人之不病也,以其不病,是以無病”校之,并稱:“上言‘病病’,故‘不病’,此言‘不病’,故‘無病’,兩意相承。”帛注本以帛本無“不”字,否定了俞説[51],不妥。又漢簡本“聖人”後的補殘,主要依據帛乙本和王本,如依俞説按《韓非子》,則可作**“聖人【之不】病,以其不病,【是以】不病”**。

31. **漢簡《老子》36 章 97 簡:“【民】不畏威,則大威至矣。”**帛乙本作“民之不(帛甲殘據補三字)畏畏,則大畏將至矣(帛甲大後殘據補三字)。”王本同漢簡本但無“矣”字,多數傳世本亦無“矣”字,唯嚴遵本、河上本全同漢簡本有“矣”字,帛甲殘六字,帛乙近同於漢簡本,但作“畏畏”,并衍“將”字。嚴本、河上本乃至多種傳世本皆同漢簡本無“將”字。傳世本中以嚴本、河上本爲可貴。**又 97 簡:“毋柙其所居,毋厭其【所】生。夫唯弗厭,是以不厭。”**除了“柙”字帛甲作“閘”,帛乙作僻字“伂”,“厭”字帛本作“猒”字外,漢簡本同帛本。“柙”“伂”“狎”“狹”,皆上古匣紐葉部。“閘”,上古影紐葉部。王本作“狎”。帛注本因唐、宋、明本多作“狹”字,故帛本“閘”“伂”字下皆括注“狹”字。今謂:從帛甲、帛乙、王本多含“甲”字旁看,古本不當作“狹”,乃“柙”也。《説文·木部》“柙,檻也”段注:“《論語》:‘虎兕出於柙。’馬(融)曰:‘柙,檻也。’引伸爲凡檢柙之稱。”故柙、檻,囚禁、拘限義。兩“毋”字句爲對文,毋拘禁其所居,毋壓迫其所生。柙、厭對舉,文從字順。“壓迫”字“厭”上古影紐葉部。漢簡本“毋柙”“毋厭”正古本《老子》句中用韵。漢簡本作“柙”爲古本舊字,非待改從“狹”字,作“閘”“伂”“狎”亦非舊本,已經後人作形近於“柙”字的竄改。後兩句中的“弗厭”顯然同“毋厭”,亦“壓迫”義,否則意義重複不可讀。祇有不受壓迫,纔不厭惡。又“弗厭”,承上文,“厭”(壓)後有賓語,故用“弗”,“不厭”,“不自厭”之意,自己不覺得厭惡,討厭,可以不帶賓語,故用“不”,先秦古漢語“不”“弗”之别也[52]。王本作兩個“不厭”,文意、文理均誤。**又下文97、98簡:“是以聖人自智(知)而不自見也,自愛而不自貴也。故去被(彼)取此。”**此段緊接上文,四個“自”,兩個“不”,一個“是以”證明承接上文,可内證上文“不厭”爲“不自厭”之意。本段承上文:應當不限制,不壓迫人們的生成空間,衹有不壓迫,纔讓人們不覺得社會的可惡,因此聖人總是自我體悟而不自我張揚,自愛而不自我抬高。帛乙本、王本均作“自知”,帛甲殘十三字,王本無二“而”字,餘同漢簡本。今謂:唯漢簡本“毋柙”“毋厭(壓)”“弗厭(壓)”,主張給人們以自由度,方有下文“自智”,正先秦哲學中由自由意志,自由無限制之心,牟宗三稱之爲本體,走向“成聖”“成真人”的“智”的直覺呈現的過程。翻過來説也一樣:聖人的“智”的最終實現的理境,總是要以“自由意志”,“道”的“自由無限制之心”爲本體論前提[53]。

32. **漢簡《老子》37章99、100簡:“天之道,不争而善勝,不言善應,弗召自來,謉(默)然善謀。”**帛甲本開頭八字殘,“不言”後有“而”字,作“不召”,“彈(坦)而善謀”。帛乙本作“不單(戰)而善朕(勝)”,“不言”後有“而”字,作“單(坦)而善謀”,王本作“繟然而善謀”。今謂:漢簡本作“謉”爲古本之舊。其一,這句話是二層複句,“天之道,不……勝,‖不……應 ,‖弗……來,|謉(默)然善謀”,第一層總分式複句,第二層有三個并列複句。三個并列複句“不争而善勝,不言善應,弗召自來”,從語義、語境上看,總説“不争”“不言”“弗召”之情,最直接、最貼近的内涵上的總説當然是“默”字,“默”字與上文“不争”“不言”“弗召”同義。如以“坦”然、“繟然”(闡然,或寬緩然)作結,總説上文“不争”“不言”“弗召”,尚可,但意義已隔,轉入外延上的總説了。其二,唐傅奕本正作“默然而善謀”。又明焦竑《老子翼》引其所見嚴遵本作“默”,宋范應元《老子古本集注》確認“傅奕同古本”,“今以古本”,以作“默”爲是[54]。其三,王充《論衡·初稟篇》:“人徒不召而至,瑞物不招而來,黯然諧合,自然之道也。”即本《老子》此章,并敦煌辛本、遂州本作“不言而善謀”而觀[55],“黯然”“不言”皆與“謉(默)”義近同。天道沉默不語之説,古書有之。傳爲老子的學生文子著《文子》卷八《自然篇》:“天道默默,無容無則,大不可極,深不可測。”又,“默”字,《説文·犬部》:“从犬黑聲,讀若墨。”俗字作“嘿”,《集韵·入德》:“默或从口,作嘿。”从口與从言之字多可替代,如“詠”字可作“咏”字,“默”“嘿”字作从“言”之“謉”甚

可。可知,“諶”是“默”字俗體字“嘿”字的異體字。《墨子·貴義》:“嘿則思。”孫詒讓《閒詁》引畢沅云:“默字俗寫从口。”如上文第26條所言,《墨子》多楚地語。又《文選·屈原〈卜居〉》:“籲嗟嘿嘿。”劉良注:“嘿嘿,不言貌。”由此可知,“默”寫作“嘿”“諶”是楚語用字。又推測漢簡《老子》抄手爲楚人。老子楚人,用楚地語用字“諶”,漢簡本仍其舊。

33. **漢簡《老子》39章104、105簡:“人之飢也,以其取食脱(術)之多也,是以飢。百姓之不治也,以上之有以爲也,是以不治。”**“脱”字帛甲本作“递”,帛乙本作“跷”,皆據王本讀爲“税”字。漢簡本除“脱”字外,與帛本多同。今謂:北大注釋組定爲“取食脱(術)”,是也。人們的飢餓,因那些索取食物的辦法太多,與下文“上之有以爲”(上層的作爲、辦法太多)直接貫通。如理解成索取食物税太多,與下文“有以爲”并不貫通,上面的作爲不限於取食物税一項[56]。此外,“食術”二字連用,古書習見。《抱朴子》内篇卷一一《仙藥》:“有一人教之食術,遂不能飢數十年。”“飢”與“食術”在同一句中出現。至於王本等通行本中“民之饑”云云,《説文》“饑,穀不熟爲饑”,段注:“按《論語》年饑。”意即《論語》説的年成荒歉。又《説文》“飢,餓也”,段注:“與饑分别,蓋本古訓。”如王本説人間饑荒災年是上層吞食税款一事造成的,更是語義隔塞了。又:漢簡本“取食脱(術)”和帛本“取食税”均爲二層結構,而王本“上食税”爲單層結構[57],高明帛注已指出此單層結構“詞誼牽强”,亦非原本之舊,明二層結構爲原本之舊,今更明漢簡本二層結構爲原本之舊。**又105簡:“民之輕死也,以其生之厚也,是以輕死。”**帛甲、乙本均作“以其求生之厚也”。而傅奕本等多種傳世本作“以其上求生生之厚也”“以其生生之厚”[58],且内證王本《老子》五十章:“夫何故?以其生生之厚。”有内證,似諸説有據,高明以帛本爲據辯諸説妄[59],以爲當無“上”字,“生”字不重,有“求”字。今謂:其一,漢簡本亦無“上”字,“生”字亦不重,與帛本同,當存古本之舊。其二,漢簡無“求”字,從文意看爲確,漢簡原文意爲,民之輕易入死(鋌而走險),(是)因生活的豐厚(的誘惑),因此就不怕死。如依帛本、王本有“求”字,則釋爲“(是)因他們謀求生活的豐厚”。故帛本、王本有“求”字,則“其”字處賓格或兼格。這在上古語法中當屬罕見,《馬氏文通》卷二:“其字用諸賓次罕見。”又先秦“其”字作領格爲常,則漢簡本無“求”字最合上古語法。其三,從傳本、多種傳世本及“其”處領格不處賓格看,帛本、王本有“求”字者疑後增,漢簡本無“求”而“其”字處領格當屬古本之舊。又105、106簡:**“夫唯無以生爲,是賢貴生也。”**衹有不以生活豐厚之誘惑去做這做那(不要有作爲),這纔是視生命高於一切。綜上文,漢簡本句型爲:……也……也,是以……夫唯……是……也。上下均爲“叙事,結論”結構。帛甲、乙本上段同漢簡本,爲“叙事,結論”構成,下半段爲“夫唯……者,是……”成了“前提,結論”構成的判斷句型,王本同。上下段句型結構并不貫通,漢簡本優。又河上公本儘管經文幾同帛本、王本,但前、後段注文均爲“叙事,結論”結構,後段云:“夫唯獨無以生爲務者,爵禄不干於意,財利不入於身,天子不得臣,諸侯不得使,則賢於貴生也。”雖有“者”“也”字,但爲“……者……則……也”構成的“叙事,結論”句型,而不是“……者,則……也”判斷結構,河上注得漢簡本之精義。

34. **漢簡《老子》40章107簡:“人之生也柔弱,其死也倰(髄)信(韌)堅强。”**“死也”後二字,傳世本均未見,帛甲作“葟(筋)仞(肕)”,帛乙作“髄(筋)信(肕)”[60];又“信(韌)”,帛甲作“仞(肕)”,帛乙作“信(肕)”。今謂:綜帛本與漢簡本,可知“死也”後有二字的爲古本之舊。“信”,讀伸,上古心紐真部。“韌”“肕”“仞”,上古日紐文部。真、文韵部很近,幾極難分。且《管子·心術》有“筋肕而骨强”,同書内亦作“筋信而骨强”。“信”與“韌”“肕”“仞”音近、義同、互文,“信”指伸展的韌帶,亦即筋。帛乙本、漢簡本皆作“信”字,“信”爲古本之舊。帛本以此二字作“筋肕”解,皆具“伸”義,“恒”字偏旁字爲蒸部字,帛甲本“葟仞”,帛乙本“髄信”皆爲音近(蒸文、蒸真音轉)義通的同義連用聯綿字。“倰信”也是音近(蒸真音轉)義通的同義連用聯綿字。《玉篇·人部》:“倰,長也。”長亦伸。又“倰”爲形聲兼會意字。“夌”,超越,後作“陵”,人之能負超越者唯體力,亦即筋骨之力。《集韵·平蒸》“倰”字也寫作从夌从力,可證。故漢簡本**“其死也倰(髄)信(韌)堅强”**應作**“倰(筋)信(韌)”**,與“髄”(骨,骨堅硬)無關。如“倰”指骨堅硬,與下文“堅强”重複。故疑帛乙本“髄(筋)信(肕)”爲“髄(髄)信(肕)”爲無據,當誤。且《管子·内業》:“耳目聰明,筋信而骨强。”古籍中未發現有“髄信”的説法,可證。今謂:通行本所缺二字實爲音近義通形亦近之聯綿字,形近唯“倰信”二字可取,帛本字皆不滿足此條件,漢簡本爲存古之舊本。原文意爲:人死後筋韌不可伸曲而軀體堅硬了。民間稱人死後筋就大大縮短了,絆住拉不動,軀體也就僵硬了。

35. **漢簡《老子》40 章 108 簡:“是以兵强則不勝,木强則核(栭)。”**“核”字帛甲作“恒”,帛乙作“兢”,二字因傳世本多同傅奕本作“共”,王本作“兵”。帛注本定此二字皆讀“烘”。漢簡本注文定“核(栭)、恒(栭)、兢(竟)”三字,以核(匣職)、恒(匣蒸)音義可通,栭,《説文·木部》“竟也”。竟,《説文·音部》“樂曲盡爲竟”段注:“引伸之凡事之所止。”故“核(栭)、恒(栭)、兢(竟)”三字并無折斷義。漢注本以“共”爲“兵”之訛,“兵”爲“折”之訛,從古字形體看,是也,而《列子·黄帝》引文作“木强則折”。漢注本將“核(栭)、恒(栭)、兢(竟)”三字音形和義通觀之,衹能説明有“終止(生長)”義,難以説明與“折斷”義的關係。今謂:從漢注本定“核(栭)、恒(栭)”二字看,漢簡“核”字與帛甲“恒”字必有一字可存舊本。從帛甲“恒(栭)”與帛乙“兢(竟)”義最近看(帛注亦爲同一義,高明注二字皆“烘”字亦明二字同義),帛甲“恒”字爲舊本。但如不受帛甲本影響以“核”爲“栭”,而“核”字又非果核(古應作“覈”)義,而有“木名、剥木皮”義;既涉“蠻夷”[61],可知“核”用南方楚地語,“核”本字本義爲《老子》古本所存,當無疑也。故漢簡本“核”字後可不括注“栭”字。

36. **漢簡《老子》41 章 110 簡:“天之道,猶張弓者也。高者抑之,下者舉之;有餘者損之,不足者輔(補)之。”**帛甲本除“天”字後衍“下”字,“之道”後殘五字據帛乙可補,“抑”“損”二字用古字、異字,漢簡本“補”作“輔”以外,帛甲與漢簡本都有“者也”,二本最相近。以帛本校漢簡本作“補”字後的漢簡本,當爲古本之舊。王本等多數傳世本有“其”字,作“其猶”,當非舊本。“其”字與句末語氣詞“與”“乎”等呼應,故多出“其”字,而從帛甲、帛乙、漢簡本看,“天之道”句,“高者”後句都非常肯定,無疑問、揣測語氣,二句相類相足,出現“其”與句末表疑問等的語氣詞當後人竄改。如王本,上句表疑問、揣測,“高者”後亦肯定,前後亦不類。又:110、111 簡:**“天之【道】,損有餘而奉不足。人之道不然,損不足而奉有餘。”**帛甲本多一“故”字,從而與前構成“‘……者也’判斷 ‖ ‘高者印(抑)之’ ||| 四并列小句判斷 | 故天之道…… ‖ 人之道……因果複句”三層複句。無“故”字不能構成因果複句,且上下文“天之道”行文重複生贅。漢簡本奪

一“故”字當依帛甲本校補之,而成**“故天之【道】,損……”**。河上本誤同漢簡本無“故”字,他如王本等傳世本無“故”字,皆沿漢簡本之誤。漢簡本對後代《老子》的影響甚大,竟然正誤隨之。又下文111、112**簡:“孰能有餘而有(又)取奉於天者,唯有道者也。”**先設問,後判斷。可謂漢簡本《老子》41章多判斷句。帛甲、帛乙先設問,後再疑。而王本同漢簡本,亦正誤隨之例。**又112簡:“是以聖人爲而弗有,成功而弗居,其欲不見賢也。”**這句話總攝上文,用“是以”關聯的因果判斷句,帛甲、帛乙、王本皆此句型。帛乙作“弗又(有)”“弗居”,“若此其不欲見賢也”,帛甲多殘。用“弗”“不”字處都合上古漢語,“弗”字後動詞一般不帶賓語,“不”字後内動詞或外動詞帶賓語。郭店甲本亦作“弗志”(恃)、“弗居”。王本作“不恃”“不處”。漢簡本、帛乙本用“弗”字,從古本之舊。唯帛乙有“若此”二字,割裂“是以”至“也”字的一因果判斷整句[62]。傳世本多無“若此”二字。漢簡本“是以”後三個并列小分句,“其”作代詞,指聖人,語義甚是。帛本“若此其……”,“此”指代“弗有”“弗居”,“其”作語氣副詞。今既已以“若此”二字爲“割裂”之嫌,則漢簡“其欲不……”爲舊本。王本作“其不欲見賢”,既無“若此”二字,“其”爲代詞作主語。王本意爲聖人不願表現自己的賢能,漢簡本意爲聖人希望不表現自己的賢能,前者一概而論,後者特指一二,當取後者。故以漢簡本“其欲不……”爲舊本。

37. **漢簡《老子》42章113簡:“天下莫柔弱於水,而功(攻)堅强者莫之能失〈先〉也,以其無以易之也。”**“莫柔弱”三字帛乙、王本同,帛甲殘一“弱”字。河上本、諸唐本作“柔弱莫過”。“莫”爲無定指代詞,“天下莫”指“天下萬物中没有哪一種”,“柔弱莫”指“柔弱物中没有哪一種”,被比較物件不同,語義不同,當以河上諸本更切近實際。但作爲版本,高明先生已辨“莫柔弱”爲是,甚確[63]。“失”字帛甲、帛乙均殘,據王本補爲“勝”字,未安。失,審紐質部;先,心紐文部。上古審紐可讀心紐[64],又質部與文部同類通音[65]。可知此二字爲音近通假,也是形近通假[66]。“以其”句,帛乙除作“无”字外全同,王本作“其無以易之”,漢簡本存古本之舊。又113、114**簡:“故水之勝剛,弱之勝强,天下莫弗智(知),而莫能居,莫能行。”**五句以“剛”“强”“智”“居”“行”爲序,帛甲僅存“勝强”“天”“行也”五字,帛乙僅殘“莫能行”三字,餘“水”字,句序大體同漢簡,嚴本亦作“水”

字,但成文"夫水之勝强,柔之勝剛","水""柔"語義重複,"强、弱對應亦異"。王本"剛""强"之序倒,作"柔之勝剛",皆後人改,帛乙、帛甲"勝强"與"天"字接,漢簡存古本之舊,而以漢簡爲完整。又 114、115 **簡:"故聖人之言云:受國之訽,是謂社禝(稷)之主;受國之不恙(祥),是謂天下之王。正言若反。"**"故"字帛甲同,帛乙作"是故",王本作"是以",從本章開頭至此,當用"故"作順承因果推理爲是,帛乙、王本"因此"義偏重於純粹因果推理。從上文以水爲隱喻看,純粹因果推理不類,嚴本連"故"字也没有,完全取消因果推理,故帛甲、漢簡作"故"爲是。且本段"正言若反"示尤重邏輯,當嚴於選擇推理式,故用"故"字定準於邏輯而非隨意。河上本推理用"故"字,承帛甲、漢簡之推理式,可知河上本之用心。傅本亦一"故"字。帛甲、乙後有"曰"字,似衍。兩"國"字,帛甲作兩"邦"字,帛乙作兩"國"字,對照鮮明,藉此可確知帛甲在高祖前,不避諱,帛乙、漢簡在高祖後或甚近,避諱,兩書大體同時。但從"是謂"後三句帛乙、漢簡同而帛乙"社稷""不祥"漢簡作"社禝"[67]"不恙",皆古俗字的簡體字、借字看,漢簡本的用字比帛乙更古老些。"訽"字,帛書同,王本作"垢"字,皆"詬"字異體或通字。"訽"字已見於戰國雲夢楚地秦簡《日書》甲、《左傳》《淮南子》等用例。而"詬"字已見於郭店楚簡和《左傳》。二字用例出現年代大體同。從"訽"字看,帛書、漢簡用"訽"亦秦漢間慣用字。"正言若反"指本章開頭柔弱勝剛强,受國人罵,蒙受不吉祥的人反成一國之主之類。元代吴澄以"故聖人之言云"後四句語意已完,"正言若反"是王本 79 章"和大怨"三句的開頭語,且"反"與"怨""善"押韵,但文本仍在 78 章,不得已稱此四字爲置於上章之末的下章"起語"。今謂可不必如此。四字總結上文,與下文無直接關係。嚴本此四字後文字與本章不分,帛甲"反"字下爲句讀符號而非分章符號,可明帛甲同嚴本,同漢簡本(79 章合在 78 章的,即都在漢簡 42 章)[68]。今謂:漢簡本 42 章含"正言若反"後文字,是古本之舊無疑義。115、116、117 **簡:"和大怨,必有餘怨,安可以爲善?是以聖人執左契,而不以責於人。故有德司契,無德司肆(徹)。天道無親,恒與善人。"**安,兩帛本作"焉",義同"何"。河上本、王本等傳世本作"安",皆同漢簡本。漢簡本"何"義用"安"不用"焉",當有所本。郭店簡《老子》丙本接連四處"何"義皆用"安":"信不足,安又(有)不信?猶乎其貴言也。……大道廢,安有仁義？六新（親）不和，安又（有）孝慈？邦家不寧，[安]有正臣？"漢簡本《老子》此處"安可以爲善"用"安"字當爲古本《老子》之舊。河上本作"安"仍古而近漢簡本。"是以"句帛甲作"是以聖右介（契）"，帛注本據帛乙"是以聖人執左芥（契）"補帛甲"人執"二字，是也。介、芥，上古見紐月部；契，溪紐月部。介、芥二字通"契"。帛注多辨"右契"還是"左契"，并以帛甲"右契"爲是。今謂：其一，綜帛乙、漢簡、嚴本、河上本、王本等皆作"左契"，更島邦男引諸家及校正無有不作"左契"者[69]，是也。其二，"是以"連接因果複句，上文云無可爲善，因此聖人雖然手執卑者之左券，而不瀎左券責求對方。下文"有德司契"亦順承連接貫通，上古以右爲尊，以左爲卑，誠是也。要是債權人執右券，就無法向卑者負債人追索錢糧了。漢簡從"和大怨"至"無德司肆"語義無礙。帛乙、漢簡"執左契"爲古本之舊。其三，郭店《老子》丙本"君子居則貴左，甬（用）兵則貴右"，"吉事上左，喪事上右"，券契商事無論如何説不上是"喪事"類。郭店《老子》説可參。《史記·田敬仲完世家》："公（陳軫）常執左券，以責於秦韓，此其善於公而惡張子（張儀）多資矣。""肆"帛本作"懃"，王本作"徹"。"懃"，即"勢"字，"肆"與"勢"亦音近[70]，是"勢""懃"的通假字[71]。漢注本"肆"字後括注"徹"字不妥。王本"無德司徹"句的"徹"字，解釋多多，有解釋成"過""失""轍""治""剥""殺""通""税" 等等[72]，莫衷一是。帛書本校注則以上文"有德司契"在下文解釋爲"税"指"周代税法"爲"義勝"[73]，亦誤。今以**"有德司契，無德司肆（勢）"**説之，有德之人按契約協議辨，無德之人濫用權勢，并連下文用古諺語"天道無親，恒與善人"，以爲老子《德經》作結，無不怡然理順。

由以上37條校繹觀之，漢簡《老子》"上經"的優點和特點在於：無例外地用"無"字與帛兩本用"无"字形成鮮明對照，"上德" 之人與"下德 " 之人皆"無以爲"，彰顯上古《老子》的民主意識和自由意識，見1、11、19、31條；用字合於上古生成論，見2條；用字總趨勢是求正規化，同時還就秦漢年間用字習慣，見3、23條；漢簡本問世當在西漢早期，見4、14、26、29、37條；河上公本與漢簡本的相似、近同點可推知河上本問世年代亦在西漢代，見5、12、15、17、23、26、27、28、31、33、37條；内在文理和學理，語義邏輯和邏輯方法，見1、6、8、10、11、16、17、18、20、

22、24、30、32、36、37 條；漢簡本所據傳本甚早，極有可能是春秋時期的古本《老子》，漢簡本甚多古本《老子》舊文，見 7、9、15、16、18、20、21、25、26、27、28、29、30、33、34、35、36、37 條；漢簡本與帛乙本有近同之源本，見 7、12、28、30 條；以漢簡本、帛乙本校王本爲可信，見 13 條；與楚地語用字難脱干係，疑漢簡本爲楚人抄寫，見 7、26、28、32、35 條。

注　釋

① 作爲傳世本，已形成以王本爲核心的傳本系統。因前後承繼，包含的不同文本最多，1965 年嚴靈峰輯《無求備齋老子集成》初編、續編、補編共收得 356 種，多屬魏晋之後書。最著者如：河上公本（原作當爲西漢早期作品，後人增綴）、唐初傅奕《道德經古本篇》、景龍《道德經碑》、王安石《老子注》等等。1973 年冬漢帛本問世之前，有關《老子》的研究都可看作王本傳承系統内的不同研究成果。有關"傳本系統"的提法，參見郭沂《郭店楚簡與先秦學術思想》，上海教育出版社 2001 年版，第 50 頁。郭沂從源頭上追溯，衹承認兩個傳本系統，一是春秋末期老聃古本系統，一是與戰國中期秦獻公同時的太史儋今本系統。"傳本系統"是個複雜問題，本文立足於不同文本言傳本系統，立足於以文本爲基礎的不同傳本比較。

② 經核查，漢簡本《老子》全書均作"無"字。帛本第七十一章（王本《德經》第六十九章）帛乙本："禍莫大於無敵，無敵近亡吾琛（寶）矣。"兩作"無"字。

③ 經查，凡帛本用"无"處，河上公本絶大部分，王本之全體，同漢簡本用"無"。河上公本僅見《老子·守徵六十四》："无執故無失。"河上注："无所執藏，故无失於人也。"連注文共 3 處用"无"字。既然傳世本多用"無"字，河上本及注僅有三個"无"字，漢簡本之遺歟！

④ 《易·无妄》的經文："六三，无妄之災。"舊題周代卜商所著的《子夏易傳》中的"无"字更多。總之"无"字是先秦習見字。

⑤ 一部《吕氏春秋》有 1358 個"無"字，没有一個"无"字，《白虎通》213 個"無"字，也没有一個"无"字，可見一斑。

⑥ 北大漢簡《老子》的整理者已指出此點，説："嚴本、傅本及《韓非子·解老》引文作'上德無爲而無不爲'。"見北京大學出土文獻研究所編《北京大學藏西漢竹書》（貳），上海古籍出版社 2012 年版，第 123 頁。俞樾曾謂韓非作"無不爲"者爲古本，作"無以爲"者涉下文而誤，贊同此説者甚多，唯朱謙之《老子校釋》力主"上德無爲而無以爲"爲優，鄭良樹考帛乙、帛甲本作"无以爲"，認定"漢初古本此文自作'上德无爲而无以爲也'"。據朱、鄭之説，可知漢簡本作"上德無爲而無以爲"爲從古本無疑。鄭説參鄭良樹《老子新論》，上海古籍出版社 2011 年版，第

158 頁。

⑦ 見高明《帛書老子校注》,《新編諸子集成》本,中華書局 1996 年版,第 3 頁。

⑧ 見〔日〕島邦男《老子校正》,東京,汲古書院 1973 年版,第 133 頁。

⑨ 漢簡本以"上德—無爲—無以爲,下德—爲之—無以爲"爲組合,王本以"上德—無爲—無以爲,下德—爲之—有以爲"爲組合,傅本以"上德—無爲—無不爲,下德—爲之—無以爲"爲組合。

⑩ 鄭良樹認爲增此二句始於王本,參見《老子新論》,上海古籍出版社 2011 年版,第 162 頁。

⑪ 參見高明《帛書老子校注》第 11、12 頁的舉證。

⑫ 高明持此説,參見《帛書老子校注》,第 13 頁。各家對"無以"的解釋有分歧,鄭良樹説:"二説之異,全在'以'字之解釋耳,高説有河上公《注》佐證,較優。"見《老子新論》,第 163 頁。本文力主漢簡本"毋已",河上本"無已"爲優爲確,而這與區分"毋已""無已"與"無以"是一致的。

⑬ 就整段而言,帛甲本殘 10 字,帛乙本殘 4 字。參見高明《帛書老子校注》,第 11 頁。

⑭ 關於河上公本的成書年代,學界有兩種代表性看法,一種認爲成書於魏晋,以楊家駱(1956)《老子新考述略》爲代表。今從河上注文多例反切看,當在發明反切的魏國孫炎後,但這是後人增入的。一種以金春峰(1982)爲代表,認爲從反映黄老思想看,是西漢時代的代作品。參見金春峰《漢代思想史》(增訂本),中國社會科學出版社 2006 年版,第 334—350 頁。或以爲黄老思想的盛行要到武帝之後,實際上漢惠帝、吕后稱帝時皆用黄老。丞相曹參一遵蕭何,完全用黄老之言佐惠帝、吕后治事。本文既以漢簡本《老子》爲高祖後不久之書,河上公本與漢簡本多相似、類同之處,亦西漢早期之書。

⑮ 漢簡本分上經、下經,無"德經""道經"之名,嚴本僅《德經》的内容。帛甲本、帛乙本均分前、後兩篇,但無上經、下經之名,而帛乙本尾標有"德""道"之名,據此也可以説帛本已分出前篇"德經"和後篇"道經"。今見河上本已有在前的"道經"内容和在後的"德經"内容的區分,在前的首篇以《體道》命名,在後的第 38 篇以《論德》命名,這些篇名可能是後人加的,河上本原無"道""德"兩分的命名是可以肯定的。從漢簡本有上、下之分,帛本主要是有前、後之分,尚有"德""道"之名,河上本有内容在前、在後之分看,可窺河上本古本出於漢代之徵。本文對河上公《老子》出於西漢早期作了若干考證,見正文小結部分。又:連魏王弼本《老子》也衹署"上經""下經",并無"道""德"區分的正式命名,可見王本《老子》的底本也是高古而與前一脈相承的。

⑯ 參見高明《帛書老子校注》,第 22 頁。日藏本指日本奈良聖語藏舊抄卷子殘本,僅存下卷卷子殘本,鎌倉時代舊鈔,有大正十二年影印本。高注一般簡稱之爲"奈卷"。

⑰ 榆,讀 shū,通假字,清朱駿聲《説文通訓定聲·需部》:"榆,假借爲輸。"且漢代有用例,西漢揚

雄《太玄·瑩》:"植表施景,榆漏率刻。"范望注:"榆,猶寫(瀉)也。"本文以漢代通"輸"之字的"榆"爲常用通假字正寫,西漢有用例;以"揄"爲漢代通"輸"之字的俗變字,據錢大昕説推之,"揄"通"輸"也有西漢枚乘《七發》"揄棄恬怠"句例。以"榆""揄"皆可通"輸"爲漢代用字看,漢簡本與河上本關係較密切,先後成書漢代相參證的可能性較大。

⑱ 同注⑧,第 143 頁。

⑲ 以"桎"通"質",例極罕見,宋代徐鍇《説文繫傳·木部》有"桎之言躓"之説,此處漢代例,亦可寶貴。

⑳ 廖名春《郭店簡老子校釋》,清華大學出版社 2003 年版,第 448 頁。

㉑ 參見陳獨秀《陳獨秀音韵學論文集》,中華書局 2001 年版,第 104 頁。聞宥《孫海波〈古文聲系〉序》,孫海波《古文聲系》,北京來薰閣書店 1933 年出版。

㉒ 俄籍古音學家斯塔羅斯金將上古漢語語音分成六個時期:原始漢語、早期上古、前上古、上古早期、古典上古晚期、上古晚期(又分前、中、後期)。斯塔氏正是把《道德經》的聲母系統放在上古早期加以考察,并説老子的音韵系統"與《詩經》一致"。參見〔俄〕斯·阿·斯塔羅斯金《古代漢語音系的構擬》,林海鷹、王冲譯,上海教育出版社 2010 年版,第 302 頁。

㉓ 鄭良樹認爲,此文西漢前已有兩源流,一作"出於無有,入於無間",實可商榷。同注⑩,第 178 頁。

㉔ 又可參廖名春《郭店楚簡老子校釋》,第 47、54、56、160、272、294、302 頁。

㉕ 同注⑩,第 199 頁。

㉖ 帛甲本全書不避諱"邦"字共有 19 處,本文不再一一指出。這 19 處,帛乙本、漢簡本一般都寫作"國"字避諱。故學界一般以帛甲本在漢高祖劉邦前,帛乙本、漢簡本在劉邦時或稍後。

㉗ 鄭張尚芳《上古音系》,上海教育出版社 2003 年版,第 436、437 頁。

㉘ 洪誠《洪誠文集》,《雒誦廬論文集》,江蘇古籍出版社 2000 年版,第 206 頁。

㉙ 同注⑳,第 308 頁。

㉚ 劉笑敢《老子古今》,上卷,中國社會科學出版社 2006 年版,第 564 頁。

㉛ 徐志鈞《老子帛書校注》,學林出版社 2002 年版,第 74 頁。

㉜ 有關内容結構邏輯,或稱内部結構邏輯,以區分於抽象形式關係結構邏輯的提法,見梁慶寅、魏斌《論證結構的邏輯分析》,《哲學研究》2013 年第 10 期,第 117 頁。

㉝ 鄭良樹引諸家多以"禍,福—倚"在先,鄭亦失考。同注⑩,第 216 頁。

㉞ 同上書,第 224 頁。

㉟ 參見《黄景欣語言研究論文集》,江蘇教育出版社 1995 年版,第 141 頁。

㊱ 如以鄭張尚芳的《上古音系》看,此四字分别爲幽 1(數字爲小分部)、侯、奥 1、幽 1 部,侯部與

幽2部韵近，幽1奥1韵較近，更可知“槈”字與“葆（保）”字最諧押韵，帛本“注”與下文“保”幾不成韵。同注㉗，第569、266、571、270、234頁。

㊲ 同注⑦，第13頁。

㊳ 同注⑩，第239頁。有關《道德指歸》確係西漢早期嚴遵所作，見同書第429頁。

㊴ 荆門市博物館《郭店楚墓竹簡》釋文隸定作“成”字，廖名春《郭店楚簡老子校釋》認爲“從楚簡和帛書甲、乙本看，故書當作‘成’”，參見廖著第270頁。

㊵ 同注⑦，第140頁。

㊶ 李守奎《楚文字編》收了从知从亏从自的“智”字形82個，皆楚系文字，全書竟無一個“知”字形例。參見該書，華東師範大學出版社2003年版。郭店簡甲本《老子》“不知足”“知足”“將知足”“知美”“知善”“將知止，知止所以不殆”“未知其名”“知之者弗言，言之者弗知”“何以知其然”“知天”“未知牝牡之合”“知和曰明”“知足不辱，知止不殆”等，皆“知”字之“知”而用“智慧”之“智”字，没有例外。以上，皆可證凡“知道”之“知”字皆寫作“智”，是楚人書寫習慣。

㊷ 同注⑩，第246頁。

㊸ 有關傳世本的列述，參見高明《帛書老子校注》，第159頁。

㊹ 河上公《老子三寶》：“天下皆謂我大，似不肖。”注釋文字仍解釋爲轉折複句。云：“《老子》言天下皆謂我德大，我則佯愚似不肖。”河上公本注釋文字與漢簡本理解的近同。此亦河上本古本在西漢之證。

㊺ “持”：上古定之 dĭə，中古澄之開三平止，直之切 dĭə。“侍”：上古禪之 ʑĭə，中古禪志開三去止，時吏切 ʑĭə。“市”：上古禪之，中古禪止開三上止，時止切 ʑĭə。

㊻ ［俄］斯塔羅斯京《古漢語音系的構擬》，張興亞譯，唐作藩審定，北京大學出版社2012年版。中古聲母澄紐［ɖ］和禪紐［ʑ］的關係知組和章組的關係，亦即捲舌塞音和響音與齶音的關係。參見斯塔氏書第2、22、51頁。該書把澄紐和禪紐間的音轉關係看作上古音的遺存，進而説它是文白異讀。斯塔氏像羅傑瑞那樣到閩語中找例證。在音理上，斯塔氏還指出中古齶音章昌禪書船起源於齒塞音端透定泥，見該書第79頁。在實際方言中，將定紐字、澄紐字（上古定紐）讀成禪紐字的實例甚夥。如吴方言將“驚蟄（禪紐）”説成“驚植（定紐）”，豬（端紐）、柱（定紐）、廚（澄紐）、茱（禪紐）、殊（禪紐）都讀成朱（章紐）、株（端紐）。

㊼ 同注⑦，第161頁。

㊽ 同上書，第162頁。

㊾ 同上書，第174頁。

㊿ 同上書，第177頁。

51 同上書，第179頁。

㊷ 此處“不”“弗”在同一句中,更有選擇性。“弗”一般用在省略賓語的及物動詞前,“不”一般用在自動詞前。參見黄景欣《秦漢以前古漢語中的否定詞“弗”“不”研究》,載《黄景欣語言研究論文集》。

㊸ 參見陶悦《牟宗三:“體、用、果”三位一體的理論架構》,《哲學研究》2014 年第 12 期,第 46 頁。

㊹ 參見朱謙之《老子校釋》,中華書局 1984 年版,第 288 頁。

㊺ 同前注。

㊻ 音理上,“脱”,上古透紐月部,“術”,船紐物部,“税”,書紐月部。透紐和船紐,月部和物部都很近。透紐和書紐倒遠了些,上古聲紐在聲轉中更重要。

㊼ 漢簡本“取食脱(術)”爲“定(取食,動賓)中(術)”二層結構,帛本“取食税”爲“動(取)賓(食税,定中)”二層結構,而王本“上食税”爲“主謂賓”單層結構。

㊽ 同注㊹,第 293 頁。

㊾ 參見高明《帛書老子校注》,第 196 頁。

㊿ 北大整理組已指出“倰”與“恒”之間的音轉關係,以明“倰”與“桓”“軀”之間的音轉關係,甚是。“倰”,來紐蒸部。“恒”,匣紐蒸部。“信”,心紐真部。“伸”,書紐真部。“仞”,日紐文部。

61 核,當讀 gāi,《集韵》柯開切,平咍見紐,之部。木名,引申爲剥皮製箱器。《説文・木部》:“核,蠻夷以木皮爲篋,狀如籢尊。”籢,匳,鏡盒。又:“勝”,書紐蒸部。“勝”“核”爲上古同類對轉字押韵。

62 有的先生認爲“若此”二字是必要的,參見《帛書老子校注》,第 207 頁。本文據漢簡本、傳世本皆無此二字,提出不同看法。

63 同注⑦,第 209 頁。

64 參見周祖謨《問學集》,中華書局 2004 年版,第 129 頁。

65 參見王力《同源字典》,商務印書館 1982 年版,第 13 頁。

66 金文中的“失”字和“先”字都含“人”字形,整個形體亦近似。參見高明、涂白奎《古文字類編》(增訂本),上海古籍出版社 2008 年版,第 68、462 頁。

67 “祾”,可能是“禝”的簡字。“禝”,該字原讀 zōng,神祇,因形近義近借作“稷”,稷,穀神。

68 但《帛書老子校注》已將帛本“正言若反”之前的文字放在帛本 80 章,對應王本 78 章,“正言若反”之後的文字“和大怨”至“恒與善人”歸入帛本 81 章,對應王本 79 章。參見該書第 211、213、217 頁。

69 同注⑧,第 220 頁。

70 “肆”,上古心紐質部,“徹”,透紐月部。質、月同類旁轉。又,“㔟”,實爲“勢”異體字。“勢”,上古書紐月部。“㔟”从徹與“勢”从埶(書紐月部)爲古韵同部字作偏旁。从“徹”之“㔟”字即

“勢”字,與“肆”字質、月音近同類旁轉。

⑪ “肆”通“勢”的直接用例,筆者尚未發現,但通从“埶”之字例可見。《禮記·表記》:“安肆日偷。”鄭玄注:“肆或爲褻。”《説文·衣部》:“褻,从衣埶聲。”此例高亨《古字通假會典》已引用,參見該書,齊魯書社 1987 年版,第 536 頁。

⑫ 同注⑦,第 219 頁。

⑬ 同前注。

僧祐《齊太宰竟陵文宣王法集録》考論

李　猛

【提要】《出三藏記集》卷一二所載《齊太宰竟陵文宣王法集録》,是南朝梁釋僧祐於梁初爲南齊竟陵王蕭子良編撰的一百一十六卷《法集》的目録。其詳録蕭子良永明中後期弘法作品的篇目、卷次,可謂蕭子良永明中後期的"弘法簿"。《法集》并非蕭子良全部的弘法作品,也不全是蕭子良親撰。通過鈎稽僧傳、佛經目録以及《法苑珠林》等相關佛教文獻,詳考目録中諸篇的寫作時間、緣起、内容及其實際撰者,梳理其與相關同類(源)文獻之間的關係,不僅可以對蕭子良永明中後期積極奉法與弘法的情况及其目的有更深入的瞭解,還可以考察蕭子良周圍的西邸文士、僚佐、朝貴、親屬等在這一時期直接或間接參與弘法的歷史圖景,進而對整個永明中後期佛教在社會上層的生存、發展狀况有較爲全面的認識。

蕭子良(460—494),字雲英,齊武帝蕭賾第二子。建元四年(482)六月封竟陵王,永明五年(487)正位司徒,十年正月領尚書令,五月又兼領揚州刺史。隆昌元年(494)卒,贈太宰,謚文宣。他篤信佛教,尤其在永明七年感夢佛牙之後,敬奉日篤,同時致力於弘揚佛法。子良死後,梁釋僧祐著手將其弘法遺著編集,即《齊太宰竟陵文宣王法集録》所附諸法集(以下簡稱《法集》),多達十六帙一百一十六卷。但《法集》的大部分今已亡佚,幸賴僧祐所編《齊太宰竟陵文宣王法集録》(以下簡稱《法集録》)得以窺其一二。

學界對《法集録》早有關注,研治永明佛教與文學乃至四聲之發現、佛教音

李　猛　中國人民大學文學院

樂者,都必然會注意并徵引此《法集録》。由於此《法集録》涉及面較廣,再加上録目存而文佚,故學者在利用之時,往往各取所需;而且關注的焦點往往衹集中在《法集》中的極個别篇目上,對其他大部分篇目則鮮有問津,遑論對此録之編撰、内容框架及其整體價值展開綜合、深入的探討[①]。本文擬通過鈎稽僧傳、佛經目録及其他相關佛教文獻,詳考《法集録》中諸篇的寫作時間、内容及其實際作者,梳理其與相關同類(源)文獻之間的關係,以期對蕭子良以及永明佛教等有較爲全面的認識。

一　《法集》編撰考

(一) 從《法論》到《法集》:南朝宋、齊時期的"法集"及其編撰

"法集",即佛教所謂"内集"[②],指與佛教相關的作品集。僧祐本人在《出三藏記集·法集雜記銘目録序》中明確説:"是以三寶勝迹,必也詳録,四衆福緣,每事述記。所撰法集,已爲七部。至於雜記碎文,條例無附,輒别爲一帙,以存時事。其山寺碑銘,僧衆行記,文自彼製,而造自鄙衷。竊依前古,總入於集,雖俗觀爲煩,而道緣成業矣。"[③]僧祐所指的"七部"法集,指《釋迦譜》《世界記》《出三藏記集》《薩婆多部相承傳》《法苑集》《弘明集》《十誦義記》[④],加上後來編撰的《法集雜記傳銘》,共八部,這些法集皆爲僧祐"遂綴其聞,誠言法寶,仰禀群經,傍采記傳,事以類合,義以例分"所得。其中,《十誦義記》是他自己對《十誦律》所作的注疏,而其他幾部則大部分是他根據相關佛教文獻按照一定體例編撰而成的。因内容幾乎不涉及儒、道,衹是佛教僧俗將與佛教相關的作品結集,故僧祐將他所編撰的《齊竟陵王世子撫軍巴陵王法集》(以下簡稱《蕭昭胄法集》)稱爲"法詠",并將蕭子良法集稱爲"内集"[⑤]。

據僧祐《出三藏記集·雜録序》,最早的法集當是陸澄奉宋明帝劉彧(465—472年在位)之命所編的《法論》:"宋明皇帝摽心净境,載飡玄味,迺敕中書侍郎陸澄撰録法集。"[⑥]《法論》共十六帙一百零三卷,按照十六個不同的主題和類别編撰成十六個法集,每一帙都是一個單獨的法集,故《法論》實際上由十六個法

集構成。各帙卷次則據内容多寡而定,第一至第十六帙依次爲:

> 第一帙《法性集》十五卷,第二帙《覺性集》七卷,第三帙《般若集》六卷,第四帙《法身集》四卷,第五帙《解脱集》一卷,第六帙《教門集》十二卷,第七帙《戒藏集》八卷,第八帙《定藏集》四卷,第九帙《慧藏集》七卷,第十帙《雜行集》十卷,第十一帙《業報集》六卷,第十二帙《色心集》九卷,第十三帙《物理集》三卷,第十四帙《緣序集》二卷,第十五帙《雜論集》六卷,第十六帙《邪論集》三卷。⑦

陸澄明確説他所編輯的《法論》,是已經"列篇立第,兼明衆義者",并謂其編撰方法爲"今總其宗致,不復擿分。合之則體全,别之則文亂"。由此可見,陸澄將當時所能見到的關於佛法的"列篇立第,兼明衆義"之"論",包括單篇的序論、問答(難)、雙方甚至多方的辯論(包括書信)等,按照不同的主題編成十六個法集,總稱爲《法論》。十六帙一百零三卷的規模,説明當時儒道、佛道論辯之盛行以及思想界之繁榮。由於陸澄的朝士身份,又是奉詔編撰,所以《法論》的編撰與後來僧祐爲護法而編撰的《弘明集》,從形式到目的都有明顯的不同。即便如此,僧祐在編撰《法苑雜緣原始集》之時,還是借鑒了陸澄的編撰體例,而《弘明集》的編撰,也明顯受了陸氏的影響⑧。陸澄之所以能編成此部巨著,似乎説明當時對高僧、名士法論的記録、保存乃至編集已經出現。實際上,其中的很多内容在當時已廣爲流傳,衹是散在各處,故宋明帝命陸澄加以編輯整理⑨。

陸澄之後,僧祐受其影響,開始大規模編撰法集,内容也由"法論"擴及義疏、序記、僧傳、碑銘、講疏、發願文等幾乎全部與弘揚佛法的作品,"雖非正經",却能"毗贊道化",被僧祐贊爲"聖典之羽儀,法門之警衛"⑩。僧祐這種以編撰法集爲主的整理佛教文獻的理念與方法,直接爲唐初道宣、道世等人所繼承,對佛教戒、律、論等正經之外的佛教文獻之保存與整理影響深遠。

(二)《法集》的編撰緣起與編成時間

《法集》僅見於《出三藏記集》,任昉《齊竟陵文宣王行狀》(以下簡稱《行狀》)、《爲范始興作求立太宰碑表》(以下簡稱《碑表》)以及現存西邸文人的詩文、《南齊書》《南史》《隋書》之《經籍志》等均無《法集》的任何記載。若蕭子良生前曾爲自己編撰《法集》，則《行狀》所載蕭子良可以“勒成一家，懸諸日月”之作，似當非《四部要略》和《净住子》兩種，而應該是《四部要略》和《法集》兩種[11]，因《法集》前兩帙即爲《净住子》上下各十卷。且《净住子》《雜義記》等書，《隋志》、兩唐《志》等均有著録，散見於佛諸經目録者則更多，似乎蕭子良弘法作品以單行爲主。更重要的是，僧祐在序中明確説：“哲人徂謝，而道心不亡，静尋遺篇，僾乎如在。遂序兹集録，以貽來世云爾。”[12]《蕭昭胄法集》中也有“惜乎早世”之語。可知，僧祐爲子良父子編撰法集并作序，在二人去世之後。《蕭昭胄法集》又稱昭胄爲“故撫軍巴陵王”，按撫軍將軍，乃蕭衍於齊和帝中興元年(501)十二月平定建康之後，追贈昭胄之官，四個月之後，蕭衍即受禪。僧祐又謂：“故僕射范雲篤賞其文，雅相嗟重，以爲後進之佳才也。”[13]既言“故僕射范雲”，則其時范雲已卒，據《梁書》卷一三《范雲傳》，范雲卒於天監二年(503)[14]。雖然在此之前，僧祐可能已著手準備爲子良父子編撰法集及録事宜，但最終完成，已在梁天監二年范雲去世以後。

那麽，僧祐爲何要爲子良父子編撰法集并録呢？他明確説：“祐昔以道緣，預屬嘉會，律任法使，謬荷其寄，齋堂梵席，時枉其請。”[15]《高僧傳》卷一一《釋僧祐傳》載“齊竟陵文宣王每請講律，聽衆常七八百人”[16]。《續高僧傳》卷六《釋明徹傳》亦載：“齊永明十年，竟陵王請沙門僧祐三吴講律，中塗相遇。”[17]永明十年，僧祐再入三吴講律，則是受蕭子良之請，而其時子良世子昭胄爲會稽太守[18]，僧祐入會稽講律之時，昭胄多次“供禮”，故僧祐有“余昔緣法事，亟覿清徽，及律集稽川，屢延供禮”之語[19]。此外，蕭子良永明中後期弘揚佛法的實踐與著述，也確實得到僧祐的高度贊揚：“用能降帝子之尊，灼净土之操，屏朱觀之貴，下白屋之禮。磨踵以拯俗，刻髓以徇道。望億劫以長駈，凌千載而獨上。”僧祐還盛贊其“開士住心，道場初迹，冠一代之妙化，垂千祀之勝範者”[20]。

(三)《法集》的結構框架與性質

《法集》共十六帙一百一十六卷，其中有五處“共卷”，而其他計一百十一卷，則共卷乃不足一卷的兩篇或多篇抄寫在同一卷上。《法集録》所録諸篇中能確定時間者，均在永明七年至十年。其中《禪靈寺齋并頌》《寶塔頌》《石像記》《佛牙記》等，均作於永明七年；《抄成實論序》及《上定林講》《净住子》等作於永明八年;《與何祭酒書贊去滋味》《西州法雲小莊嚴普弘寺講》及《述羊常弘廣齋》,作於永明八年前後;《拜揚州刺史發願》作於永明十年五月始領揚州刺史之時;《答疑惑書并稚珪書》作於永明十年冬,而《釋滯》以及《示諸朝貴〈釋滯〉啓答》則作於稍前。其他諸篇雖不能一一明確繫年,也基本上都能確定寫於此間。永明十一年,文惠太子蕭長懋、齊武帝蕭賾相繼去世,朝局開始動蕩,加之北方異動;且齊武帝彌留之際,蕭子良集團與太孫集團政治争鬥趨於白熱化,最終,鬱林王蕭昭業艱難即位[21]。此後,蕭子良備受新皇猜忌,半年之後(隆昌元年二月)即憂憤成疾而死,臨終之前仍"大漸彌留,話言盈耳,黜殯之請,至誠懇惻"[22]。這期間,他不可能再像以前那樣花費大量的時間和精力去弘揚佛法。故《法集》可以視爲蕭子良永明中後期奉法與弘法的記録與縮影,可謂"永明中後期的弘法簿"。

由於蕭子良的公開宣講與主動傳示,《法集》中的很多篇章如《净住子》《宣白僧尼疏》《與州郡書求内典》《與僚佐書》及《教誡左右》《教宣約受戒人》《釋滯》《僧制》《清信士女法制》《華嚴瓔珞》《與孔中丞稚珪釋疑惑》等,都曾以單篇形式在朝貴、文士甚至寺院和僧尼間廣爲流傳。僧祐爲其編《法集》及録的時候,這些篇章并不難找到,但要搜集一百一十六卷,甚至搜羅備至,却非易事。實際上,《法集》并非蕭子良全部弘法作品。《行狀》除提及蕭子良撰《四部要略》《净住子》外,謂其"所造箴銘,積成卷軸,門階户席,寓物垂訓"[23]。任昉《碑表》亦載:"琴書藝業,述作之茂。"[24]《南齊書·蕭子良傳》載其"所著内外文筆數十卷",《隋書·經籍志》録其著有别集有四十卷[25],則蕭子良"内文筆"的卷數,與《法集》一百一十六卷的規模近乎天壤之别。子良的抄經,據僧祐《新集抄經目録》,亦有三十六部一百二十餘卷,因多"撮舉義要",故僧祐有意將之别録,似有爲之藏拙之意。

《法集》以外的其他與佛教相關的蕭子良作品還有《三寶記》十卷[27]、《宣明驗》三卷[28]以及《布薩法》《净行儀》[29]《梵禮贊》《唱薩願贊》[30]《與荆州隱士劉虬書》《致沙門法獻書》[31]《又諫射雉啓》等零散篇章。這些篇章在僧祐編撰《法集》并録的時候絶大部分并未佚失,尤其是《梵禮贊》《唱薩願贊》,僧祐曾將其編入《出三藏記集·法苑雜緣原始集目録》。另外,《法集録》中有"《法門贊》一卷",對於篇幅短小且以四言爲主的"贊"來説,一卷的篇幅已頗具規模,故頗疑《法門贊》是總稱,而《梵禮贊》《唱薩願贊》則是其中的兩部分。而《三寶記》《宣明驗》分别作爲佛史僧傳和佛教靈驗故事,與僧祐所謂“法集”頗不相類,故二書未得入《法集》。而《與荆州隱士劉虯書》《致沙門法獻書》屬公私書信,這類篇章在《法集》中有不少,或許是僧祐未能搜羅備至所致。僧祐自謂“静尋遺篇”,“遺篇”顯非全篇。這些未得收入的篇章,有些是僧祐有意不選,有些似係客觀條件所限没有全部找到,故不能一概而論。

另一方面,《法集》所録并不全是蕭子良所作,有些是他命僚佐所撰,除日本學者船山徹等人所列《抄成實論序》和《戒果莊嚴》兩種外[32],還有王融所撰《净住子頌》,沈約所撰《内典序》等;也有可以大致推斷不全是蕭子良撰者,如《佛牙記》等。需要指出的是,這些篇章,即使非蕭子良親撰,但也均與他有較爲直接的關係,或以他的名義撰寫,或由他授意某人撰寫。

此外,《法集》的編排次序也頗值得注意,是時間、類别、主次還是其他?《法集》第十六帙中的《八日禪靈寺齋并頌》《寶塔頌》《石像記》,明顯早於第十四帙的《抄成實論序》和第十五帙的《拜揚州刺史發願》《與何祭酒書贊去滋味》。而同一帙内,也并非完全按時間排列,如第十六帙中的《八日禪靈寺齋并頌》《寶塔頌》并《石像記》,明顯早於《答疑惑書并稚珪書》。第十五帙中,《拜揚州刺史發願》的寫作時間,也晚於《與何祭酒書贊去滋味》和《大司馬捨身》并《施天保二衆》《佛牙記》。這樣看來,《法集》的編排次序,應該不是嚴格按照寫作時間,而大致是根據對諸篇章與佛教“正經”的親疏關係及其地位。爲了突出重點以及入帙庋藏的便利,僧祐的編排還兼顧各篇篇幅與内容上的相關性:十卷爲一帙,不足十卷但内容重要者,或單篇一帙,或兩書、三書一帙[33];其餘不足一帙/卷的諸篇,將内容相似者共帙/卷。

二　《法集録》所録諸篇考釋[34]

(一)《净住子》十卷　右第一帙上;《净住子》十卷　右第二帙下

1. 歷代著録及其存佚情况。

自《法集録》著録此書後,歷代佛經目録多有著録,隋法經等《衆經目録》、隋彦琮《衆經目録》、唐静泰《衆經目録》、唐道宣《大唐内典録》均著録爲二十卷[35]，《法苑珠林》亦載二十卷[36]。《開元釋教録》《貞元新定釋教録》均認同彦琮"還同略抄,例入别生"之説[37],未予以著録。正史《經籍志》著録此書則始自《隋書·經籍志》,并將其歸入"子部雜家類":"《净住子》二十卷,齊竟陵王蕭子良撰。"《舊唐書·經籍志》《新唐書·藝文志》"子部釋家類"亦有著録:"《净住子》二十卷,蕭子良撰,王融頌。"唐初,釋道宣節删《净住子》成爲兩卷本的《統略净住子净行法門》(下文簡稱《統略净住子》)。此後兩卷本的《統略净住子》大行於世,故兩唐《志》在著録二十卷本的《净住子》的同時,亦著録二卷本的《統略净住子》,均題作道宣撰。可知,北宋時,二十卷本的全書尚存,與兩卷本同行於世。後來二十卷本逐漸亡佚,而兩卷本的《統略净住子》則藉道宣自己所編的《廣弘明集》得以保存。二十卷本的《净住子》今僅存敦煌殘卷,爲第十八卷的部分内容[38]。

根據道宣《統略净住子》,《净住子》共分三十一門,每門正文之外,末尾都有頌,各門頌題下道宣注有"南齊秘書丞王融",故兩《唐書》在著録《净住子》之時,均謂"蕭子良撰,王融頌"。《日本國見在書目録·總集家》著録有"王融《歸信門頌》一卷",孫猛認爲此文即王融所撰《净住子頌》[39]。此外,唐初所編《藝文類聚》《初學記》等類書載録的《净住子》各門之頌,均書王融之名。可知,《净住子》的主體部分乃是蕭子良親撰,而《净住子頌》則是王融之辭。

2. 撰寫緣起及時間。

此書的撰寫緣起及時間,道宣《統略净住子》序中明確説:"以齊永明八年,感夢東方普光世界天王如來,樹立净住净行法門,因其開衍。"[40]唐釋法藏《華嚴經傳記》從之:"永明八年,感夢東方,天王如來冥資聖授,始撰《净住》之法。"[41]錢易《南部新書》增加了蕭子良同西邸文士説自己感夢的環節:"懺之始,本自竟陵王。因夢往東方普光如來所,聽彼如來説法,後因述懺悔之言。覺後,即賓席,梁武、王融、謝朓、沈約,共言其事。王因兹乃述成《竟陵集》二十篇,《懺悔》一篇。"[42]子良感夢之後,篤信有加,於是撰寫《净住子》等弘法之文、造七寶臺供奉佛牙、捨生、放生、布施等弘法活動更甚於往常。

蕭子良撰寫《净住子》歷時七旬:"始於懷鉛,終於絶筆,凡經七旬,兩帙都了。"[43]兩帙二十卷的篇幅,在七十天内即告完成。這樣快的撰寫速度,很可能與蕭子良對相關佛教經典熟悉以及該書所采用的撰述方式有關。據今存道宣節抄之《統略净住子》來看,多有"經曰""XX經曰""佛言""書曰"等摘引内外經典之處[44],所摘引的文字幾乎占全篇的二到三成。這種撰述方式,頗類似於這一時期盛行的鈔撰;所不同者,蕭子良憑藉自己對内外經典的熟悉以及深厚的佛學修養,將其融會貫通,使得各句、段有效銜接,圍繞着一個主題展開,成爲一門,各門之間錯落有致,從而構成一個有機的整體。

3.《净住子序》的問題。

關於《净住子序》,古今中外學者均把目光集中在《文選》卷六〇任昉《竟陵文宣王行狀》李善注的内容上。實際上,道宣《統略净住子序》也有化用《净住子》原序的内容,其中頗有溢出《文選》李善注之處。道宣曾詳閲《净住子》全文[45],蕭子良撰《净住子》之因由,在《净住子序》中必然會有所提及,而道宣在叙述時確曾節引、化用。這裏試將道宣《統略净住子序》解釋《净住子》名字由來之部分與《文選》李善注引部分列爲表一比較如下(加點字爲互相溢出的内容):

表一

比較事項	《文選》李善注引[46]	道宣《統略净住子序》節引[47]
引出"布薩"	《遺教經》云:"波羅提木叉是汝大師,若住於世,無異我也。"又云:"波羅提木叉住,則我法住;波羅提木叉滅,則我法滅。"是故衆僧於望晦再説禁戒,謂之布薩。	
解釋"净住"	外國云布薩,此云净住,亦名長養,亦名增進。所謂净住,身口意、身絜意如戒而住,故曰净住。	言净住者,即布薩之翻名。布薩天言,净住人語,或云增進,亦稱長養,通道及俗,俱稟修行,所謂净身口意,如戒而住,故曰净住也。
解釋"子"	子者,紹繼爲義,以沙門净身口七支,不起諸惡,長養增進菩提善根,如是脩習,成佛無差,則能紹續三世佛種,是佛之子,故云净住子。	子者,紹繼爲義,以三歸七衆,制御情塵,善根增長,紹續佛種,故曰净住子也。
解釋"净行法門"		言净行法門者,以諸業净,所以化行於世,了諸法門,故有性相差别。

通過表一可以發現,二者雖内容大致相同,但有同有異:一、就引用内容而

言,二者均爲節引,均不完整。因任昉《行狀》載“乃撰《四部要略》《净住了》”,用的是簡稱,并未提及“净行法門”,故李善注就没有徵引與之相對應的部分,而道宣則引之;李善注徵引《遺教經》,以帶出“布薩”,而道宣則省去[48]。二、就引用方式而言,李善注引爲較爲忠實的節引原文,而道宣則有選擇地整合化用。由此可知:一、李善、道宣二人大約同時,而李善稍晚,雖有先後,但在内容上都有溢出對方的部分,故而他們藉以徵引的,應當均爲原始材料,即《净住子序》。二、其時《净住子》尚存,不僅在僧人之中流傳,學者也能看到,這也可與《舊唐志·經籍志》互相印證。敦煌發現《净住子》,説明此書傳播範圍也由江南到西北邊郡[49]。

蕭子良對《净住子》頗爲重視,撰寫完畢即於齋會公開宣講:“遂開筵廣第,盛集英髦,躬處元座,談叙宗致。十衆雲合,若赴華陰之墟;四部激揚,同謁靈山之會,咸曰聞所未聞,清心傾耳。”[50]他宣講《净住子》之盛況,道宣當然不得親見,以上内容當是引自《净住子序》或《法集録》所載之《講净住記》等文。孔稚珪在回覆蕭子良的書信裏亦盛贊《净住子序》:“萬門朗奥,億品宣玄,言雖願違,心不覺醉。”[51]

《法集録》又有“《净住子次門》一卷”,似亦與《净住子》有直接關係。但細查道宣《統略净住子》,三十一門中并無“次門”。僧祐既然將此卷置於《法集録》,則此卷内容當與二十卷的《净住子》有所不同。如此,則《净住子》的撰寫或非一次完成,後又經增補?然而,“次門”作何理解,是“次”字前後有脱文,還是與“主門”相對應,由於文獻缺失,衹能付之闕如。此卷既經僧祐整理,或曾以單行本傳世。另外,《净住子》的性質、結構、引經、原貌、影響及其與《釋門自鏡録》《法苑珠林》《慈悲道場懺法》的關係,二十卷本與道宣統略本的關係等問題,前引船山徹、曹凌等人已有很細緻的探討,兹不贅述。

(二)《華嚴瓔珞》二卷　右第三帙

《法集録》謂:“《華嚴瓔珞》,標出世之術。”《藝文類聚》卷七七沈約《謝齊竟陵王示〈華嚴瓔珞〉啓》曰:“明公該玄體妙,凝神宙表,靡法雲於六合,揚慧日於九天。因果悟其初心,菩提證其後業,陟無生之遠岸,汎正水之安流。爰建三遠十號之尊,崇四辯八聲之妙,極法身與金剛齊固,常住與至理俱存。”[52]則此兩卷之《華嚴瓔珞》,似是子良研習《華嚴經》之體悟,屬佛經義疏之類。又《出三藏記集》卷五著録"《華嚴瓔珞經》一卷"注曰:"天監元年出,時年十三。"因是齊末太學博士江泌女尼子所出,被歸入"備疑經之録",後諸家經録亦多列入"疑僞經"。二書性質、内容相差較大,并非一書。

(三)《菩薩决定要行》十卷　右第六帙

《歷代三寶紀》《大唐内典録》《開元釋教録》《貞元新定釋教録》均冠以"抄"字,且注曰"亦云《净行優婆塞經》"。法經等《衆經目録》作《菩薩决定經》,并將之列入"衆經僞妄",認爲這些經"并是南齊竟陵王蕭子良,輕悉自心,於大本内,或增或損,斟酌成經,違反聖教,蕪亂真典。故附於僞末,用戒後人"[53]。僧祐《法集録》則贊此書"進趣乎《金剛》"。按梁釋寶唱所編《經律異相》卷八《善信東行爲求半偈履泥不溺》,文末自注"出《菩薩决定要行》第一卷"[54],此文叙善信菩薩於無法之世東行尋求正法,終得半偈的故事,頗與"菩薩决定要行"的題目相合。如此《經律異相》所引此條或爲子良《菩薩决定要行》第一卷的一段佚文。

(四)《戒果莊嚴》一卷

《歷代三寶紀》卷一一載:"《戒果莊嚴經》一卷或无經字,有八章頌。右一部一卷,武帝世永明五年,常侍庾頡采經意撰。"[55]日本學者船山徹等人據此認爲此書乃"蕭子良以外人物的著作"[56],但據費長房的自注,蕭子良此作應當是有"无經字,有八章頌"者,而與《戒果莊嚴經》并非一書。如此,則此書的結構或與《净住子》大致相同,正文分八章,乃子良所撰,而各章之頌則由庾頡撰寫。僧祐《法集録序》盛贊此書"克成乎甘露",評價甚高。

(五)《注遺教經》一卷　右第八帙

《净住子序》在解釋"净住子"之由來時曾注引《遺教經》,則蕭子良注《遺教經》之時間似早於《净住子》。此書僅一卷,篇幅不大,而蕭子良的注頗詳。

(六)《維摩義略》五卷　右第九帙

蕭子良於《維摩詰經》用力較多,《法集録》中還有《受維摩注名》一卷;《自書經目録》所載子良自書《維摩詰經》有《大字維摩經》一部十四卷、《細字維摩經》一部六卷;《出三藏記集》卷五《新集抄經録》又詳載蕭子良抄《維摩詰經》有《抄維摩詰所説佛國品》一卷、《抄維摩詰方便品》一卷、《抄維摩詰問疾品》一卷,總計二十三卷。而《歷代三寶紀》《大唐内典録》《開元釋教録》等均載子良"《抄維摩詰經》二十六卷"。子良抄、注《維摩詰經》,或亦緣感夢。據《高僧傳》卷一三《釋僧辯傳》:"永明七年二月十九日,司徒竟陵文宣王夢於佛前詠《維摩》一契。同聲發而覺,即起至佛堂中,還如夢中法,更詠古《維摩》一契。"[57]又據《比丘尼傳》卷三《净暉尼傳》,子良曾請净暉尼於己第講《維摩經》[58]。

(七)《雜義記》十卷　右第十帙上;《雜義記》十卷　右第十一帙下

《隋志》著録"《義記》二十卷,蕭子良撰"[59],似脱"雜"字。《大唐内典録》《法苑珠林》均著録爲二十卷;而兩唐《志》均未著録。"義記"是六朝常見的注解經典的方式,佛教題材尤多,如僧祐有《十誦義記》,蕭衍有《立神明成佛義記》,多是高僧(居士)闡發自己的心得體會[60],間有問難。由於南朝佛教興盛,這類作品數量相當大,梁釋寶唱《梁世衆經目録》卷三"義記"有三十八部三百四十一卷,并將其作爲"著經"的一種,與先異譯經、禪經、戒律、疑經、注經、數論等其他六種經并列[61]。

日本杏雨書屋藏《敦煌秘笈》羽二七一號文獻《不知題佛經義記》[62],應當就是蕭子良二十卷《雜義記》的殘篇[63]。張凱認爲此《不知題佛經義記》乃是永明元年蕭子良主持舉行的某次義集討論整理記録,此寫本則是梁陳時之再抄本。張文不僅詳細介紹了《不知題佛經義記》的概況,推斷其創作緣起及時間,還對其中涉及的僧與寺作了詳細的考證,頗具啓發意義。但該文未重視《雜義記》之"雜"字,現存的五卷《義記》中,每卷所解之義都不相同,如卷一爲解法身義、解涅槃義,卷二爲解三寶義、解一乘義、解十地義,卷三爲解四等義、解四攝義、解净土義,卷四爲有解金剛心義、解六通義、解二諦義,卷五爲解四諦義、解三乘同觀義[64]。這不但印證了《隋志》所著録之《義記》誤脱"雜"字,還説明《雜義記》的成書并非一時一地(寺)義集的整理記録,更可能是多時多地的整理記録[65]。這樣纔能理解爲何每次的主講法師都不相同,而同一位主講法師每次所講也不同;更何况現存《義記》也衹是其中的五卷,而二十卷的《雜義記》内容可能更多、更龐雜,故蕭子良以《雜義記》名之。另外,從《法集》所録諸篇的成文時間來看,此《義記》應當也完成於永明中後期,而非張文所謂永明元年。

(八)《僧制》一卷,《清信士女法制》三卷　右第十二帙

蕭子良這兩篇"制",在講到六朝的僧制之時,經常被提到,其重要性毋庸置疑,但對其解釋多不盡如人意。首先,蕭子良的兩種身份,很少受到重視,作爲蕭齊王朝的相王[66],他要對全國的僧尼、信衆進行管理;而身爲受了菩薩戒的虔誠信徒,他個人也充分體會到戒律及僧制等的重要性和必要性。理解這一點,就很好理解《比丘尼傳》卷四《浄行尼傳》的這條記載:"齊竟陵文宣王蕭子良厚加資給……竟陵王後區品學衆,欲撰《僧録》,莫可與行爲輩。"[67]子良"區品學衆",所據或爲他自己根據相關戒律制定的《僧制》和《清信士女法制》。

其次,忽視了與其相關的許多同類文獻。如《法集録》所載《注優婆塞戒》三卷,《述受戒》共卷,《宣白僧尼疏》《與暢疏》共卷,《與僚佐書》并《教誡左右》一卷,《教宣約受戒人》一卷,《示諸朝貴〈法制〉啓》二卷,《受戒》并《弘法式》一卷。還有《廣弘明集·悔罪篇序》所提到的《布薩法》《浄行儀》[68]。這些法、式、制、教(諸王之命曰"教")等類作品,在永明中後期集中出現,正是蕭子良的律學思想及其對佛教的管理理念的絶佳體現[69]。聯繫蕭子良多次請僧祐講律,又請入三吴講律,以及齊武帝命律師法獻、玄暢爲僧主分任南北兩岸,敕法獻、僧祐入三吴"妙簡二衆"等事件[70],就會對永明時期律學的發展以及齊武帝、子良父子對佛教的態度有一個比較全面的認識。

《清信士女法制》,子良省稱爲《法制》,并將此作遍示諸朝貴及個别文士(詳下)。清信士女,即在家修行的優婆塞、優婆夷。法制,與"僧制"性質相類;衹是《清信士女法制》乃在家修行者所須遵持的戒律、規範。據僧祐《新集抄經録》,子良有《抄優婆塞受戒品》一卷,《抄優婆塞受戒法》一卷[71],加之《注優婆塞戒》三卷,此當即《清信士女法制》的律學來源。此文雖佚,但從王融《謝竟陵王示〈法制〉啓》中可以找到些許綫索:

> 翔慧燭於昏塗,灑法水於塵路。至夫澄心洗累之規,莊情束影之制,解綱出界之訓,滅惑浄照之旨,固已行首霜威,字端風厲。信可以糟滓五書,糠芬百氏;升罩聃周,筲竿尼旦。所謂窺七澤而狹潢汙,登太山而小天下[72]。

此文讀起來不甚連貫,也不甚符合"啓"文的體制,應當經過删節[73]。節録的部分大致可分爲三部分:第一句以“慧燭”之於“昏塗”,“法水”之於“塵路”作喻,盛贊子良弘法之功德。第二句所謂“澄心洗累之規,莊情束影之制,解網出界之訓,滅惑净照之旨”,應當是王融對子良《法制》的個人總結;故《法制》的主要形式與内容或即以“規”“制”“訓”的形式展現。後兩句,王融盛贊《法制》之功用,并將《法制》拔高至儒家五經、諸子百家之上(“可以糟滓五書,糠芬百氏”);同時盛贊蕭子良之功業堪比周公、孔子,老、莊等聖賢(“升罩聃周,筲竿尼旦”)。這是子良心腹文士王融的贊譽,當然有拍馬過譽之嫌,但王融敢將二者相提并論,甚至以儒道經典、聖賢作陪襯,至少也透露出某些吉光片羽;更何況,類似的“高度評價”應當還有不少(來自諸受示《法制》的“諸朝貴”的“謝啓”)。

(九)《西州法雲小莊嚴普弘寺講》并《述羊常弘廣齋》共卷

法雲,即法雲寺;小莊嚴,即小莊嚴寺;此二寺與普弘寺均在建康。西州,即建康西州城。據沈約《齊竟陵王發講疏并頌》,法雲寺當在蕭子良西邸内:“以永明元年二月八日,置講席於上邸,集名僧於帝畿,皆深辨真俗,洞測名相,分微靡滯,臨疑若曉,同集於邸内之法雲精廬,演玄音於六宵,啓法門於千載,濟濟乎實曠代之盛事也。”[74]按:永明元年,子良尚在南兖州刺史(治廣陵)任上,本不在京師建康,其行止明顯與“集名僧於帝畿”之語不合,故此“元”字似當爲訛字。按“元”字可能是“七”字之訛,據《法苑珠林》卷二〇《千佛篇第五・感應緣》:“(子良)以永明七年二月八日於西第在内堂法會,見佛從東來,威容顯曜。”[75]其時間和地點都與《齊竟陵王發講疏》基本吻合。因法雲寺在子良“邸内”,故子良纔會在“總校玄釋,定其虚實”時,選擇“於法雲寺建竪義齋”[76]。

小莊嚴寺,具體位置不詳,據《西州法雲小莊嚴普弘寺講》,似亦在西州。三寺之中,普弘寺講席尤盛。《高僧傳》卷一一《釋智稱》載:“頃之反都,文宣請於普弘講律,僧衆數百,皆執卷承旨。”[77]《續高僧傳》卷五《釋僧旻》“文宣嘗請柔、次二法師,於普弘寺共講《成實》”[78],子良命僧柔、慧次等法師抄《成實論》九卷即在普弘寺。據僧祐《略成實論記》,子良於永明七年十月,在普弘寺先後請柔、次二法師講《成實》,僧祐、智稱二法師講律(詳下)。《南齊安樂寺律師智稱法師行狀》亦謂:“朱門華屋靡所經過,齊竟陵文宣王顧輕千乘,虚心八解,嘗請法師講於邸寺,既許以降德,或謂宜修賓主。"[79]這裹的"邸寺",當即普弘寺。既稱邸寺,普弘寺在子良西邸之内似無疑。

普弘寺與法雲寺既爲子良之"邸寺",故必然是西邸文士經常光顧之地。永明五年後,子良"移居雞籠山邸,集學士抄五經、百家,依皇覽例爲《四部要略》千卷。招致名僧,講語佛法,造經唄新聲,道俗之盛,江左未有也"[80]。作爲子良"總校玄釋"、集西邸學士抄《四部要略》、招致名僧講佛法的重要場所,普弘與法雲二寺的地位可見一斑。

(十)《抄成實論序》并《上定林講》共卷

《出三藏記集·略成實論記》對抄《成實論》事記述甚詳,兹録其要者如下:

> 公(子良)每以大乘經淵深,滿道之津涯,正法之樞紐。而近世陵廢,莫或敦修,棄本逐末,喪功繁論。故即於律座,令柔、次等諸論師抄比《成實》,簡繁存要,略爲九卷,使辭約理舉,易以研尋。八年正月二十三日解座,設三業三品,別施奬有功勸不及,上者得三十餘件,中者得二十許種,下者數物而已。即寫《略論》百部流通,教使周顒作論序,今録之于後。[81]

此事緣於蕭子良不滿大乘經典"近世陵廢,莫或敦修,棄本逐末,喪功繁論"的現狀,遂請僧柔、慧次等高僧抄撮《成實論》爲九卷,始於永明七年十二月[82],終於八年正月二十三日,歷時近兩個月。書成後,又命周顒作論序。同卷《抄成實論序》僧祐亦題作周顒撰,則此文爲周顒所撰無疑。然《法集録》將此《論序》收入,僧祐在同書同卷中,將一文分署兩人名下,頗令人不解。按"教使周顒作論序"之"教"字殊可玩味,諸王之命曰"教"。子良親自主持此事,對此甚爲重視,觀周顒之序亦多承子良之意。

(十一)《華嚴齋記》一卷

唐釋法藏《華嚴經傳記》卷五載:"竟陵文宣王撰。自齊梁已來,每多方廣齋集,皆依此修行也。"[83]可見子良此《華嚴齋記》對於齊梁的《華嚴》齋集頗有影響。至於其内容,法藏《華嚴經傳記》卷一謂其"叙法會之致",并盛贊其"可以垂鏡來葉,不刊之勝躅也"[84]。另,日釋圓超《華嚴宗章疏并因明録》、釋永超《東域傳燈目録》"華嚴部"均著録此《華嚴齋記》[85],前者成書於延喜十四年(914),這説明《華嚴齋記》至少在其時已傳入日本,也説明此書唐時尚存。

(十二)《施藥記》一卷

《出三藏記集·法苑雜緣原始集目録》有《竟陵文宣王第内施藥記》,"第内",或即"邸内",指西邸之内。《南齊書·蕭子良傳》載:"(永明)九年,京邑大水,吴興偏劇,子良開倉賑救,貧病不能立者於第北立廨收養,給衣及藥。"[86]一言"第内",一言"第北",似乎《竟陵文宣王第内施藥記》所記與子良永明九年於第北施藥事無關,其未言具體時間、地址,或爲多次施藥的記述,其中當有永明九年"第北"施藥事。

(十三)《捨身記》一卷

沈約《又竟陵王解講疏》載:"敬捨軀服,以充供施,藉此幽通,控情妙覺。仰願聖靈,速登寶位。"[87]按蕭子良篤信佛教,則其捨身當不止一次,《南齊書·蕭子良傳》載蕭子良"數於邸園營齋戒,大集朝臣衆僧,至於賦食行水,或躬親其事,世頗以爲失宰相體"[88]。湯用彤認爲躬自爲衆僧賦食行水,也是一種捨身[89]。但這種捨身與《捨身記》中的"捨身"在形式和内容上似乎有根本的不同。

(十四)《妃捨身記》一卷

妃,即子良竟陵王妃袁氏,據此知袁氏亦篤信佛教。按蕭子良世子巴陵王蕭昭胄亦篤信佛教,當是從小即受到父母熏陶所致。

(十五)《會稽荆雍江郢講記》一卷

據《南齊書·蕭子良傳》《行狀》,子良曾於劉宋順帝昇明三年(479)至建元二年間出任會稽太守,但并無出刺荆、雍、江、郢四州的經歷,所以此《講記》的講主當非蕭子良。那究竟會是誰?又爲何會在永明期間到以上五處宣講佛法?《續高僧傳》卷六《釋慧超傳》爲我們提供了一條珍貴的綫索:

> (釋慧超)永嘉之亂,寓居襄陽……永明中,竟陵王請智秀法師與諸學士隨方講授,西至樊、鄧,超因憑受學,同時合席皆共服其領會。[90]

智秀與諸學士出都"隨方講授"[91],既有可能一路同行,即從建康出發,沿長江西上,經江州、郢州、荆州,終至雍州(樊、鄧均屬雍州);也有可能是分赴各州。寓居襄陽的慧超既然得以從智秀受學，則智秀似乎曾到過雍州，且從“荆雍江郢講記”所題諸地順序來看，似乎第一種可能性較小。智秀等人既是西行江、郢、荆、雍諸州，當未至地處建康東南方向的會稽。

而會稽講師當爲僧祐，據《續高僧傳》卷六《釋明徹傳》，他於永明十年再次入三吴講律：“齊永明十年，竟陵王請沙門僧祐三吴講律，中塗相遇，雖則年齒懸殊，情同莫逆。徹因從祐受學《十誦》。”[92]同智秀等人一樣，僧祐這次入三吴講律，也是受子良之請。又據《釋明徹傳》，明徹與僧祐“中塗相遇”，似在會稽上虞王園寺[93]，可知僧祐這次入三吴講律，至少曾到過會稽山陰（會稽郡治在山陰縣）、上虞兩個縣。如此，僧祐應該就是《會稽荆雍江郢講記》中會稽講師，而智秀與諸學士則是“荆、雍、江、郢講記”的講師，但仍不能確定荆、雍、江、郢四州與智秀與諸學士是怎樣一種對應關係。但可以肯定的是，在永明中後期，蕭子良的確請了多位他信重的高僧出都講法[94]。這些由相王蕭子良主持的幾乎是全國範圍的講授佛法活動，明顯帶有官方色彩，恐怕并不衹是爲了弘法，配合齊武帝蕭賾永明中後期整頓佛教的意圖也很明顯[95]。

（十六）《内典序并贊》一卷

此卷包括《内典序》《内典贊》兩文。《廣弘明集》卷一九載有沈約《内典序》，題下注曰：“奉齊司徒竟陵王教。”《藝文類聚》卷七七作“梁沈約《内典序》”，乃是節引。《法集録》中有《與州郡書求内典》，似是子良先下州郡徵求内典，然後召集相關學士據以整理成部帙，再命沈約撰序[96]，子良作贊（或命他人作贊）。沈約於序末詳述編撰《内典》之由來及用意：

> 夫秉牘書事，其流已遠，蓋所以彪著往迹，焕述遐聲。雖篆籀異文，胡華舛則，至於叶暢心靈，抑揚訓義，固亦内外同規，人神一揆。《墳》《典》《丘》《索》，域中之史策；《本起》《下生》，方外之紀傳，統而爲言，未始或異也。（此叙儒釋之同，乃編集内典之理論依據）而經記繁廣，條流舛散，一事始末，帙理卷分，或詞義離斷，或文字互出，甫涉後條，已昧前覽；尋源討流，未知攸適。雖精理瑩心，止乎句偈，而初悟始學，致惑者多。（此叙佛經之繁亂、貽誤後學，乃編撰内典的直接原因）且中外群聖，咸載訓典，雖教有殊

門,而理無異趣。故真俗兩書,遞相扶獎,孔發其端,釋窮其致。撤綱去綱,仁惠斯在,變民遷俗,宜以漸至,精粗抑引,各有由然。是故曲辨情靈,栖心妙典,伏膺空有之説,博綜兼忘之書,該括群流,集成兹典。(此叙用意)事以例分,義隨理合,功約悟廣,莫尚於斯。可以理求,證成妙果。(此叙方法)[97]

沈約此文强調儒、釋之同,并一再將孔教與釋教對應:將三墳五典、《八索》《九丘》與《太子瑞應本起經》《彌勒下生經》等佛經對應,與子良所撰《净住子》之"引經教如對佛"如出一轍。

(十七)《述放生東宫齋》《述受戒》共卷

《述放生東宫齋》,當是子良於東宫齋後放生之作。子良熱心放生,《玉燭寶典》卷五載有《後湖放生詩》:"釋焚曾林下,解細平湖邊。迅翮摶清漢,輕鱗浮紫澗。"[98]詩未交代寫作時間,却交代了地點——後湖,即玄武湖。《述受戒》,所受之"戒",當爲菩薩戒,《出三藏記集·受菩薩戒集》即有《竟陵文宣王受菩薩戒記》一文[99]。

(十八)《宣白僧尼疏》《與暢疏》并《與州郡書求内典》共卷

宣白,即告知。《宣白僧尼疏》《與暢疏》《與州郡書求内典》共卷,説明三者的性質和内容接近,似均爲子良所下的公文書。而《宣白僧尼疏》應是子良公開告知僧尼的官文書,題既未具體言某地、某寺,則告知的對象或爲揚州乃至全國範圍的僧尼。暢,乃建康長干寺釋玄暢。永明時期有兩個釋玄暢,一爲蜀后山釋玄暢,一爲長干寺釋玄暢。前者,《高僧傳·義解》有傳,子良確曾致書請他從江陵入建康:"至齊武升位,司徒文宣王啓自江陵,旋於京師。"[100]其時,玄暢已被豫章王蕭嶷迎入荆州,故子良有此請。但玄暢入建康不久即染病,并於永明二年冬卒,子良與他接觸的機會并不多。而後者,《高僧傳·明律》雖有傳,但事迹不甚詳,他是文惠太子的戒師,且爲齊武帝所賞,永明中即被敕爲僧主,與法獻分任南北岸,後又奉旨出都講律,沙簡僧尼[101]。在永明期間,二人確有交往之機會,衹是未見諸記載。况且"啓"與"疏"是兩種性質不同的文體。故此《與暢疏》,應當就是寫給長干寺玄暢的。

(十九)《法門贊》一卷

《法門贊》與《出三藏記集》卷一二《經唄導師集》載蕭子良所製《梵禮贊》《唱薩願贊》,王小盾、金溪認爲是贊唄作品,從標題上看,其功能是用於儀式和菩薩禮贊[102]。

(二十)《拜揚州刺史發願》一卷

《南齊書》卷三《武帝紀》載:"永明十年五月己巳,司徒竟陵王子良爲揚州刺史。"[103]則此文當作於此日或稍後。按蕭齊之揚州刺史均督揚、南徐二州[104],而子良永明時期僅督揚州,《南齊書·蕭子良傳》明載:"(永明)十年,領尚書令。尋爲使持節、都督揚州諸軍事、揚州刺史,本官如故。"[105]至鬱林王隆昌元年正月,始"進督南徐州"[106],故鬱林追贈子良的詔書中所題其結銜有"新除進督南徐州"[107]。

(二十一)《與何祭酒書贊去滋味》一卷

何祭酒,即何胤。去滋味,即菜食。此文約作於永明七年至八年之間,永明七年,何胤長兄何求卒,次兄何點爲之菜食,但其菜食是"不全菜食"。何胤受此影響,亦"斷食生",但仍欲食"白魚、䱇脯、糖蟹,以爲非見生物",於是利用國子祭酒的職務之便,命國子生討論其可能性,鍾嶸之兄鍾岏,率爾作議,子良視之大怒。遂作此文,并授意周顒作《與何點書勸止殺》。蕭子良雖大怒,但總體上仍以"贊"爲主,間有指責之意。拙文《論蕭子良的永明中後期的奉法與弘法——以蕭子良與諸人來往書信爲中心》有詳述[108],此不贅述。

(二十二)《贊梵唄偈文》一卷,《梵唄序》一卷,《轉讀法》并《釋滯》一卷

贊寧《大宋僧史略》卷中《贊唄之由》:"南齊竟陵王子良將經中偈契消息,調音曲盡其妙,著《贊梵唄偈文》一卷。"[109]《法集録》中又有《梵唄序》一卷,《轉讀法》,或爲同時之作。王小盾、金溪認爲此三種作品分别闡述了梵唄和轉讀的聲法,并給轉讀一個較爲準確的定義:用有韵律的漢語來歌詠佛經經文,通過對轉讀、唱導的詳細精到的考察,總結出轉讀的兩個複雜的相貌:自東晋以來,轉讀由於其音樂美受到僧俗兩界的歡迎,但却從未脱離作爲末學的地位;進而概括出四個性質,得出轉讀、唱導對四聲的形成并無直接聯繫的結論[110]。此説明確對陳寅恪《四聲三問》提出的四聲産生於佛經轉讀之後的説法提出了質疑。孫尚勇《釋僧祐〈經唄導師集〉考論》則認爲最先將轉讀與梵唄作區别者，當始於文宣，而非曹植[111]。兩文均將《轉讀法》并《釋滯》兩文視作《轉讀法并釋滯》一文，不妥。

《釋滯》，即子良《與孔中丞稚珪釋疑惑》所言："近聊有此《釋滯》兩卷，想於外已當見之。今送相示，若已覽者付反，幸無勞形目；脱未睹者，爲可一歷意。本不期他翻，正是自釋疑滯耳。君見之，必當撫掌也。"[112]據此，《釋滯》當作於《法集録》中《答疑惑書并稚珪書》一卷之前。《法集録》中有《示諸朝貴〈釋滯〉啓答》二卷，可知他曾將此書遍示諸朝貴[113]。

（二十三）《大司馬捨身并施天保二衆》一卷

大司馬，即豫章王蕭嶷，永明五年正月始任，直至永明十年卒，則此文作於其間無疑。按此卷亦包括兩文：《大司馬捨身》并《大司馬施天保二衆》。天保，即建康天保寺，此寺曾舉行過優婆塞集會和講法，筆者頗疑此寺是當時朝中的優婆塞受菩薩戒的重要寺院[114]。二衆，即指比丘和比丘尼，其時比丘尼多有入僧寺聽講者，且當時京師建康的比丘尼衆須入僧寺受大戒。豫章王蕭嶷亦信佛教，宋順帝末出鎮荆、峽之時，就曾遣使徵請釋玄暢釋同赴鎮[115]；還都後爲慧緒尼起福田寺[116]，又與上定林寺釋法通等高僧多有來往[117]。永明十年疾篤，齊武帝賜錢百萬爲之營功德；薨後，又"敕貨雜物服飾得數百萬，起集善寺"；嶷臨終前遺令諸子喪事、祭祀僅用蔬果，於"後堂樓可安佛，供養外國二僧……服飾衣裘，悉爲功德"[118]。其虔誠可見一斑。由此文知蕭嶷曾捨身天保寺，筆者頗疑蕭嶷亦受曾菩薩戒。

（二十四）《佛牙記》一卷

《高僧傳·釋法獻傳》《法苑珠林·千佛篇·結集部·感應緣》均載蕭子良感夢佛牙一事，前者未詳載時間，後者詳述時間、經過，事在永明七年。感夢之後，子良即造七寶臺、金藏以虔心供養[119]，并撰文述佛牙之由來，是爲《佛牙記》。《出三藏記集·法苑雜緣原始集目録》有《佛牙并齊文宣王造七寶臺金藏記》，此文實爲《佛牙記》并《齊文宣王造七寶臺金藏記》兩文的合稱，因内容相關，僧祐將其合置。同卷《法集雜記銘目録》亦録《佛牙記》一卷，未題撰人：

《佛牙記》一卷；《胡音漢解傳譯記》一卷；《鍾山定林上寺碑銘》一卷劉

緦;《鍾山定林上寺絶迹京邑五僧傳》一卷;《建初寺初創碑銘》一卷劉緦;《獻統上碑銘》一卷沈約;《僧柔法師碑銘》一卷劉緦。[120]

僧祐《法集雜記銘目録序》謂:"其山寺碑銘,僧衆行記,文自彼製,而造自鄙哀。"[121]七篇之中,四篇"山寺碑銘"特意標注作者,屬所謂"文自彼製,而造自鄙哀"者。其他三篇似屬"僧衆行記",僧祐未特意標注作者,當爲自撰,紀贇謂此《佛牙記》即法獻弟子僧祐所作[122],其説差可定讞,但其中蕭子良的因素仍須予以考慮。

《法集録》明確載"《佛牙記》一卷",《法苑雜緣原始集目録》也將《佛牙記》與《齊文宣王造七寶臺金藏記》合置,雖然《法集録》中有一些作品并非蕭子良親撰,但不能據此斷定《法集録》中的"《佛牙記》一卷"并非子良所撰。《法苑珠林》於此段文字之後,明確注明"右前諸事出《漢法本内傳》并雜史、《高僧傳》等録"[123]。通過分析其文獻來源,詳細比勘《法苑珠林·齊文宣王時得佛牙至》[124]《高僧傳·法獻傳》關於法獻西行獲得佛牙的記載,會發現二者均寥寥數語,且内容大致相同。除記載法獻西行獲佛牙之外,《法苑珠林·齊文宣王時得佛牙至》還詳叙子良感夢佛牙的過程,而《高僧傳》對此則一語帶過。故《法苑珠林》此段文字,當摘録自"雜史"無疑[125],其直接文獻來源應當就是法獻弟子所撰之《佛牙記》,而"雜史"或乃道世對此類文獻的統稱。

《高僧傳·法獻傳》明確記載:"其(法獻)經途危阻,見其别記。"[126]據此,詳載法獻西行獲舍利、經像以及佛牙的詳細過程的"别記",在慧皎《高僧傳》成書之時就已傳世,故慧皎在《法獻傳》中纔會將此事數語帶過。此"别記",可能是沈約所撰《獻統上碑銘》、僧祐所撰《獻律師傳》[127],也可能是僧祐所撰之《佛牙記》,而後者可能性更大:僧祐言法獻西行"勝心所感,多值靈瑞"[128],據《法苑珠林·齊文宣王時得佛牙至》可知其靈瑞之事多與佛牙有關。故僧祐謂之"僧衆行記",而《法經録·此方諸德傳記二》亦謂:"《佛牙記》一卷……并是此方佛法傳記。"[129]筆者頗疑最初存在兩個面貌不甚相同的《佛牙記》,一以法獻西行獲佛牙爲中心,即《高僧傳法獻傳》所謂之"别記",詳記其"經途危阻"以及"靈瑞";一以蕭子良感夢佛牙爲中心,詳述子良感夢法獻"密自禮事"之佛牙的全過程。

兩文分别由僧祐、子良撰寫,後僧祐又將兩文整合於一卷[130]。另《巴陵王雜集目録》中有《佛牙贊》,當是頌美其父感夢之作。子良感夢佛牙後,造七寶臺、金藏,進而供奉佛牙等一系列動作,在當時影響當甚大。

(二十五)《答疑惑書并稚珪書》一卷

《弘明集》卷一一載有《文宣王書與中丞孔稚珪釋疑惑并牋答》《孔稚珪書并答》,當是此卷之内容。記有蕭子良兩問一答,孔稚珪三啓(根據《弘明集》叙述次序,分别簡稱爲《啓》《二啓》《三啓》),凡六篇。内容很豐富,對於子良奉法與弘法,有很高的研究價值,但《弘明集》將兩人往還書信分别集中編排,并非原先次序。其往還次序如圖一所示[131]:

↗《啓》

↗《與孔中丞稚珪釋疑惑》←→《二啓》←→《蕭公答》

孔稚珪"君書"←

↘《又與孔中丞稚珪釋疑惑》←→《三啓》

圖一

(二十六)《八日禪靈寺齋并頌》一卷;《寶塔頌》并《石像記》一卷

禪靈寺,乃齊武帝於永明七年敕建。《南齊書·祥瑞志》載:"(永明)七年,越州獻白珠,自然作思惟佛像,長三寸。上起禪靈寺,置刹下。"[132]此事在當時是一件大事,齊武帝以此爲祥瑞,大作一番政治操作與宣傳。先命"虎賁中郎將潘敞掌監功作。上使造禪靈寺",以供養此佛像;新寺剛建成,便"車駕臨視,甚悦"[133]。接着又敕樹碑紀功德,命名士謝瀹撰碑文,徐希秀書。此寺乃是敕造,故規模很大,裝飾華麗,花費甚巨,故蕭子良《又諫射雉啓》:"伏度陛下以信心明照,所以傾金寶於禪靈。"[134]傾金寶而建造出來的禪靈寺,"當世以爲壯觀"[135],但究竟有多壯觀,裝飾有多華麗,因文獻闕失,今已不得而知。從後來東昏侯蕭寶卷於"禪靈寺塔諸寶珥,皆剥取以施潘妃殿飾"的行爲來看[136],其壯觀、華麗程度可想而知。

新寺落成,齊武帝親臨,期間必然舉行相關佛教儀式,八日禪靈寺齋,或即其中一項,齋當爲八關齋。子良爲此撰《八日禪靈寺齋》《八日禪靈寺頌》兩文頌美。據《法苑珠林·西晋海浮維衛迦葉二石像》"是時(永明七年)齊武皇帝初建禪靈,重構七層,壯美莊嚴"[137],則與禪靈寺同時興建的還有一個七層浮屠,建此塔即爲供養越州所獻佛像。《法集録》中的《寶塔頌》,即子良爲頌美新建成的七層寶塔而作。

《法集録》中與《寶塔頌》同卷的《石像記》,也作於永明七年,緣於稍後的另一個祥瑞。《南齊書·祥瑞志》載:

> (永明)七年主書朱靈讓於浙江得靈石,十人舉乃起,在水深三尺而浮。世祖親投於天淵池試之,刻爲佛像。[138]

沈約《瑞石像銘并序》對此事之緣起及其過程有詳細記載:

> 維永明七年某月,爰有祥石,眇發天津,浮海因潮,翻流迴至,表異浙河,獻奇禁圃,瓊瑜等潤,精金比色。帝上眷幽關之易啓,咨玄應之無方,雖拊事寂寥,而因心咫尺,愛其貞恒之性,嘉其可久之姿,莫若圖妙像於檀香,寫遺影於祇樹。乃詔名工,是鐫是琢,靈相瑞華,焕同神造。至於雕削之餘,遺刊委斵,方圓小大,觸水斯沈。駐罕停蹕,親加臨試。[139]

《出三藏記集》卷一二《法苑雜緣原始集目録》有《齊武皇帝造釋迦瑞像記》,可知當時還有人撰文詳述從發現瑞石到皇帝敕造瑞像的全過程。現存文獻中,對此事記載最詳細者,莫過於《法苑珠林·西晋海浮維衛迦葉二石像》:

> 至齊永明七年,又有瑞石浮海,來入吴境。質堅貞固,光采鮮潤。駕潮截瀾,汎若松舟。時主書朱法讓,即先獲石像朱應之曾孫也。被使至吴,獲石像獻臺。是時齊武皇帝初建禪靈,重構七層,壯美莊嚴,而瑞不遠而至,協時應機。朝士僉議以爲宜矜妙覎,式影法身。乃命石匠雷卑石等造釋迦文像,身坐高三尺五寸,連光及座通高六尺五寸。盡鐫琢之奇,極金臒之巧。克孚顯相,允副幽禎。竊惟石性本沈,神感則浮。越海適吴,隔代荐至。雖古今異造,而總歸七佛。獲瑞之人,復緣朱氏。祕契冥期,終始如一。故追序前事,以表厥證。
>
> 宋世所獲二石像,立高七尺,銘其背上,一名維衛佛,二名迦葉佛。莫識

年代,而字分明,在吴郡通玄寺。齊威所造瑞石像,舊在禪靈寺。[140]

此文後并未標出引自何處,校注者認爲此文"出《高僧傳》卷一三《竺慧達傳》"[141]。其實,在此段文字之前,還有朱法讓曾祖朱應於西晋愍帝建興元年(313)發現維衛及迦葉二石像的詳細記載。而這兩段記載遠比《高僧傳·竺慧達傳》完整、詳細。以竺慧達爲中心的《竺慧達傳》,對發現維衛、迦葉二佛像的記載,衹是爲突出竺慧達對置於通玄寺的二佛像的虔誠供養,其文獻來源反而應該是《法苑珠林》所摘引的文字。由此,我們可以梳理一下《法苑珠林·西晋海浮維衛迦葉二石像》《高僧傳·竺慧達傳》與《齊武皇帝造釋迦瑞像記》、蕭子良《石像記》、沈約《瑞石像銘并序》《南齊書·祥瑞志》等幾種文獻的相互關係。

《法苑珠林·西晋海浮維衛迦葉二石像》對兩次發現瑞像的記載,分别來自兩種文獻:第一次朱應發現維衛、迦葉二石像的記載,應當是參考了時人篆刻的碑文,故有"事源委曲,已詳舊碑"之語[142]。第二次朱法讓發現瑞石的記載,當來自《齊武皇帝造釋迦瑞像記》或蕭子良《石像記》[143]。兩記均爲頌美而作,似偏於對事件來龍去脈的記述,而沈約《瑞石像銘并序》則偏於以"銘"頌德。就時間而言,子良文題作"石像",而《齊武皇帝造釋迦瑞像記》題作"瑞像",則子良《石像記》似在前,其時朝廷尚未定性爲"祥瑞";而《齊武皇帝造釋迦瑞像記》《瑞石像銘并序》明顯是定性後的頌美之作。《南齊書·祥瑞志》的史源則與以上諸文獻不同,它來自於當時的起居注或國史一類的官方記録。

稍帶提一下前所引《法苑珠林》中的兩段文字,可能并非出自一人之手,第一段當源自《齊武皇帝造釋迦瑞像記》或蕭子良《石像記》,而第二段文字明顯是對前後兩次發現瑞石的總結。况且,這兩次對於發現瑞石的記述,來自兩種不同的文獻,在時間上也相去甚遠,故第二段文字很可能是釋道世或其他人根據相關文獻的補充總結。"齊武所造瑞石像,舊在禪靈寺"一句,説明瑞石被打造成釋迦像後,也被置於禪靈寺供養。兩次祥瑞先後出現,齊武帝將二者有機整合,其政治宣傳之意不言而喻。而作爲頌美的《寶塔頌》并《石像記》寫在同一卷上,似亦有此意。

(二十七)《龍華會》并《道林齋》一卷

《荆楚歲時記》載:"四月八日,諸寺設齋以五色香水浴佛,共作龍華會。"[144]故

《龍華會》的具體寫作日期，當在某一年四月八日佛誕日。《法苑雜緣原始集目録・龍華像會集》有《齊竟陵文宣王龍華會記》[145]，兩文所記當爲一事，也有可能就是同一篇文章。道林，即建康鍾山之南的道林寺，又名蔣山寺。道林齋，當即蕭子良於道林寺召集高僧舉行的齋會。《道林齋》當是對此齋會以及感悟的記述，寫作時間不詳。據《比丘尼傳》卷三《法音寺曇簡尼傳》："時有慧明法師，深愛寂静，本住道林寺，永明時爲文惠帝、竟陵文宣王之所修飾。僧多義學，累講經論，去來諠動。"[146]道林寺與文惠太子、子良淵源頗深，故此寺講席甚盛，常有義學高僧往來講論。

（二十八）《布薩》并《天保講》一卷

《法苑雜緣原始集目録・受菩薩戒集》有《天保寺集優婆塞講記第四》《文宣王集優婆塞布薩記第五》[147]。據前引之《净住子序》，布薩即净住，其對象主要是優婆塞和優婆夷，所以"《布薩》并《天保講》"兩文可能分别是《文宣王集優婆塞布薩記第五》《（文宣王）天保寺集優婆塞講記第四》的省稱。子良對《優婆塞戒》有比較深的造詣，《法集録》中又有《注優婆塞戒》三卷、《開優婆塞經題》一卷、《菩薩决定要行》十卷（亦云《净行優婆塞經》），而二十卷的《净住子》、一卷的《講净住記》亦與此有直接關係。

（二十九）《示諸朝貴〈法制〉啓》二卷；《示諸朝貴〈釋滯〉啓答》二卷

《法制》，即三卷的《清信士女法制》。子良前後遍示諸朝貴《法制》《釋滯》二文，他以相王之尊，示己書於諸朝貴，受示者理當致書（啓或詩）答謝。《法集録》中的《示諸朝貴〈法制〉啓》《示諸朝貴〈釋滯〉啓答》前後相接，且卷帙相同，而一有答，一無答，非前者脱，即後者衍。而前引王融《謝竟陵王示〈法制〉啓》當是其中一篇，據此《示諸朝貴〈法制〉啓》或當補一"答"字。題名既言"示諸朝貴"，則是視之如一，内容當相同，編入集中，所占空間必然甚少；從兩卷的篇幅來看，兩文似重在諸朝貴的答謝文字。子良之所以示諸朝貴《法制》《釋滯》，當然是宣傳佛法，尤其是對不信佛教甚至詆毁佛教者，以達到弘法傳教之目的，頗有些强迫的味道。

總之，《法集録》所録并非不全是蕭子良所撰，這類作品可能還不止本文考出的幾篇,這些篇章雖非子良親撰,但都與他有直接或間接的關係:或以自己名義,或請西邸文士撰寫。當然,《法集録》也并非蕭子良全部弘法作品,這就要求我們鈎稽、排比、對勘其他相關文獻,對各種文獻的來源以及相互關係,對其真實性、可信度有充分的把握。況且,《法集録》内容豐富,直接或間接地反映了蕭子良及其周圍的帝王、朝貴、西邸文士、兩府(東府、司徒府)僚佐甚至僧尼等群體的宗教信仰狀況以及永明佛教的真實生態。這樣看來,重新審視、檢討《法集録》的研究價值十分有必要。

三 《法集録》的研究價值

自永明二年正月,齊武帝命竟陵王蕭子良以護軍將軍兼司徒後,蕭子良便開司徒府,盛選文武僚佐,在朝中的政治地位和聲望都有明顯提升[148]。至永明五年,正位司徒,其位望已僅次於大司馬豫章王蕭嶷。永明十年,蕭嶷薨後,他又先後領揚州刺史和尚書令,這種權力與位望,使得他能在永明十一年武帝大漸以致病亡之際,與太孫蕭昭業争奪皇位。這期間,尤其是永明七年多次感夢以後,蕭子良利用自己身份(司徒、相王)、住處(西邸,十年五月後移鎮東府)之便,以弘法爲己任,積極開展各種形式的弘法活動。其時子良幾乎成了勾連皇帝與高僧、皇帝與士人、士人與高僧等的關鍵人物。這樣一位僧俗界的領袖人物,對於研究永明政局以及永明時期佛教的發展而言,無疑是重要的切入點。而《法集録》作爲十六帙一百一十六卷的蕭子良《法集》的目録,其研究價值不言而喻。

(一) 獨特的文獻學價值

前文已述,《法集録》中除極個别篇章以殘本、删節本等形態保存外,絶大部分亡佚,故對於《法集》以及子良生前的弘法著述,衹能從《法集録》管窺其中之一二。子良永明中後期命西邸文士編撰、抄集的五經、百家等經籍而成的《四部要略》雖達千卷之多,其别集也有四十卷之多,這在當時的著名文士之間,也毫不遜色,但均亡佚。當然,四十卷的别集(絶大部分爲“外文筆”)與一百一十六卷的《法集》(“内文筆”)在内容上可能有少部分相關、重疊,但其主體部分相差應該比較大。一百一十六卷的《法集》雖然主體部分亡佚,而《法集》的目録却賴僧祐的整理得以存世。由於《法集録》詳細記載子良《法集》的篇目、卷次及其編排次序,據此可以對子良《法集》的整體面貌有一個清晰的認識,進而對子良永明中後期的弘法著述有一個較爲全面的認識,這在一定程度上彌補了别集亡佚給蕭子良及其時代的研究帶來的諸多缺失。

而且,《法集録》所録諸篇之中,除了單行的《净住子》《雜義記》,個别子注和抄經(如《菩薩决定要行》《注優婆塞戒》《注遺教經》等)以及個别非子良所撰的篇章見諸記載、著録之外,大部分均僅見於此《法集録》,僅此一點,《法集録》的文獻學價值就絶不可低估。即便是非僅見於《法集録》者,因爲《法集録》更好地保存了編集的原本形態,故往往有其獨特的文獻價值,如諸本著録的《净住子》《雜義記》均爲二十卷,但據《法集録》,我們知道此二書原來均分上下帙各十卷,而這纔是當時傳世的單行本《净住子》《雜義記》的原貌。《法集録》所録的并非全是子良所作諸篇章,但即便不是子良所撰,也均與子良密切相關,結合其他相關文獻記載,我們可以更爲清楚地了解這些篇章的編集原貌,如前文討論的《净住子頌》《抄成實論序》《戒果莊嚴》等。另外,僧祐明知這些篇章非子良所撰,仍將其編入蕭子良的"内集",這種著書理念以及時人對著作權的看法等等[149],都很值得我們思考。

另外,結合《法集録》所録諸篇的篇目、卷次及其編撰形態,也能夠加深我們對齊梁時期别集或總集的編次、庋藏情况的了解。根據《法集録》所録諸篇章的篇幅及其抄寫的載體形態,僧祐所編之《法集》共分四個層次,從小至大分别爲:"篇—卷—帙—集",其中篇爲最小單位,篇幅不足一卷者,與其他短篇"共卷",這種情况在《法集録》中共有五例;二卷以上編成一帙,每帙據諸卷之内容和數量而定,故帙有大小;最後,十六帙編成爲一集。僧祐爲蕭昭冑編集亦用此法,衹是昭冑"文製未廣",故僅編爲上下卷,合而爲一集(帙)。僧祐所編其他八部法集也基本如是。其中,"帙"值得注意,僧祐在他編撰每一部法集最終都以帙的形態庋藏[150],在僧祐之前,陸澄編《法論》就已用"帙",衹是《法論》的編集層次與《法集》稍有不同:"篇—卷—集—帙—集(總)",陸澄根據十六個不同主題,編成十六帙"法集",是爲《法論》,僧祐《法苑雜緣原始集》即按此法,而其他主題較爲集中的另外七部法集和蕭子良《法集》,則未分别編集。這説明其時帙已普遍用以書籍的編集、著録、庋藏[151]。

（二）獨特的史料價值

《法集録》集中記載了蕭子良於永明中後期奉法與弘法實踐，加上所録諸篇大部分僅見於此，這就意味着《法集録》中每一條記載，都可能是一條重要的綫索，甚至是解開謎團的關鍵鑰匙，因而可以作爲《行狀》、史傳以及僧傳等不同性質文獻的注脚或補充，對於探討蕭子良永明時期的信仰、政治地位以及永明時期佛教的發展等，都具有較高的研究價值。雖然蕭子良幾乎是每部佛教史（南朝部分）都會着力探討的重要人物，但關注的重點大多在蕭子良對佛教的護持上，而對他的佛學修養等方面則關注較少，即便是對其佛學思想的研究，也大多集中在《净住子》《僧制》上[152]。追蹤《法集録》的綫索，完全可以探討蕭子良的佛學修習、佛學興趣，進而探尋他積極弘揚佛法背後的宗教和政治意圖等。從《法集録》中可以看出，子良用力最多的無疑是佛教戒律、僧制以及與之密切相關的布薩、懺悔等儀式。這些内容不僅數量大，而且集中編排：

> 《净住子》十卷　右第一帙上；《净住子》十卷　右第二帙下；《菩薩决定要行》十卷　右第六帙；《注優婆塞戒》三卷　右第七帙；《戒果莊嚴》一卷，《注遺教經》一卷　右第八帙；《僧制》一卷，《清信士女法制》三卷　右第十二帙

這些内容竟達六帙三十九卷，其中《注優婆塞戒》以三卷獨占一帙、《戒果莊嚴》與《注遺教經》合兩卷占一帙，《僧制》與《清信士女法制》合四卷占一帙，這種刻意編排，與南朝後期普遍以十卷一帙、餘出的零頭和不足十卷的書籍均單盛一帙的入帙庋藏方式頗不合[153]，顯然是作者或編者有意區分、突出特例的重要性。而且子良還有《抄優婆塞受戒品》一卷、《抄優婆塞受戒法》一卷、《抄普賢觀懺悔法》一卷、《抄頭陀》二卷（僧祐注“抄律中事”）等[154]，雖屬節抄，也可見他對戒律，尤其是優婆塞戒律確實用力頗深。而且，子良本人對以上著述也甚爲重視，公開講《净住子》、於天保寺集優婆塞布薩并講，并將《清信士女法制》遍示諸朝貴、僚佐。這些法、式、制等著述以及《法集録》中的《與僚佐書》并《教誡左右》一卷、《教宣約受戒人》一卷，似乎説明蕭子良試圖以佛教戒律影響、約束甚至教化身

邊的僚佐甚至權貴。

另外，前文已述，子良還請僧祐、智實以及諸學士遠赴會稽、江、郢、荆、雍等州講律；加上他多次請僧祐、智稱在邸寺開展大規模的講律活動。他之所以將這麽多精力放在佛教戒律、僧制以及布薩、懺悔等儀式的撰注與推廣上，顯然是有信仰以外的因素：利用各個層次的佛教戒律來約束、教化，甚至操控、整頓佛教教團和信衆。而這種思想與實踐，與齊武帝永明中後期整頓佛教的舉措恰好吻合，這絶非偶然。所以，蕭子良絶不衹是一個虔誠奉法的相王，他對佛教除了信仰之外，還有相應的政治訴求。這也充分體現了永明時期的王權與佛教絶不衹是單向的護持與被護持關係[155]。

當然，蕭子良的佛學修養不止於律學，實際上他對《維摩詰》《華嚴》《法華》等經也用力頗多。此外，《法集録》所提供的重要綫索遠不止此，其他如：《梵唄序》《轉讀法》對四聲發現、梵唄、轉讀以及佛教唱導的啓發；《答疑惑書并稚珪書》《示諸朝貴〈法制〉啓》《示諸朝貴〈釋滯〉啓答》對探討子良利用相王身份强制弘法的啓發；《法集録》所展示的幾座重要的寺院，也是探討永明佛教講席的重要綫索，由於位置的優勢，它們應是子良經常組織的齋講、義集之地，高僧、權貴、西邸文士甚至奉道之人匯集於此，爲思想的碰撞、交融提供了平臺。另外，如前文所述，子良的捨身、施藥、發願、齋講、贊去滋味等等，都是重要的研究綫索，限於篇幅，不逐一展開。

（三）提供蕭齊皇室、朝貴、僚佐和西邸文士等人的諸多綫索

南齊永明時期，佛教幾乎成了蕭齊皇室和相當一部分權貴、朝士的共同信仰，加上子良的極力護持、主動弘揚，子良周邊的大部分人，包括王妃、世子、宗室諸王、朝貴、僚佐、西邸文士以及建康的大部分高僧大德等等，都直接或間接參與了蕭子良的弘法實踐。《法集録》就提供了許多他們參與其中的絶佳的綫索：除了上節提到的受子良所請赴會稽、江、郢、荆、雍等州講律的僧祐、智實以及諸學士，被動受示《清信士女法制》《釋滯》并答謝子良的諸權貴之外，還有被子良書面教誡的“左右”與僚佐、被他教宣的“受戒人”。如果將視綫轉移到子良在多個寺院組織的義集、講席、法（齋）會等，在蕭子良周圍的形形色色的人便躍然紙上。將視綫拉回子良的家庭，他的王妃袁氏捨身、世子昭胄捨身并贊佛牙，這樣一個佛教徒組成的小家庭,其日常飲食與生活也必然帶有明顯的佛教色彩。而子良周圍的這種小家庭還有大司馬豫章王蕭嶷家、文惠太子家等等[156]。這些小家庭構成了皇室大家庭,加上許許多多的權貴、士人以及普通信衆組成的佛教家庭和準佛教家庭,佛教人口的增加,給建康城的日常飲食、出行、生活帶來的影響不言而喻。

四 餘 論

由上文可知,《法集録》係僧祐於梁初爲蕭子良所編的十六帙一百一十六卷《法集》的目録。《法集》并非子良全部的弘法作品,也不全是子良所撰,但它集中記載蕭子良永明中後期奉法與弘法實踐。這些記載除了個别篇章之外,大多僅見於此録,故其獨特的價值在於,它的每一個條目都是一條珍貴的綫索,而每一條綫索都能反映蕭子良的一個剖面。更可貴的是,《法集録》還提供子良周邊的王妃、世子、宗王、朝貴、僚佐和西邸文士等人的珍貴綫索。將這些看似零星的綫索有機整合,通過抽絲剥繭式的綜合研究,就可以對永明中後期佛教在整個社會上層的綜合歷史圖景有一個較爲全面的認識。

當然,《法集録》的價值也不能過度拔高,目録作爲文史研究的綫索和工具,并不能替代文獻的搜輯與整理。況且,《法集録》畢竟祇是蕭子良永明中後期個人的《法集》的目録,雖然詳備,但在收録的時間和範圍上都有一定的局限性。所以,在相關領域的研究中必須取長補短,以蕭子良及其《法集録》爲綫索,從各類基礎文獻如傳統史傳、詩文以及佛、道教文獻的搜輯、辨析、整理出發,探究各類不同内容和性質文獻的書寫場景與立場,纔能深入探討永明時期佛教的整體發展狀況、士人與佛教、佛法與王法、佛道之關係等等。

附録:《法集録》所載蕭子良法集篇目、卷帙、次序

《净住子》十卷　右第一帙上;《净住子》十卷　右第二帙下;《華嚴瓔珞》二卷　右第三帙;**《諸佛名》十卷**　右第四帙;**《諸菩薩名》二卷**　右第五帙;《菩薩决定要行》十卷　右第六帙;《注優婆塞戒》三卷　右第七帙;《戒果莊嚴》一卷,《注遺教經》一卷　右第八帙;《維摩義略》五卷　右第九帙;《雜義記》十卷　右第十帙上;《雜義記》十卷　右第十一帙下;《僧制》一卷,《清信士女法制》三卷　右第十二帙;**《禮佛文》二卷**　右第十三帙;《西州法雲小莊嚴普弘寺講》并《述羊常弘廣齋》共卷,《抄成實論序》并《上定林講》共卷,《華嚴齋記》一卷,《施藥記》一卷,《捨身記》一卷,《妃捨身記》一卷,**《發願疏》一卷**,《會稽荆雍江郢講記》一卷,《内典序并贊》一卷,《述放生東宫齋》《述受戒》共卷,《僧得施三業》《施食法》共卷　右第十四帙;《宣白僧尼疏》《與暢疏》并《與州郡書求内典》共卷,《法門贊》一卷,《講净住記》一卷,《受維摩注名》一卷,《與僚佐書》并《教誡左右》一卷,《拜揚州刺史發願》一卷,《與何祭酒書贊去滋味》一卷,《贊梵唄偈文》一卷,《開優婆塞經題》一卷　右第十五帙;《大司馬捨身》并《施天保二衆》一卷,《佛牙記》一卷,《答疑惑書并稚珪書》一卷,《教宣約受戒人》一卷,《八日禪靈寺齋并頌》一卷,《龍華會》并《道林齋》一卷,《布薩》并《天保講》一卷,《净住子次門》一卷,《梵唄序》一卷,《轉讀法》并《釋滯》一卷,《示諸朝貴〈法制〉啓》二卷,《示諸朝貴〈釋滯〉啓答》二卷,《寶塔頌》并《石像記》一卷,《受戒》并《弘法式》一卷　右第十六帙。(注:楷體加粗者,正文未單獨列出考釋)

自書經目録:

《大字維摩經》一部十四卷;《細字維摩經》一部六卷;《妙法蓮華經》一部十四卷;《般舟三昧經》一部二卷;《無量壽經》一部四卷;《十地經》一部十卷;《華嚴經》一部六卷;《大泥洹經》五卷;《虚空藏經》二卷;《泥洹授持品》一卷;《護身經》一卷;《觀世音經》一卷;《普賢經》一卷;《金剛般若經》一卷;《八吉祥神呪經》一卷;《出生無量門持經》一卷;《呵色慾經》一卷。

注　釋

① 湯用彤《漢魏兩晋南北朝佛教史》第十三章“佛教之南統”單列“齊竟陵王”一節,即充分利用《法集録》與史傳、僧傳、經録及其他相關佛教文獻,全面論述了蕭子良弘揚佛法之活動,北京大學出版社 1997 年版,第 324—327 頁。而之後研究涉及蕭齊佛教者,莫不徵引此録。而文學界關於永明文學,尤其是四聲、梵唄、佛教音樂的發現等方面的研究,都繞不開此録。相關成果繁多,不一一贅舉。

② 饒宗頤在解釋《法集録》之時，謂"蕭子良所著有梵行書目共十六帙，内有《贊梵唄偈文》一卷，《梵唄序》一卷，《轉讀法并釋滯》一卷"，似乎意在强調"法"即"梵"。見饒宗頤《詞與法樂（法曲）梵唱及僧人之改作舊曲》注釋九，收入《饒宗頤佛學文集》，北京出版社 2014 年版，第 416 頁。筆者按：這裏的"法"，即佛法，謂之"梵"似不妥。

③ 《出三藏記集》卷一二，中華書局 1995 年版，第 498 頁。

④ 同上書，第 458—459 頁。

⑤ 同上書，第 455 頁。

⑥ 同上書，第 428 頁。《南齊書》卷三九《陸澄傳》載："宋泰始初，爲尚書殿中郎，議皇后諱及下外，皆依舊稱姓。左丞徐爰案……澄不引典據明，而以意立議，坐免官，白衣領職。……轉通直郎，兼中書郎，尋轉兼左丞。"中華書局 1972 年版，第 681 頁。而據《宋書》卷九四《徐爰傳》："太宗即位，例削封，以黄門侍郎改領長水校尉，兼尚書左丞。明年，除太中大夫，著作并如故。"中華書局 1974 年版，第 2310 頁。徐爰於宋明帝泰始元年（465）兼尚書左丞，故陸澄以轉通直郎兼中書郎當在此後。又據《宋書》卷一八《禮志八》："泰始六年正月戊辰，有司奏：被敕皇太子正冬朝賀，合著衮冕九章衣不？"陸澄時以兼左丞身份參議，第 525—526 頁。可知陸澄奉宋明帝之敕編撰《法論》大致在泰始元年至五年（469）間。

⑦ 同注③，第 429—447 頁。

⑧ 參李小榮《〈弘明集〉〈廣弘明集〉述論稿》第八章，巴蜀書社 2005 年版。

⑨ 牧田諦亮認爲陸澄編輯《法論》，受到王儉效法劉向《七略》而成的《七志》《元徽四部書目》等當時書目整理風潮的影響，從群集之中將漢代以來的歷代僧俗的講疏編輯成十六帙一百三卷。他認爲此書"明前代業績，并指導後學"，展示了中國人自身接受佛教過程的法論類著作，實屬陸澄這部存世的《法論》目録。〔日〕牧田諦亮《關於慧遠著作的流傳》，曹虹譯，《古典文獻研究》，2002 年，第 164 頁。

⑩ 同注③，第 428 頁。

⑪ ［梁］蕭統選編，［唐］吕延濟、劉良、張銑、吕向、李周翰、李善注《新校訂六家注文選》卷六〇，俞紹初、劉群棟、王翠紅點校，鄭州大學出版社 2015 年版，第 3921 頁。

⑫ 同注③，第 448 頁。

⑬ 同上書，第 455 頁。

⑭ 《梁書》卷一三《范雲傳》，中華書局 1973 年版，第 232 頁。

⑮ 同注③，第 448 頁。

⑯ ［梁］釋慧皎《高僧傳》卷一一《齊京師建初寺釋僧祐傳》，湯用彤校注，湯一玄整理，中華書局 1992 年版，第 440 頁。

⑰ [唐]釋道宣《續高僧傳》卷六《梁楊都建初寺釋明徹傳》,郭紹林點校,中華書局 2014 年版,第 202 頁。

⑱ 據《南齊書》卷四〇《蕭子良傳附子昭胄傳》:"永明八年,自竟陵王世子爲寧朔將軍、會稽太守。鬱林初,爲右衛將軍。"中華書局 1972 年版,第 702 頁。則永明十年僧祐入三吴講律之時,蕭昭胄仍在會稽太守任上。

⑲ 同注③,第 455 頁。

⑳ 同上書,第 448 頁。

㉑ 關於蕭子良政變的分析可參林曉光《王融與永明文學時代:南朝貴族及貴族文學的個案研究》"歷史篇"第五章第四節,上海古籍出版社 2014 年版,第 218—224 頁。

㉒ 同注⑪,第 3921 頁。

㉓ 同上書,第 3920 頁。"所"字,原本作"乃",下注:"善本作'所'字。"據改。

㉔ 《文選》卷三八《爲范始兴作求立太宰碑表》,"茂",底本作"義",注曰善本作"茂",從之。同注⑪,第 2529 頁。

㉕ 《隋書》卷三五《經籍志四》,中華書局 1973 年版,第 1075 頁。

㉖ 蕭子良之抄經,詳見《出三藏記集》卷五《新集抄經目録第一》,同注③,第 218—220 頁。僧祐《新集抄經目録序》謂:"抄經者,蓋撮舉義要也。昔安世高抄出《修行》爲《大道地經》,良以廣譯爲難,故省文略説。及支謙出經,亦有《孛抄》。此并約寫胡本,非割斷成經也。而後人弗思,肆意抄撮,或棋散衆品,或苽剖正文,既使聖言離本,復令學者逐末。竟陵文宣王慧見明深,亦不能免。若相競不已,則歲代彌繁,蕪黷法寶,不其惜歟?"故而,僧祐録之後的歷代經録均視子良抄經爲"衆經僞妄""疑僞",但所録之抄經、卷次多有不同,不一一贅舉。

㉗ 《高僧傳》卷一四《序録》:"齊竟陵文宣王《三寶記傳》,或稱《佛史》,或號《僧録》。既三寶共叙,辭旨相關,混濫難求,更爲蕪昧。"《歷代三寶紀》卷一一著録:"《三寶記》十卷。注曰'亦云《佛史》《法傳》《僧録》'。"《大唐内典録》卷一〇從之,卷四《前齊朝傳譯佛經録序》又載"(蕭子良)撰《净住子》二十卷,《佛史》十卷"。《法苑珠林》著録爲"《三寶記》二十卷"。

㉘ 《法苑珠林》著録爲"《宣明驗》三卷"(《法苑珠林校注》卷一〇〇,第 2874 頁)。唐臨《冥報記序》謂:"及齊竟陵王蕭子良作《宣驗記》,王琰作《冥祥記》,皆所以徵明善惡,勸戒將來,實使聞者深心感寤。"方詩銘校曰:"'宣',知恩院本作'寅',三緣山寺本作'冥',岑仲勉説:'考《隋志》,劉義慶撰《宣驗記》三十卷,未見子良書,《南齊書子良傳》亦未及之。'至於《寅驗記》《冥驗記》則没有根據,當闕疑。"(《冥報記》,中華書局 1992 年版,第 3 頁。)李劍國《唐前志怪小説史》取"冥"字,進而猜測《冥驗記》即《宣明驗》之别稱,并將此書歸如"弘佛小説"(人民文學出版社 2011 年版,第 598 頁)。

㉙ 《廣弘明集》卷二八《悔罪篇序》載:"昔南齊司徒竟陵王制《布薩法》《净行儀》,其類備詳,如別所顯。"《大正藏》第52册,佛陀教育基金會出版部1990年版,第330頁中。

㉚ 蕭子良《梵禮讚》《唱薩願讚》,同注③,第486頁。

㉛ 蕭子良致書與劉虯事,《南齊書·蕭子良傳》《行狀》均有叙述,《與荆州隱士劉虯書》則見《廣弘明集》,拙文《論蕭子良永明中後期的奉法與弘法——以蕭子良與諸人來往書信爲中心》對此有討論,見《文史》2015年第3期。

㉜ 船山徹等人也認爲《法集録》存在"蕭子良以外的人物的作品",即《抄成實論序》《戒果莊嚴》兩種,詳見〔日〕船山徹等《南齊竟陵文宣王蕭子良撰〈净住子〉の譯注作成を中心とする》,第三部分"解説篇",第311頁。日本平成十五年至十七年年度科學研究費補助金[基盤研究(C)(2)]研究成果報告書,2006年。

㉝ 關於卷軸時代書的"合帙",可參辛德勇《由梁元帝著述書目看兩晋南北朝的四部分類體系——兼論卷軸時代卷與帙的關係》,《文史》1999年第4輯,第51—64頁,後收入辛德勇《歷史的空間與空間的歷史》第三節"書籍裝幀史上之卷軸時代卷與帙的關係",中華書局2005年版,第322—336頁;張固也、易吉林《論卷軸時代的圖書合帙方法》,《圖書館雜志》2014年第11期,第87—92頁;馬怡《書帙叢考》之三"書籍的帙與卷",《文史》2015年第4輯,第200—214頁。

㉞ 说明:1.篇目基本按照《法集録》原序,個別相關篇目集中論述,篇目之間加分號隔開。2.本書所引均據中華書局點校本(第448—453頁),其中涉及"并""共卷"者多非一文,點校者未作處理,這裏將其析開:帙與帙之間用分號斷開,同帙諸卷之間用逗號斷開,同卷諸篇之間用頓號斷開。3.限於學力,個別篇未予以獨考釋。文後附上《法集録》各篇具體卷帙、次序,可參。

㉟ 彦琮、法經二《録》均將《净住子》置於"别生"類,道宣《統略净住子净行法門序》明確批評之:"後進學寡識昧,前修曾不披尋,任情抑斷,號曰僞經,相從捐擲。斯徒衆矣,可爲悲夫!"但道宣此論,似乎没有被智昇、圓照接受,他們仍秉持彦琮之論,甚至不予以著録。

㊱ 周叔迦、苏晋仁《法苑珠林校注》卷一〇〇,中華書局2003年版,第2874頁。

㊲ 彦琮《衆經目録》卷一,《大正藏》第55册,第150頁中。

㊳ 英藏敦煌文獻編號爲斯00721背2後題有正書"净住子卷第十八"六字,詳見上海師範大學與英國國家圖書館合編,方廣錩、〔英〕吴芳思主編《英國國家圖書館藏敦煌遺書》,廣西師範大學出版社2013年版。筆者仔細核對此書標作"净住子第十八卷"者,實際上是佛馱跋陀羅所譯《華嚴經》卷第十七《金剛幢菩薩十迴向品》中的内容,其内容與今《大正藏》本僅個別字句有差異,可視爲早期寫本。鹽入良道、藤谷昌紀曾撰文指出題名有誤,并斷定同卷標爲《大涅槃經(擬)》者纔是《净住子》第十八卷的内容(詳見〔日〕鹽入良道《文宣王蕭子良の"净住子净行法

門"について》,《大正大學研究紀要》1961 年第 46 輯,第 43—96 頁;〔日〕藤谷昌紀《蕭子良の抄経・著作の性格について》,《印度學佛教學研究》第 56 卷第 1 號,2007 年)。藤谷昌紀則認爲仍存在道宣删除《净住子》多摘引的《華嚴經・十迴向品》可能。以上諸文以及黄永武主編《敦煌遺書最新目録》均題作"净住子卷第八",實脱"十"字,當是模糊不清所致,而矢吹慶輝、《英國國家圖書館藏敦煌遺書》、曹凌均據原卷或影印件,均認爲"第十八卷"。曹凌文見《〈净住子净行法門〉儀式研究——以道宣〈統略法門〉爲中心》,《華東師範大學學報》2016 年第 1 期。

㊴ 孫猛《日本國見在書目録詳考》,上海古籍出版社 2015 年版,第 22、2078 頁。

㊵ 同注㉙,第 306 頁上。

㊶ 《華嚴經傳記》卷一,《大正藏》第 51 册,第 156 頁中。

㊷ 梁太濟《南部新書溯源箋證》庚卷,中西書局 2013 年版,第 326 頁。據梁氏考證,此《竟陵集》當是《净住子》的異稱,而《懺悔》一篇當是道宣所"隱括略成"的一卷,即《統略净住子》一卷,第 326—329 頁。

㊸ 同注㉙,第 306 頁中。

㊹ 船山徹等《南齊竟陵文宣王蕭子良撰〈净住子〉の譯注作成を中心とする》,"解説篇"第四章"蕭子良の所依經典"將《統略净住子》所摘引的佛經細分爲三類,并逐一羅列,共計三十三種;另外,此章對蕭子良本人的抄經、自書經以及所注諸經有很詳細的羅列、論述,可以參照。同注㉜,第 309—314 頁。

㊺ 道宣《統略净住子序》言:"余以暇景,試括檢之,文寔菁華,理存信本矣。"《廣弘明集》卷二七,同注㉙,第 306 頁中。

㊻ 同注㉙,第 306 頁上。

㊼ 同注⑪,第 3921 頁。

㊽ 道宣序節引《净住子序》的部分,當不止文中所引的内容。之前的"以齊永明八年,感夢東方普光世界天王如來,樹立净住净行法門,因其開衍",之後的"始於懷鉛,終於絶筆,凡經七旬,兩帙都了"應當都是節引(化用)原序的内容,前者爲叙述《净住子》的緣起,此類文字一般僅見於原序一類的文字;後者詳述撰寫所歷之時間,似亦當是原序所交代。

㊾ 關於敦煌本《净住子》(S721v)的抄寫年代,鹽入良道通過同卷的其他斷簡推定,最遲抄寫於廣德二年(764),詳見〔日〕鹽入良道《文宣王蕭子良の"净住子净行法門"について》,《大正大學研究紀要》,第 46 輯,1961 年,第 43—96 頁。

㊿ 同注㉙,第 306 頁上。

51 李小榮《弘明集校箋》卷一一,上海古籍出版社 2013 年版,第 606 頁。

㊿52 《藝文類聚》卷七七,汪紹楹校,上海古籍出版社1995年版,第1324頁。

53 法經等《衆經目録》卷二,《大正藏》第55册,第127頁中。〔日〕藤谷昌紀《〈瓔珞經〉と蕭子良の〈净行優婆塞經〉》對此有較爲詳細的討論,詳見《印度學佛教學研究》第53卷第1號,2004年。

54 《經律異相》卷八,《大正藏》卷53册,第41頁中—下。

55 《歷代三寶紀》卷一一,《大正藏》第49册,第96頁下。按《開元釋教録》《貞元新定釋教録》從之,《大唐内典録》基本從之,衹是未標卷數。

56 同注32,第311頁,脚注第69。

57 同注16,第503頁。

58 王孺童《比丘尼傳校注》卷三《净暉尼傳》,中華書局2006年版,第143頁。

59 同注25,第1010頁。

60 僧祐《十誦義記目録序》自謂:"雖深言遠旨,未敢庶幾,而章條科目,竊所早習,每服佩思尋,懼有墜失,遂集其舊聞,爲《義記》十卷。夫心識難均,意見多緒,竊同蒭蕘,時綴毫露,輒布其别解,録之言末。"則義記論議的成分頗多;又蕭衍的《立神明成佛義記》本爲問難范縝《神滅論》而作,直接宣明自己有神論的"神明"觀,則與"數論"幾無異矣。

61 此經目賴《歷代三寶記》《大唐内典録》《開元釋教録》諸佛經目録得以保存。

62 〔日〕吉川忠夫編《敦煌秘笈》影片册四,大阪,杏雨書屋2011年版,第155—169頁。録文可參〔日〕入澤崇、三谷真澄、臼田淳三合撰《擬南斉竟陵文宣王所持の"雜義記"残簡 :〈敦煌秘笈〉羽二七一録文研究》,西域文化研究所編《龍谷大學佛教文化研究所紀要》,2014年3月,第160—220頁。

63 《擬南斉竟陵文宣王所持の"雜義記"残簡 :〈敦煌秘笈〉羽二七一録文研究》以及張凱《〈敦煌秘笈〉羽二七一〈不知題佛經義記〉的基礎研究》均持此觀點,後者見《世界宗教研究》2014年第6期,第56—65頁。吕德廷則建議定名爲《蕭子良〈義記〉》,見《〈敦煌秘笈〉部分佛教與道教文書定名》,〔日〕高田時雄主編《敦煌寫本研究年報》第八號,2014年3月,第196—197頁。相關研究還有張凱《中國南朝の法身思想に関する一考察——特に〈敦煌秘笈〉二七一〈不知題仏経義記〉をめぐって》,《武藏大學人間科學研究所年報》第三號,2014年3月;張文良《南朝十地學の一側面——法安の十地義解解釈を中心とする》,《印度學佛教學研究》第62卷第2號,2014年3月。

64 張凱《〈敦煌秘笈〉羽二七一〈不知題佛經義記〉的基礎研究》,《世界宗教研究》2014年第6期,《義記》内容參"表一",第56—65頁。

65 張文第三部分將文獻所載蕭子良主持的義集逐一與《不知題佛經義記》所出現的諸僧同時出

現的義集比較,認爲衹有永明元年二月八日這次比較符合。這種做法本身就囿於文獻所載(因爲這些義記并不是蕭子良永明時期義記的全部),不足以確證;更何况,這則材料中的"元"字,很可能就是"七"字的訛誤,見本文"《西州法雲小莊嚴普弘寺講》并《述羊常弘廣齋》共卷"條。

㊻ 永明十年正月,蕭子良以司徒領尚書令,始任宰相,五月又領揚州刺史。故《南齊書》卷四〇《蕭子良傳》謂"世頗以爲(子良)失宰相體",同注⑱,第400頁;鍾嶸有"永明中,相王愛文"之語,參曹旭《詩品集注》,上海古籍出版社2011年版,第426頁。

㊼ 同注㊸,第199頁。

㊽ 《廣弘明集》卷二八《悔罪篇序》載:"昔南齊司徒竟陵王製《布薩法》《净行儀》,其類備詳如別所顯",同注㉙,第330頁中。按學者引此篇均作一篇,似以析作兩篇爲妥。

㊾ 嚴耀中《述論中國佛教的居士戒律學》據《法集録》所録戒律注述,認爲蕭子良可稱當時的律學大家,見《上海師範大學學報》2007年第2期,第108頁。

㊿ 同注⑯,第489頁。

(71) 同注③,第220頁。

(72) 同注㊷,第1322頁。

(73) 另外,王融《法門頌啓》以及沈約《謝齊竟陵王示〈華嚴瓔珞〉啓》《謝齊竟陵王教撰〈高士傳〉啓》等謝啓中均有頌美贈/示者子良之語,即"明公……",頗疑此當爲"謝啓"類文體的固有寫作程式,故王融此《啓》亦當有類似内容。關於《藝文類聚》删節問題,可參林曉光《論〈藝文類聚〉存録方式造成的六朝文學變貌》,《文學遺産》2014年第3期。

(74) 同注㉙,第232頁中。熊清元《"竟陵八友"三考》將西邸與西州截然相對,其實西州與西邸并非同一概念,西州乃政區概念,而西邸乃蕭子良私邸;從《西州法雲小莊嚴普弘寺講》標題可以看出,前者範圍較寬,後者在政區劃分上可能隸屬前者。法雲、普弘二寺,在西邸内,小莊嚴寺雖然不一定在西邸内,但在西州無疑。

(75) 同注㊱,第440頁。按《法苑珠林》所載爲子良法會之地與沈約所載稍有不同,前者是子良感夢之所,爲叙述需要,特將地點從邸内的法雲精盧移動至西第内堂,事雖有可以神化傾向,但舉行法會這件事情應當確有其事。

(76) 同注⑰,第147頁。

(77) 同注⑯,第438頁。

(78) 同注⑰,第154頁。

(79) 同注㉙,第269頁中。按《校勘記》曰:"'行狀'三本、宮本作'碑','碑'字下宋元明三本俱有細注'并序'二字。"

⑳ 同注⑱,第698頁。
㉑ 同注③,第405頁。
㉒ 《出三藏記集》卷五《新集抄經録第一》"《抄成實論》九卷"僧祐注曰:"齊武帝永明七年十二月,竟陵文宣王請定林上寺釋僧柔、小莊嚴寺釋慧次等於普弘寺共抄出。"同注③,第220頁。"繁論",湯用彤謂"成實論",其時成實義學最盛,詳見《隋唐佛教史稿》,北京大學出版社2010年版,第92頁。
㉓ 同注㊶,第172頁下。
㉔ 同上書,第156頁中。
㉕ 《華嚴宗章疏并因明録》,《大正藏》第55册,第1132頁下。《東域傳燈目録》卷一,《大正藏》第55册,第1146頁下。
㉖ 同注⑱,第700頁。
㉗ 同注㉙,第232頁下—233頁上。
㉘ 同注⑱,第700頁。
㉙ 同注①,第317頁。
㉚ 同注⑰,第211頁。湯用彤早在《漢魏兩晋南北朝佛教史》書中即徵引此句,并謂:"則竟陵王且使名僧四方傳教,其用心可謂弘矣。"同注①,第327頁。
㉛ 學士,這裏當指研習佛教三藏(或經,或律,或論,或兼有之)有年之義學高僧。諸學士,這裏應該包括兩類人:一爲智秀隨從弟子,一爲與智秀年資相仿、同受蕭子良之請出都講授的高僧。
㉜ 同注⑰,第202頁。
㉝ 《續高僧傳·釋明徹傳》載:"吴郡錢塘人。六歲喪父,仍願出家,住上虞王園寺。"同注⑰,第203頁。在未遇僧祐之前他似乎没有離開過此寺。
㉞ 智秀是蕭子良比較信重的僧人,《續高僧傳》卷六《梁國師草堂寺智者釋慧約傳》載:"時有釋智秀、曇纖、慧次等,并名重當鋒,同集王坐。"卷五《梁楊都宣武寺沙門釋法寵傳》又謂:"齊竟陵王子良甚加禮遇,嘗於西邸義集,選請名學,事委冶城智秀,而競者尤多。"同注⑰,第183、151頁。至於法師講授的内容,據前引《明徹傳》,僧祐所講乃《十誦律》。而據《高僧傳》卷八《梁京師冶城寺釋智秀傳》,智秀本人"數論精熟,尤善《大》《小涅槃》《净名》《波若》"。《高僧傳》卷一一《明律·宋京師閑心寺釋道營傳》載:"莊嚴道慧、冶城智秀,皆師其(道營)戒範。"而道營又"偏善《僧祇律》"。同注⑯,第333、434頁。故智秀似乎也有一定的律學修養。
㉟ 詳見拙文《論齊武帝永明中後期對佛教的整頓》,孫英剛主編《佛教史研究》第1卷,2017年。
㊱ 陳懷宇認爲"内典"從南朝以來纔開始使用,最早使用這一名稱的人可能是沈約,并謂《内典》是一部滿足佛教徒閲讀重要文獻而編集的佛教文獻選集。見《南北朝時期内典與外典之源

流》,初發表於臺北《漢學研究》2007 年第 25 卷第 1 期,第 131—159 頁,後收入《景風梵聲——中古宗教之諸相》,宗教文化出版社 2012 年版,第 181—201 頁。陳氏雖亦謂《内典序》乃沈約奉蕭子良之教而撰,但對於《内典》編集的緣起與過程判斷似有誤,沈約撰《内典序》乃在子良下州郡徵求内典并據以整理成部帙之後,即《法集録》中《與州郡書求内典》當早於沈約《内典序》。其時佛教爲内、其他爲外的"内外"劃分似乎已趨於明確,最典型莫過於稱佛教戒律爲"内律"或"内教",周朗在劉宋孝武帝劉駿即位初年的上疏之中就明確將"國令"視作"外刑"、"佛律"視作"内教":"是乃外刑之所不容戮,内教之所不悔罪,而横天地之間,莫之糾察……今宜申嚴佛律,裨重國令。"《宋書》卷八二《周朗傳》,第 2100 頁。南齊時,這種内外區分的思想更爲普遍,子良《與孔中丞稚珪釋疑惑》即謂:"君今遲疑於内教,亦復與此何殊哉?"也衹有在這種情况下,時人纔會默認"内典"爲佛教經典。

⑰ 同注㉙,第 232 頁上。按括號内文字係筆者所加。

⑱ [隋]杜臺卿《玉燭寶典》卷五,黎庶昌《古逸叢書》本,第 20 頁。

⑲ 同注③,第 489 頁。南朝菩薩戒的受容,可參〔日〕船山徹《六朝時代における菩薩戒の受容過程——劉宋・南斉期を中心に》,《東方學報》1995 年第 67 期,第 1—135 頁。

⑩⓪ 同注⑯,第 316 頁。

⑩① 同上書,第 489 頁。

⑩② 參見王小盾、金溪《經唄新聲與永明時期的詩歌變革》,《文學遺産》2007 年第 6 期。

⑩③ 同注⑱,第 59 頁。

⑩④ 嚴耕望《中國地方行政制度史・魏晋南北朝地方行政制度》認爲南齊揚州都督區督揚、南徐二州較劉宋之時已完全確定矣。上海古籍出版社 2007 年版,第 49 頁。

⑩⑤ 同注⑱,第 59、700 頁。

⑩⑥ 《文選》卷六〇《齊竟陵文宣王行狀》載:"聖主(鬱林王蕭昭業)嗣興……又詔加公入朝不趨,贊拜不名,劍履上殿……復以申威重道,增崇德統,進督南徐州諸軍事,餘悉如故。并表疏累上,身没讓存。" 同注⑪,第 3912—3913 頁。未載確切時間。《蕭子良傳》載:"隆昌元年,加殊禮,劍履上殿,入朝不趨,贊拜不名。進督南徐州。"(第 701 頁)而卷四《鬱林王紀》載加殊禮事在隆昌元年正月,《南史》從之。

⑩⑦ 同注⑪,第 3914 頁;《南齊書・蕭子良傳》所載"新除督南徐州"(第 701 頁),當衍一"進"字。

⑩⑧ 同注㉛。

⑩⑨ 《大宋僧史略》卷中,《大正藏》第 54 册,第 242 頁中。

⑪⓪ 同注⑩②。

⑪① 孫尚勇《釋僧祐〈經唄導師集〉考論》,《中華文史論叢》2008 年第 3 期。

⑫ 同注㉛,第604頁。

⑬ 關於《釋滯》的卷次問題以及蕭子良與孔稚珪往來書信的梳理與分析,請參注㉛。

⑭ 《出三藏記集》卷一二《法苑雜緣原始集目録・受菩薩戒集》有《天保寺集優婆塞講記》,同注③,第489頁。按此既題爲《受菩薩戒集》,故所受之戒當爲菩薩戒,且此《集》最後一篇即《宋齊勝士受菩薩戒名録》。

⑮ 同注⑯,第315頁。

⑯ 同注㊳,第149頁。

⑰ 同注⑯,第339頁。

⑱ 同注⑱,第417頁。

⑲ 《法苑珠林校注》卷一二:"文宣素聞西方有佛牙、佛髮,喜躍特深。到建元三年啓高皇帝遣外國沙門曇摩多羅索供養之具,以申虔仰。又造小形寶帳,擬送西域……俄而先師届都,果獲靈瑞。即此寶帳迴以供養。……文宣後造寶臺以盛帳,製寶藏以貯函。敬事尊重,頃歷心力矣。"同注㊱,第442頁。據此可知蕭子良造七寶臺用以盛供養佛牙和佛髮的"小形寶帳",造金藏用以貯藏裝有舍利和佛牙的"銀函"。寶帳和銀函都屬舍利容器。

⑳ 同注③,第498—499頁。

㉑ 同前注。

㉒ 紀贇《慧皎〈高僧傳〉研究》,上海古籍出版社2009年版,第274—276頁。

㉓ 同注㊱,第442頁。

㉔ 同注㊱,第440—441頁。"王",原爲"帝",正文《校勘記》已指出其誤,據改。

㉕ 《齊文宣王時得佛牙至》即尊稱法獻"先師統上",行文中均稱"先師",故其文當摘録自法獻弟子所撰之《佛牙記》,道世將此文與同類文獻統稱爲"雜史";陳志遠亦認爲此文出自《雜史》,見《孔釋兼弘:魏晋南朝的佛教經院與士人文化》,北京大學博士論文,2013年,121頁。而《漢法本内傳》本是成書於佛道論争異常激烈的南北朝時期的佛教僞史著作,其叙述框架、結構内容、叙述方式等都與以法獻、蕭子良爲中心的叙述迥異,參劉林魁《佛教僞史〈漢法本内傳〉與佛道論争》,《雲南社會科學》2009年第2期。

㉖ 同注⑯,第488頁。

㉗ 僧祐《薩婆多部師資記目録》卷四有《獻律師傳第十九》,同注③,第475頁。

㉘ 《出三藏記集》卷三《新集律來漢地四部記録第七》之"《嘉業維律》"條下僧祐注曰:"昔先師獻正,遠適西域,誓尋斯文,勝心所感,多值靈瑞。"同注③,第120頁。

㉙ 法經等《衆經目録》,《大正藏》第55册,第146頁中。《校勘記》:"三本(宋本、元本、明本)'卷'後有'釋僧祐'三字。"

⑬⓪ 即便《法集録》中的“《佛牙記》一卷”全由僧祐撰寫,其中關於子良感夢佛牙的詳細叙述,也衹能是蕭子良告知或轉述,而《佛牙記》也確實存在分别以法獻西行和子良感夢佛牙爲中心的上下篇。

⑬① 同注㉛。

⑬② 同注⑱,第 336 頁。

⑬③ 同上書,第 978 頁。

⑬④ 同上書,第 699 頁。

⑬⑤ 《南史》卷五《海陵王紀》載:“先是武帝立禪靈寺於都下,當世以爲壯觀。”中華書局 1975 年版,第 140 頁。

⑬⑥ 同上書,第 154 頁。

⑬⑦ 同注㊱,第 439 頁。

⑬⑧ 同注⑱,第 336 頁。

⑬⑨ 同注㉙,212 頁上。按《藝文類聚》卷七七亦載有沈約《瑞石像銘》,但删節嚴重,僅存“素毫月舉,騰光於梵室;妙趾神行,布武於椒殿”兩句,乃是序中之語,并非銘文。同注52,第 1318 頁。《宋本藝文類聚》同,上海古籍出版社 2013 年版,第 1978 頁。

⑭⓪ 同注㊱,第 439—440 頁。據上下文以及相關史料記載,此處加點字“宋”字、“威”字,應分别是“晋”字和“武”字的訛誤,諸本均未出校勘記,應當是祖本之誤。“朱應”,一作“朱膺”。

⑭① 同上書,第 440 頁。

⑭② 同上書,第 439 頁。

⑭③ 《齊武皇帝造釋迦瑞像記》、蕭子良《石像記》兩文見諸《出三藏記集》,道世編《法苑珠林》之時,是否能看到二文,已不得而知,但此二文是發現瑞石繼而造瑞像的最早記載,是其他記載的源文獻。從本文前引《瑞石像銘并序》與《法苑珠林·西晋海浮維衛迦葉二石像》來看,後者溢出前者的内容較多,如發現者朱氏、石匠雷卑石、石像的具體尺寸等等,故《法苑珠林·西晋海浮維衛迦葉二石像》的文獻來源當爲《齊武皇帝造釋迦瑞像記》、蕭子良《石像記》。按《齊武皇帝造釋迦瑞像記》題名係後改。

⑭④ [梁]宗懔《荆楚歲時記》,《叢書集成新編》第 91 册,臺北,新文豐出版公司 1985 年版,第 182 頁。

⑭⑤ 同注③,第 486 頁。

⑭⑥ 同注58,第 145 頁。

⑭⑦ 同注③,第 489 頁。按:《天保寺集優婆塞講記第四》《文宣王集優婆塞布薩記第五》之前的《竟陵文宣王受菩薩戒記第三》,前後兩篇均與蕭子良有關,則中間《天保寺集優婆塞講記第四》應

當也是蕭子良所爲,按照僧祐在《出三藏記集》中對蕭子良的稱呼慣例,故文前或可補"文宣王"或"竟陵文宣王"。

⑱ 《南齊書》卷四三《王思遠傳》載:"建元初,爲長沙王後軍主簿,尚書殿中郎,出補竟陵王征北記室參軍,府遷司徒,仍爲録事參軍。"卷四一《王融傳》:"又爲長沙王鎮軍、竟陵王征北諮議,并領記室,司徒從事中郎。永明二年,總明觀講,勑朝臣集聽。" 同注⑱,第765、728頁。《梁書》卷一三《范雲傳》:"轉補征北南郡王刑獄參軍事,領主簿如故,遷尚書殿中郎。子良爲司徒,又補記室參軍事。"同注⑭,第230頁。永明二年子良爲護軍將軍,四年進車騎將軍,但似未開府置僚佐,其僚佐均署司徒府職,故子良昔日舊僚王思遠、王融、范雲、到撝等得以隨府遷轉;除了舊僚之外,武帝還特意徵當時高士、名士爲子良司徒府佐,以重其望。故在永明二年至四年間,子良已依托司徒府盛選僚佐,在此期間子良位望明顯提高。南朝三公雖然已非宰相,成爲尊崇之位,但位望仍然很高,且南朝皇帝爲抬高皇族地位,多授之以皇族,庶姓授三公很難,故三公在政治上仍有很大意義。參祝總斌《兩漢魏晋南北朝宰相制度研究》,中國社會科學出版社1990年版,第206—209頁。

⑲ 梁元帝蕭繹《金樓子·著書篇》亦將其命僚佐撰、與僚佐共撰之書也視作己之"著書",如:"《研神記》一帙一卷",自注"金樓自爲序,付劉瑴纂次";"《晋仙傳》一帙五",自注"金樓使顔協撰";"《繁華傳》一帙三卷""《玉子訣》一帙三卷",均自注"金樓使劉緩撰";"《奇字》二帙二十卷",自注"金樓付蕭賁撰";"《長州苑記》一帙三卷",自注"金樓與劉之亨等撰";"《食要》一帙十卷",自注"金樓付虞預撰";"《碑集》十帙百卷",自注"付蘭陵蕭賁撰";"《詩英》一帙十卷",自注"付瑯琊王孝祀撰"。陳志平、熊清元《金樓子疏證校注》卷五,上海古籍出版社2014年版,第804—821頁。根據蕭繹自注可知,蕭繹"著書"中,有相當一部分是他命僚屬撰成,而他仍將此書視爲己著;另《安成煬王集》,乃蕭繹爲安成王蕭機纂集并作序,乃是爲人編集,按今人之觀念,亦不得爲己之著書。這些都與僧祐將子良命王融、沈約等人所撰編入子良《法集》如出一轍。類似的例子還很多,如蕭統與劉孝綽等人編《文選》、蕭綱之命諸學士編《法寶連璧》等等,僧祐與蕭繹乃是同時之人,似乎其時更重視著書之作意,而對受命撰寫者的著作權不甚重視。

⑳ 《出三藏記集》卷一二《釋僧祐法集總目録》所録八部法集,分別爲第一帙至第八帙;同卷《法集雜記銘目録》亦謂"七卷共帙"。同注③,第458—459、499頁。

㉑ 馬怡《書帙叢考》之三"書籍的帙與卷"謂大約在東晋初起,用"帙與卷"來記録數量成了書籍目録的通例,帙是卷的上一級計量單位。《文史》2015年第4輯,第200—214頁。

㉒ 王建光《中國律宗通史》,鳳凰出版社2008年版,第121—123頁。

㉓ 辛德勇《由梁元帝著述書目看兩晋南北朝的四部分類體系——兼論卷軸時代卷與帙的關係》

認爲每一帙内不能混裝兩種以上不同的書籍，一種書每十卷裝入一帙，餘出的零頭和不足十卷的書籍，均單盛一帙，不與其他書籍相混，并認爲没有例外。《文史》1999 年第 4 輯，第 51—64 頁。馬怡《書帙叢考》之三"書籍的帙與卷"在全面掌握并統計南朝各種目録著録的各類書籍卷帙的基礎上，認爲在西晋到南朝的數百年間，帙、卷關係并無定制，衹是每帙十卷，相對方便也更爲理想，大約到南朝後期較爲普遍，《文史》2015 年第 4 輯，第 200—214 頁。

⑭ 同注③，第 218—220 頁。

⑮ 同注⑮。

⑯ 《比丘尼傳校注》卷三《集善寺慧緒尼傳》載："（豫章）王妃及内眷屬敬信甚深，從受禪法。"同注㊽，第 149 頁。據此知蕭嶷和王妃及内眷亦信佛，而據《梁書》蕭嶷諸子信佛者亦不少。文惠東宫供有佛像，也有道場，據《廣弘明集》卷一六沈約《繡像題贊并序》，知文惠的陳夫人（巴陵王蕭昭秀生母）亦信佛（《大正藏》第 52 册，第 212 頁中），也可以視作局部的佛教小家庭。以上衹是明確可考者，類似這種佛教家庭在蕭齊皇室以及當時權貴之家，肯定還有不少。

《俄藏敦煌文獻》未定名《金剛經》殘片綴合研究

羅慕君　張涌泉

【提要】《俄藏》中有大批未定名的《金剛經》殘片，我們目前共計考定532號，其中頗多可綴合者。拙作《英藏未定名敦煌〈金剛經〉殘片續綴》《敦煌遺書〈金剛經〉留支譯本考》《敦煌〈金剛經〉八十老人抄本考》已將其中的24號綴合爲12組。本文又將其中的76號綴合爲47組。本次綴合既補充了部分寫卷的信息，也發現了一些已有研究成果的疏誤，還通過統計綴合比例，推測《俄藏》殘片的性質，除入藏藏經洞後因紙張老化、鼠咬蟲噬及後人翻檢撕裂等原因從原本脱落外，可能有很大一部分入藏時就已經是零碎殘片。

1900年，敦煌莫高窟藏經洞中封存的近七萬號文獻重現世間，其主體部分先後被英、法及我國國家圖書館收藏。1914年，以奥登堡爲首的第二次中亞考察隊受俄羅斯地理學會委派到達敦煌，除購得部分相對完整的寫卷外，還通過民間搜集、現場發掘，獲取了大批的殘片。這批文獻後收藏於俄羅斯科學院東方文獻研究所，長期鮮爲世人所知。1992—2001年，該所和俄羅斯科學出版社東方文學部、上海古籍出版社聯合編輯的《俄藏敦煌文獻》（以下簡稱《俄藏》）17册出版①，爲學界提供了這批珍貴文獻最爲全面、清晰的圖版。全書收録Φ（Флук，弗路格）編號368件（包括補收的《一切經音義》2件）、Дх（敦煌）編號19092件、俄羅斯國立艾爾米塔什博物館所藏敦煌文獻殘片8件，總計近兩萬號，絶大部分爲佛教文獻殘片。弗路格、孟列夫曾對部分漢文寫本做過目録②，《俄藏》爲前10

羅慕君　浙江工業大學人文學院；張涌泉　浙江大學古籍研究所

册(Φ 編號部分和 Дх 編號前 3600 號)所收卷號擬定了名稱,第 11—17 册自 Дх. 3601 號開始則皆未定名,這批殘片被統稱爲《俄藏》未定名殘片。

《金剛般若波羅蜜經》(以下簡稱《金剛經》),梵文 vajracchedikā nāma tri ś atikā prajñāpāramitā,又名《金剛能斷般若波羅蜜經》《能斷金剛般若波羅蜜多經》《佛説能斷金剛般若波羅蜜多經》,凡一卷,是大乘佛教最初期産生的重要經典,歷來被認爲是大乘般若類經典的總綱、精髓。傳入中國後,自後秦至唐初,先後有六譯:(1)姚秦鳩摩羅什譯本(以下簡稱"羅什譯本");(2)元魏菩提留支("留支"或譯作"流支")譯本(以下簡稱"留支譯本");(3)梁陳真諦譯本;(4)隋達摩笈多譯本;(5)唐玄奘譯本;(6)唐義净譯本。上述六種譯本都有文本傳世,并爲歷代大藏經所收録。在流通的過程中,《金剛經》又出現了三十二分本、十二分本等多種寫本系統[③]。

《俄藏》出版後,陸續有學者做了些《俄藏》未定名殘片考定的工作,雖然尚無完整目録出版,但也有頗多成果。其中涉及《金剛經》者,有勝義所考定的 37 號[④]和曾良所考定的 21 號[⑤]。除此之外,《俄藏》未定名殘片中還有大量的《金剛經》寫本。2013 年,筆者與朱若溪、徐鍵等人曾對《俄藏》未定名殘片做過一個初步的定名。在此基礎上,筆者進一步翻閲相關圖版、目録,新發現《金剛經》殘片 443 號。後又承蒙方廣錩老師補充 31 號。共計搜集、考定《俄藏》未定名《金剛經》殘片 532 號[⑥]。

這批《俄藏》未定名《金剛經》殘片數量多而體量小,多爲殘卷損落之殘片或殘册散落之殘葉,其中頗多可綴合者。拙文《英藏未定名敦煌〈金剛經〉殘片續綴》已將其中 2 號與英藏殘片綴合爲 2 組,包括(1)S. 9467 號 + Дх. 4540 號 + S. 2824 號[⑦];(2)Дх. 4875 號 + S. 9241 號[⑧]。《敦煌遺書〈金剛經〉留支譯本考》已將其中 6 號留支譯本分别綴合爲 3 組,包括(1)Дх. 4804 號 + BD4825 號;(2)(Дх. 8360 號 + Дх. 8361 號) + Дх. 7322 號;(3)Дх. 4582 號 + Дх. 4188 號[⑨]。《敦煌〈金剛經〉八十老人抄本考》已將其中 15 號八十老人抄本綴合爲 7 組,包括(1)Дх. 4867 號 + Дх. 339 號 + Дх. 3873 號 + Дх. 1569 號…BD8847 號…BD7982 號 + Дх. 4834 號 + Дх. 1006 號 + Дх. 10954 號(2-2) + Дх. 5126 號;(2)Дх. 1976 號 + Дх. 11041 號 + Дх. 11651 號(2-1) + Дх. 2741 號 + Дх. 5736 號;(3)(Дх. 6684

號+Дх.6729號)+Дх.5896號;(4)Дх.329號(1-4)+Дх.6208號…Дх.329號(5-16);(5)Дх.12698V+Дх.11046+Дх.12698R;(6)Дх.11651號(2-2)+Дх.10954號(2-1);(7)Дх.6094號+Дх.11042號[⑩]。共計已將24號《俄藏》未定名《金剛經》殘片綴合爲12組。在此基礎上,本文通過綜合考察這批殘片的内容、碴口、污損、字體、行款、書風、版本、形制等因素[⑪],又將另外76號殘片綴合爲47組。兹以各組綴合後所存内容先後與完整程度爲序,分述如下。

一　Дх.2520號+Дх.6120號+BD8875號…Дх.933號+Дх.932號…Дх.6226號+Дх.2086號+Дх.1768號+Дх.2082號+Дх.2083號+Дх.2081號+Дх.2080號+Дх.5743號…Дх.22號+Дх.1010號

(1)Дх.2520號(孟2757、孟1875),見《俄藏》9/240A—241B[⑫]。册葉裝散葉。包括相連的兩部分内容:第1部分(孟2757)如圖一第1欄右2半葉所示,1紙1葉2個半葉,存尾部5行,行字不定。原件缺題,《俄藏》擬題"梁朝傅大士頌金剛經序";第2部分(孟1875)首半葉與末半葉如圖一第1欄左2半葉所示,2紙2葉4個半葉,首全尾缺,每半葉7—8行,共30行,行約10字,首題"金光(剛)般若波羅蜜經",下題"後秦羅什法師翻譯本",有科分標題,從"法會因由分弟一"至"大乘正宗分弟三",分題低正文約1字。楷書。有烏絲欄。書口上下角剪爲弧形。《孟録》稱原件每葉紙高14釐米(天頭1.5釐米,地脚1釐米)、寬13釐米,爲9—11世紀寫本,并指出與該書254(Дх.22、Дх.932、Дх.933、Дх.1010a號)、1926(Дх.1768、Дх.2080、Дх.2081、Дх.2082 Дх.2083、Дх.2086號)原屬同册,但不直接相連,另與Дх.6120號、Дх.6226號亦原屬同册[《孟録》下/421—422、63—64]。

Дх.6120、Дх.6226號,見《俄藏》13/10A—10B。《俄藏》將此二號圖版歸併在一起。册葉裝散葉。首尾皆缺。楷書。有烏絲欄。書口上下角剪爲弧形。原卷無題,《俄藏》未定名。據原件標識,上述諸號對應散葉圖版情況依次如(2)至(3):

(2)Дх.6120號,對應《俄藏》圖版2-1至2-2右片,2紙2葉4個半葉,如圖一第 2 欄所示，每半葉 7 行，共 28 行，行約 10 字，有科分標題“妙行無住分弟四”，分題低正文約 1 字。

（3）Дх. 6226 號，對應《俄藏》圖版 2-2 中、左 2 片，1 紙 2 葉 2 個半葉，如圖一第 5 欄右 2 半葉所示，每半葉 7—8 行，共 15 行，行約 10 字。

（4）BD8875 號（國 96）。見《國圖》104/182B—183B。册葉裝散葉，2 紙 2 葉 4 個半葉。如圖一第 3 欄所示，每半葉 7—8 行，共 29 行，行約 10 字。有科分標題“如理實見分弟五”“正信希有分弟六”。分題低正文約 1 字。楷書。有烏絲欄。書口上下角剪爲弧形。《國圖》擬題“金剛般若波羅蜜經（三十二分本）”。《國圖》條記目録稱原件每葉紙高 14 釐米、寬 13.5 釐米，爲 9—10 世紀歸義軍時期寫本。

Дх. 22、Дх. 932、Дх. 933、Дх. 1010[13]、Дх. 1768、Дх. 2080、Дх. 2081、Дх. 2082、Дх. 2083、Дх. 2086 號，見《俄藏》6/25B—32A，《俄藏》已將此十號圖版歸併在一起，共 14 塊圖版。册葉裝散葉。首尾皆缺，每半葉 6—10 行，行約 10 字，有科分標題，分題低正文約 1 字。楷書。有烏絲欄。書口上下角剪爲弧形。據原件標識及《孟録》描述，上述諸號對應散葉圖版情況依次如（5）至（14）[14]：

（5）Дх. 933 號，對應《俄藏》圖版 14-1 至 14-2 右片，1 紙 1 葉 2 個半葉，如圖一第 4 欄右 2 半葉所示，共 15 行，有科分標題“無爲福勝分弟十一”。

（6）Дх. 932 號，對應《俄藏》圖版 14-2 左片至 14-3 右片，1 紙 1 葉 2 個半葉，如圖一第 4 欄左 2 半葉所示，共 15 行。

（7）Дх. 2086 號，對應《俄藏》圖版 14-3 左片至 14-4 右片，1 紙 1 葉 2 個半葉，前半葉如圖一第 5 欄左起第 2 半葉所示，共 16 行（其中 3 空行[15]）。

（8）Дх. 1768 號，對應《俄藏》圖版 14-4 左片至 14-6 右片，2 紙 2 葉 4 個半葉，共 30 行，有科分標題“持經功德分弟十五”。

（9）Дх. 2082 號，對應《俄藏》圖版 14-6 左片至 14-7 右片，1 紙 1 葉 2 個半葉，共 16 行，有科分標題“能净業障分弟十六”。

（10）Дх. 2083 號，對應《俄藏》圖版 14-7 左片至 14-8 右片，1 紙 1 葉 2 個半葉，共 16 行，有科分標題“究竟無我分弟十七”。

（11）Дх. 2081 號，對應《俄藏》圖版 14-8 左片至 14-9 右片，1 紙 1 葉 2 個半葉，共 18 行。

(12)Дх. 2080 號,對應《俄藏》圖版 14-9 左片至 14-10 右片,1 紙 1 葉 2 個半葉,後半葉如圖一第 5 欄左 1 半葉所示,共 15 行。

(13)Дх. 22 號,對應《俄藏》圖版 14-10 左片至 14-12 右片,2 紙 2 葉 4 個半葉,前半葉如圖一第 6 欄左 1 半葉所示,共 36 行,有科分標題,從“福智无比分弟二十四”至“法身非相分弟二十六”。

(14)Дх. 1010 號,對應《俄藏》圖版 14-12 左片至 14-14,2 紙 2 葉 4 個半葉,共 38 行,有科分標題,從“▨□▨▨(無斷無滅)[16]分苐二十七”至“知見不生分弟三十一”。

《孟録》把 Дх. 22、Дх. 932、Дх. 933、Дх. 1010 四號統編爲 254 號,Дх. 1768、Дх. 2080、Дх. 2081、Дх. 2082、Дх. 2083、Дх. 2086 六號統編爲 1926 號,考定此十號皆爲《金剛經》羅什譯本,稱原件每葉紙高 14 釐米、寬 13 釐米,爲 9—11 世紀寫本,并指出二組原屬同册,但不直接相連,後者介於前者幾部分之間[《孟録》上/97—98、《孟録》下/83—84]。

(15)Дх. 5743 號,見《俄藏》12/234B。册葉裝散葉,1 紙 2 葉 2 個半葉。如圖一第 6 欄右 2 半葉所示,首尾皆缺,每半葉 7—8 行,共 15 行,行約 10 字。楷書。有烏絲欄。書口上下角剪爲弧形。書角殘損。原卷無題,《俄藏》未定名。

按:據殘存文字及科分標題推斷,(1)(2)(4)(5)(8)(9)(10)(13)(14)皆爲《金剛經》羅什譯本三十二分本,(3)(6)(7)(11)(12)(15)亦爲《金剛經》羅什譯本,但未存分題。《孟録》將(1)(5)(8)(9)(10)(13)(14)考定爲《金剛經》羅什譯本,近是而未確。《孟録》已指出 Дх. 2520、Дх. 6120、Дх. 6226、Дх. 22、Дх. 932、Дх. 933、Дх. 1010、Дх. 1768、Дх. 2080、Дх. 2081、Дх. 2082、Дх. 2083、Дх. 2086 十三號原屬同册,但未指明具體順序。《俄藏》圖版已將 Дх. 22、Дх. 932、Дх. 933、Дх. 1010、Дх. 1768、Дх. 2080、Дх. 2081、Дх. 2082、Дх. 2083、Дх. 2086 十號按存文先後排序,但所列卷號係由小到大排列,而與内容先後不相應。今謂上揭十五號内容前後相連,皆可綴合。綴合後如圖一所示,綴合順序爲 Дх. 2520 號 + Дх. 6120 號 + BD8875 號…Дх. 933 號 + Дх. 932 號…Дх. 6226 號 + Дх. 2086 號 + Дх. 1768 號 + Дх. 2082 號 + Дх. 2083 號 + Дх. 2081 號 + Дх. 2080 號 + Дх. 5743 號…Дх. 22 號 + Дх. 1010 號。其中 Дх. 2520 號與 Дх. 6120 號,Дх. 6120 號與

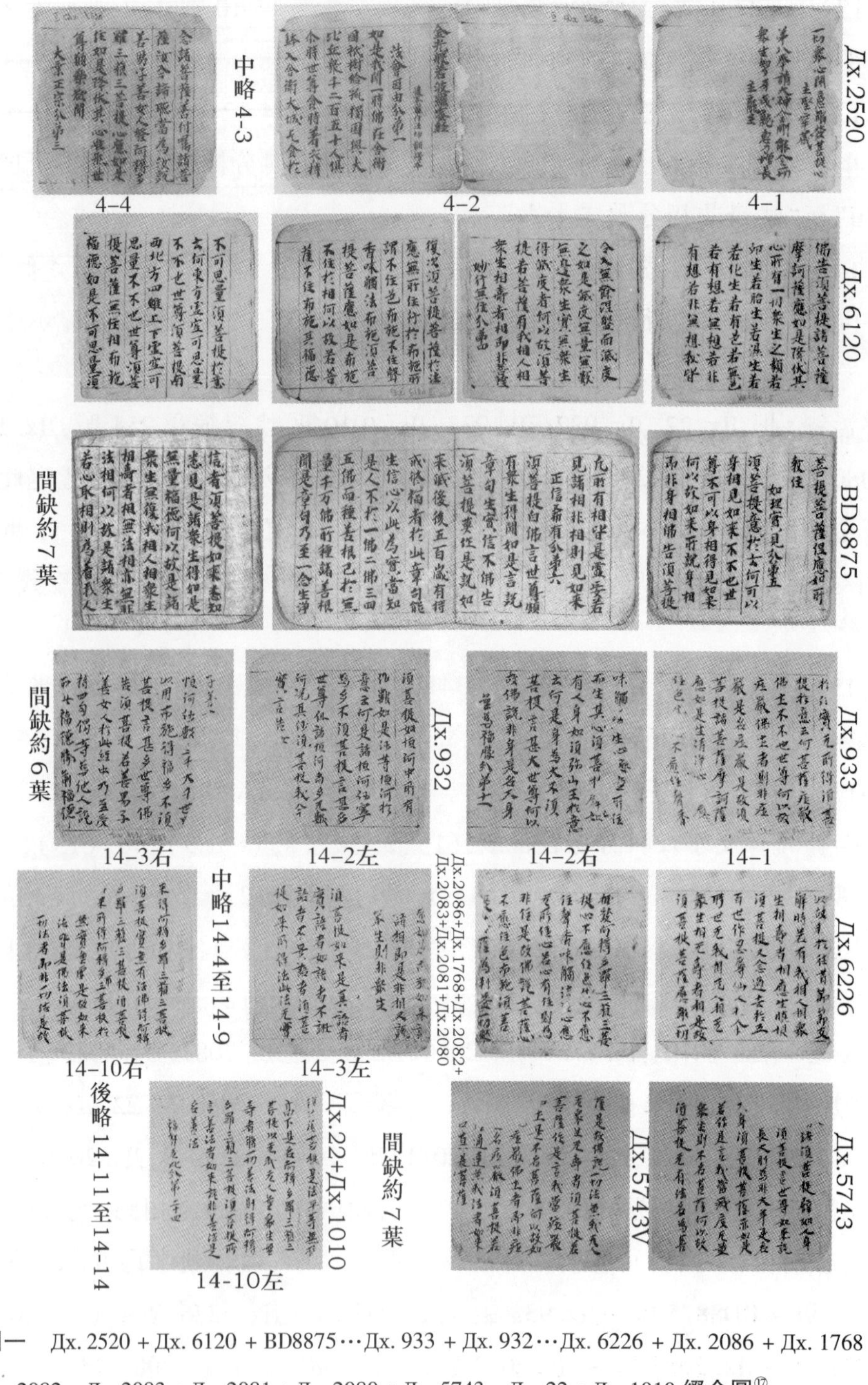

圖一　Дх. 2520 + Дх. 6120 + BD8875…Дх. 933 + Дх. 932…Дх. 6226 + Дх. 2086 + Дх. 1768 + Дх. 2082 + Дх. 2083 + Дх. 2081 + Дх. 2080 + Дх. 5743…Дх. 22 + Дх. 1010 綴合圖[17]

BD8875 號，Дх. 933 號與 Дх. 932 號，内容皆前後相承，依次爲“大乘正宗分第三/佛告須菩提”“須/菩提”“無爲福勝分弟十一/須菩提”；BD8875 號與 Дх. 933 號、Дх. 932 號與 Дх. 6226 號、Дх. 5743 號與 Дх. 22 號皆不直接相連，據完整文本推算，分別約缺 7 葉、6 葉、7 葉；Дх. 6226 號 + Дх. 2086 號間、Дх. 2080 號 + Дх. 5743 號間所缺字數與殘損篇幅相符，分別爲“▨▨▨（菩薩爲）利益一切衆/□（生）▨▨▨▨▨（應如是布施）”“是故/□▨▨（名一切）法”。又，已記録尺寸的（1）、（4）、（5）—（14）每葉皆高約 14 釐米、寬約 13 釐米；Дх. 5743 號與 Дх. 2086 號 + Дх. 1768 號 + Дх. 2082 號 + Дх. 2083 號 + Дх. 2081 號 + Дх. 2080 號書角殘損形狀相似；且上揭十五號抄寫行款格式相同（楷書，每半葉約 8 行，行約 10 字，分題低正文約 1 字，天頭、地脚、書口處留白相近，書口上下角剪爲弧形，字體大小相近、字間距相近），書風相似，書迹似同（比較共有的“須”“菩”“提”“不”“分”“法”“亦”“説”“人”“經”等字），可資佐證。十五號綴合後，所存内容參見《大正藏》T8/748C17—752B14[18]。

上揭十五號既原屬同册，而（1）（2）（4）（5）（8）（9）（10）（13）（14）皆爲《金剛經》羅什譯本三十二分本，則（3）（6）（7）（11）（12）（15）雖不存科分標題，亦可推定爲三十二分本。

二　BD13140 號 + Дх. 11013 號（5-1）

（1）BD13140 號 2（L3269），見《國圖》112/106A。卷軸裝，2 紙。後部如圖二右上部所示，首尾皆殘，存 30 行（第 5 殘行空白無字，後 13 行下部殘缺，末行僅存上部 2 字右側殘筆），行約 17 字。包括兩部分内容：第一部分爲前 4 行，《國圖》編爲“BD13140 號 1”，擬題“金剛經序”；第二部分爲後 26 行，《國圖》編爲“BD13140 號 2”，擬題“金剛般若波羅蜜經”。楷書。《國圖》條記目録稱原卷爲 7—8 世紀唐寫本。

（2）Дх. 11013 號（5-1），見《俄藏》15/127A—127B。卷軸裝，2 紙。前部如圖二左下部所示，首尾皆殘，存 32 行，行約 17 字（前 7 行上部殘泐，其中第 2 殘行僅存中部 1 字殘筆）。楷書。原卷無題，《俄藏》未定名。

BD13140 (局部)

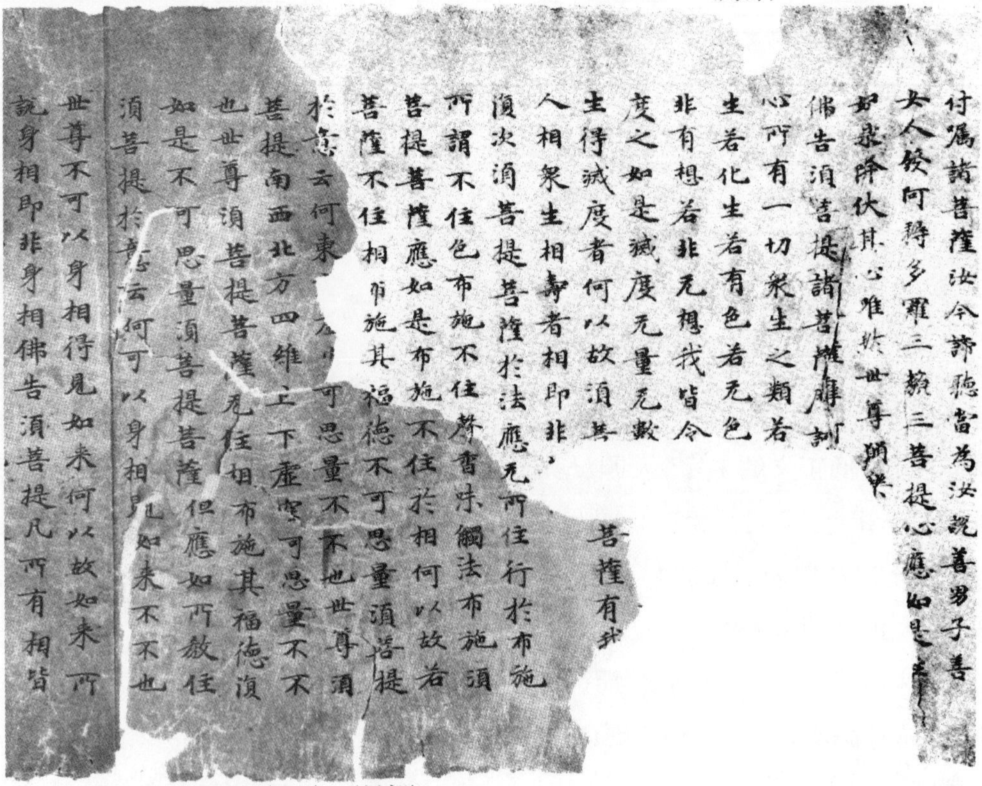

Дx.11013 (5-1) (局部)

圖二　BD13140(局部)＋Дx. 11013(5-1)(局部)綴合圖

按:據殘存文字推斷,後一號亦應爲《金剛經》殘卷,且與前一號同爲羅什譯本,據完整文本推算,滿行行約 17 字。二號内容前後相承,可以綴合。綴合後如圖二所示,接縫處邊緣吻合,原本分屬二號的“无”“聲”“福”“於意”五字皆得復合爲一。Дx. 11013 號(5-1)第 3—5 行行末與 BD13140 號第 27—29 行行首的内容前後相接,依次爲“行於布施/所謂不住色布施”“須/菩提菩薩應如是布施”“若/菩薩不住相▨(布)施”,中無缺字。又二號行款格式相同(天頭地脚等高,滿行皆約 17 字,行距、字距、字體大小相近),書風字迹似同(比較二號共有的“不”“住”“布”“施”“相”“於”“法”等字),可資參證。二號綴合後,所存内容參見《大正藏》T8/748C17—749B16。

三　BD12224 號 + BD10975 號 + Дx. 9899 號

(1)BD12224 號(L2353),見《國圖》110/335B。卷軸裝袖珍本,2 紙。後部如圖三-1 右部所示,首尾皆殘,存 24 行,行約 13 字,末 2 行下部有殘泐。中有科分標題,從"善現起請分弟二"至"大乘正宗分弟三"。楷書。有烏絲欄。卷面上下邊緣殘破。《國圖》擬題"金剛般若波羅蜜經(三十二分本)"。《國圖》條記目録稱原卷紙高 14 釐米,爲 9—10 世紀歸義軍時期寫本。

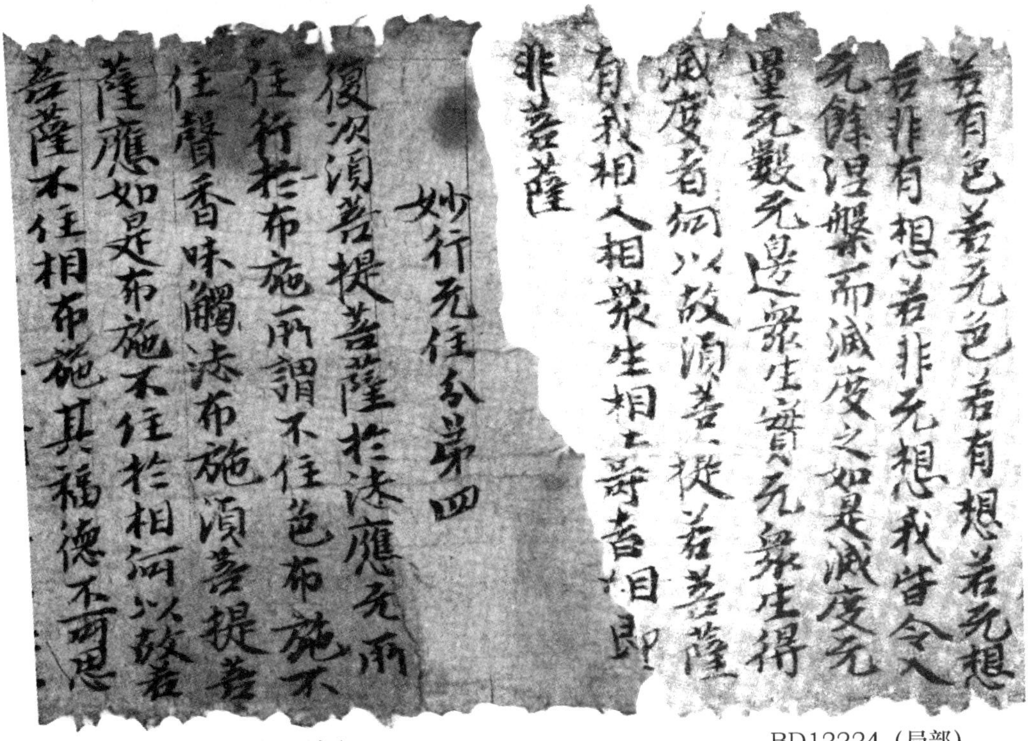

圖三-1　BD12224(局部) + BD10975(局部)綴合圖

(2)BD10975 號(L1104),見《國圖》108/261A。卷軸裝袖珍本,1 紙。前部如圖三-1 左部所示,後部如圖三-2 右部所示,首尾皆殘,存 20 行(首行僅存下部 2 字左側殘筆,第 2 行空白,末行僅存上、下部 3 字右側殘筆),行約 13 字。中有科分標題,從"妙行无住分弟四"至"如理實見分弟五"。楷書。有烏絲欄。卷面

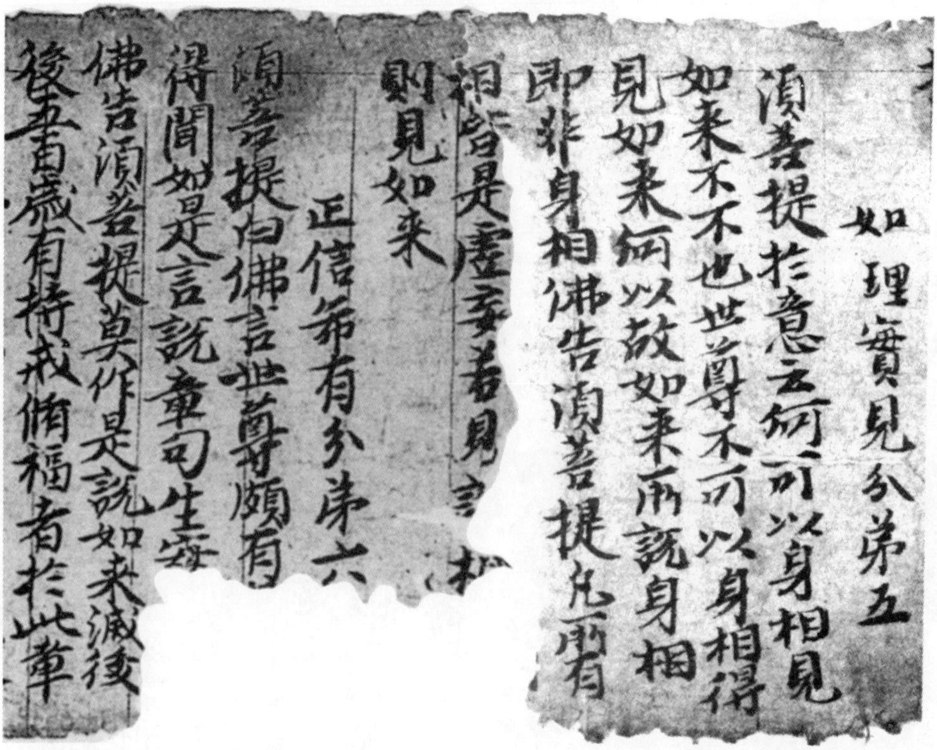

Дx.9899（局部）　　　　　　　BD10975（局部）

圖三-2　BD10975（局部）+Дx.9899（局部）綴合圖

上下邊緣殘破。《國圖》擬題“金剛般若波羅蜜經（三十二分本）”。《國圖》條記目録稱原卷紙高 13.5 釐米，爲 9—10 世紀歸義軍時期寫本。

（3）Дx.9899 號，見《俄藏》14/210B。卷軸裝袖珍本，1 紙。前部如圖三-2 左部所示，首尾皆殘，存 13 行，行約 13 字，前 5 行下端殘缺，首行右部有殘泐。中有科分標題“正信希有分弟六”。楷書。有烏絲欄。卷面上下邊緣殘破。《俄藏》未定名。

按：據殘存文字及科分標題推斷，後一號亦爲《金剛經》羅什譯本三十二分本。三號内容前後相承，可以綴合。前二號綴合後如圖三-1 所示，接縫處邊緣吻合，原本分屬二號的“相即”二字得以復合爲一，横縱烏絲欄亦可對接。後二號綴合後如圖三-2 所示，接縫處邊緣大體吻合（二號間仍略有缺損），原本分屬二號的“相皆”二字亦得成完璧，横向烏絲欄亦可對接。三號卷面上下邊緣皆有殘破,皆爲卷軸裝袖珍本,其中已測定的前二號紙高皆約 14 釐米。又三號行款格式相同(皆有烏絲欄,滿行皆約 13 字,行距、字距、字體大小相近),書風字迹似同(比較三號共有的"分""弟""无""須""菩""提"等字),可資參證。三號綴合後,所存内容參見《大正藏》T8/748C20—749B4。

另按:《國圖》敦煌殘片"L"字號係國家圖書館 1990 年前後對以前整理剩餘的兩箱殘片的編號,"是當年甘肅解京之舊物"[19],也就是説,這些殘片來源於敦煌藏經洞。又吴其昱先生認爲 Дх. 9585—Дх. 10150 號係奥登堡於 1909 年購自黑水城等地,非敦煌所出[20]。然而 Дх. 9899 號既可與 BD12224 號、BD10975 號完全綴合,則必然來源於同一寫本。那麼前賢稱《國圖》"L"字號殘片"是當年甘肅解京之舊物"和俄藏 Дх. 9585—Дх. 10150 號"非敦煌所出"二者之間必有一誤,榮新江説吴其昱的説法"似乎没有得到整理俄藏敦煌文獻者的響應"[21]。據我們的初步考察,Дх. 9585—Дх. 10150 號既有來自黑水城的文獻,也有來自敦煌藏經洞的文獻,來源并不單純,但這一問題非三言兩語可以説清,筆者稍後擬作專文討論,此不詳述。

四 Дх. 5750 號 + Дх. 2511 號…Дх. 10984 號 + Дх. 2296 號 + Дх. 2265 號 + Дх. 4298 號…Дх. 1638 號 + (Дх. 2474 號、Дх. 6211 號、Дх. 6247 號)

(1)Дх. 5750 號 + Дх. 2511 號(孟 1882),見《俄藏》9/237B。卷軸裝殘片。《俄藏》已將二號圖版綴合,如圖四右 1 片所示,存 9 行,行約 17 字,據《孟録》,知下部爲 Дх. 2511 號。四周燒殘嚴重。楷書。原卷無題,《孟録》已考定 Дх. 2511 號爲《金剛經》羅什譯本,稱原卷地脚 3 釐米,紙色微黄褐,紙質厚而脆,有網格,畫行細,濃筆畫蒼勁有力,爲 8—10 世紀寫本,并已指出與該書 1899、1907、1922、1929 及 Дх. 4298 號、Дх. 5750 號、Дх. 6211 號、Дх. 6247 號原屬同一手卷[《孟録》下/66]。

(2)Дх. 10984 號,見《俄藏》15/115A。卷軸裝殘片。如圖四右 2 片所示,存 9 行,行 17 字。四周燒殘嚴重。楷書。有烏絲欄。原卷無題,《俄藏》未定名。

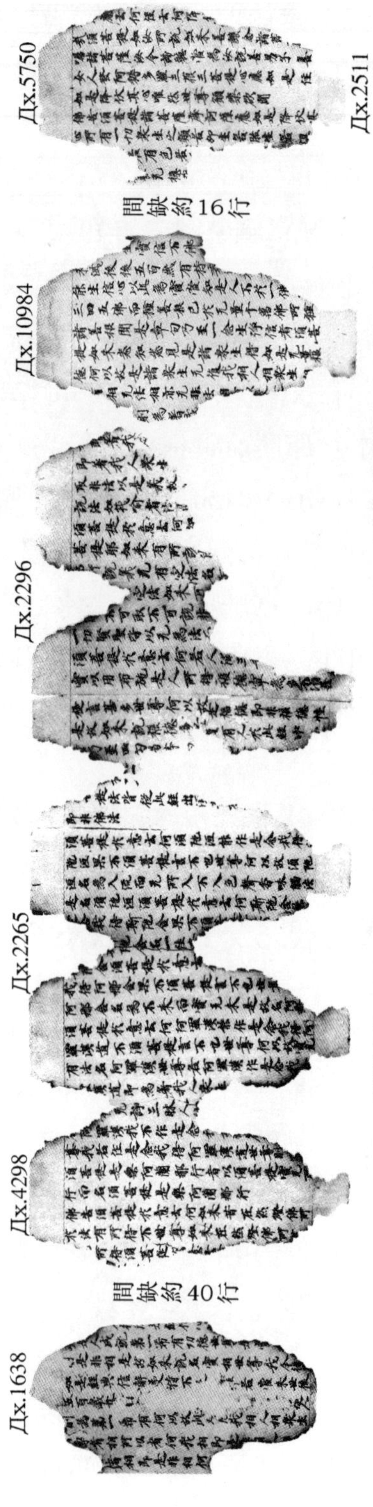

圖四　Дх.5750+Дх.2511…Дх.10984+Дх.2296+Дх.2265+Дх.4298…Дх.1638+（Дх.2474、Дх.6211、Дх.6247）（局部）綴合圖

(3) Дx. 2296 號(孟1899),見《俄藏》9/134B。卷軸裝殘片。如圖四中右片所示,存16行,行約17字。四周燒殘嚴重。楷書。原卷無題,《孟録》已考定爲《金剛經》羅什譯本,稱原卷紙高24釐米,天頭3釐米,紙色淡褐,紙質厚而脆,網格大,晝行細,濃筆晝蒼勁有力,爲8—10世紀寫本,并已指出與該書1882、1907、1922、1929原屬同一手卷,但不直接相連[《孟録》下/73]。

(4) Дx. 2265 號(孟1907)+ Дx. 4298 號,見《俄藏》9/122B。卷軸裝殘片,《俄藏》已將二號圖版綴合,如圖四中左片所示,存25行,行約17字。四周燒殘嚴重。據《孟録》,知前17行爲 Дx. 2265 號(首行僅存二三字左側殘筆;末行僅存二三字右側殘筆,主體部分在 Дx. 4298 號首行)。楷書。原卷無題,《孟録》已考定 Дx. 2265 號爲《金剛經》羅什譯本,稱原卷紙高25.5釐米,天頭地脚皆3釐米,紙色淡褐,紙質厚而脆,網格大,晝行細,濃筆晝蒼勁有力,爲8—10世紀寫本,并已指出與其書1882、1899、1922、1929原屬同一手卷,但不直接相連[《孟録》下/76]。

(5) Дx. 1638 號(孟1922)、Дx. 2474 號(孟1929)、Дx. 6211 號、Дx. 6247 號,見《俄藏》8/270B—271B。卷軸裝殘卷。前部如圖四左片所示。此四號《俄藏》皆列在 Дx. 1638 號之下,共48行,行約17字。其中後8行爲一獨立的殘片,對應卷號不詳;前41行含括3個卷號,《俄藏》已綴合爲一,據《孟録》,知前14行半爲 Дx. 2265 號(末行僅存中部3殘字,大部撕裂在另一號),後5行半爲 Дx. 2474 號(末行僅存中部若干字的右側殘筆;首行存上部9字左側殘形,右部撕裂在另一號末行),中間部分對應卷號不詳。四周燒殘嚴重。楷書。原卷無題,《孟録》已考定 Дx. 1638 號、Дx. 2474 號皆爲《金剛經》羅什譯本,稱該二號原卷紙高分别爲23.5釐米、23釐米,天頭皆3釐米,紙色淡褐,網格大,晝行細,濃筆晝蒼勁有力,爲8—10世紀寫本,又稱 Дx. 1638 號紙質厚,Дx. 2474 號紙質厚而脆,并已指出 Дx. 1638 號與該書1882、1899、1907、1929及 Дx. 5750 號、Дx. 6211 號、Дx. 6247 號原屬同一手卷[《孟録》下/82];Дx. 2474 號與該書1882、1899、1907、1922原屬同一手卷,但不直接相連[《孟録》下/85]。

按:據殘存文字推斷,Дx. 10984 號亦應爲《金剛經》羅什譯本。《孟録》已指出(1)(3)(4)(5)所録九號原屬同卷,今謂上述十號皆可綴合。綴合後如

圖四所示,諸號各片皆燒殘嚴重,燒灼邊緣形狀雷同(Дx. 2296 號右下部殘損)。比較各號間交互出現的"不""佛""有""以""於""无""人""是""須""菩""提""生""相""法""故"等字,書風字迹似同。已由《孟録》測定的諸號紙高皆約 24 釐米(因諸號燒殘嚴重,紙高略有不同),天頭地脚皆約 3 釐米,紙色淡褐。又十號行款格式相同(天頭地脚等高,皆有烏絲欄,網格大,畫行細,滿行皆約 17 字,行距、字距、字體大小相近),可資參證。十號間綴接情況不同:Дx. 2511 號與 Дx. 5750 號上下相接,接縫處邊緣吻合,原本分屬二號的"降""如""藐""摩""類"五字皆得復合爲一;Дx. 2511 號 + Дx. 5750 號與 Дx. 10984 號不直接相連,據完整文本推算,間缺約 16 行;Дx. 10984 號與 Дx. 2296 號於"則▨▨▨□□□□□□□□□□(爲著我人衆生壽者若取法)/▨▨(相即)著我▨□□□□(人衆生壽者)"句前後相連,間缺 8 字;Дx. 2296 號與 Дx. 2265 號 + Дx. 4298 號左右相接,接縫處邊緣吻合,原本分屬二號的"一▨(切)"二字皆得復合爲一;Дx. 4298 號與 Дx. 1638 號不直接相連,據完整文本推算,間缺約 40 行。十號綴合後,所存内容參見《大正藏》T8/748C28—750A21。

五　(Дx. 6363 號、Дx. 6426 號、Дx. 6508 號)2-1 + 2-2

Дx. 6363、Дx. 6426、Дx. 6508 號,見《俄藏》13/94A。《俄藏》已將此三號合併在前一號下,合成 2 片:殘片 1,《俄藏》編爲 2-1,如圖五右上部所示,存 11 殘行,行存上部 7—10 字;殘片 2,《俄藏》編爲 2-2,如圖五左下部所示,存 6 殘行,行存 5—16 字。楷書。有烏絲欄。原卷無題,《俄藏》未定名。

按:據殘存文字推斷,上述二殘片皆爲《金剛經》羅什譯本。據完整文本推算,滿行皆約 17 字。《俄藏》已將上述三號合成殘片 1 與殘片 2,竊謂此二片可以進一步合二爲一,綴合後如圖五所示,殘片 1 恰可補入殘片 2 的右上角,接縫處邊緣吻合,原本分屬二殘片的"故""壽""薩""住"四字皆得復合爲一。殘片 2 第 2—3 行行末與殘片 1 第 10—11 行行首的内容前後相接,依次爲"即非菩薩/復次須菩提""行於布施/所謂不住色布施",中無缺字。又二殘片行款格式相同(天頭等高,皆有烏絲欄,滿行皆約 17 字,行距、字距、字體大小相近),書風字迹

Дх.6363、Дх.6426、Дх.6508 (2-1)

Дх.6363、Дх.6426、Дх.6508 (2-2)

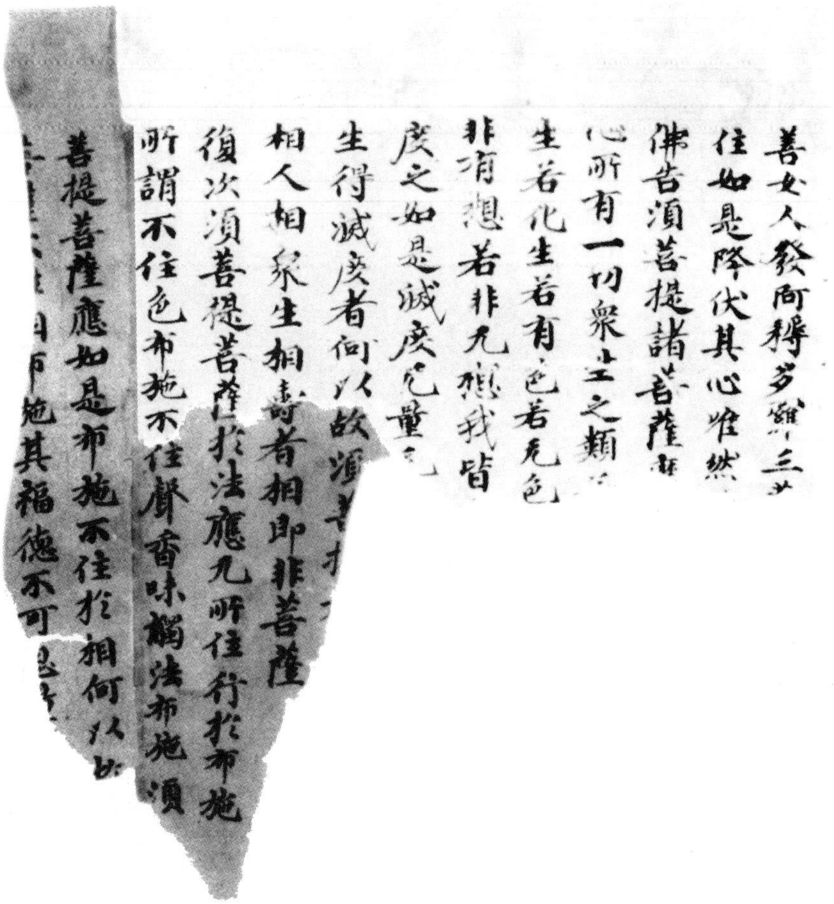

圖五　(Дх. 6363、Дх. 6426、Дх. 6508) 2-1 + 2-2 綴合圖

似同(比較二殘片共有的"非""是""菩""提""所""住""布""施"等字),可資參證。二殘片綴合後,所存内容参見《大正藏》T8/749A2—749A13。

六　(Дх. 7053 號、Дх. 7142 號) + Дх. 7149 號

(1) Дх. 7053 號、Дх. 7142 號,見《俄藏》13/245B,《俄藏》已將二號圖版綴合。卷軸裝殘片,如圖六下部所示,存 11 殘行(第 7 行空白),行存下部 0—5 字。楷書。有烏絲欄。原卷無題,《俄藏》未定名。

(2)Дх. 7149 號,見《俄藏》13/262B。卷軸裝殘片,如圖六上部所示,存 11 殘行,行存 2—8 字。楷書。有烏絲欄。原卷無題,《俄藏》未定名。

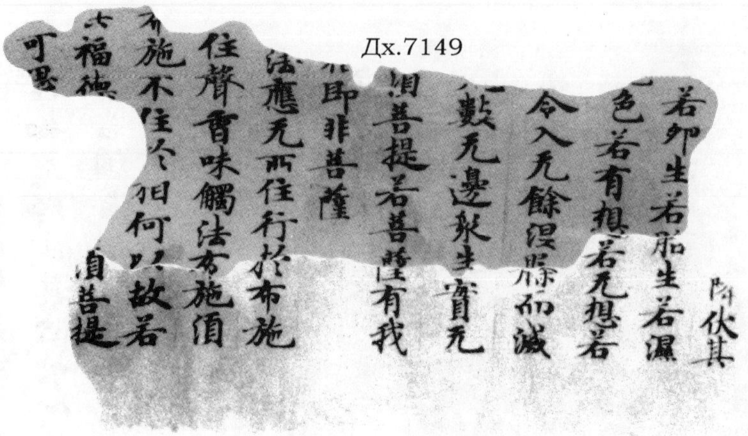

Дх.7053、Дх.7142

圖六　(Дх. 7053、Дх. 7142) + Дх. 7149 綴合圖

按:據殘存文字推斷,上述三號皆爲《金剛經》羅什譯本。據完整文本推算,滿行皆約 17 字。二者内容前後相承,可以綴合。綴合後如圖六所示,接縫處邊緣吻合,原本分屬二者的“胎”“想”“槃”“生”“薩”“於”“布”“以”“須”九字皆得復合爲一,縱向烏絲欄亦可對接。又二者行款格式相同(皆有烏絲欄,滿行皆約 17 字,行距、字距、字體大小相近),書風字迹似同(比較三號共有的“生”“若”“想”“无”“施”“菩”“提”等字),可資參證。三號綴合後,所存内容參見《大正藏》T8/749A5—749A16。

七　Дх. 11714 號

Дх. 11714 號,見《俄藏》15/322A。《俄藏》圖版如圖七-1 所示,殘片 3 塊,兹編爲 A、B、C:殘片 A,如圖七-1 右上部所示,存 8 殘行,行存中上部 2—7 字;殘片 B,如圖七-1 中下部所示,存 4 殘行,行存中部 1—8 字;殘片 C,如圖七-1 左上部所示,存 5 殘行,行存上部 1—8 字。楷書。有烏絲欄。原卷無題,《俄藏》未定名。

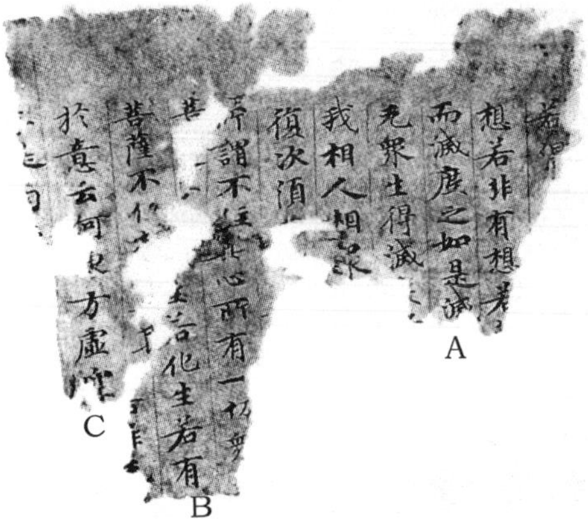

圖七-1　Дx. 11714《俄藏》圖版

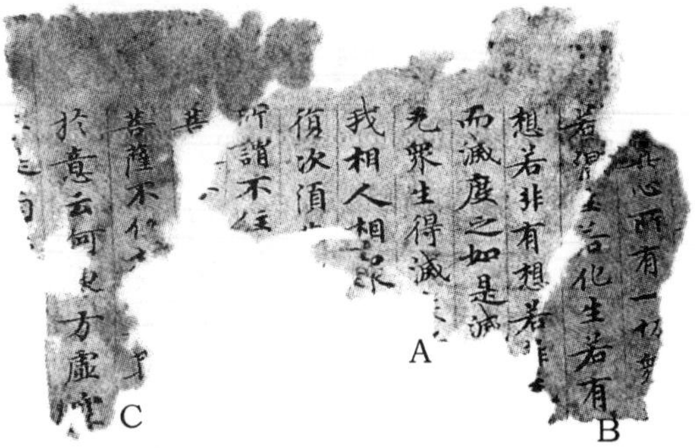

圖七-2　Дx. 11714 綴合圖

按：據殘存文字推斷，上述三殘片皆爲《金剛經》羅什譯本。據完整文本推算，滿行皆約 17 字。《俄藏》拼綴位置有誤，兹按存文順序重加綴合，綴合後如圖七-2 所示，殘片 B 補入殘片 A 右下角，接縫處邊緣大體吻合，原本分屬二殘片的"濕生""若非"四字皆得復合爲一；殘片 C 稍作調整後，首行所存殘筆正可補全殘片 A 上的殘字"所"。三殘片綴合後，所存内容參見《大正藏》T8/749A6—749A17。

八　(Дx. 3069 號、Дx. 3071 號) + Дx. 5575 號

(1) Дx. 3069 號、Дx. 3071 號，見《俄藏》10/180A，《俄藏》已將二號圖版綴合。卷軸裝殘片。如圖八上部所示，存 11 殘行，行存上部 3—9 字。楷書。有烏絲欄。原卷無題，《俄藏》擬題"金剛般若波羅蜜經"。

(2) Дx. 5575 號，見《俄藏》12/185B。卷軸裝殘片。如圖八下部所示，存 9 殘行，行存下部 2—10 字。楷書。有烏絲欄。原卷無題，《俄藏》未定名。

按：據殘存文字推斷，上述三號皆爲《金剛經》羅什譯本。據完整文本推算，滿行皆約 17 字。其内容前後相承，可以綴合。綴合後如圖八所示，接縫處邊緣吻合，縱向烏絲欄亦可對接。綴合後第 3、9 行接縫處内容上下相接，依次爲"▨□□□▨▨(如是滅度无量)/▨▨□□□□(无數无邊衆生)""▨(其)/▨(福)德不可思量"，中無缺字；第 4—8 行接縫處原本分屬二片的"須""即""於""住"

Дх.3069、Дх.3071

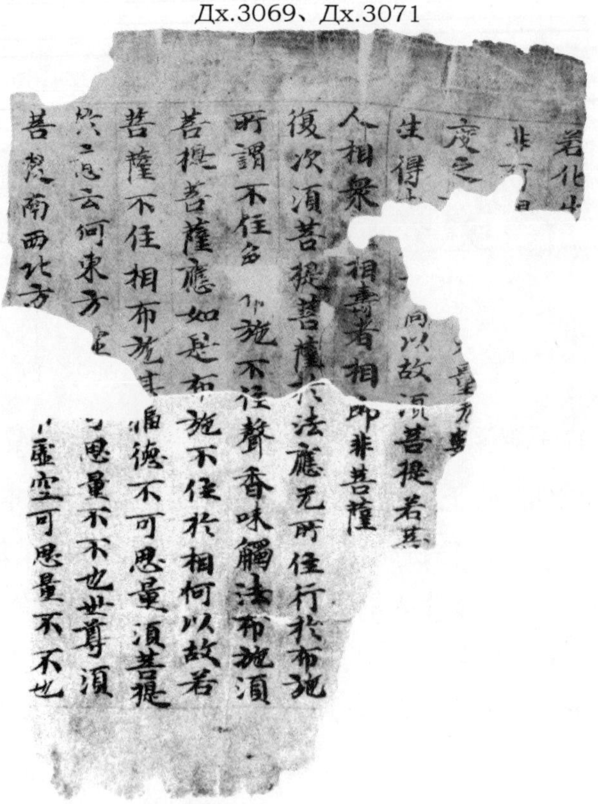

Дх.5575

圖八　(Дх. 3069、Дх. 3071) + Дх. 5575 綴合圖

"布"五字皆得復合爲一。第6—9行拼合後幾近完整,每行恰爲17字。又二者行款格式相同(皆有烏絲欄,滿行皆約17字,行距、字距、字體大小相近),書風字迹似同(比較二者共有的"菩""提""所""住""施""不""相"字),可資參證。三號綴合後,所存内容參見《大正藏》T8/749A7—749A18。

九　Дх. 86號 + Дх. 11014號

(1) Дх. 86號(孟226),見《俄藏》6/63B—64A。卷軸裝,2紙。後部如圖九右部所示,首尾皆殘,存36行(前紙8行,後紙28行;首行僅存中部5字左側殘筆),行約17字。楷書。有烏絲欄。下邊沿殘損,中部有5個圓形破洞。原卷無題,《孟録》已考定爲《金剛經》羅什譯本,并稱原卷紙高 24.5 釐米,爲 7—9 世紀寫本[《孟録》上/87]。

(2)Дx. 11014 號,見《俄藏》15/129B。卷軸裝,1 紙。前部如圖九左部所示,首尾皆殘,存 28 行,每行約 17 字。楷書。有烏絲欄。下邊沿殘損,前中部有 2 個圓形殘洞。原卷無題,《俄藏》未定名。

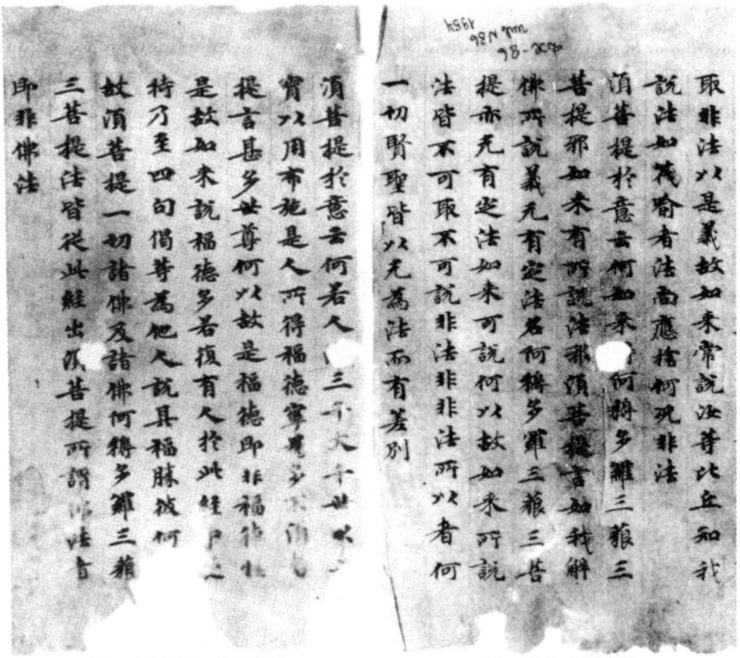

Дx.11014（局部）　　Дx.86（局部）

圖九　Дx. 86(局部) + Дx. 11014(局部)綴合圖

按:據殘存文字推斷,上述二號皆爲《金剛經》羅什譯本。二號内容於"而有差别/須菩提於意云何"諸句前後相承,中無缺字,存有綴合的可能性。比較二號共有的"須""菩""提""於""意""云""何""阿""耨""多""羅"等字,書風字迹似同。二號下邊沿皆殘損,中部所存圓形破洞大小依次縮小,形狀雷同,間隔相近,在卷面同一高度循環往復出現。又二號行款格式相同(天頭地脚等高,皆有烏絲欄,相鄰二紙皆爲 28 行,滿行皆約 17 字,行距、字距、字體大小相近)。由此判定二號確可綴合。綴合後如圖九所示,所存内容參見《大正藏》T8/749A9—749C18。

十　BD8824 號 + Дx. 474 號…BD8855 號 + BD13634 號…Дx. 11650 號

（1）BD8824 號（國 45），見《國圖》104/138A—138B。卷軸裝，2 紙。後部如圖十-1 右部所示，首殘尾缺，存 33 行（前紙 5 行，後紙 28 行），行約 17 字。楷書。卷面上部有規則殘損。原卷無題，《國圖》擬題"金剛般若波羅蜜經"。《國圖》條記目録稱原卷紙高 26.5 釐米，爲 8—9 世紀吐蕃統治時期寫本。

（2）Дx. 474 號（孟 246），見《俄藏》6/299B—300A。卷軸裝，2 紙。前部如圖十-1 左部所示，後部如圖十-2 右部所示，首缺尾殘，存 29 行（前紙 28 行，後紙 1 行），行約 17 字。楷書。卷面上部有規則殘損。原卷無題，《孟録》已考定爲《金剛經》羅什譯本，并稱原卷紙高 26 釐米，爲 8—10 世紀寫本[《孟録》上/95]。

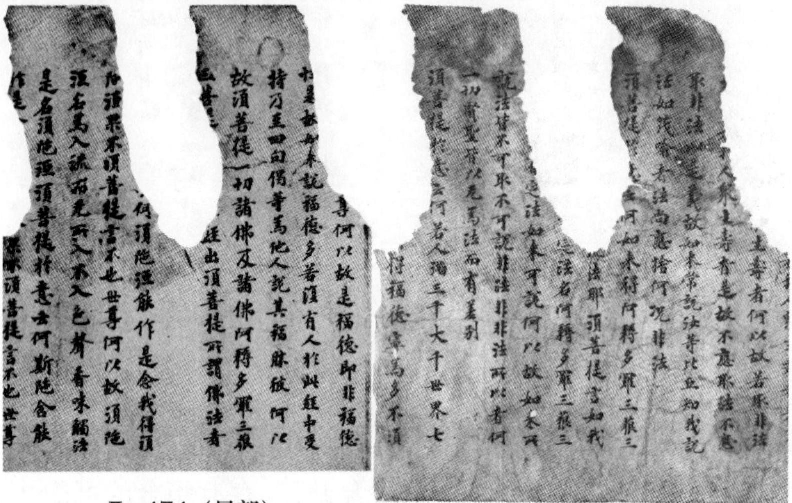

Дx.474（局部）　　　BD8824（局部）

圖十-1　BD8824（局部）+ Дx. 474（局部）綴合圖

（3）BD8855 號（國 76），見《國圖》104/164A。卷軸裝殘片。如圖十-2 中部所示，首尾皆殘，存 21 行，行約 17 字。楷書。卷面上部有規則殘損。原卷無題，《國圖》擬題"金剛般若波羅蜜經"。《國圖》條記目録稱原卷紙高 26.5 釐米，爲 8—9 世紀吐蕃統治時期寫本。

圖十-2　Дx. 474(局部)…BD8855 + BD13634(局部)綴合圖

(4) **BD13634** 號(L3763),見《國圖》112/227。卷軸裝,3 紙。前部如圖十-2 左部所示,後部如圖十-3 右部所示,首尾皆殘,存 38 行(首紙 8 行,中紙 28 行,末紙 2 行),行約 17 字。楷書。卷面上部有規則殘損。原卷無題,《國圖》擬題“金剛般若波羅蜜經”。《國圖》條記目録稱原卷唐麻紙,紙高 27 釐米,爲 7—8 世紀唐寫本。

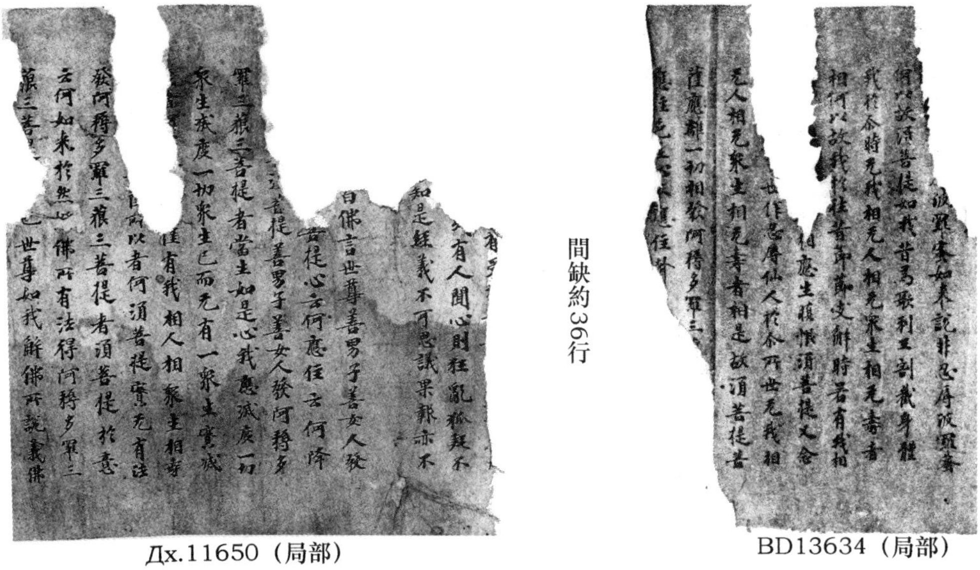

圖十-3　BD13634(局部)…Дx. 11650(局部)綴合圖

(5)Дх. 11650 號,見《俄藏》15/290A—291B。卷軸裝,3 紙。前部如圖十-3 左部所示,首殘尾缺,存 74 行(首紙 18 行,後 2 紙各 28 行),行約 17 字。楷書。寫卷上部有規則殘損。原卷無題,《俄藏》未定名。

按:據殘存文字推斷,Дх. 11650 號亦爲《金剛經》寫本,且與前四號同爲羅什譯本。五號卷面上部皆有灼燒導致的缺損,這些缺痕形狀雷同,間隔相近,在卷面相似位置循環往復出現。比較五號間交互出現的“須”“菩”“提”“如”“來”“不”“以”“人”“説”“是”“非”“世”“佛”“經”等字,書風字迹似同。又已測定紙高的前四號紙高皆約 26.5 釐米,五號行款格式相同(天頭地脚等高[22],行約 17 字,行距、字距、字體大小相近)。由此推測,五號係同一寫卷所撕裂,可以綴合。前二號綴合後如圖十-1 所示,若補全 BD8824 號末行與 Дх. 474 號首行之間的缺文“須/□□□□□□▨(菩提言甚多世尊)”,則 Дх. 474 號首行恰爲 17 字,與行抄 17 字的抄寫規格相合。Дх. 474 號、BD8855 號、BD13634 號綴合後如圖十-2 所示,Дх. 474 號與 BD8855 號難以直接綴合,據完整文本推算,間缺 1 行,BD8855 號與 BD13634 號接縫處邊緣吻合,原本分屬二號的“者何”“羅”“有所説法不”八字皆得復合爲一。Дх. 474 號末紙 1 行,BD8855 號 21 行,BD13634 號首紙 8 行,三號拼接,合成一紙凡 28 行,正與 BD8824 號末紙、Дх. 474 號首紙、BD13634 號中紙、Дх. 11650 號後 2 紙等完整諸紙每紙 28 行的用紙規格相合。末二號綴合後如圖十-3 所示,二號難以直接綴合,據完整文本推算,間缺約 36 行,BD13634 號末紙存 2 行,Дх. 11650 號首紙存 18 行,原卷每紙大抵 28 行,據此推算,BD13634 號末紙應缺 26 行,Дх. 11650 號首紙應缺 10 行,正好合於二號間缺 36 行之數。五號綴合後,所存内容參見《大正藏》T8/749A13—752A2。

上述五號既原屬同卷,而《國圖》條記目録稱(1)(3)爲 8—9 世紀吐蕃統治時期寫本,(4)爲 7—8 世紀唐寫本,《孟録》稱(2)爲 8—10 世紀寫本,斷代不一,宜再斟酌。

十一　Дx. 10944 號 + Дx. 11010 號

（1）Дx. 10944 號，見《俄藏》15/105B。卷軸裝殘片。如圖十一右部所示，存 11 殘行行存下部 6—15 字（末行僅存下部 6 字右側殘形）。楷書。有烏絲欄。卷面下邊緣有污漬。原卷無題，《俄藏》未定名。

（2）Дx. 11010 號，見《俄藏》15/125B。卷軸裝殘片。如圖十一左部所示，存 18 行，行約 17 字（首行僅存中部 8 字左側殘形）。楷書。有烏絲欄。卷面下邊緣有污漬。原卷無題，《俄藏》未定名。

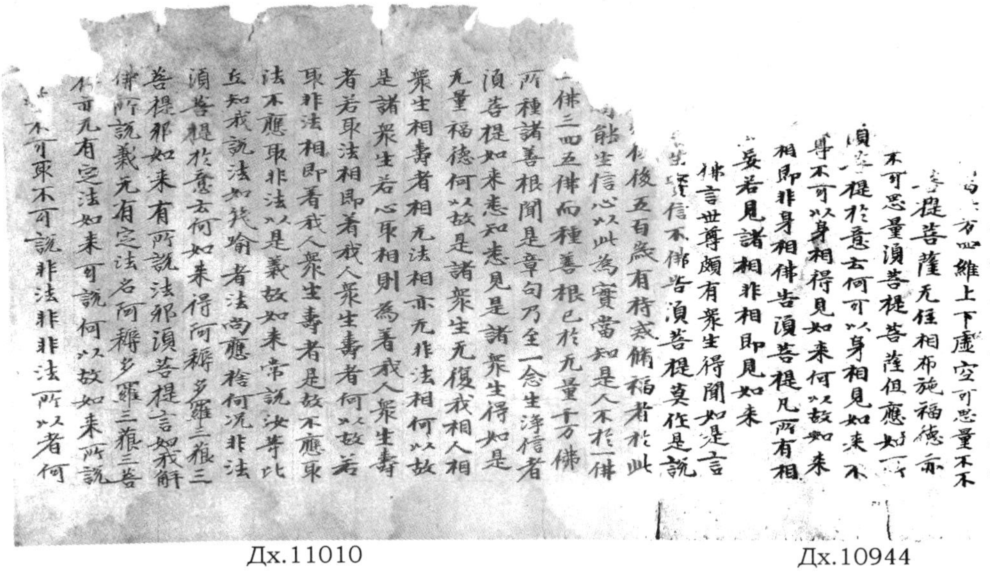

Дx.11010　　Дx.10944

圖十一　Дx. 10944 + Дx. 11010 綴合圖

按：據殘存文字推斷，上述二號皆爲《金剛經》羅什譯本。據完整文本推算，前號滿行行亦約 17 字。二號内容前後相承，可以綴合。綴合後如圖十一所示。接縫處邊緣吻合，原本分屬二號的“生實信不佛告須”“戒脩福者於此”十三字皆得復合爲一，横縱烏絲欄亦可對接。二號卷面下邊緣皆有污漬，這些污漬形狀、大小雷同，間隔相近，循環往復出現。又二號行款格式相同（地脚等高，皆有烏絲欄，滿行皆約 17 字，行距、字距、字體大小相近），書風字迹似同（比較二號共有的“佛”“何”“以”“是”“諸”“衆”“生”“相”“須”“菩”“提”等字)，可資參證。二號綴合後，所存内容參見《大正藏》T8/749A16—749B17。

十二　Дх. 4338 號 + BD10249 號

(1) Дх. 4338 號，見《俄藏》11/199A。卷軸裝殘片。如圖十二右上部所示，存 20 殘行，行存上部 5—12 字。楷書。有烏絲欄。原卷無題，《俄藏》未定名。

(2) BD10249 號(L378)，見《國圖》107/204A。卷軸裝殘片。如圖十二下部所示，首尾皆殘，存 7 殘行，行存下部 2—8 字(首行僅存中部 2 字左側殘筆)。楷書。有烏絲欄。原卷無題，《國圖》擬題“金剛般若波羅蜜經”。《國圖》條記目録稱原卷經黄紙，爲 7—8 世紀唐寫本。

Дх.4338

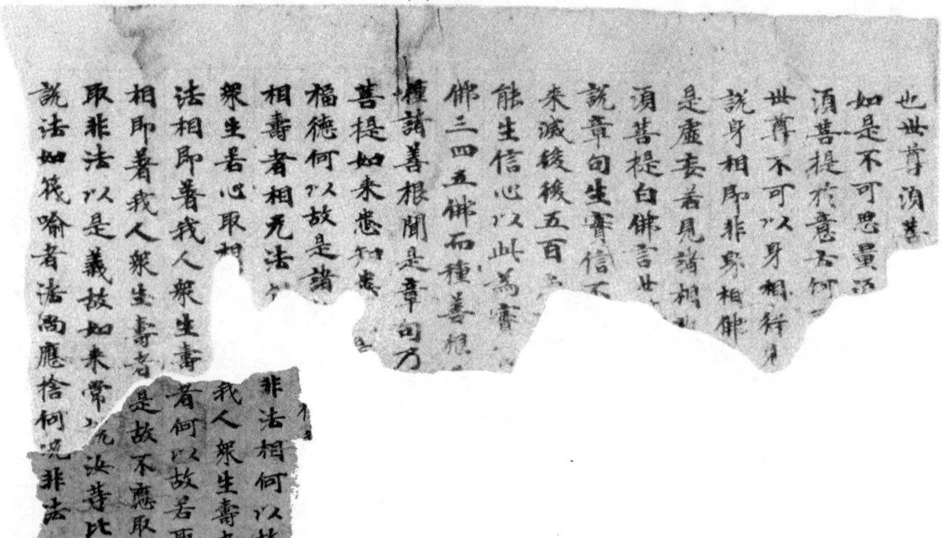

BD10249

圖十二　Дх. 4338 + BD10249 綴合圖

按：據殘存文字推斷，前一號亦應爲《金剛經》殘片，且與後一號同爲羅什譯本。據完整文本推算，二號滿行皆約 17 字。二號内容上下相承，可以綴合。綴合後如圖十二所示，後號係從前號左下角脱落的殘片，接縫處邊緣吻合，倒 4 行與倒 3 行接縫處内容前後相接，依次爲"即著我人衆生壽/者""即著我人衆生壽者/是故不應取法"，中無缺字，倒 2 行與倒 1 行接縫處原本分屬二號的"説""况"二字皆得復合爲一，縱向烏絲欄亦可對接。後號第 2—6 行行末與前號第 16—20 行行首的内容前後相接，依次爲"是諸/衆生""若取/法相""取非法/相""不應/取非法""汝等比丘知我/説法如筏喻者"，中無缺字。又二號行款格式相同(皆有烏絲欄，滿行皆約 17 字，行距、字距、字體大小相近)，書風字迹似同(比較二號共有的"非""法""我""人""衆""生""壽""者"等字)，可資參證。二號綴合後，所存内容參見《大正藏》T8/749A18—749B11。

十三　Дх. 2434 號 A + Дх. 4859 號 + 羽 378 號

(1) Дх. 2434 號 A(孟 1892)，見《俄藏》9/200B。卷軸裝，2 紙。後部如圖十三右上部所示，首尾皆殘，存 17 行(前紙 14 行，後紙 3 行)，行約 17 字。楷書。有烏絲欄。卷面中部有横裂紋。原卷無題，《孟録》已考定爲《金剛經》羅什譯本，稱"紙色褐"，爲 8—10 世紀寫本，"按照《大正藏》的經文，第 14—15 行之間遺漏 2 行"[《孟録》上/70]。

(2) Дх. 4859 號，見《俄藏》11/340B。卷軸裝殘片。如圖十三中下部所示，存 3 殘行，行存下部 8—9 字。楷書。有烏絲欄。卷面中部有横裂紋。原卷無題，《俄藏》未定名。

(3) 羽 378 號，見《秘笈》5/140B。卷軸裝，1 紙。前部如圖十三左部所示，首缺尾殘，存 23 行，行約 17 字。楷書。有烏絲欄。卷面中部有横裂紋。原卷無題，《秘笈》擬題"金剛般若波羅蜜經"，并稱原卷麻紙，紙高 26.4 釐米，紙色柴，有染，首紙縫痕存，末端切斷[《秘笈》目録册/133、《秘笈》影片册5/139]。

Дx.2434A（局部）

羽378（局部）　　Дx.4859

圖十三　Дx.2434A(局部)＋Дx.4859＋羽378(局部)綴合圖

按:據殘存文字推斷,Дx.4859號亦應爲《金剛經》殘片,且與另二號同爲羅什譯本,據完整文本推算,滿行行約17字。三號内容前後相承,可以綴合。綴合後如圖十三所示,Дx.4859號係從Дx.2434號A左下角脱落的殘片,原本分屬二號的“壽”“者”“來”三字皆得復合爲一;Дx.2434號A＋Дx.4859號與羽378號内容於“汝等比丘知我/説法如筏喻者”句前後相接,中無缺字。諸相鄰二號接縫處邊緣吻合,横縱烏絲欄及卷中横裂紋亦可對接。又三號行款格式相同(Дx.2434號A與羽378號天頭等高,三號地脚等高,皆有烏絲欄,滿行皆約17字,行距、字距、字體大小相近),書風字迹似同(比較三號共有的“何”“以”“故”“非”“法”“我”等字),可資參證。三號綴合後,所存内容參見《大正藏》T8/749A18—749B10。

又,Дx.2434號A第14—15行,即首紙末行與末紙首行間遺漏2行,蓋係原卷黏接有誤,所缺内容參見《大正藏》T8/749B5—749B7。

十四　Дx. 10992 號 + Дx. 10982 號

（1）Дx. 10992 號，見《俄藏》15/116B。卷軸裝殘片。如圖十四左上部所示，存 10 殘行，行存中部 5—7 字。楷書。有烏絲欄。原卷無題，《俄藏》未定名。

（2）Дx. 10982 號，見《俄藏》15/114B。卷軸裝殘片，共 3 片：上片如圖十四右部所示，存 22 殘行，行存上部 2—9 字；右下片如圖十四中部所示，存 7 殘行，行存中下部 6—9 字（末行僅存中下部 6 字右側殘形）；左下片如圖十四左下部所示，存 11 殘行，行存下部 0—4 字（其中第 4 行空白無字）。楷書。有烏絲欄。原卷無題，《俄藏》未定名。

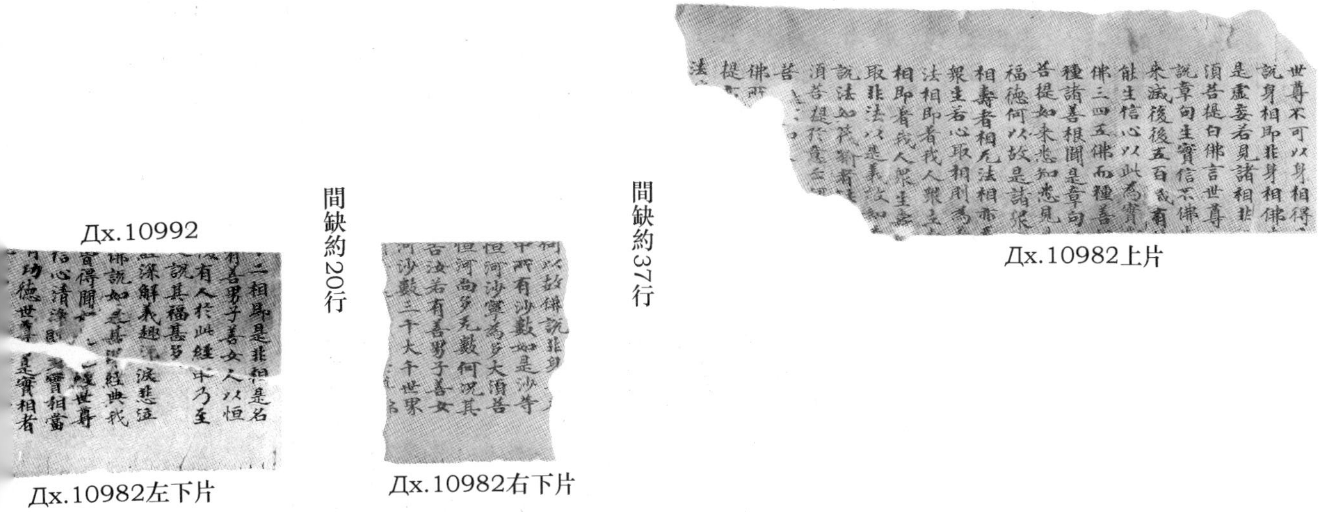

圖十四　Дx. 10992 + Дx. 10982 綴合圖

按：據殘存文字推斷，上述二號皆爲《金剛經》羅什譯本殘片。據完整文本推算，滿行皆約 17 字。《俄藏》已將 Дx. 10982 號三殘片并列，但拼綴位置有誤，兹按存文順序重加綴合，綴合後如圖十四所示，此三片皆不直接相連，據完整文本推算，右下片與上片間缺約 37 行，左下片與右下片間缺約 20 行。又 Дx. 10992 號與 Дx. 10982 號左下片內容前後相承，可以綴合。綴合後如圖十四左部所示，接縫處邊緣吻合，縱向烏絲欄亦可對接。二片綴合後第 5、7、8、10 行接縫處內容前後相接，依次爲“涕/淚悲泣”“□▨（未曾）得聞▨▨（如是）/▨（之經）”“▨（則）/▨（生）實相”“世/尊”，正相銜接；其餘諸行接縫處原本分屬二號的“相”

"人""中""▨(深)""尊"等字皆得復合爲一。且Дx.10992號與Дx.10982號左下片綴合後行存下部約9字(末行僅存下部4字右側殘形),存字及高度皆與Дx.10982號右下片近同,亦與Дx.10982號上片下殘字數相符,可見三者橫裂位置皆相同。又二號行款格式相同(皆有烏絲欄,滿行皆約17字,行距、字距、字體大小相近),書風字迹似同(比較二號共有的"是""相""世""實""得"等字),可資參證。二號綴合後,所存内容參見《大正藏》T8/749A22—750B5。

十五　Дx.900號+Дx.6227號

(1)Дx.900號(孟234),見《俄藏》7/190A。卷軸裝殘片。如圖十五右上部所示,存15殘行,行存上部2—15字。楷書。原卷無題,《孟録》已考定爲《金剛經》羅什譯本,并稱原卷無畫行,爲7—9世紀寫本[《孟録》上/90]。

(2)Дx.6227號,見《俄藏》13/50B。卷軸裝殘片。如圖十五左下部所示,存10殘行,行存中上部5—14字。楷書。有烏絲欄。原卷無題,《俄藏》未定名。

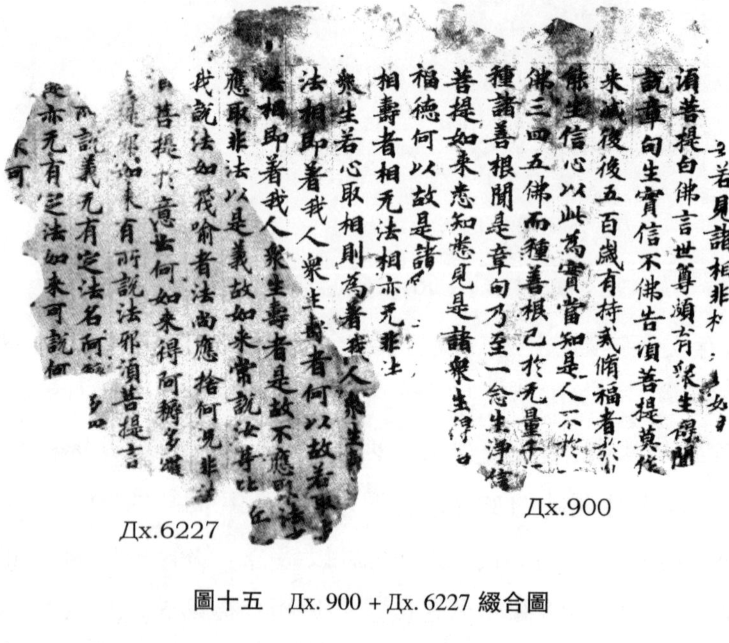

圖十五　Дx.900+Дx.6227綴合圖

按:據殘存文字推斷,後號亦應爲《金剛經》羅什譯本。據完整文本推算,二號滿行皆約17字。二號内容前後相承,可以綴合。綴合後如圖十五所示,接縫處邊緣吻合,原本分屬二號的"我""生壽""人衆""法以""説法"九字皆得復合爲一,横縱烏絲欄亦可對接。又二號行款格式相同(皆有烏絲欄,滿行皆約17字,行距、字距、字體大小相近),書風字迹似同(比較二號共有的"何""以""故""是""者""如""來""法""无""菩""提"等字),可資參證。二號綴合後,所存内容參見《大正藏》T8/749A24—749B16。

另,《孟録》稱Дx.900號"無畫行",察圖版,烏絲欄清晰可見,《孟録》所記不確。

十六　Дx.11865號+Дx.11853號

(1)Дx.11865號,見《俄藏》15/345A。卷軸裝殘片。如圖十六上部所示,存15殘行,行存中上部5—9字。楷書。有烏絲欄。原卷無題,《俄藏》未定名。

(2)Дx.11853號,見《俄藏》15/343A。卷軸裝殘片。如圖十六下部所示,存9殘行,行存中下部2—9字。楷書。有烏絲欄。原卷無題,《俄藏》未定名。

Дx.11865

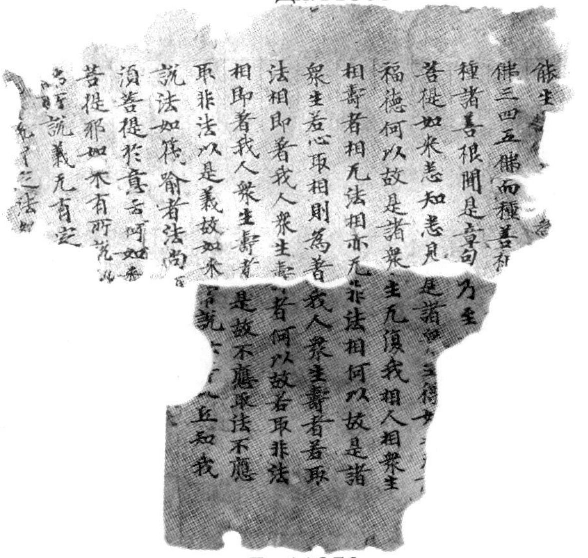

Дx.11853

圖十六　Дx.11865+Дx.11853綴合圖

按:據殘存文字推斷,上述二號皆爲《金剛經》羅什譯本。據完整文本推算,滿行皆約17字。二號内容前後相承,可以綴合。綴合後如圖十六所示,接縫處邊緣吻合,縱向烏絲欄亦可對接。綴合後第3、4、9、10行接縫處内容前後相接,依次爲"聞是章句/乃至▨□□□□□□(一念生浄信者)""如來悉知悉見/是諸▨▨(衆生)""即著我人衆生壽者/是故不應取法""如來/常説▨▨▨(汝等比)丘",中無缺字;第5—8行接縫處原本分屬二號的"衆""无""著""壽"四字皆得復合爲一。又二號行款格式相同(皆有烏絲欄,滿行皆約17字,行距、字距、字體大小相近),書風字迹似同(比較二號共有的"諸""无""生""相""人""衆""若""取""以""法""我"等字),可資參證。二號綴合後,所存内容參見《大正藏》T8/749A29—749B11。

十七　Дх.6107號+Дх.6168號

(1)Дх.6107號,見《俄藏》13/3A。卷軸裝殘片。如圖十七上部所示,存18殘行,行存上部8—16字。楷書。有烏絲欄。原卷無題,《俄藏》未定名。

(2)Дх.6168號,見《俄藏》13/29B。卷軸裝殘片。如圖十七下部所示,存20殘行,行存下部2—10字。楷書。有烏絲欄。原卷無題,《俄藏》未定名。

Дх.6107

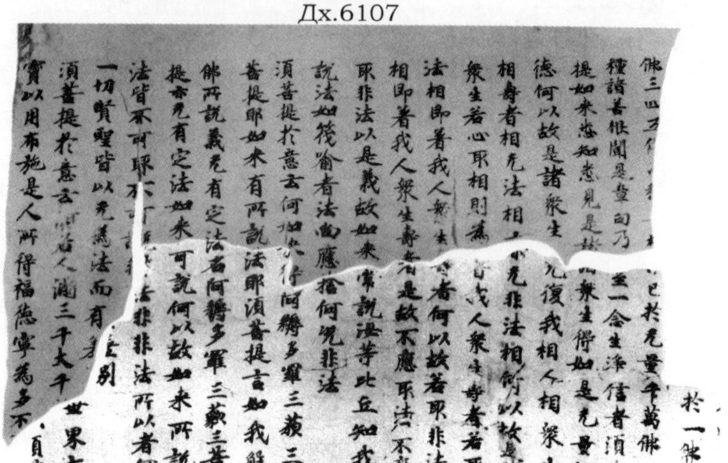

Дх.6168

圖十七　Дх.6107+Дх.6168綴合圖

按:據殘存文字推斷,上述二號皆爲《金剛經》羅什譯本。據完整文本推算,滿行皆約17字。二號内容前後相承,可以綴合。綴合後如圖十七所示,接縫處邊緣大體吻合,縱向烏絲欄亦可對接。綴合後第 4、6、8、11、16 行接縫處内容前後相接,依次爲“乃/至一念生净信者”“是諸衆生/▨(无)復我相人相衆生/相”“若心取相則爲/著我人衆生壽者”“以是義故如來/常説”“亦无有定法如來/可説”,中無缺字;其餘諸行接縫處原本分屬二號的“▨(根)”“諸”“亦”“壽”“者”“捨”“來得”“法”“法”“説非法”“差别”“世”“不須”十八字皆得復合爲一。又二號行款格式相同(天頭地脚等高,皆有烏絲欄,滿行皆約 17 字,行距、字距、字體大小相近),書風字迹似同(比較二號共有的“佛”“衆”“生”“如”“是”“人”“以”“何”“法”等字),可資參證。二號綴合後,所存内容參見《大正藏》T8/749B1—749B20。

十八　(Дх. 2907 號 A、Дх. 2916 號) + Дх. 10936 號

(1) Дх. 2907 號 A、Дх. 2916 號,見《俄藏》10/121A,《俄藏》已將二號圖版綴合。卷軸裝殘片。如圖十八左上部所示,存 15 殘行,行存 3—15 字。楷書。原卷無題,《俄藏》擬題“金剛般若波羅蜜經”。

(2) Дх. 10936 號,見《俄藏》15/103A。卷軸裝殘片。如圖十八右下部所示,存 9 殘行,行存中下部 2—9 字。楷書。有烏絲欄。原卷無題,《俄藏》未定名。

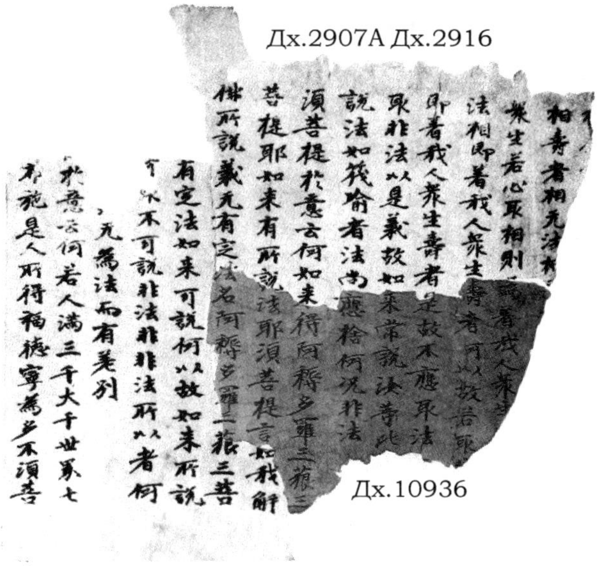

圖十八　(Дх. 2907A + Дх. 2916) + Дх. 10936 綴合圖

按:據殘存文字推斷,後一號亦應爲《金剛經》殘片,且與前二號同爲羅什譯本。據完整文本推算,三號滿行皆約17字。二者内容前後相承,可以綴合。綴合後如圖十八所示,後號係從前二號右下角脱落的殘片,接縫處邊緣吻合,縱向烏絲欄亦可對接。横向接縫處原本分屬二者的"▨(亦)""爲""是""應""來""説""法"七字皆得復合爲一;縱向接縫處原本分屬二者的"如我""多羅三藐"六字亦皆得成完璧。又三號行款格式相同(皆有烏絲欄,滿行皆約17字,行距、字距、字體大小相近),書風字迹似同(比較二者共有的"著""我""人""衆""壽""者""何""不""非""法"等字),可資參證。三號綴合後,所存内容參見《大正藏》T8/749B5—749B15。

十九　Дx.10939號+BD3983號+BD3801號

(1)Дx.10939號,見《俄藏》15/104A。卷軸裝殘片。如圖十九-1右部所示,存14殘行,行存中上部7—12字(末行僅存中部七殘字)。楷書。有烏絲欄。原卷無題,《俄藏》未定名。

(2)BD3983號(北3888;生83),見《國圖》54/376A—377B。卷軸裝,3紙。前部如圖十九-1左部所示,後部如圖十九-2右部所示,首尾皆殘,存71行(首紙15行,後2紙各28行),行約17字(首行僅存行端5字及中部6字左側殘形,末行僅存下端6字及中部7字右側殘形)。楷書。有烏絲欄。天頭地脚各有規則污漬。原卷無題,《國圖》擬題"金剛般若波羅蜜經"。《國圖》條記目録稱原卷經黄紙,紙高26釐米,爲7—8世紀唐寫本。

(3)BD3801號(北4110;金1),見《國圖》53/1A—2B。卷軸裝,4紙。前部如圖十九-2左部所示,首尾皆殘,存81行(首紙1行,僅存行端三字及中上部八字左側殘形,第2—3紙各28行,末紙24行),行約17字。楷書。有烏絲欄。天頭地脚各有規則污漬。原卷無題,《國圖》擬題"金剛般若波羅蜜經"。《國圖》條記目録稱原卷經黄打紙,紙高26釐米,爲7—8世紀唐寫本。

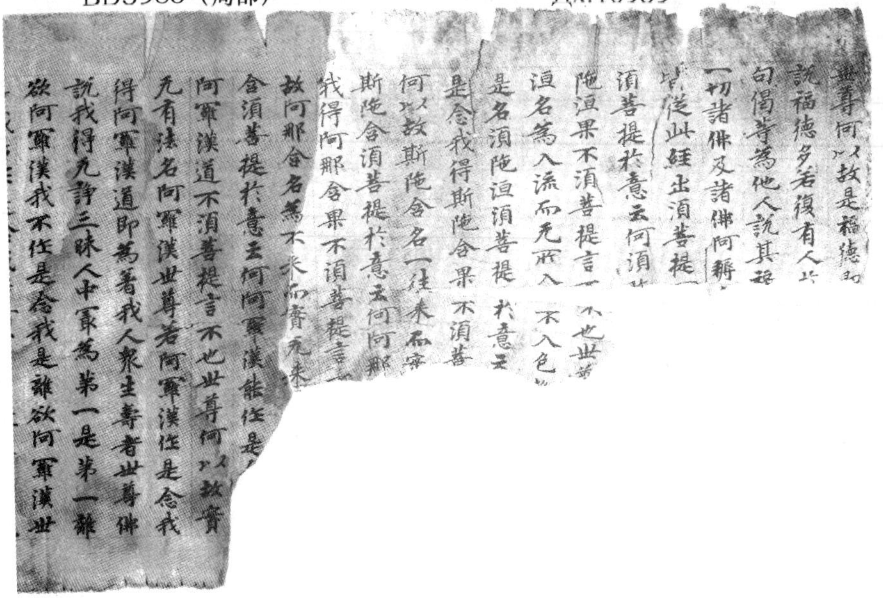

圖十九-1　Дх. 10939 + BD3983(局部)綴合圖

圖十九-2　BD3983(局部) + BD3801(局部)綴合圖

按：據殘存文字推斷，前一號亦應爲《金剛經》殘片，且與後二號同爲羅什譯本，據完整文本推算，滿行行約17字。三號内容前後相承，可以綴合。前二號綴合後如圖十九-1所示，接縫處邊緣吻合，原本分屬二號的“爲不來而實”“來”六字皆得復合爲一，横縱烏絲欄亦可對接；後二號綴合後如圖十九-2所示，接縫處邊緣吻合，原本分屬二號的“三”“三菩提心不應住”八字皆得復合爲一，横向烏絲欄亦可對接，且二號天頭地脚皆有污漬，這些污漬形狀雷同，循環往復出現，大小、間隔漸次縮小，接縫處污漬邊緣銜接自然。BD3983號末紙27行半，BD3801號首紙1殘行，二號拼接，合成一整紙凡28行，正與BD3983號中紙、BD3801號第2—3紙完整諸紙每紙28行的用紙規格相合。又後二號紙高皆約26釐米，三號行款格式相同（天頭等高，皆有烏絲欄，滿行皆約17字，行距、字距、字體大小相近），書風字迹似同（比較三號間交互出現的“須”“菩”“提”“以”“不”“如”“世”“是”等字），可資參證。三號綴合後，所存内容參見《大正藏》T8/749B20—751B20。

又，上述三紙既可綴合爲一，而《國圖》條記目録稱BD3983號爲經黄紙，又稱BD3801號爲經黄打紙，紙質判定稍有不同，宜當再酌。

二十　（Дх. 1794號、Дх. 1796號）+Дх. 1790號B +Дх. 14180號

（1）（Дх. 1794號、Дх. 1796號）（孟1903）+Дх. 1790號B，見《俄藏》8/347B，《俄藏》已將三號圖版綴合（據《孟録》，可知圖二十右部、上部爲Дх. 1794號與Дх. 1796號）。卷軸裝殘片。如圖二十上部所示，存22殘行，行存中上部1—11字。楷書。有烏絲欄。原卷無題，《孟録》已考定其中（Дх. 1794號、Дх. 1796號）爲《金剛經》羅什譯本，并稱紙色微黄，紙質厚，網格大，天頭三釐米，爲9—11世紀寫本[《孟録》下/74]；《俄藏》三號一併擬題“金剛般若波羅蜜經”。

（2）Дх. 14180號，見《俄藏》16/185B。卷軸裝殘片。如圖二十左下部所示，存4殘行，行存中部3—4字。楷書。有烏絲欄。原卷無題，《俄藏》未定名。

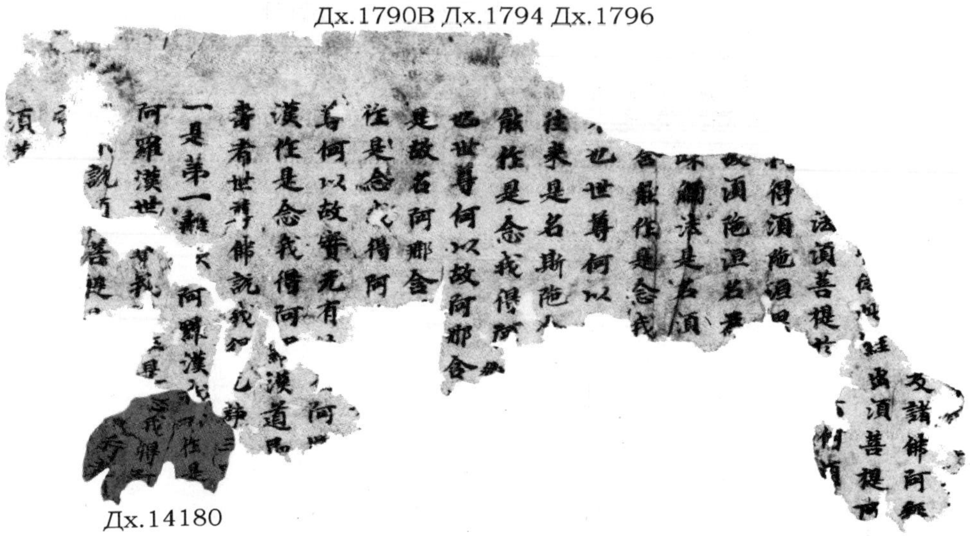

圖二十 （Дx.1794、Дx.1796）+Дx.1790B+Дx.14180 綴合圖

按：據殘存文字推斷，後者亦應爲《金剛經》羅什譯本。據完整文本推算，各殘片滿行皆約17字，且其内容前後相承，可以綴合。綴合後如圖二十所示，後一號係從前三號左下角脱落的殘片，接縫處邊緣吻合，第17、18行接縫處原本分屬二號的"静""▨（我）"二字皆得復合爲一，第19行接縫處内容於"我▨▨▨（若作是）/▨（念）"句前後相接，中無缺字。又各殘片行款格式相同（皆有烏絲欄，滿行皆約17字，行距、字距、字體大小相近），書風字迹似同（比較後一號和前三號共有的"作""是""我""得"等字），可資參證。四號綴合後，所存内容參見《大正藏》T8/749B22—749C16。

二十一　Дx.4435號+Дx.6576號B

（1）Дx.4435號，見《俄藏》11/235B。卷軸裝殘片。如圖二十一左下部所示，存16行，行約17字（前五行僅存下部1—7字，第6行僅存下端三字及中上部若干字左側殘形）。楷書。有烏絲欄。原卷無題，《俄藏》未定名。

（2）Дx.6576號B。見《俄藏》13/139B。卷軸裝殘片。如圖二十一右上部所示，存5殘行，行存中上部3—13字。楷書。有烏絲欄。原卷無題，《俄藏》未定名。

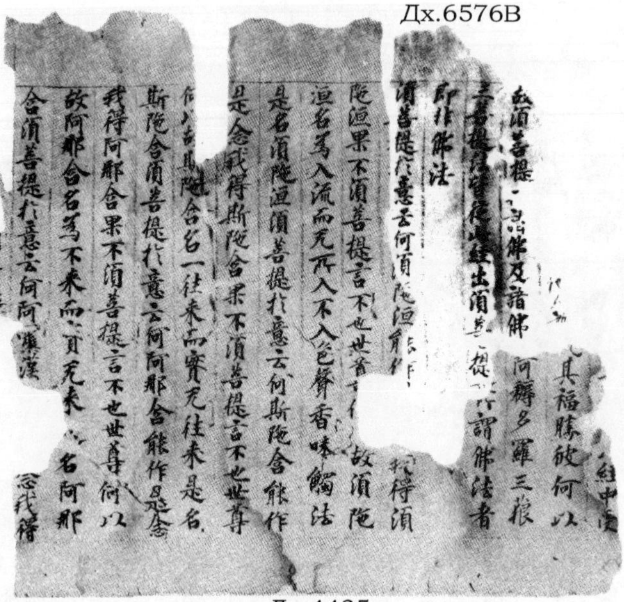

Дх.6576B

Дх.4435

圖二十一　Дх. 4435 + Дх. 6576B 綴合圖

按:據殘存文字推斷,上述二號應皆爲《金剛經》羅什譯本。據完整文本推算,後號滿行行亦約17字。二號内容前後相承,可以綴合。綴合後如圖二十一所示,後號係從前號右上角脱落的殘片,接縫處邊緣吻合,横向接縫處原本分屬二號的"所"字得成完璧,縱向接縫處原本分屬二號的"菩提於""須陀""能作"七字皆得復合爲一,横縱烏絲欄亦可對接。又二號行款格式相同(皆有烏絲欄,滿行皆約17字,行距、字距、字體大小相近),書風字迹似同(比較二號共有的"須""菩""提""佛""法""於""意""云""何"等字),可資參證。二號綴合後,所存内容参見《大正藏》T8/749B22—749B26。

二十二　Дх. 6752號 + Дх. 1952號 + Дх. 4846號…Дх. 2262號

(1)Дх. 6752號,見《俄藏》13/193B。卷軸裝殘片。如圖二十二右下部所示,存11殘行,行存下部5—9字。楷書。有烏絲欄。原卷無題,《俄藏》未定名。

(2)Дх. 1952號(孟1906),見《俄藏》8/398B。卷軸裝殘片。如圖二十二右中部所示,存9殘行,行存中上部7—10字。楷書。有烏絲欄。原卷無題,《孟録》已考定爲《金剛經》羅什譯本,稱紙色褐,紙質厚而硬,網格大,畫行細,天頭3.5釐米,爲9—11世紀寫本,并指出與Дx.2262號原屬同一寫卷,但不直接相連[《孟録》下/76]。

(3)Дx.4846號,見《俄藏》11/338A。卷軸裝殘片。如圖二十二中上部所示,存6殘行,行存上部3—5字。楷書。有烏絲欄。原卷無題,《俄藏》未定名。

(4)Дx.2262號(孟1911),見《俄藏》8/398B。卷軸裝殘片,2紙。前部如圖二十二左部所示,存17行(前紙8行,後紙9行),行約17字。楷書。有烏絲欄。原卷無題,《孟録》已考定爲《金剛經》羅什譯本,稱紙色褐,紙質厚,網格大,畫行稍粗,天頭3釐米,地脚2.5釐米,爲9—11世紀寫本,并指出與Дx.1952號原屬同一寫卷,但不直接相連[《孟録》下/78]。

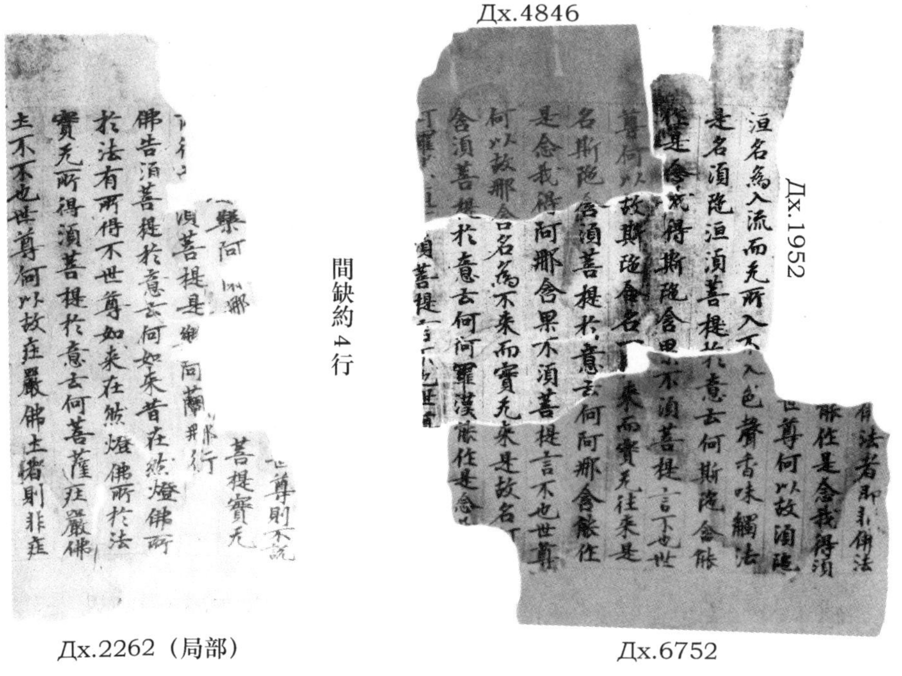

圖二十二　Дx.6752+Дx.1952+Дx.4846…Дx.2262(局部)綴合圖

按:據殘存文字推斷,(1)(3)號亦應爲《金剛經》羅什譯本。據完整文本推算,前三號滿行亦皆約17字。《孟録》已指出Дx.1952號與Дx.2262號原屬同卷,但不直接相連,今謂上述四號皆可綴合,其中前三號可以直接綴合,綴合後如圖二十二所示，Дx. 4846 號恰可補入 Дx. 1952 號左上角，接縫處邊緣吻合，原本分屬二號的“故”“含”“得”“含”“提”五字皆得復合爲一，横縱烏絲欄亦可對接；Дx. 1952 號與 Дx. 6752 號上下相接，接縫處邊緣大體吻合（二號間仍有微小殘損），原本分屬二號的“不”“於”“果”“▨（往）”“云”“來”“能”七字皆得復合爲一，縱向烏絲欄亦可對接。Дx. 2262 號與 Дx. 6752 號 + Дx. 1952 號 + Дx. 4846 號不直接相連，據完整文本推算，間缺約 4 行。又四號行款格式相同（天頭地脚等高，皆有烏絲欄，滿行皆約 17 字，行距、字距、字體大小相近），書風字迹似同（比較四號間交互出現的“何”“以”“名”“斯”“念”“我”“得”“須”“菩”“提”“不”“於”“意”“云”“无”“來”等字），可資參證。四號綴合後，所存内容參見《大正藏》T8/749B25—750A1。

二十三　（Дx. 6219 號、Дx. 6220 號）+ Дx. 7623 號

（1）Дx. 6219 號、Дx. 6220 號，見《俄藏》13/47B。卷軸裝殘片。如圖二十三上部所示，《俄藏》已把此二號綴合爲一，共存 22 殘行，行存中上部 7—10 字。楷書。有烏絲欄。原卷無題，《俄藏》未定名。

（2）Дx. 7623 號，見《俄藏》13/321A。卷軸裝殘片。如圖二十三左下部所示，存 4 殘行，行存中部 3—6 字。楷書。有烏絲欄。原卷無題，《俄藏》未定名。

Дx.6219 Дx.6220

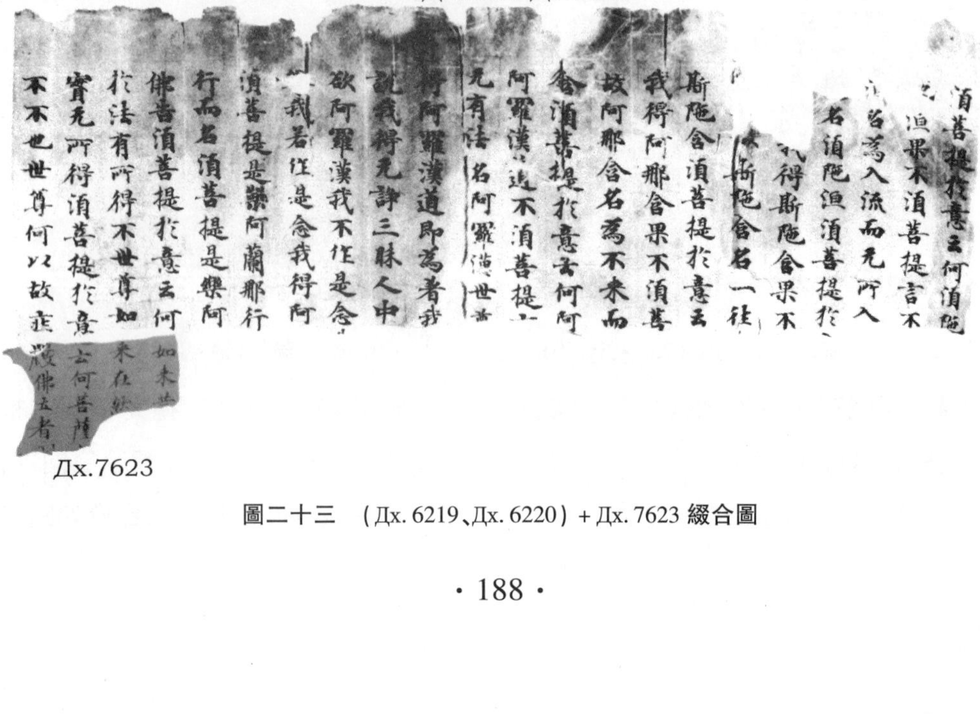

Дx.7623

圖二十三　（Дx. 6219、Дx. 6220）+ Дx. 7623 綴合圖

按：據殘存文字推斷，上述三號皆爲《金剛經》羅什譯本。據完整文本推算，滿行皆約 17 字。三號内容前後相承，可以綴合。綴合後如圖二十三所示，後號係從前二號左下角脱落的殘片，接縫處邊緣大體吻合，綴合後第 19—20 行接縫處内容前後相接，依次爲“於意云何/如來”“世尊如/來”，中無缺字；第 21—22 行接縫處原本分屬二號的“意”“嚴”二字皆得復合爲一。又三號行款格式相同（皆有烏絲欄，滿行皆約 17 字，行距、字距、字體大小相近），書風字迹似同（比較二號共有的“何”“菩”等字），可資參證。三號綴合後，所存内容參見《大正藏》T8/749B26—749C20。

二十四　Дx. 11868 號 + Дx. 11926 號

（1）Дx. 11868 號，見《俄藏》15/346A。卷軸裝殘片。如圖二十四右部所示，存 6 殘行，行存中下部 14—16 字。楷書。有烏絲欄。原卷無題，《俄藏》未定名。

（2）Дx. 11926 號，見《俄藏》16/5B。卷軸裝殘片。如圖二十四左部所示，存 10 殘行，行存中下部 12—16 字（首行僅存中下部若干字左側殘筆）。楷書。有烏絲欄。原卷無題，《俄藏》未定名。

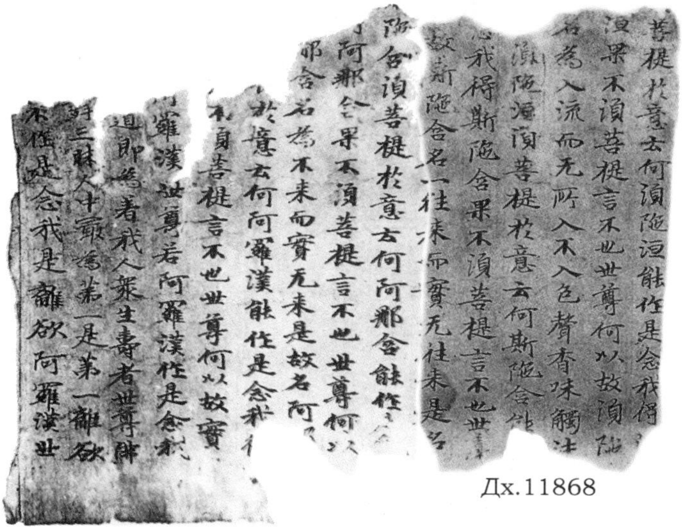

圖二十四　Дx. 11868 + Дx. 11926 綴合圖

按：據殘存文字推斷，上述二號皆爲《金剛經》羅什譯本，且其内容前後相承，可以綴合。綴合後如圖二十四所示，接縫處邊緣吻合，原本分屬二號的"含名一往來而實无往來是名"12 字皆得復合爲一。又二號行款格式相同（皆有烏絲欄，滿行皆約 17 字，行距、字距、字體大小相近），書風字迹似同（比較二號共有的"須""菩""提""於""意""云""何""不""也""世""尊"等字），可資參證。二號綴合後，所存内容參見《大正藏》T8/749B26—749C13。

二十五　S. 3411 號 + Дx. 5694 號

（1）S. 3411 號（翟 1222），見《寶藏》28/294A—300B。卷軸裝。前部如圖二十五左下部所示，首殘尾全，存 250 行，行約 17 字。楷書。原卷無題，《翟録》已考定爲《金剛經》羅什譯本，并稱紙色棕黄[《翟録》/27]。

（2）Дx. 5694 號，見《俄藏》12/220A。卷軸裝殘片。如圖二十五中上部所示，存 8 殘行（首行僅存中上部 5 字左側殘筆），行存上部 5—10 字。楷書。有烏絲欄。原卷無題，《俄藏》未定名。

Дx.5694

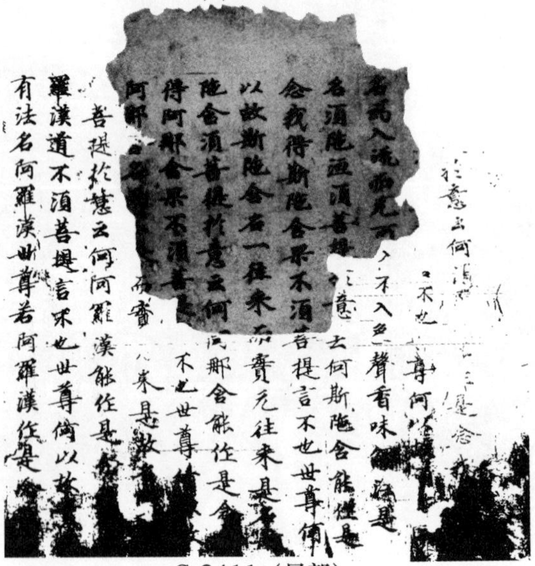

S.3411（局部）

圖二十五　S. 3411（局部）+ Дx. 5694 綴合圖

按：據殘存文字推斷，後一號亦應爲《金剛經》羅什譯本，據完整文本推算，滿行行亦約 17 字。二號内容前後相承，可以綴合。綴合後如圖二十五所示，後號係從前號中上部脱落的殘片，接縫處邊緣吻合，原本分屬二號的“於意”“菩”“而”“阿”“而”六字皆得復合爲一。前號第 3—6 行行末與後號第 3—6 行行首的内容前後相接，依次爲“不入色聲香味觸法是/名須陀洹”“斯陀含能作是/念我得斯陀含果不”“不也世尊何/以故”“是名斯/陀含”，中無缺字。又二號行款格式相同（滿行皆約 17 字，行距、字距、字體大小相近），書風字迹似同（比較二號共有的“入”“須”“菩”“提”“含”“往”“來”“於”“意”“云”“何”等字），可資參證。二號綴合後，所存内容参見《大正藏》T8/749B26—749C5。

二十六　Дх. 6490 號 + Дх. 8627 號

（1）Дх. 6490 號，見《俄藏》13/115A。卷軸裝殘片。如圖二十六上部所示，存 7 殘行，行存中上部 1—13 字。楷書。有烏絲欄。原卷無題，《俄藏》未定名。

（2）Дх. 8627 號，見《俄藏》14/70A。卷軸裝殘片。如圖二十六下部所示，存 3 殘行，行存下部 3—5 字。楷書。有烏絲欄。原卷無題，《俄藏》未定名。

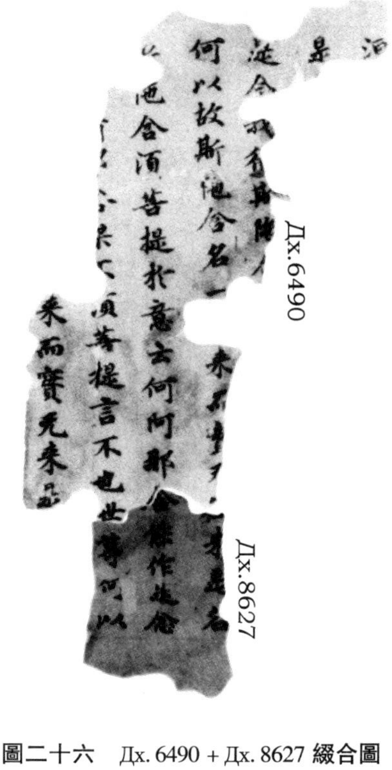

圖二十六　Дх. 6490 + Дх. 8627 綴合圖

按：據殘存文字推斷，上述二號應皆爲《金剛經》羅什譯本。據完整文本推算，滿行皆約 17 字。二號内容前後相承，可以綴合。綴合後如圖二十六所示，接縫處邊緣吻合，縱向烏絲欄亦可對接。第 4、5 行接縫處原本分屬二號的“▨（往）”“含”二字皆得復合爲一；第 6 行接縫處内容於“不也世/尊”句前後相接，中無缺字。又二號行款格式相同（皆有烏絲欄，滿行皆約 17 字，行距、字距、字體大小相近），書風字迹似同(比較二號共有的“來”“是”“名”“含”“何”“以”等字),可資參證。二號綴合後,所存内容參見《大正藏》T8/749B28—749C5。

二十七　Дx. 6171 號 + BD14460 號

(1)Дx. 6171 號,見《俄藏》13/31A。卷軸裝殘片。後部如圖二十七右部所示,存20殘行,行存中上部8—14字。楷書。有烏絲欄。原卷無題,《俄藏》未定名。

(2)BD14460 號(新 660),見《國圖》127/320A—325A。卷軸裝,9紙。前部如圖二十七左部所示,首殘尾全,存225行,行約17字。尾題“金剛般若經”。楷書。有烏絲欄。《國圖》條記目録稱原卷經黄打紙,紙高25.5釐米,爲7—8世紀唐寫本。

BD14460 (局部)　　Дx.6171 (局部)

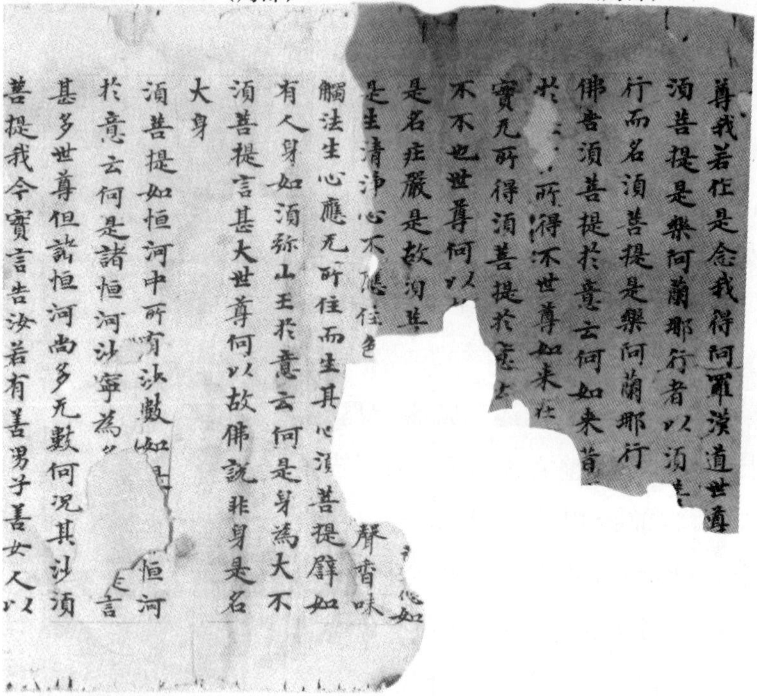

圖二十七　Дx. 6171(局部) + BD14460(局部)綴合圖

按:據殘存文字推斷,前號亦應爲《金剛經》殘片,且與後號同爲羅什譯本,據完整文本推算,滿行行亦約 17 字。二號内容前後相承,可以綴合。綴合後如圖二十七所示,接縫處邊緣吻合,原本分屬二號的"是""清净心不應住"七字皆得復合爲一,横向烏絲欄亦可對接。又二號行款格式相同(天頭等高,皆有烏絲欄,滿行皆約 17 字,行距、字距、字體大小相近),書風字迹似同(比較二號共有的"須""菩""提""不""何""以""如""於"等字),可資參證。二號綴合後,所存内容參見《大正藏》T8/749C1—752C3。

二十八　Дх. 12772 號 + Дх. 11776 號

(1) Дх. 12772 號,見《俄藏》16/168B。卷軸裝殘片。如圖二十八下部所示,存 6 殘行,行存下部 2—6 字。楷書。有烏絲欄。原卷無題,《俄藏》未定名。

(2) Дх. 11776 號,見《俄藏》15/333B。卷軸裝殘片。如圖二十八上部所示,存 5 殘行,行存中部 3—5 字。楷書。有烏絲欄。原卷無題,《俄藏》未定名。

按:據殘存文字推斷,上述二號應皆爲《金剛經》羅什譯本。據完整文本推算,滿行皆約 17 字。二號内容前後相承,可以綴合。綴合後如圖二十八所示,接縫處邊緣吻合,縱向烏絲欄亦可對接。第 2 行接縫處二號内容於"▨▨▨▨▨(須菩提言不)/也世尊"句前後相接,文字銜接;第 3—6 行接縫處原本分屬二號的"來""含""也""▨(來)"四字皆得復合爲一。又二號行款格式相同(皆有烏絲欄,滿行皆約 17 字,行距、字距、字體大小相近),書風字迹似同,可資參證。二號綴合後,所存内容參見《大正藏》T8/749C1—749C6。

Дх.11776

Дх.12772

圖二十八　Дх. 12772 + Дх. 11776 綴合圖

二十九　Дx. 11011 號 + BD6443 號

（1）Дx. 11011 號，見《俄藏》15/126A。卷軸裝，2 殘紙。前部如圖二十九右部所示，存 27 行（前紙 3 殘行，後紙 24 行），行約 17 字。楷書。有烏絲欄。卷面上邊緣呈現等距離殘損。原卷無題，《俄藏》未定名。

（2）BD6443 號（北 4002；河 43），見《國圖》87/157A—159B。卷軸裝，5 紙。前部如圖二十九左部所示，首尾皆殘，存 120 行（首紙 8 殘行，後 4 紙每紙 28 行），行約 17 字。楷書。有烏絲欄。卷面上邊緣呈現等距離殘損。原卷無題，《國圖》擬題"金剛般若波羅蜜經"。《國圖》條記目録稱原卷紙高 24 釐米，"有硃筆點去"，爲 9—10 世紀歸義軍時期寫本。

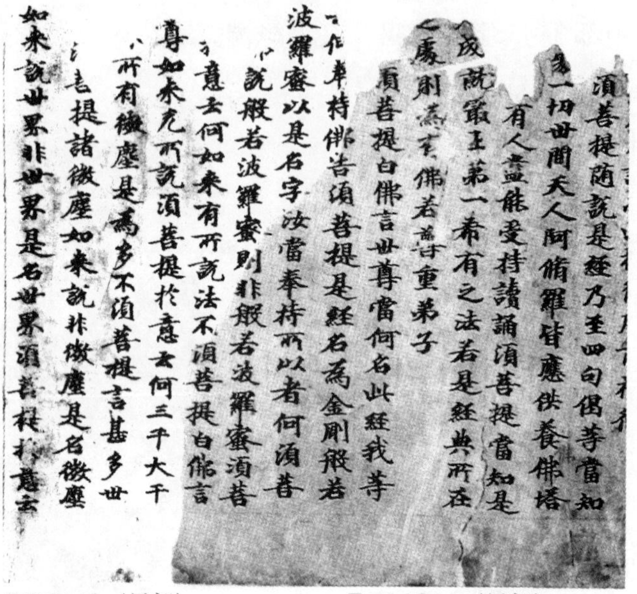

BD6443（局部）　　Дx.11011（局部）

圖二十九　Дx. 11011（局部）+ BD6443（局部）綴合圖

按：據殘存文字推斷，前號亦應爲《金剛經》殘卷，且與後號同爲羅什譯本，據完整文本推算，滿行皆約 17 字。二號内容前後相承，可以綴合。綴合後如圖二十九所示，接縫處邊緣吻合，原本分屬二號的"佛告""字汝""蜜則""不須菩"

九字皆得復合爲一,下部界欄亦可對接。二號相鄰二紙拼合後爲 28 行,正好與 BD6443 號後 4 紙每紙 28 行的用紙規格相合。又二號卷面上邊緣皆有鋸齒形殘損,這些殘損形狀雷同,循環往復出現,接縫處殘損邊緣銜接自然。又二號行款格式相同(地脚等高,皆有烏絲欄,滿行皆約 17 字,行距、字距、字體大小相近),書風字迹似同(比較二號共有的"波""羅""蜜""以""是""般""若""所"等字),可資參證。二號綴合後,所存内容參見《大正藏》T8/749C17—751B20。

三十　Дх. 11760 號 + Дх. 10958 號 + Дх. 12712 號

(1) Дх. 11760 號,見《俄藏》15/331A。卷軸裝殘片。如圖三十右下部所示,存 7 殘行,行存中下部 1—7 字。楷書。有烏絲欄。原卷無題,《俄藏》未定名。

(2) Дх. 10958 號,見《俄藏》15/110B。卷軸裝殘片。如圖三十左上部所示,存 13 殘行,行存 3—17 字。楷書。有烏絲欄。原卷無題,《俄藏》未定名。

(3) Дх. 12712 號,見《俄藏》16/161B。卷軸裝殘片。如圖三十中下部所示,存 5 殘行,行存中下部 2—5 字。楷書。有烏絲欄。原卷無題,《俄藏》未定名。

Дх.10958

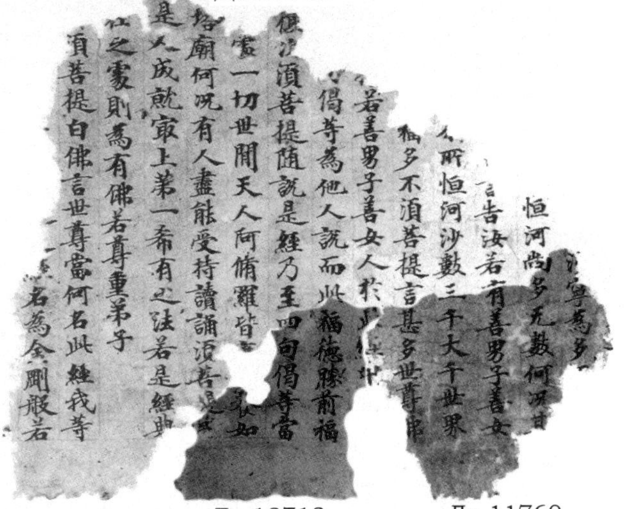

Дх.12712　　Дх.11760

圖三十　Дх. 11760 + Дх. 10958 + Дх. 12712 綴合圖

按:據殘存文字推斷,上述三號應皆爲《金剛經》羅什譯本。據完整文本推算,滿行皆約17字。三號内容前後相承,可以綴合。綴合後如圖三十所示,Дx. 10958號與Дx. 11760號上下相接,接縫處原本分屬二號的"尚""有""三"三字皆得成完璧;Дx. 12712號與Дx. 11760號+Дx. 10958號左、右、上側皆相接,接縫處原本分屬二號的"此經中""此""四""提"六字皆得復合爲一。諸相鄰二號接縫處邊緣大體吻合,烏絲欄亦可對接。又三號行款格式相同(地脚等高,皆有烏絲欄,滿行皆約17字,行距、字距、字體大小相近),書風字迹似同(比較三號間交互出現的"善""男""子""女""等""偈"等字),可資參證。三號綴合後,所存内容參見《大正藏》T8/749C26—750A8。

三十一　Дx. 10996號+羽12號

(1)Дx. 10996號,見《俄藏》15/118B。卷軸裝殘片。如圖三十一右部所示,存20行(首3行上下殘、第4—18行下殘),行約17字。楷書。有烏絲欄。卷面上邊緣有循環出現形狀近似的漬痕。原卷無題,《俄藏》未定名。

(2)羽12號,見《羽田》1/124—127。卷軸裝,7紙。首部如圖三十一左部所示,首脱尾全,存199行,行17字。尾題"金剛般若波羅蜜經",後有題記"咸亨三年五月十三日左春坊楷書吴禮寫/用小麻紙一十二張/裝潢手解善集/初校群書手敬誨/再校群書手敬誨/三校群書手敬誨/詳閲太原寺大德神符/詳閲太原寺大德嘉尚/詳閲太原寺主慧立/詳閲太原寺上座道成/判官少府監掌冶署令向義感/使太中大夫守工部侍郎永興縣開國公虞昶監",末尾有"敦煌石室秘笈""李盛鐸合家眷屬供養"印二顆。楷書。有烏絲欄。天頭有循環出現形狀近似的漬痕。《秘笈》稱原卷麻紙,紙高26.4釐米,紙色薄褐色,有染[《秘笈》目録册/6、《秘笈》影片册1/123]。

按:據殘存文字推斷,前號亦應爲《金剛經》殘片,且與後號皆爲羅什譯本。二號内容於"此人无我相人相/衆生相壽者相"句前後相承,中無缺字,存有綴合的可能性。二號接縫處邊緣吻合,横向烏絲欄亦可對接。二號卷面上邊緣皆有污漬,這些污漬形狀雷同,循環往復出現,大小、間隔漸次縮小,接縫處污漬邊緣銜接自然。又二號行款格式相同(楷書,皆有烏絲欄,天頭等高,行

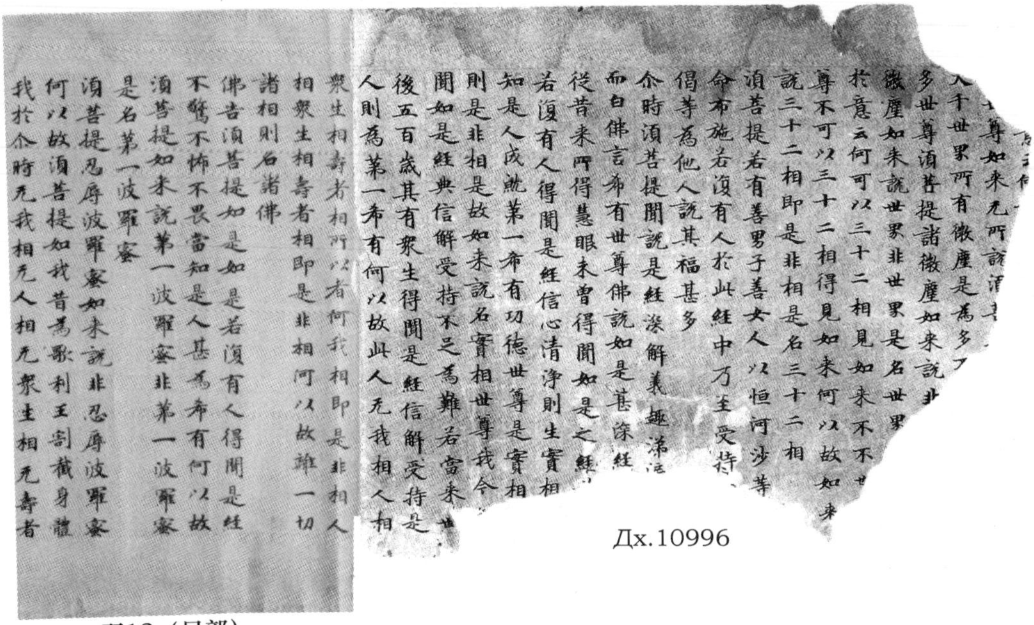
尊如来无所說須菩
千世界所有微塵是為多不
多世尊須菩提諸微塵如来說非
微塵如来說世界非世界是名世界
於意云何可以三十二相見如来不不世
尊不可以三十二相得見如来何以故如来
說三十二相即是非相是名三十二相
須菩提若有善男子善女人以恒河沙等
命布施若復有人於此經中乃至受持
偈等為他人說其福甚多
尒時須菩提聞說是經深解義趣涕淚
而白佛言希有世尊佛說如是甚深經
從昔来所得慧眼未曾得聞如是之經
若復有人得聞是經信心清淨則生實相
知是人成就第一希有功德世尊是實相
則是非相是故如来說名實相世尊我今
聞如是經典信解受持不足為難若當来世
後五百歲其有衆生得聞是經信解受持是
人則為第一希有何以故此人无我相人相
衆生相壽者相所以者何我相即是非相人
相衆生相壽者相即是非相何以故離一切
諸相則名諸佛
佛告須菩提如是如是若復有人得聞是經
不驚不怖不畏當知是人甚為希有何以故
須菩提如来說第一波羅蜜非第一波羅蜜
是名第一波羅蜜
須菩提忍辱波羅蜜如来說非忍辱波羅蜜
何以故須菩提如我昔為歌利王割截身體
我於尒時无我相无人相无衆生相无壽者

Дх.10996

羽12（局部）

圖三十一　Дх. 10996 + 羽 12（局部）綴合圖

約 17 字，行距、字距、字體大小相近），筆迹似同（比較表一所列例字）。由此判定二號確可綴合。綴合後如圖三十一所示，，所存内容参見《大正藏》T8/750A15—752C3。

上述二號既原屬同卷，而後號有明確的抄寫紀年"咸亨三年（672）五月十三日"，則可推知前號亦抄寫於唐代，672 年。又題記詳列抄經時間、機構、書手、用紙、裝潢手、初校、再校、三校、詳閱、判官、監使等信息，是典型的唐代官方寫經樣式，更具文物價值與研究價值。

表一　Дх. 10996 號與羽 12 號用字比較表

例字 / 卷號	衆	生	相	是	人	如	不
Дх. 10996 號	衆	生	相	是	人	如	不
羽 12 號	衆	生	相	是	人	如	不

三十二　Дx. 10991 號 + Дx. 12636 號

（1）Дx. 10991 號，見《俄藏》15/116B。卷軸裝殘片。如圖三十二上部所示，存 13 殘行，行存上部 6—9 字。楷書。有烏絲欄。原卷無題，《俄藏》未定名。

（2）Дx. 12636 號，見《俄藏》16/152B。卷軸裝殘片。如圖三十二右下部所示，存 3 殘行，行存中部 7—8 字。楷書。有烏絲欄。原卷無題，《俄藏》未定名。

Дx.10991

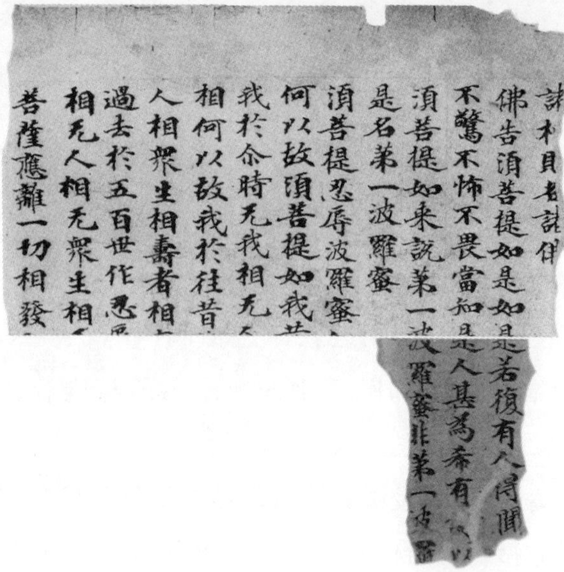
諸相則名諸佛
佛告須菩提如是如是若復有人得聞
不驚不怖不畏當知是人甚為希有
須菩提如來說第一波羅蜜非第一波
是名第一波羅蜜
須菩提忍辱波羅蜜
何以故須菩提如我昔
我於尒時无我相无
相何以故我於往昔
人相衆生相壽者相
過去於五百世作忍
相无人相无衆生相
菩薩應離一切相發

Дx.12636

圖三十二　Дx. 10991 + Дx. 12636 綴合圖

按：據殘存文字推斷，前號應爲《金剛經》羅什譯本。後號文字既見於《金剛經》羅什譯本（參見《大正藏》T8/750B10—750B12），也見於《金剛經》留支譯本（參見《大正藏》T8/754B25—754B27）。據完整文本推算，滿行皆約 17 字。考此二號內容前後相承，可以綴合。綴合後如圖三十二所示，後號係從前號右下角撕裂的殘片，接縫處邊緣吻合，原本分屬二號的"是""是""波"三字皆得復合爲一，縱向烏絲欄亦可對接。又二號行款格式相同（皆有烏絲欄，滿行皆約 17 字，行距、字距、字體大小相近），書風字迹似同（比較二號共有的"人""羅""蜜""一"等字），可資参證。二號綴合後,所存内容参見《大正藏》T8/750B9—750B12。

上述二號既原屬同卷,而前號已據存文考定爲羅什譯本,則可推定後號亦爲羅什譯本。

三十三　Дx.10964 號 + P.4557 號

(1)Дx.10964 號,見《俄藏》15/111B。卷軸裝,2 殘紙。如圖三十三右部所示,存 12 行(前紙 1 行僅存左側殘筆;後紙 11 行,末 5 行上殘,第 10 行空白無字,末行僅存下部一字右側殘筆),行約 17 字。楷書。有烏絲欄。原卷無題,《俄藏》未定名。

(2)P.4557 號,見《法藏》32/60A—62B。卷軸裝,5 紙。前部如圖三十三左部所示,存 122 行(前紙 22 行,中間三紙每紙 28 行,後紙 16 行),行約 17 字。楷書。有烏絲欄。原卷無題,《法藏》擬題“金剛般若波羅蜜經”。

P.4557 (局部)

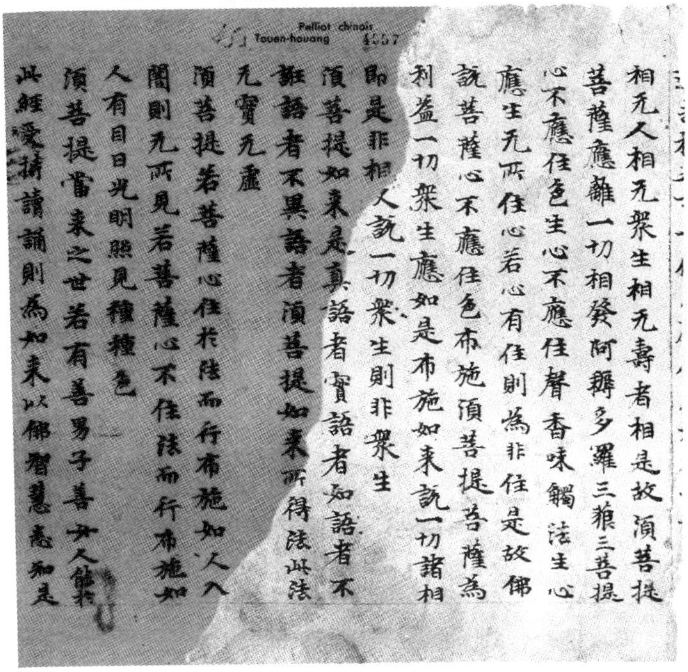

Дx.10964

圖三十三　Дx.10964 + P.4557(局部)綴合圖

按:據殘存文字推斷,前號亦應爲《金剛經》殘片,且與後號同爲羅什譯本。二號内容前後相承,可以綴合。綴合後如圖三十三所示,接縫處邊緣吻合,第 8 行接縫處内容於"即是非相/又説一切衆生"句前後相接,中無缺字,第 9、10、12 行接縫處原本分屬二號的"是真語者""所""入"六字皆得復合爲一,横縦烏絲欄亦可對接。Дx. 10964 號後紙 11 行,P. 4557 號前紙 22 行,二號拼合,該紙爲 28 行,正與 P. 4557 號中間三紙每紙 28 行的用紙規格相同。又二號行款格式相同(天頭地脚等高,皆有烏絲欄,滿行皆約 17 字,行距、字距、字體大小相近),書風字迹似同(比較二號共有的"語""者""不""无""心""法""住"等字),可資參證。二號綴合後,所存内容參見《大正藏》T8/750B18—752A12。

三十四　Дx. 1086 號 + (Дx. 6180 號或 Дx. 10941 號) + (Дx. 5375 號、Дx. 5381 號)

(1) Дx. 1086 號(孟 265)、Дx. 6180 號、Дx. 10941 號,見《俄藏》7/306A—306B。《俄藏》將此三號合併在前一號之下,共 3 塊圖版,其中前兩塊圖版《俄藏》已綴合爲一,以下簡稱殘片 1,存 27 殘行,行存中上部 4—15 字,後部如圖三十四-1 右上部所示,據《孟録》,知此殘片的前 19 殘行係 Дx. 1086 號(從開始至 19 行"沙等"止),但餘下部分原編號不詳;後一塊圖版爲殘片 2,存 10 行,行存中上部 5—11 字,原編號不詳。楷書。有烏絲欄。原卷無題,《孟録》已考定其中的 Дx. 1086 號爲《金剛經》羅什譯本,并稱紙色黄,畫行細,爲 7—9 世紀寫本[《孟録》上/83];《俄藏》將此三號一併擬題爲"金剛般若波羅蜜經"。

(2) Дx. 5375 號、Дx. 5381 號,見《俄藏》12/109B,《俄藏》已將二號圖版綴合。卷軸裝殘片。如圖三十四-1 左下部所示,存 16 殘行(前 8 行上殘,第 9—11 行、14—16 行上下殘,第 12、13 行下殘),行存 2—11 字。楷書。有烏絲欄。原卷無題,《俄藏》未定名。

按:據殘存文字推斷,後者亦應爲《金剛經》殘片,且與前者同爲羅什譯本。據完整文本推算,滿行皆約 17 字。後者與前者殘片 1 後部内容前後相承,可以綴合。綴合後如圖三十四-1 所示,接縫處邊緣大體吻合(因紙張殘損、變形嚴

Дх.1086+（Дх.6180或Дх.10941）

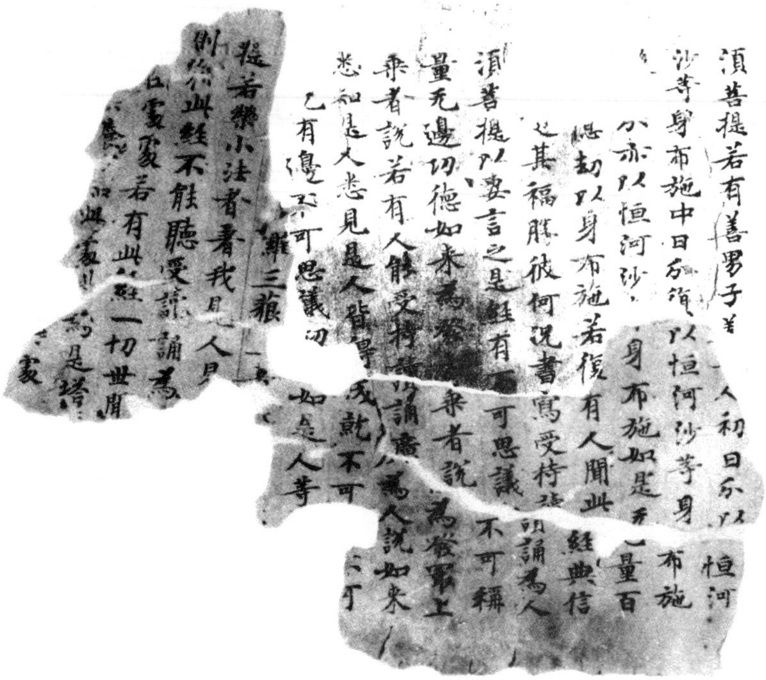

Дх.5375、Дх.5381

圖三十四-1　Дх. 1086 +（Дх. 6180 或 Дх. 10941）+（Дх. 5375、Дх. 5381）綴合圖

圖三十四-2　Дх. 1086、Дх. 6180、Дх. 10941 之殘片 2（即 Дх. 6180 或 Дх. 10941）

重,無法完全拼合),原本分屬二號的"▨(善)""▨(等)""復""寫""乘""讀""成"七字皆得復合爲一,横縱烏絲欄亦可對接。後者第5行行末與前者倒5行行首内容間脱"解説"兩字("受持讀誦爲人/[□□](解説)須菩提以要言之"),但前者倒5行行首"須"字旁似有行間校補字殘形,可惜殘損難辨。後者第6—8行行末與前者倒4—倒2行行首的内容前後相接,依次爲"不可稱/量无邊功德""爲發最上/乘者説""如來/悉知是人",中無缺字。又二者行款格式相同(皆有烏絲欄,滿行皆約17字,行距、字距、字體大小相近),書風字迹似同(比較二者共有的"以""河""沙""身""布""施""不""可""人""經"等字),可資參證。二者綴合後,所存内容參見《大正藏》T8/750B18—750C23。

Дх.1086號、Дх.6180號、Дх.10941號之殘片2所存内容參見《大正藏》T8/750C24—751A4,其首行與Дх.1086號+(Дх.6180號或Дх.10941號)+(Дх.5375號、Дх.5381號)末行内容於"□□□□□□▨(以諸華香而散其)處/□□□▨▨(復次須菩提)"諸句换行相接,書風字迹亦相似(比較二者共有的"是""人""須""菩""提"等字),但殘片2右側邊緣與"Дх.5375號、Дх.5381號"左側邊緣殘損嚴重,無法對接,故不敢妄斷。

三十五　Дх.10934號+Дх.1003號

(1)Дх.10934號,見《俄藏》15/102B。卷軸裝殘片。如圖三十五右部所示,存8殘行,行17字(後2行上部殘缺,末行左部亦多殘泐)。楷書。有烏絲欄。原卷無題,《俄藏》未定名。

(2)Дх.1003號(孟268),見《俄藏》7/254A。卷軸裝殘片。前部如圖三十五左部所示,首殘尾缺,存22行,行17字(前2行下部殘缺,次行下部七八字僅存左側殘形)。楷書。有烏絲欄。原卷無題,《孟録》已考定爲《金剛經》羅什譯本,稱紙高24.5釐米,"紙色淡褐",爲8—9世紀寫本[《孟録》上/103]。

按:據殘存文字推斷,前號亦應爲《金剛經》羅什譯本,且與後號内容前後相承,可以綴合。綴合後如圖三十五所示,接縫處邊緣吻合,原本分屬二號的"真""者實""來所得""此法无實无虚"12字皆得復合爲一,横縱烏絲欄亦可對接。

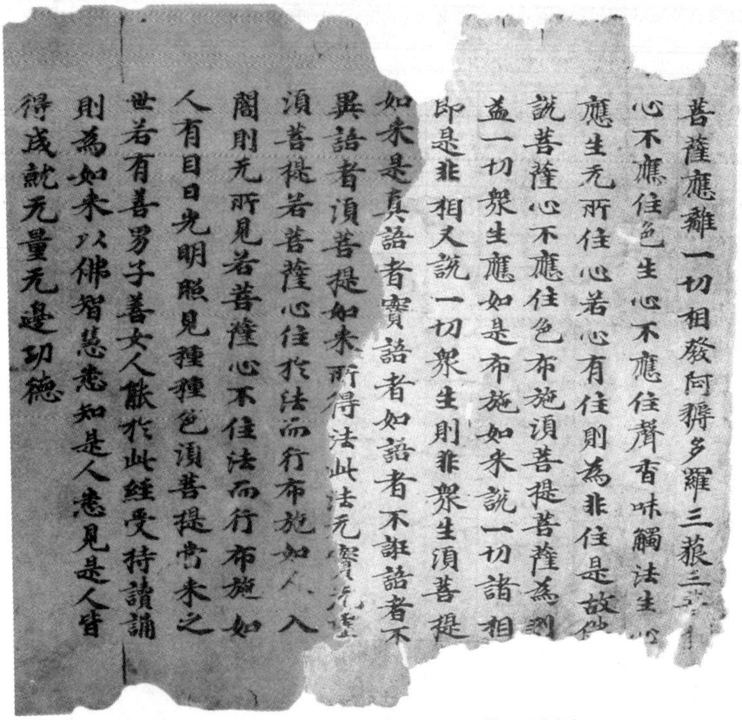
菩薩應離一切相發阿耨多羅三藐三
心不應住色生心不應住聲香味觸法生心
應生无所住心若心有住則為非住是故佛
說菩薩心不應住色布施須菩提菩薩為利
益一切衆生應如是布施如來說一切諸相
即是非相又說一切衆生則非衆生須菩提
如來是真語者實語者如語者不誑語者不
異語者須菩提如來所得法此法无實无虛
須菩提若菩薩心住於法而行布施如人入
闇則无所見若菩薩心不住法而行布施如
人有目日光明照見種種色須菩提當來之
世若有善男子善女人能於此經受持讀誦
則為如來以佛智慧悉知是人悉見是人皆
得成就无量无邊功德

Дх.1003（局部）　　Дх.10934

圖三十五　Дх. 10934＋Дх. 1003(局部)綴合圖

又二號行款格式相同(天頭地脚等高,皆有烏絲欄,滿行皆約 17 字,行距、字距、字體大小相近),書風字迹似同(比較二號共有的“菩”“薩”“心”“住”“不”“布”“施”等字),可資參證。二號綴合後,所存内容參見《大正藏》T8/750B20—750C21。

三十六　BD983 號＋Дх. 4956 號

(1)BD983 號(北 4211;昃 83),見《國圖》14/280A—283A。卷軸裝,6 紙。前部如圖三十六左下部所示,首殘尾全,存 146 行(前 2 行僅存中下部 3—6 字,其後 13 行上殘),行約 17 字。尾題“金剛般若波羅蜜經”。楷書。有烏絲欄。《國圖》條記目録稱原卷紙高 27 釐米,爲 8 世紀唐寫本。

(2)Дх. 4956 號,見《俄藏》11/368B。卷軸裝殘片。如圖三十六右上部所示,存13殘行,行存中上部2—9字。楷書。有烏絲欄。原卷無題,《俄藏》未定名。

Дx.4956

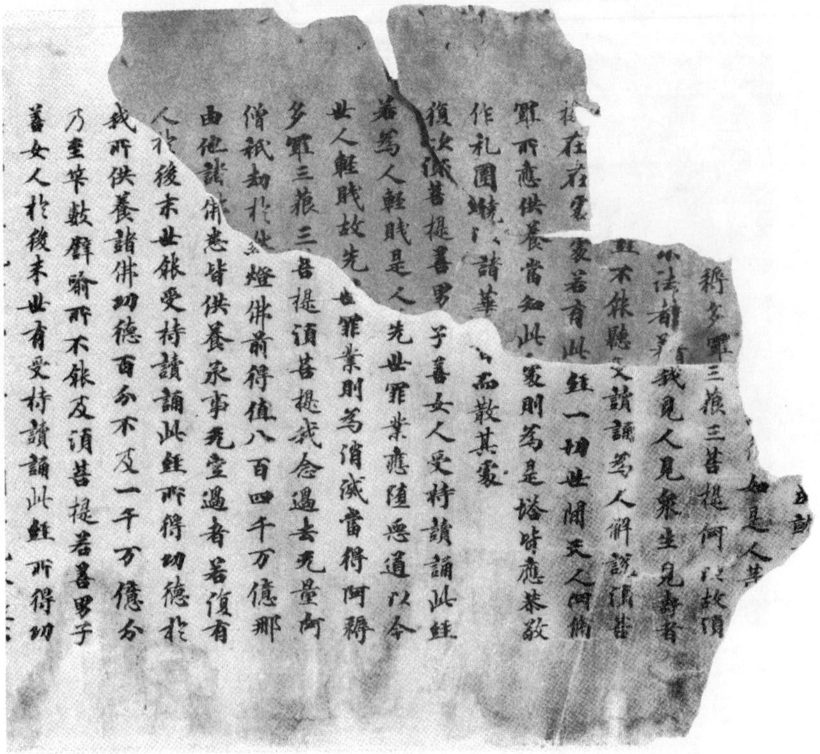

BD983（局部）

圖三十六　BD983(局部)+Дх.4956綴合圖

按:據殘存文字推斷,後號亦應爲《金剛經》殘片,且與前號同爲羅什譯本,據完整文本推算,滿行行約17字。二號内容前後相承,可以綴合。綴合後如圖三十六所示,後號係從前號右上角脱落的殘片,接縫處邊緣吻合,横縱烏絲欄亦可對接。第3、4、6、9行接縫處内容前後相接,依次爲"▨(阿)耨多羅/三藐三菩提""著/我見""若有此/經""善男/子善女人",中無缺字;其餘各行接縫處原本分屬二號的"受""處""▨(香)""先""世""菩""然""佛""於"九字皆得復合爲一。又二號行款格式相同(天頭等高,皆有烏絲欄,滿行皆約17字,行距、字距、字體大小相近),書風字迹似同(比較二號共有的"善""須""菩""提""人""此"等字),可資參證。二號綴合後,所存内容參見《大正藏》T8/750C17—751A1。

三十七　Дx. 12672 號 + Дx. 11786 號

（1）Дx. 12672 號，見《俄藏》16/156B。卷軸裝殘片。如圖三十七上部所示，存 6 殘行，行存上部 4—5 字。楷書。有烏絲欄。原卷無題，《俄藏》未定名。

（2）Дx. 11786 號，見《俄藏》15/334B。卷軸裝殘片。如圖三十七下部所示，存 6 殘行，行存中部 2—4 字（末行僅存中部 2 字右側殘筆）。楷書。有烏絲欄。原卷無題，《俄藏》未定名。

按：據殘存文字推斷，上述二號皆應爲《金剛經》羅什譯本。據完整文本推算，滿行皆約 17 字。二號内容前後相承，可以綴合。綴合後如圖三十七所示，二號上下相接，接縫處邊緣吻合，縱向烏絲欄亦可對接。第 4 行接縫處内容於"所應供養/當知此處"諸句前後相接，中無缺字；其餘各行接縫處原本分屬二號的"▨（法）""不""處""諸"四字皆得復合爲一。又二號行款格式相同（天頭地脚等高，皆有烏絲欄，滿行皆約 17 字，行距、字距、字體大小相近），書風字迹似同（比較二號共有的"若""此""處"等字），可資參證。二號綴合後，所存内容參見《大正藏》T8/750C18—750C23。

Дx.12672

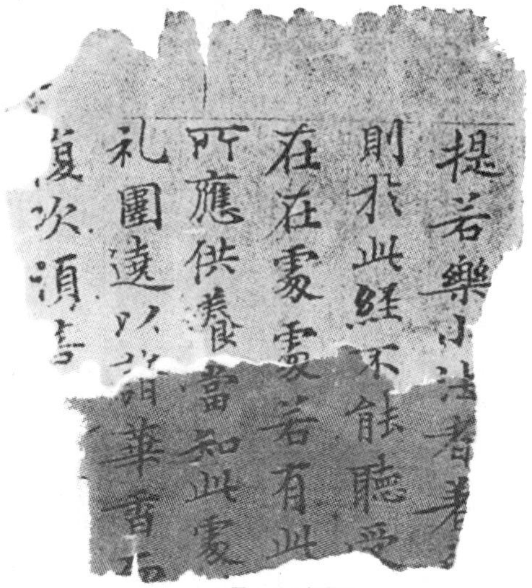

Дx.11786

圖三十七　Дx. 12672 + Дx. 11786 **綴合圖**

三十八　Дx. 10957 號 + Дx. 10956 號

（1）Дx. 10957 號，見《俄藏》15/110A。卷軸裝殘片。如圖三十八右部所示，存 12 殘行，行存中上部 12—17 字（末行左側頗有殘泐）。楷書。有烏絲欄。原卷無題,《俄藏》未定名。

(2)Дx. 10956 號,見《俄藏》15/109B。卷軸裝殘片。如圖三十八左部所示,存 15 殘行,行存中上部 3—14 字(首行僅存首字及其下 5 字左側殘形)。楷書。有烏絲欄。原卷無題,《俄藏》未定名。

Дx.10956　　Дx.10957

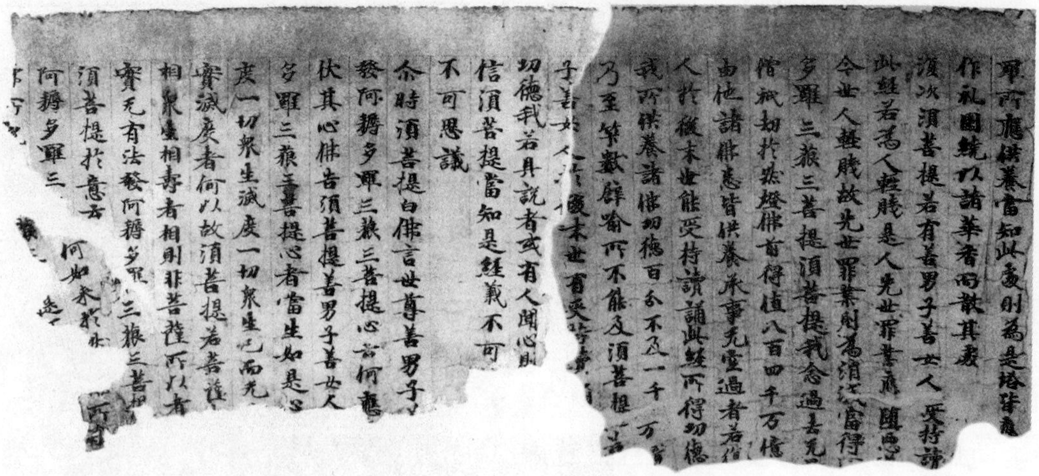

圖三十八　Дx. 10957 + Дx. 10956 綴合圖

按:據殘存文字推斷,上述二號應皆爲《金剛經》羅什譯本。據完整文本推算,滿行皆約 17 字。二號内容前後相承,可以綴合。綴合後如圖三十八所示,二號左右相接,接縫處邊緣吻合,原本分屬二號的"善女人於後"五字皆得復合爲一,横縱烏絲欄亦可對接。又二號行款格式相同(天頭等高,皆有烏絲欄,滿行皆約 17 字,行距、字距、字體大小相近),書風字迹似同(比較二號共有的"須""菩""提""佛""人""不"等字),可資參證。二號綴合後,所存内容參見《大正藏》T8/750C21—751A18。

三十九　Дx. 17792 號 + Дx. 16229 號

(1)Дx. 17792 號,見《俄藏》17/152A。卷軸裝殘片。如圖三十九上部所示,存 4 殘行,行存中部 2—5 字。楷書。有烏絲欄。原卷無題,《俄藏》未定名。

（2）Дx. 16229 號，見《俄藏》16/288A。卷軸裝殘片。如圖三十九下部所示，存 3 殘行，行存中部 4—7 字。楷書。有烏絲欄。原卷無題，《俄藏》未定名。

按：據殘存文字推斷，上述二號應皆爲《金剛經》羅什譯本。據完整文本推算，滿行皆約 17 字。二號内容前後相承，可以綴合。綴合後如圖三十九所示，二號上下相接，接縫處邊緣吻合，原本分屬二號的“▨（言）”“三”“善”三字皆得復合爲一，縱向烏絲欄亦可對接。又二號行款格式相同（皆有烏絲欄，滿行皆約 17 字，行距、字距、字體大小相近），書風字迹似同（比較二號共有的“菩”“提”等字），可資參證。二號綴合後，所存内容參見《大正藏》T8/751A08—751A11。

Дx.17792

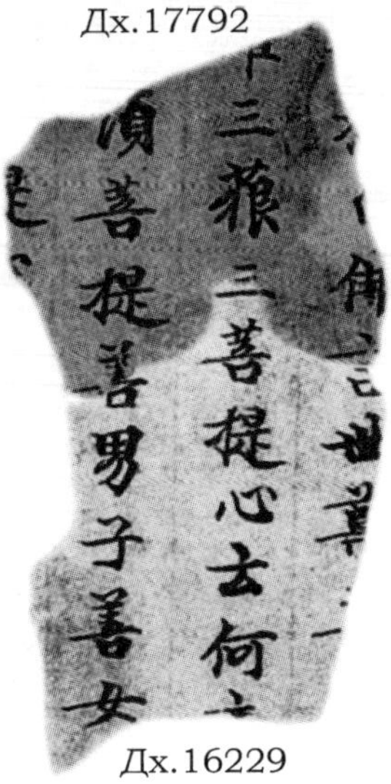

Дx.16229

圖三十九　Дx. 17792 + Дx. 16229 綴合圖

四十　S. 7137 號 + Дx. 5467 號 + Дx. 10687 號 + Дx. 10937 號

（1）S. 7137 號，見《寶藏》54/441A—441B。卷軸裝，1 紙。後部如圖四十-1 右部所示，首尾皆缺，存 28 行，行 17 字。楷書。有烏絲欄。原卷無題，《寶藏》擬題“金剛般若波羅蜜經”。《方録》稱原卷紙高 25. 2 釐米，“天頭、地脚均爲有規則殘損，各一排，似爲撕裂”[23]，爲唐寫本[《方録》/50]。

（2）Дx. 5467 號，見《俄藏》12/149A。卷軸裝殘片。前部如圖四十-1 左部所示，後部如圖四十-2 右部所示，存 16 行，行 17 字（末 6 行下殘，末 3 行上部亦殘）。楷書。有烏絲欄。卷面多污漬。原卷無題，《俄藏》未定名。

（3）Дx. 10687 號，見《俄藏》14/379B。卷軸裝殘片。如圖四十-2 中部所示，存 14 行，行 17 字（前 9 行上殘）。楷書。有烏絲欄。卷面多污漬。原卷無題，《俄藏》未定名。

（4）Дx. 10937 號，見《俄藏》15/103B。卷軸裝殘片。如圖四十-2 左部所示，存 13 行，行 17 字（末 7 行上殘，末 1 行上下殘）。楷書。有烏絲欄。卷面多污漬。原卷無題,《俄藏》未定名。

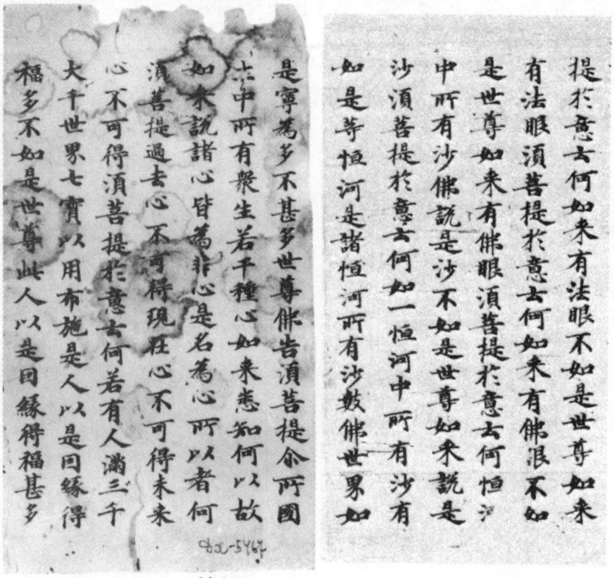

Дх.5467（前部）　　S.7137（局部）

圖四十-1　S. 7137(局部) + Дх. 5467(前部)綴合圖

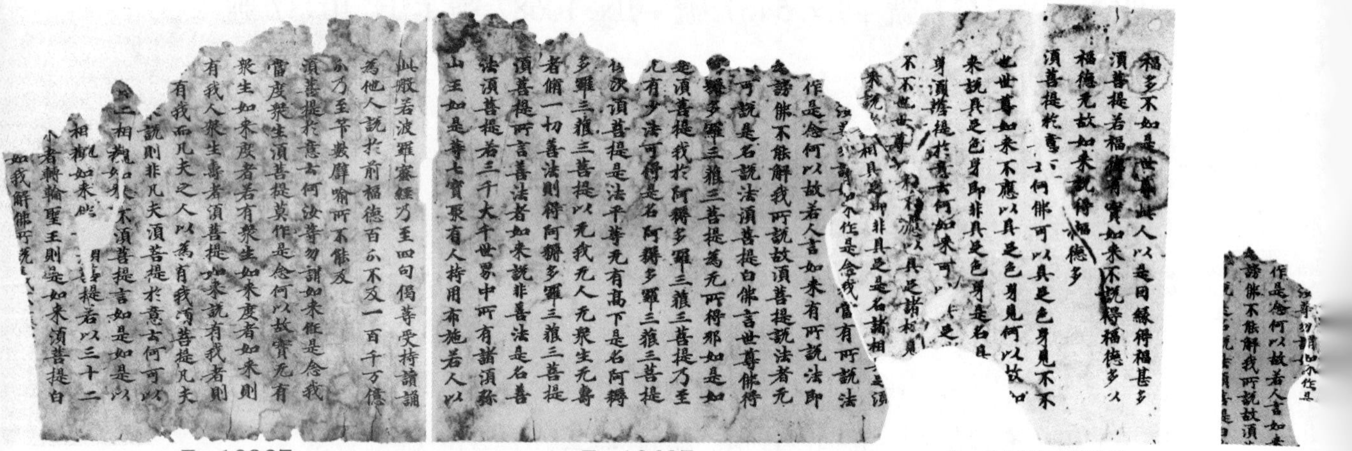

Дх.10937　　Дх.10687　　Дх.5467（後部）

圖四十-2　Дх. 5467(後部) + Дх. 10687 + Дх. 10937 綴合圖

按:據殘存文字推斷,後三號亦應爲《金剛經》殘片,且與前號同爲羅什譯本。四號内容前後相承,可以綴合。前二號綴合後如圖四十-1 所示,二號接縫處應爲失黏所致脱落,邊緣整齊,二號内容於"如/是寧爲多不"句前後相接,中無缺字。後三號綴合後如圖四十-2 所示，Дx. 5467 號與 Дx. 10687 號接縫處邊緣大體吻合(上部因紙張變形無法與下部同時拼合，稍作調整後如圖四十-2 右下部所示)，原本分屬二號的“▨(具)”“等勿謂如來”“我當”八字皆得復合爲一；Дx. 10687 號與 Дx. 10937 號内容於“若人以/此般若波羅蜜經”句前後相接，中無缺字，二號接縫處邊緣吻合，天頭污漬邊緣銜接自然。從綴合效果看，後三號紙高，天頭、地脚高度亦相近。

又四號行款格式相同(皆有烏絲欄，滿行皆 17 字，行距、字距、字體大小相近)，書風字迹似同(比較四號間交互出現的“須”“普”“提”“世”“尊”“如”“來”“佛”“不”“是”等字)，可資參證。四號綴合後，所存内容參見《大正藏》T8/751A23—752A15。

四十一　Дx. 8837 號上片 + Дx. 8837 號下片

Дx. 8837 號，見《俄藏》14/95A。《俄藏》圖版如圖四十一-1 左部所示，共 2 殘片：上片存 4 殘行(首行僅存左側殘筆，末行僅存右側殘筆)，行存中部 3—4 字；下片存 3 殘行，行存中部 4 字。楷書。有烏絲欄。原卷無題，《俄藏》未定名。

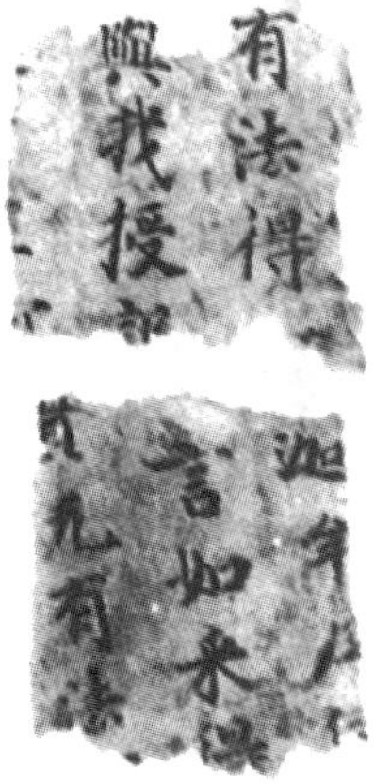

圖四十一-1　Дx. 8837《俄藏》圖版

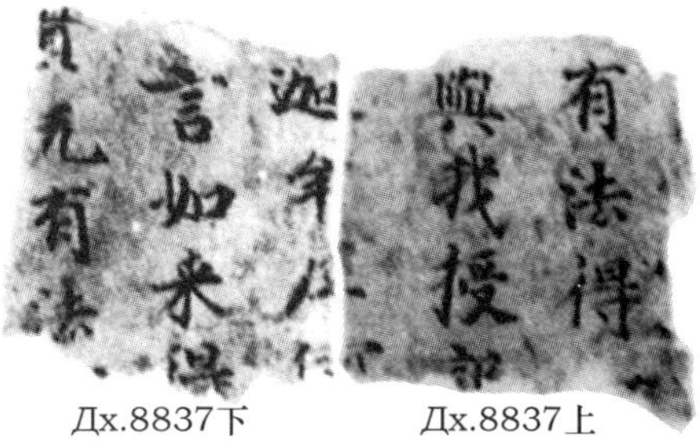

圖四十一-2　Дx. 8837 上片 + Дx. 8837 下片綴合圖

按：據殘存文字推斷，上述二殘片應皆爲《金剛經》羅什譯本。據完整文本推算，滿行皆約 17 字。《俄藏》將二片上下疊置，不妥，而應把上片移置下片右側。調整位置後,此二片内容前後相承,可以綴合。綴合後如圖四十一-2 所示,二片右左相接,接縫處邊緣吻合,原本分屬二片的“迦牟尼▨(何)”四字皆得復合爲一。又二片行款格式相同(滿行皆約 17 字,行距、字距、字體大小相近),書風字迹似同,可資參證。二片綴合後,所存内容參見《大正藏》T8/751A24—751A28。

四十二　Дх. 5546 號 + Дх. 2894 號

(1)Дх. 5546 號,見《俄藏》12/177B。卷軸裝殘片。如圖四十二上部所示,存 15 殘行,行存上部 4—8 字。楷書。有烏絲欄。原卷無題,《俄藏》未定名。

(2)Дх. 2894 號,見《俄藏》10/115B。卷軸裝殘片。如圖四十二下部所示,存 14 殘行(首行僅存中部 2 字左側殘筆),行存中下部 2—10 字。楷書。有烏絲欄。原卷無題,《俄藏》擬題“金剛般若波羅蜜經”。

Дх.5546

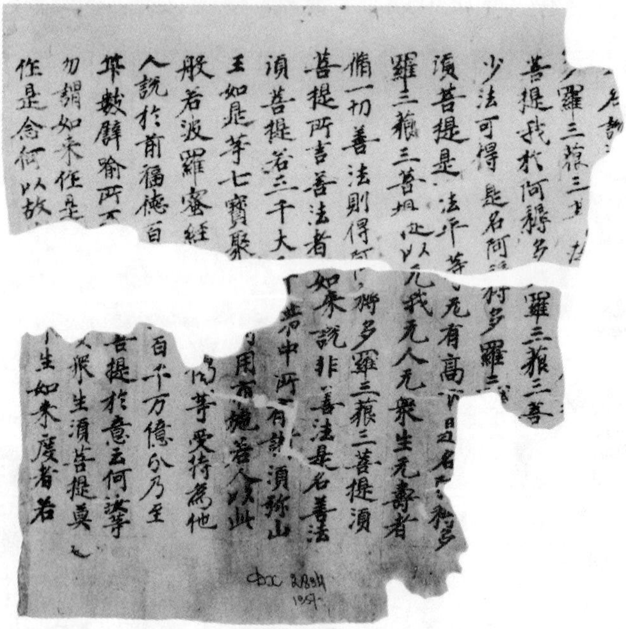

Дх.2894

圖四十二　Дх. 5546 + Дх. 2894 綴合圖

按:據殘存文字推斷,前號亦應爲《金剛經》殘片,且與後號同爲羅什譯本。據完整文本推算,滿行皆約17字,且二號内容前後相承,可以綴合。綴合後如圖四十二所示,二號上下相接,接縫處邊緣大體吻合,縱向烏絲欄亦可對接。綴合後第8行接縫處内容於"所言善法者/如來説非善法"句前後相接,中無缺字;第3—7行及第9行接縫處原本分屬二號的"多""耨""等""无""阿""▨(千)"六字皆得復合爲一。後號第4—13行行末與前號第6—15行行首的内容前後相接,依次爲"▨▨▨▨(是名阿耨)多/羅三藐三菩提""无壽者/脩一切善法""須/菩提""是名善法/須菩提""所有諸須弥山/王""若人以此/般若波羅蜜經""爲他/人説""乃至/筭數譬喻""汝等/勿謂""須菩提莫/作是念",中無缺字。又二號行款格式相同(皆有烏絲欄,滿行皆約17字,行距、字距、字體大小相近),書風字迹似同(比較二號共有的"羅""藐""菩""提""法""善""法""如""來"等字),可資參證。二號綴合後,所存内容參見《大正藏》T8/751C15—752A7。

四十三　Дx. 12807號 + Дx. 11013號(5-2) + Дx. 4793號

(1)Дx. 12807號,見《俄藏》16/171B。卷軸裝殘片。如圖四十三右下部所示,存6殘行(第5行空白無字),行存中下部0—5字。楷書。原卷無題,《俄藏》未定名。

(2)Дx. 11013號(5-2),見《俄藏》15/127B。卷軸裝殘片。如圖四十三上部所示,存21殘行(第19行空白無字),行存中上部0—12字。楷書。原卷無題,《俄藏》未定名。

(3)Дx. 4793號,見《俄藏》11/322B。卷軸裝殘片。如圖四十三中下部所示,存12殘行(第2行空白無字),行存下部0—8字。楷書。原卷無題,《俄藏》未定名。

按:據殘存文字推斷,上述三號應皆爲《金剛經》羅什譯本。據完整文本推算,滿行皆約17字,且其内容前後相承,可以綴合。綴合後如圖四十三所示,諸相鄰二號接縫處邊緣大體吻合(後二號間仍略有缺損)。Дx. 12807號可補入Дx. 11013號(5-2)右下角,第3、6行接縫處原本分屬二號的"提""道"二字皆得

Дx.11013（5-2）

Дx.12807

Дx.4793

圖四十三　Дx. 12807 + Дx. 11013(5-2) + Дx. 4793 綴合圖

復合爲一，第4行接縫處内容於“▨(不)應以卅二/相觀如來”句前後相接，中無缺字。Дx. 12807 號 + Дx. 11013 號(5-2)與 Дx. 4793 號上下相接，第 6、7、10、12—14 行接縫處内容前後相接，依次爲“是人行邪道/不能見如來”“如來不以/具足相故”“發阿/耨多羅三藐三菩/提”“▨(於)/▨(法)不説斷滅相”“若菩薩以滿恒河▨(沙)/▨(等)世界七寶持用布/施”“若復有人知一切法/▨(无)我”，中無缺字；其餘各行接縫處原本分屬二者的“如”“▨(須)菩提”“耨”“是”“須菩▨(提)”九字皆得復合爲一。又三號行款格式相同(皆有烏絲欄，滿行皆約 17 字，行距、字距、字體大小相近)，書風字迹似同(比較三號間交互出現的“卅”“二”“相”“如”“言”“世”等字)，可資參證。三號綴合後，所存内容參見《大正藏》T8/752A12—752A28。

四十四　Дx. 5635 號 + BD10140 號

(1)Дx. 5635 號，見《俄藏》12/204A。卷軸裝殘片。如圖四十四右部所示，存 14 殘行,行存上部 2—12 字。楷書。原卷無題,《俄藏》未定名。

(2)BD10140 號(L269),見《國圖》107/146B。卷軸裝殘片。如圖四十四左下部所示,存 3 殘行,行存中部 3—6 字。楷書。原卷無題,《國圖》擬題“金剛般若波羅蜜經”。《國圖》條記目録稱原卷爲 7—8 世紀唐寫本。

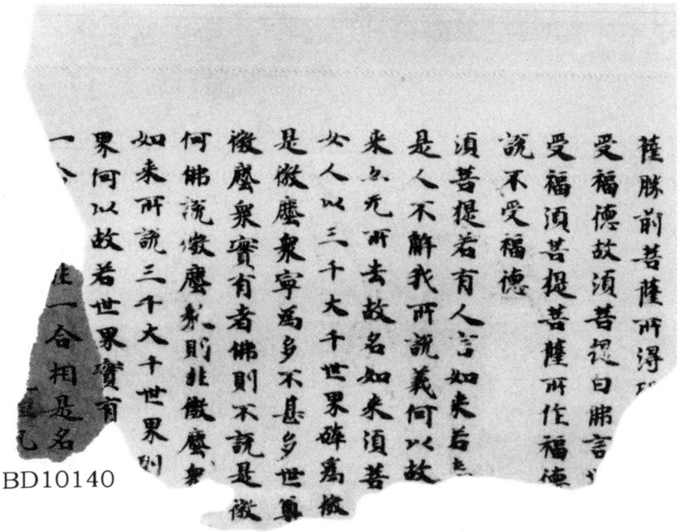

圖四十四　Дx. 5635 + BD10140 綴合圖

按:據殘存文字推斷,前號亦應爲《金剛經》殘片,且與後號同爲羅什譯本,據完整文本推算,滿行皆約 17 字。二號内容前後相承,可以綴合。綴合後如圖四十四所示,後號係從前號左下角脱落的殘片,接縫處邊緣吻合,原本分屬二號的“界實有”三字皆得復合爲一。又二號行款格式相同(滿行皆約 17 字,行距、字距、字體大小相近),書風字迹似同(比較二號共有的“一”“是”“名”等字),可資參證。二號綴合後,所存内容參見《大正藏》T8/752A27—752B13。

四十五　Дx. 1950 號 + Дx. 5192 號

(1)Дx. 1950 號(孟 1948),見《俄藏》8/397B。卷軸裝殘片。如圖四十五右上部所示,存 6 殘行,行存上部 4—8 字。楷書。有烏絲欄。原卷無題,《孟録》已考定爲《金剛經》羅什譯本,并稱原卷紙色黄,紙質厚,畫行細,爲 8—10 世紀寫本《孟録》下/92。

(2)Дх. 5192 號,見《俄藏》12/52A。卷軸裝殘片。如圖四十五左下部所示,存4 殘行,行存中部 2—4 字(首行僅存 2 字左側殘形)。楷書。有烏絲欄。原卷無題,《俄藏》未定名。

按:據殘存文字推斷,後號亦應爲《金剛經》羅什譯本殘片。據完整文本推算,二號滿行皆約 17 字,且其内容前後相承,可以綴合。綴合後如圖四十五所示,後號係從前號左下角脱落的殘片,接縫處邊緣吻合,原本分屬二號的“解我”“无”“若”四字皆得復合爲一,縱向烏絲欄亦可對接。又二號行款格式相同(皆有烏絲欄,滿行皆約 17 字,行距、字距、字體大小相近),書風字迹似同(比較二號共有的“所”“善”等字),可資參證。二號綴合後,所存内容参見《大正藏》T8/752B1—752B7。

Дх.1950

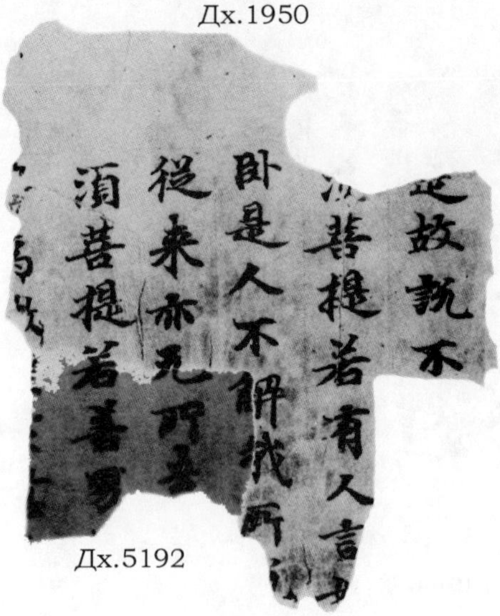

Дх.5192

圖四十五　Дх. 1950 + Дх. 5192 綴合圖

四十六　Дх. 11820 號 + Дх. 12003 號

(1)Дх. 11820 號,見《俄藏》15/339A。卷軸裝殘片。如圖四十六右部所示,存 7 殘行,行存中上部 4—13 字。中有科分標題“不住道分第十一”。楷書。有烏絲欄。原卷無題,《俄藏》未定名。

(2)Дх. 12003 號,見《俄藏》16/17B。卷軸裝殘片。如圖四十六左部所示,存 7 行(首行上下殘、空白無字,第 2—3 行上殘),行 17 字。中有科分標題“□▨(流通)分第十二”,尾題“金剛般若波羅蜜經”。楷書。有烏絲欄。原卷無題,《俄藏》未定名。

Дx.12003　　Дx.11820

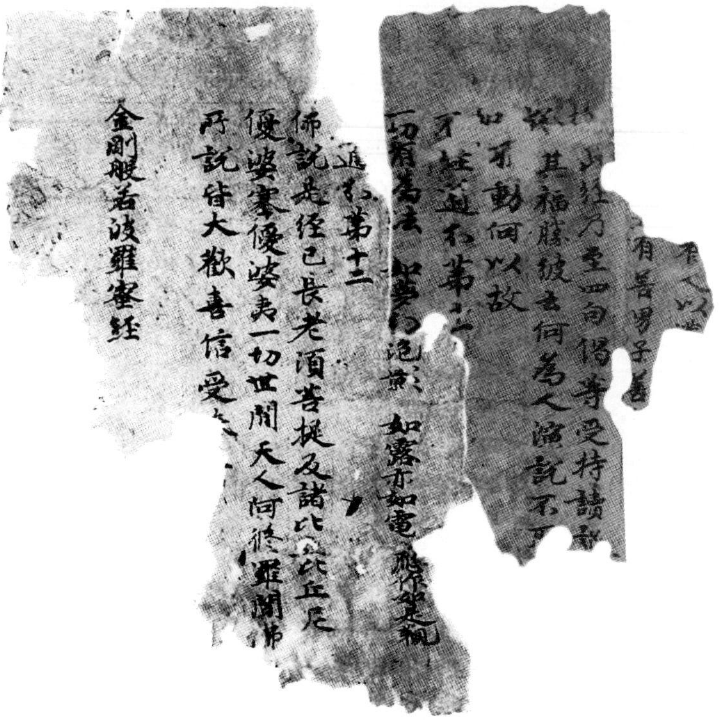

圖四十六　Дx. 11820 + Дx. 12003 **綴合圖**

按：據殘存文字推斷，上述二號皆應爲《金剛經》羅什譯本十二分本。據完整文本推算，前號滿行行約 17 字。二號内容前後相承，可以綴合。綴合後如圖四十六所示，接縫處邊緣吻合，原本分屬二號的“法”“如”“幻”三字皆得復合爲一，横縱烏絲欄亦可對接。又二號行款格式相同（天頭等高，皆有烏絲欄，滿行皆約 17 字，行距、字距、字體大小相近），書風字迹似同（比較二號共有的“分”“苐”“十”“一”“切”等字），可資參證。二號綴合後，所存内容參見《大正藏》T8/752B23—752C3。

四十七　(Дx. 3367、Дx. 4137 號)左片 + Дx. 16348 號

(1)Дx. 3367 號、Дx. 4137 號，見《俄藏》10/273A。《俄藏》把該二號歸併在一起，共左右二片：左片如圖四十七-1 上部所示，存 5 殘行，行存上部 1—5 字（首

行僅存 1 字左側殘點）；右片如圖四十七-2 所示，存 5 殘行，行存中部 1—8 字（末行僅存 1 字右側殘筆）。楷書。此二片原卷皆無題，《俄藏》一併擬題作“金剛般若波羅蜜經”。

（2）Дх. 16348 號，見《俄藏》16/294A。卷軸裝殘片。如圖四十七-1 下部所示，存 2 殘行，行存中部 6 字。楷書。有烏絲欄。原卷無題，《俄藏》未定名。

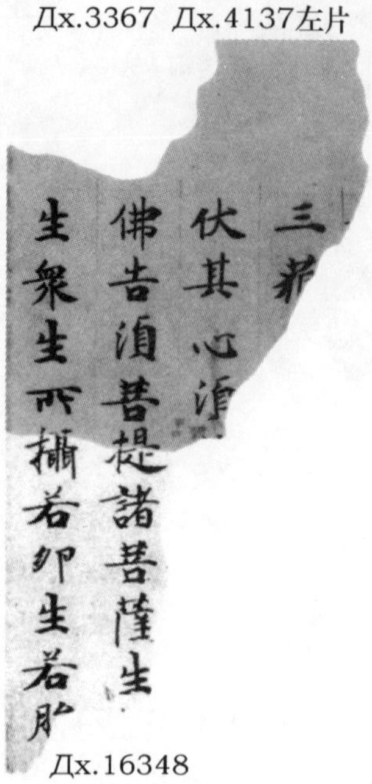

圖四十七-1

（Дх. 3367、Дх. 4137）左片 + Дх. 16348 綴合圖

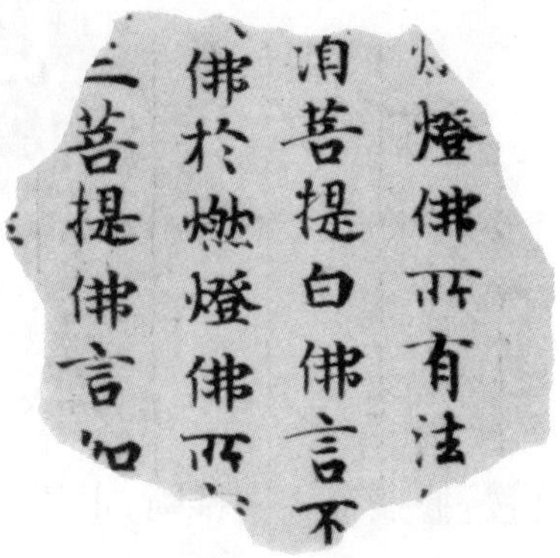

圖四十七-2

（Дх. 3367、Дх. 4137）右片

按：據殘存文字推斷，後號亦應爲《金剛經》殘片，且與前者同爲留支譯本，據完整文本推算，滿行皆約 17 字。（Дх. 3367 號、Дх. 4137 號）左片與 Дх. 16348 號内容上下相接，可以綴合。綴合後如圖四十七-1 所示，接縫處邊緣吻合，原本分屬二者的“提”“攝”二字皆得復合爲一，縱向烏絲欄亦可對接。又二者行款格式相同（皆有烏絲欄，滿行皆約 17 字，行距、字距、字體大小相近），書風字迹似同（比較二號共有的“菩”“生”等字），可資參證。二者綴合後，所存内容參見《大正藏》T8/752C29—753A2。

又《俄藏》（Дх. 3367、Дх. 4137 號）右片所存内容參見《大正藏》T8/755B9—

755B13，比較該片與左片共有的"所""須""菩""佛"等字，書風字迹不盡相同，似非一人所寫。

上文將76號《俄藏》未定名《金剛經》殘片分别綴合爲47組，加上文首所列已綴的12組，共將100號《俄藏》未定名《金剛經》殘片分别綴合爲59組。這些殘卷的綴合，使得一些原本模糊的信息變得清晰起來，如第一組 Дx. 5743、Дx. 5743V號與其餘十四號綴合後，可推定爲三十二分本散葉，第三十組 Дx. 10996號與羽12號綴合後，可推定爲咸亨三年(672)五月十三日寫本，第三十二組 Дx. 12636號與 Дx. 10991號綴合後，可推定爲羅什譯本殘片；一些已有研究成果的疏誤有望得到糾正，如第十組 BD8824號、Дx. 474號、BD8855號、BD13634號、Дx. 11650號五號既可綴合爲一，而《國圖》條記目録稱 BD8824號、BD8855號爲8—9世紀吐蕃統治時期寫本，BD13634號爲7—8世紀唐寫本，《孟録》稱 Дx. 474號爲8—10世紀寫本，斷代差互不一，宜再斟酌。

另外，通過可綴殘卷比例的統計，有助於深化我們對《俄藏》殘片乃至藏經洞文獻性質的認識。加上《俄藏》已定名《金剛經》殘片及其綴合成果，俄藏《金剛經》殘片合計836號(包括已定名304號與未定名532號)，其中357號可綴合爲145組。《俄藏》《金剛經》殘片中是否係敦煌文獻尚存疑的有6號(Дx. 9634號、Дx. 9899號、Дx. 9903號、Дx. 9949號、Дx. 10048號[24]及 Дx. 3176號[25])，所涉及的綴合僅"BD12224號 + BD10975號 + Дx. 9899號"一組。除此之外的830號殘片，144組綴合，目前皆認爲是出自敦煌(藏經洞爲主，可能有少量出自敦煌其他洞窟)。統計這批《俄藏》敦煌《金剛經》殘片：可綴數(356號)占殘片總數(830號)的42.89%；所綴組目中，《俄藏》内部綴合多達117組，占綴合總組數的81.25%，而跨館藏綴合僅27組(包括與《國圖》綴合15組、與英藏綴合8組、與《法藏》綴合1組、與《秘笈》綴合3組)，占綴合總組數的18.75%。而且，即便這些殘片綴合後，大抵仍屬斷片零頁，而未見完整寫卷。由此我們推測，《俄藏》殘片除了入藏藏經洞後因紙張老化、鼠咬蟲噬及後人翻檢撕裂等原因從原本脱落外，可能有很大一部分入藏時就已經是零碎殘片了。這些殘片之所以入藏其中，或許與古人搜集以備裱補之用有關。换言之，也許可以説，藏經洞文獻既非避難,也非廢棄,而主要用於裱補破損的經卷。鑒於這一問題比較複雜,也非本文重心所在,姑先發端於此,以俟後續跟進研究。

(基金項目:國家社科基金重點項目"敦煌殘卷綴合研究"[14AZS001])

注　釋

① 文中《俄藏》指《俄藏敦煌文獻》(上海古籍出版社 1992—2001 年版),《國圖》指《國家圖書館藏敦煌遺書》(北京圖書館出版社 2005—2013 年版),《寶藏》指《敦煌寶藏》(臺北,新文豐出版公司 1981—1986 年版),《法藏》指《法藏敦煌西域文獻》(上海古籍出版社 1995—2005 年版),《秘笈》指《敦煌秘笈》(大阪,武田科學振興財團 2009—2014 年版),《孟録》指〔俄〕孟列夫主編,袁席箴和陳華平譯《俄藏敦煌漢文寫卷叙録》(上海古籍出版社 1999 年版),《翟録》指翟理斯(Lionel Giles)*Descriptive Catalogue of the Chinese Manuscripts from Tunhuang in the British Museum*(London: The Trustees of the British Museum, 1957),《方録》指方廣錩《英國圖書館藏敦煌遺書目録(斯 6981 號—斯 8400 號)》(宗教文化出版社 2000 年版),《大正藏》指《大正新修大藏經》(東京,大正一切經刊行會 1922—1934 年版)。爲免煩瑣,部分出處用上標表示。

② 榮新江《敦煌學十八講》,北京大學出版社 2007 年版,第 102—103 頁。

③ 詳見羅慕君《敦煌文獻〈金剛經〉版本考》,《"絲路文明傳承與發展"國際學術研討會論文集》,2017 年 9 月,第 341—355 頁。

④ 勝義《〈俄藏敦煌文獻〉第十二册校讀記(上)》,戒幢佛學研究所編《戒幢佛學》第二卷,岳麓書社 2002 年版,第 593—660 頁;勝義《〈俄藏敦煌文獻〉第十二册校讀記(下)》,戒幢佛學研究所編《戒幢佛學》第三卷,岳麓書社 2005 年版,第 461—473 頁。

⑤ 曾良《敦煌佛經字詞與校勘研究》,厦門大學出版社 2010 年版,第 204—214 頁。

⑥ 具體卷號及定名詳見拙文《〈俄藏敦煌文獻〉未定名〈金剛經〉殘片考》,《敦煌吐魯番研究》第十七卷,2017 年,第 103—141 頁。

⑦ 卷號間用"+"連接表示二號可以直接綴合,用"…"連接表示二號不直接相連,用"(、)"連接表示所括諸號原有圖版已綴合爲一但各個卷號與圖版的對應關係未詳。

⑧ 張涌泉、羅慕君《英藏未定名敦煌〈金剛經〉殘片續綴》,《唐研究》第二十二卷,北京大學出版社 2016 年版,第 55—57、61—62 頁。

⑨ 羅慕君、張涌泉《敦煌遺書〈金剛經〉留支譯本考》,《社會科學戰綫》2016 年第 12 期,第 118—119、124—126 頁。

⑩ 羅慕君《敦煌〈金剛經〉八十老人抄本考》,《古籍研究》第66卷,2017年,第101—130頁。

⑪ 參見張涌泉、張新朋《敦煌殘卷綴合研究》,《文史》2012年第3期,第317頁;張涌泉《敦煌寫本文獻學》,甘肅教育出版社2013年版,第547頁;張涌泉、羅慕君《敦煌本〈八陽經〉殘卷綴合研究》,《中華文史論叢》2014年第2期,第241頁;張涌泉、羅慕君《敦煌佛經殘卷綴合釋例》,《浙江大學學報》2016年第3期,第1—15頁。

⑫ "《俄藏》9/240A—241B"指圖版出自《俄藏》第9册第240頁上欄至第241頁下欄。其中A、B分别代表上、下欄。下同。

⑬ 《孟録》作Дх. 1010a。

⑭ 限於圖版效果,個别原件標識模糊難辨,綴合後若有卷號順序與圖版順序衝突者,以圖版順序爲準。

⑮ 《孟録》稱"第15分前面有三分各留1行空行,但分題字未寫",比勘三十二分本,此3行并非分科處,《孟録》此説有誤。

⑯ 本文引文以"/"表示兩號邊緣,"▨"表示殘字,"□"表示缺字,"[ ]"表示脱字,"▨""□""[ ]"後跟"( )"表示補入殘字或缺字。

⑰ 本文綴合圖版在綴接處保留縫隙以示殘卷邊緣,或通過設置顔色深淺來區分不同的殘片。册葉裝綴合後各半葉按存文先後排序,除特殊説明外,閲覽順序自上向下、自右向左。所有圖版上、下方除卷號外的數字皆係所據圖版原標號,大小寫字母則係筆者標注,相同字母大小寫所標的兩個半葉爲同一葉的正反面,如A、a兩半葉爲同一葉的正反面。

⑱ "T8/748C17—752B14"指存文對應《大正藏》第8卷748頁下欄第17行至752頁中欄第14行。"A、B、C"分别表示"上、中、下"欄。下同。

⑲ 方廣錩《北京圖書館藏敦煌遺書勘查初記》,《敦煌學輯刊》1991年第2期,第10頁。

⑳ 吴其昱《列格勒所藏敦煌寫本概況》,《漢學研究》1986年第2期,第74頁。參看《孟録》上册,譯者前言,第2頁。

㉑ 榮新江《〈俄藏敦煌文獻〉中的黑水城文獻》,榮新江《辨僞與存真——敦煌學論集》,上海古籍出版社2010年版,第170頁。

㉒ Дх. 474號《俄藏》圖版前部地脚不完整。

㉓ 《寶藏》圖版效果較差,且天頭地脚不全,筆者未得見,兹照録。

㉔ 同注⑲,第74頁。

㉕ 同注⑳,第170頁。

兩漢"文學"職務的設立與文學群體的生成

曹勝高

【提要】 秦始設文學之職,以掌文書。漢武帝元朔五年(前124)經公孫弘與孔臧提議,爲博士置弟子、受業如弟子,歲試而任爲郎、太子舍人及文學掌故。其中文學秩百石,爲二千石及郡守屬官,職責在於使文書能"文章爾雅,訓辭深厚",此成爲西漢基層官吏主要的補充途徑。東漢永平十四年(71)後,博士弟子補爲吏員的考試,由射策改爲明經,由太常主持。陽嘉新制後,郡國文學職務越來越多,其録用權逐漸下移到郡守。建安年間,曹操下令郡縣普遍設置文學,郡縣文學群體得以迅速形成,其不斷交流創作,成爲魏晉文學繁榮的制度動因。

秦官設"文學"一職,以掌文書。漢承秦制,不廢文學。至漢武帝時始廣設"文學"一職,秩一百石,從博士弟子、受業如博士弟子中射策選拔,文學遂進入漢官序列。漢武帝《輪臺詔》言"乃者以縛馬書遍視丞相御史二千石諸大夫郎爲文學者"[①],已遍設文學之職;霍光廢劉賀,上奏疏者爲"諸吏文學光禄大夫臣遷、臣畸、臣吉、臣賜、臣管、臣勝、臣梁、臣長幸、臣夏侯勝、太中大夫臣德、臣卬"等[②],文學爲漢官序列的重要職務。漢武帝何以設文學之職?其如何成爲選拔官吏的途徑?東漢普遍設立"文學"是如何演進而成爲文學群體的?考察這一問題,不僅能看出"文學"如何從諸職事中獨立出來,而且還能明晰"文學"如何因制度化而得以發展爲文學群體,成爲漢魏經學教育的主導者和文學活動的參與者,進而從制度層面分析漢魏文學繁榮的動因[③]。

曹勝高 陝西師範大學文學院

一　秦漢間“文學”職能的形成

秦已設“文學”之職。秦始皇言自己“悉召文學方術士甚衆,欲以興太平,方士欲練以求奇藥”[④],此處用并提之法言之,方士“欲練以求奇藥”,而文學則“欲以興太平”。叔孫通便以“文學”徵爲待詔博士[⑤]。秦之文學,主要是製作文書。司馬遷言:“恬嘗書獄典文學。”[⑥]司馬貞《史記索隱》解釋説:“謂恬嘗學獄法,遂作獄官,典文學。”言蒙恬曾做過以文書記録案件的獄官。可知秦時“文學”之職,就功能言,爲文書;就職事言,爲製作文書的小吏。

秦始皇對待文學的態度,一方面意識到文學有虚辭濫説、無益於用的弊端,有以古例今不切實際的傾向,其讓博士參與議帝號、立水德、議封禪、論封建等討論,但并不委任具體的行政事務。方士侯生、盧生抱怨的“博士雖七十人,特備員弗用”,可見秦之博士用於備顧問,與齊宣王時爲“不治而議論”而設的文學職能相似[⑦]。另一方面,秦始皇也意識到帝國行政運作所需要的大量文書,必須依賴於文學之士纔能整理,故“文學”職事不能廢棄。這就使得他在始皇三十四年(前213)面對焚書之論時,對廢“文學”之議仍持保留態度。

《史記》記述秦焚書之事,很值得詳察。《李斯列傳》記載:

> 始皇下其議丞相。丞相謬其説,紬其辭,乃上書曰:“……臣請諸有文學、《詩》《書》、百家語者,蠲除去之。令到滿三十日弗去,黥爲城旦。所不去者,醫藥卜筮種樹之書。若有欲學者,以吏爲師。”始皇可其議,收去《詩》《書》百家之語以愚百姓,使天下無以古非今。明法度,定律令,皆以始皇起。同文書。

而《秦始皇本紀》則記載爲:

> 始皇下其議。丞相李斯曰:“……臣請史官非秦記皆燒之。非博士官所職,天下敢有藏《詩》《書》、百家語者,悉詣守、尉雜燒之。有敢偶語《詩》《書》者棄市,以古非今者族。吏見知不舉者與同罪……”制曰:“可。”

司馬遷兩處記載李斯的觀點,存在的差異便是如何處置“文學”:本傳引李斯上書，將“文學”列爲當焚者；而在《秦始皇本紀》中，李斯之議論則不含文學。兩者差異如此之大，有兩種可能：一是秦始皇令公卿討論，李斯在議論中衹言《詩》《書》、百家語，并没有提及文學。其所謂“雜燒之”等口頭語，可知此乃出於朝議，爾後李斯整理朝議上書給秦始皇時增加了文學；二是李斯擬定的草案原是包括文學在内，廷議時有人反對，李斯總結廷議結果時，便不再提及“焚文學”之事，秦始皇同意了後一方案。我們現在無法確知真實情況，然無論如何，秦始皇是有意識地將“文學”排除在被焚者之外。司馬遷在《李斯列傳》中引李斯上書之後，緊接着寫秦始皇“收去《詩》《書》百家之語以愚百姓”，與李斯上書中列文學形成鮮明對比，當爲司馬遷有意爲之[⑧]。

第二年（前212），秦始皇坑儒生方士前，又言“吾前收天下書不中用者盡去之”，可知秦始皇認爲《詩》《書》、百家語是不中用者，而文學不在此列。秦始皇最終認爲文學有用：一在於秦之文學爲文章、文書，秦之公文需行於民間，秦始皇巡狩刻石亦需流傳，即便民間以吏爲師，公文無法廢棄，文學禁絶更無從執行，故將“文學”排除。二是秦之官吏設有“文學”一職，若將文學禁止，典獄文學之類的小吏何處選用？秦始皇最終確定的民間焚書範圍不包括“文學”。

秦雖不廢文學，然其不好禮文，民間能爲文書者寡，以致漢初幾無能文之吏。蕭何衹能令“太史試學童，能諷書九千字以上，乃得爲史。又以六體試之，課最者以爲尚書御史史書令史。吏民上書，字或不正，輒舉劾”[⑨]，文筆之吏難尋，衹要求能把字寫正確、端正，足見秦文凋敝。劉邦就曾敕太子劉盈説：“吾遭亂世，當秦禁學，自喜，謂讀書無益。洎踐祚以來，時方省書，乃使人知作者之意，追思昔所行，多不是。”[⑩]言早年以爲讀書無益，尚自以爲喜。其即位之後，方纔醒悟治道皆在書中，對此前自己賤學、罵儒之行爲有所省思，“吾生不學書，但讀書問字而遂知耳。以此故不大工，然亦足自辭解。今視汝書，猶不如吾。汝可勤學習，每上疏宜自書，勿使人也”[⑪]。不僅自己開始讀書，而且要求太子勤奮學文。

漢初所謂“文學”，常指文章。《淮南子·精神訓》曾言：“藏詩書，修文學，而不知至論之旨，則拊盆叩瓴之徒也。”如果説《詩》《書》爲典籍而可藏，修文學則是以文章來立説[⑫]。賈誼便是“以能誦《詩》《書》、屬文稱於郡中”，入河南守吴公門下學習，因其年少“頗通諸家之書”[⑬]，以博士徵召，參與議對詔令。其能誦

《詩》《書》,爲精通典籍;能屬文,則爲能撰述文章。後班固評論漢高祖時的文化恢復:"漢興,蕭何次律令,韓信申軍法,張蒼爲章程,叔孫通定禮儀,則文學彬彬稍進,《詩》《書》往往間出。"⑭將律令、軍法、章程、禮儀的編訂視爲"文學"的成就,可見兩漢所謂的文學,是包括典章制度在内的文章著述。

與賈誼類似的,是漢文帝對晁錯的起用。晁錯"學申商刑名於軹張恢先所,與雒陽宋孟及劉禮同師。以文學爲太常掌故",依秦法,申商刑名之學亦在百家語中,當焚。幸而漢惠帝四年(前191)廢挾書令,晁錯得以學習之。晁錯出任太常掌故,在於其通"文學",而不在於通刑名之學。此處有兩點很值得注意:一是晁錯能以"文學"入職,乃能撰述文章,精通舊制,故備爲掌故。應劭注言:"掌故,百石吏,主故事。"《史記索隱》引服虔云:"百石卒吏。"⑮二是漢文帝時期,朝廷并不設"文學"之職,而是選拔"能屬文"者,以文學技能録爲掌故,以爲官佐。

晁錯任太常掌故期間,受命跟隨秦博士伏生治《尚書》,"還,因上書稱説。詔以爲太子舍人,門大夫,遷博士",上書漢文帝,主張以"聖人之術"教育太子,升任太子家令。漢文帝前元十五年(前165)下詔有司"舉賢良、文學士",晁錯以賢良、太子家令的身份參與對策。班固記載爲:"時賈誼已死,對策者百餘人,唯錯爲高第,繇是遷中大夫。"後又言:"錯又言宜削諸侯事,及法令可更定者,書凡三十篇。孝文雖不盡聽,然奇其材。"⑯晁錯之所以能夠爲漢文帝選中,不僅在於其策之高,而且在於其文雄辯。

晁錯以文學爲太常掌故,以賢良對策,可知漢興之後文學技能不廢,在於能屬文不僅爲公文所需,亦爲立説所用。漢文帝選長於文學的晁錯爲太子家令,漢景帝選趙綰、王臧爲太子太傅、少傅,教授太子劉徹。漢武帝即位後,立刻"延文學儒者數百人"⑰,曾任漢武帝太史令、中書令的司馬遷在此將文學、儒者并提,可見漢武帝時,文學、儒者是爲兩途,二者各有所指,儒者爲精通儒學之人,文學則爲著述文章、修飾文辭之人⑱。

二　漢武帝對"文學"之士的使用

秦漢間文學職能的確立,使得"能屬文"成爲朝廷選拔士人的技能之一。漢武帝建元元年(前140)初即位,便“徵天下舉方正賢良文學材力之士,待以不次之位”[19],以致四方之士紛紛上書。其中便有東方朔、嚴助,武帝對二人的態度,最能看出其對“文學”的理解。

東方朔的《上書自薦》,《漢書》本傳有録。其文辭詼諧而自譽甚高,“上偉之,令待詔公車,奉禄薄,未得省見”[20]。可見武帝所招文學,并非衹要求“文辭粲如”[21],而是選擇能以文章言事、論政者。東方朔自薦之書無關政事,武帝衹是讓其留在長安以備使用。東方朔自知落選,却不甘放棄,遂有嚇唬侏儒、作法射覆、巧解典故之事,得到了武帝的賞賜,然終不能爲武帝重用。

在參與對策的一百餘人中,武帝最欣賞嚴助的對策,將之拔擢爲中大夫。嚴助此次對策,史料不載。不過從嚴助詰問田蚡,力主出兵,可知其善於謀略;武帝遣嚴助持節至會稽,斬拒發兵之司馬,浮海而救東甌,可見其果於用兵。閩越再次興兵,淮南王反對用兵,嚴助支持漢武帝,可見其長於行政。閩越平定後,嚴助替武帝諭南越,又諭淮南王劉安,言用兵之理在於“義存危國,此則陛下深計遠慮之所出也”[22],令淮南王折服,足見其爲文也雄辯,爲政亦幹練。

由此可見,武帝所用的文學,不僅要看文辭,更要看能否以文佐政。班固對武帝左右的文學侍從進行了具體的分析:

> 後得朱買臣、吾丘壽王、司馬相如、主父偃、徐樂、嚴安、東方朔、枚皋、膠倉、終軍、嚴蔥奇等,并在左右……上令助等與大臣辯論,中外相應以義理之文,大臣數詘。其尤親幸者,東方朔、枚皋、嚴助、吾丘壽王、司馬相如。相如常稱疾避事。朔、皋不根持論,上頗俳優畜之。唯助與壽王見任用,而助最先進。[23]

其中所列諸人,皆出於方正、賢良、文學、材力之徵,皆能屬文。作爲武帝近臣,他們不僅能提供治國之策,還能引經據典加以論證,成爲漢武帝決策的參謀和執行的助手。武帝打算“築朔方,公孫弘諫,以爲罷敝中國。上使買臣難詘弘”[24],朱買臣爲武帝的決策提供理論支援,批駁對外朝異議,支持武帝用兵。東方朔、枚皋雖以辭賦見長,却不得重用的原因,在於他們“不根持論”,顔師古認爲“論議委隨,不能持正,如樹木之無根柢也”[25],即言辭浮泛,不能提出有效對策,論説缺少理據,衹能用於調笑娛樂,而不能行政,因而被武帝視爲俳優一類用於消遣的角色[26]。

武帝重用吾丘壽王,亦在於其能按照其意圖言事。《漢書》載壽王事,一爲駁斥丞相公孫弘"禁民不得挾弓弩"之議,引經據典,居然使得"弘詘服焉";二爲論周鼎實爲漢鼎,將之視爲國家祥瑞,頗中武帝心意[27];三爲支持武帝起上林苑。東方朔雖引經據典加以勸阻,或由於武帝對其"不根持論"的成見,武帝"起上林苑,如壽王所奏云"[28]。由此可知,武帝眼中的"文學",意在言事從政能上合經義、下稱國事,非單純地能爲文辭。

武帝對司馬相如的使用亦如是。相如作《子虛賦》,武帝恨不能與"此人同時"。但見到相如時却衹任爲郎,衹是令其潤色文章[29]。相如在景帝時就曾以貲爲郎,出任武騎常侍。相對於武帝拔嚴助、朱買臣爲中大夫,可見其對相如并未重用。後相如得到武帝的起用,在於能夠擔負行政事務。唐蒙在蜀中濫用民力通夜郎,武帝使相如作《喻巴蜀檄》責之,并喻告巴蜀百姓。夜郎既通,相如建議在邛、筰、冉、駹置郡縣,武帝深以爲然,"乃拜相如爲中郎將,建節往使"[30],相如以此功業獲得了中郎將的身份。

可見,武帝眼中的"能屬文",不是濫爲浮辭,而是能言事在理,論政切要。這一要求體現在元光元年(前134)的《策賢良詔》中,他强調應策者"明先聖之業,習俗化之變,終始之序",能"著大道之極,陳治亂之端"[31],所論當有益於治。董仲舒對策引經據典,論説有爲無爲、尚質尚文、德治刑治、教育選舉等事,文美辭豐,理正義嚴。武帝驚異其才學,直接任命爲江都相。元光五年其再詔問文學,直接提出六個問題,要求對策者"悉意正議,詳具其對,著之于篇"[32],縱論長治久安之道。公孫弘在數百種文學對策中,文采稍弱,被太常列爲下策,但義理切用,却被武帝拔擢爲第一。劉勰認爲此對策"總要以約文,事切而情舉"[33],即論點明確,論事準確,事理兼長。從中可以看出漢武帝選"文學"的標準,在於以文論政,而非以文爲辭。

元光五年公孫弘以文學應詔,對策第一拜爲博士。司馬遷言其"恢奇多聞",又行爲敦厚,契合武帝好大而專斷的性情;"辯論有餘,習文法吏事,而又緣飾以儒術"[34],其對策合乎武帝對文學的理解,後得以任爲相。由此開端,武帝一朝,“兒寬等推文學至九卿”[35],皆在於其能用儒家義理解釋武帝之行政,援引經書、史實爲借鑒。《漢書・兒寬傳》載兒寬爲廷尉張湯重用之事:

時張湯爲廷尉,廷尉府盡用文史法律之吏,而寬以儒生在其間,見謂不習事,不署曹,除爲從史,之北地視畜數年。還至府,上畜簿,會廷尉時有疑奏,已再見卻矣,掾史莫知所爲。寬爲言其意,掾史因使寬爲奏。奏成,讀之皆服,以白廷尉湯。湯大驚,召寬與語,乃奇其材,以爲掾。上寬所作奏,即時得可。異日,湯見上。問曰:“前奏非俗吏所及,誰爲之者?”湯言兒寬。上曰:“吾固聞之久矣。”湯由是鄉學,以寬爲奏讞掾,以古法義決疑獄,甚重之。及湯爲御史大夫,以寬爲掾,舉侍御史。見上,語經學,上説之,從問《尚書》一篇。擢爲中大夫,遷左内史。

兒寬能從一大堆“無文學”的獄吏中脱穎而出,不僅在於其精通文理,能夠將條奏寫得邏輯分明;更在於其能引上古行政經驗、司法實踐作爲援例,使得廷尉的判決不僅合法,而且合理。廷尉張湯也因爲兒寬所擬的公文稱意,得到武帝的器重[36]。後武帝封禪,“及議欲放古巡狩封禪之事,諸儒對者五十餘人,未能有所定”,不得已而詢問兒寬,兒寬認爲既然“享薦之義,不著於經”,那就應當由“聖主所由,制定其當”云云,鼓勵武帝不要拘泥於古禮,自定其儀。武帝“乃自製儀,采儒術以文焉”[37],事後拜兒寬爲御史大夫。

由此可見,武帝選用文學之士雖重文辭,但卻著眼於輔弼行政:一是代朝廷行諭,如嚴助諭閩越、淮南王,司馬相如諭巴蜀檄等,能將朝廷的意圖合理化,將皇帝詔書經典化。二是能爲決策提供建議,如董仲舒、公孫弘對策,司馬相如論封禪,兒寬議封禪等,在朝臣莫衷一是時提出合理建議,輔助武帝決策。三是能成爲決策的執行者,如嚴助赴會稽、兒寬以侍御史治民、朱買臣帶兵平定東越、司馬相如持節安撫巴蜀等,成爲武帝的得力助手。西漢“文學”職務,正是在此背景下得以設立。

三　“文學”職務的正式設置

“文學”職務的系統設置,出於元朔五年(前124)丞相公孫弘與太常孔臧商議後，聯合提請爲博士置弟子員：

> 爲博士官置弟子五十人，復其身。太常擇民年十八已上，儀狀端正者，補博士弟子。郡國縣道邑有好文學，敬長上，肅政教，順鄉里，出入不悖所聞者，令相長丞上屬所二千石，二千石謹察可者，當與計偕，詣太常，得受業如弟子。一歲皆輒試，能通一藝以上，補文學掌故缺；其高第可以爲郎中者，太常籍奏。即有秀才異等，輒以名聞。其不事學，若下材及不能通一藝，輒罷之，而請諸不稱者罰。
>
> 臣謹按詔書律令下者，明天人分際，通古今之義，文章爾雅，訓辭深厚，恩施甚美。小吏淺聞，不能究宣，無以明布諭下。治禮次治掌故以文學禮義爲官，遷留滯。請選擇其秩比二百石以上及吏百石通一藝以上，補左右内史、大行卒史；比百石已下，補郡太守卒史，皆各二人，邊郡一人。先用誦多者，若不足，乃擇掌故補中二千石屬，文學掌故補郡屬，備員，請著功令。佗如律令。㊳

依《漢舊儀補遺》，自漢武帝建元五年專設五經博士，對博士的要求便是"取學通行修，博學多藝，曉古文《爾雅》，能屬文章，爲高第。朝賀位次中郎官史"㊴。此時爲博士設弟子，便是期望博士能將其道德、經術、文章推而廣之，以"勸學興禮，崇化厲賢"㊵，廣開師法，培養賢才。公孫弘和孔臧提出要爲博士置弟子五十人，由太常負責選拔補全。此外，將原先的舉賢良文學察舉進一步規範，由"郡國縣道邑"挑選"好文學，敬長上，肅政教，順鄉里，出入不悖所聞者"，上報至相、長、丞等官吏處，再上報給其所隸屬的二千石官員，由其考察確定，移交於太常而隨同博士弟子一起學習，即"受業如弟子"。

這個提議明確提出，"受業如弟子"者通過一年的學習，以保證能通一經，以備太常選用。一年學習期滿後，博士弟子、受業如博士弟子者一起參加射策考試㊶。射策，顔師古注："射策者，謂爲難問疑義書之於策，量其大小署爲甲乙之科，列而置之，不使彰顯。有欲射者，隨其所取得而釋之，以知優劣。射之，言投射也。對策者，顯問以政事經義，令各對之，而觀其文辭定高下也。"㊷射策考的是對經義的理解，回答時需將經義與政事相聯繫，太常及其屬官根據應試者的義理、政事、文辭判定高下。

博士弟子射策,實際是分流考試,不同的成績決定了入仕的起點。依據成績分爲甲、乙、丙三科:甲科任爲郎中,秩二百石;乙科爲太子舍人,秩百石;丙科爲文學掌故、郡國文學,秩百石[43]。漢之官制,郎中、掌故、舍人本爲秦之舊職,西漢循其舊制。惟文學不常備員,至武帝時作爲博士弟子、如博士弟子者的出路,以百石品秩列爲漢官之末,列入官吏序列。在這其中,文學掌故是掌故之職的分化,《漢書》常以“文學”省稱,掌故秩二百石,出於乙科;文學爲百石,乃丙科所授。除品秩有差别外,二者服務對象亦有差異,《漢書・儒林傳》言:“擇掌故以補中二千石屬,文學掌故補郡屬,備員。”二百石掌故以補爲中二千石屬員,百石文學則補爲二千石屬員。

爲了改變“小吏淺聞,不能究宣,無以明布諭下”的狀況,公孫弘和孔臧還提出了低層官吏的升任機制,確定低層官吏中能以文學禮義治禮次、掌故者,可仿照射策所定的品秩調整職務[44]:秩比二百石以上,或秩在百石而通一藝以上的官吏,可以補任左、右内史或大行的屬官;秩比百石以下者,可以補爲郡太守屬官。目的是讓略通文學禮義的低級官吏,能夠迅速補充到亟須精通文學禮義的職務上去,其依據的標準便是誦習經典的多少。

公孫弘和孔臧的提議,當年(元朔五年,前124)便開始執行。兒寬便是在本年參加射策,由乙等出任掌故,後補爲廷尉文學卒史,得到張湯的重用[45]。以此開端,博士弟子、如弟子射策成爲漢官選拔的常科,也成爲諸多官吏入仕的起點[46]。如馬宫“治《春秋》嚴氏,以射策甲科爲郎”[47];何武“詣博士受業,治《易》。以射策甲科爲郎”[48];王嘉“以明經射策甲科爲郎”[49]; 翟方進受《春秋》,以射策甲科爲郎等[50]:皆以甲等出任二百石郎官。兒寬隨博士孔安國學習,射策而爲乙等,任百石掌故;房鳳射策乙科,亦出任大夫掌故等:此爲乙等任掌故例。匡衡曾從博士受《詩》,因爲“才下,數射策不中,至九,乃中丙科”,亦循制出任爲太常掌故,再“補平原文學卒史”[51]。

自元朔五年起,博士弟子、受業如弟子開始通過射策補爲官吏,漢朝得以大量吸納通經致用、才學兼該的文士加入官吏體系,通過博士對他們的培訓,太常對其選拔,朝廷對其任用,漢朝逐漸實現了從法吏到文吏的轉化。雖然掌故、文學秩不過百石，但其通明經術，作爲二千石的屬員，能夠起草文書，遂使得朝廷公文既有義理，又有辭章，并能輔之以典故、考據，不僅有效提高了漢朝文書的質量，而且使得行政因經術緣飾更具有合理性。

四　兩漢文學職務的升任路徑

獨尊儒術博士，爲博士設弟子員，從博士弟子、如博士弟子中選取低級官吏，是漢武帝時期儒生逐漸加大政治影響的具體路徑。這一做法，一方面保證了儒士可以通過察舉成爲漢朝的高級官吏，另一方面也促使低層的官員文吏化，開啓了西漢的士大夫政治[52]。公孫弘與孔臧的提議，不是出於權宜之計，而是漢儒深思熟慮的共識。董仲舒早在《元光元年對策》中，就對漢初的官吏選用制度提出過意見：

> 夫長吏多出於郎中、中郎，吏二千石子弟選郎吏，又以富訾，未必賢也。且古所謂功者，以任官稱職爲差，非謂積日絫久也。故小材雖絫日，不離於小官；賢材雖未久，不害爲輔佐。是以有司竭力盡知，務治其業而以赴功。今則不然。累日以取貴，積久以致官，是以廉恥貿亂，賢不肖渾淆，未得其真。臣愚以爲使諸列侯、郡守、二千石各擇其吏民之賢者，歲貢各二人以給宿衛，且以觀大臣之能；所貢賢者有賞，所貢不肖者有罰。夫如是，諸侯、吏二千石皆盡心於求賢，天下之士可得而官使也。遍得天下之賢人，則三王之盛易爲，而堯舜之名可及也。毋以日月爲功，實試賢能爲上，量材而授官，録德而定位，則廉恥殊路，賢不肖異處矣。[53]

董仲舒注意到漢初官吏任用機制的問題：一是以錢財貲選、以高官薦舉的官吏，多出於富家子弟、功臣之後，其累日積功進行考核，按資排輩進行升遷，久而久之，很容易形成庸官、昏官。二是貲選、薦舉本身很容易營私舞弊，禮義廉恥難以區分，賢良庸才不宜分判，必須對這些人親自考核，薦賢者給予褒揚，推庸者進行懲罰。三是選用官吏應該按照德、能陟罰臧否，從而形成良好的官吏升遷任用機制，纔能保證國家行政系統的高效。

從《元光元年對策》來看,董仲舒官吏選用機制的建議祇是治標的策略,而他提出了建構太學的主張,則是改良吏治的治本之策:

> 故養士之大者,莫大虖太學;太學者,賢士之所關也,教化之本原也。今以一郡一國之衆,對亡應書者,是王道往往而絶也。臣願陛下興太學,置明師,以養天下之士,數考問以盡其材,則英俊宜可得矣。今之郡守、縣令,民之師帥,所使承流而宣化也。[54]

在董仲舒看來,官吏的選拔應該有一個基本的門檻,那就是必須受過一定的教育,而不應該直接從民間選用;應該有一個基本的路徑,那就是必須數加考核,纔能發現其賢能如何。因此最好的策略便是通過學校系統培養,爲國家訓練出一批德才兼備的文吏。

從元光元年董仲舒提出問題到元朔五年,十年間,武帝一方面忙於出兵匈奴,另一方面廣泛尋求賢能。其在元光五年《復徵賢良詔》中問以天人之事,以明治道,體現出其對賢能之士的渴求。在元朔元年十一月的《議不舉孝廉者罪詔》中,也可以看出他對高官不願薦舉孝廉的不滿:“今或至闔郡而不薦一人,是化不下究,而積行之君子雍於上聞也……且進賢受上賞,蔽賢蒙顯戮,古之道也。其與中二千石,禮官,博士議不舉者罪。”二千石以上高官推舉孝廉之事進行抵觸,是由於誰也不能保證被薦舉者永遠賢良孝廉。武帝在元朔三年三月,封公孫弘爲侯,表明他試圖打破功臣任相、戰功封侯的傳統,重新建立一套官員升遷的標準。其在封公孫弘的詔書中說:“朕嘉先聖之道,開廣門路,宣招四方之士,蓋古者任賢而序位,量能以授官,勞大者厥禄厚,德盛者獲爵尊,故武功以顯重,而文德以行褒。”[55]其中强調了兩個意圖:一是要開門納賢,祇要是賢能之士,足以爲國家用者,不拘常例;二是宣示此後選任官吏的標準,是以賢能選任職務,以德行賞賜爵位,不再按資排輩,不再累日積功。若將此詔與《元光元年對策》對讀,可見武帝已然接受了董仲舒的見解。

元朔五年六月,武帝下《勸學詔》,接受董仲舒的建議,正式建立太學。公孫弘的《請爲博士置弟子員議》,明確了入太學讀書的博士弟子、如博士弟子射策考試的方式與路徑,從此,甲乙科考得以制度化,成爲士人入仕的通道。

一種制度是否合理,一是取决於制度運作過程中能否實現其設計初衷,就“文學”之職來説,便是其能否做到公孫弘、孔臧所設想的,使朝廷公文的義理、辭章、考據三者融通,成爲漢代文書的新風格。這在武帝時期已經實現,如張湯最早意識到武帝有“鄉文學”之意,便决心采用儒經作爲公文的學理,其“决大獄,欲傅古義,乃請博士弟子治《尚書》《春秋》補廷尉史,亭疑法”,選用博士弟子補爲廷尉屬官,以求公文合乎武帝之意。射策中乙等出任掌故的兒寬,被張湯補爲廷尉文學卒史,用於潤色公文,儘管“湯雖文深意忌不專平,然得此聲譽。而刻深吏多爲爪牙用者,依於文學之士。丞相弘數稱其美”[56]。張湯對文學卒史的使用以及兒寬得到武帝的重用,表明“以儒學緣飾吏事”已經成爲武帝時期公文的最高要求,“文學”一職的專業職能已基本實現。

二是取决於此制度是否能夠真正選拔人才,既能真正選拔優異之士,又足以吸引有志之士將之作爲進身途徑。從兩漢實踐來看,“文學”吸引了越來越多的士人應考,諸多名臣由此進階,無形提高了“文學”職務的含金量。最具有代表性的便是匡衡:

> 衡射策甲科,以不應令除爲太常掌故,調補平原文學。學者多上書薦衡經明,當世少雙,令爲文學就官京師;後進皆欲從衡平原,衡不宜在遠方。事下太子太傅蕭望之、少府梁丘賀問,衡對《詩》諸大義,其對深美。望之奏衡經學精習,説有師道,可觀覽。宣帝不甚用儒,遣衡歸官。而皇太子見衡對,私善之。會宣帝崩,元帝初即位,樂陵侯史高以外屬爲大司馬車騎將軍,領尚書事,前將軍蕭望之爲副。望之名儒,有師傅舊恩,天子任之,多所貢薦。高充位而已,與望之有隙。長安令楊興説高曰:“……平原文學匡衡材智有餘,經學絶倫,但以無階朝廷,故隨牒在遠方。將軍誠召置莫府,學士歙然歸仁,與參事議,觀其所有,貢之朝廷,必爲國器,以此顯示衆庶,名流於世。”高然其言,辟衡爲議曹史,薦衡於上,上以爲郎中,遷博士,給事中。[57]

經學名家匡衡在太學隨博士受《詩》,連續九次參加甲乙科試,最終方中丙科。顏師古注:“投射得甲科之策,而所對文指不應令條也。《儒林傳》説歲課甲科爲郎中,乙科爲太子舍人,景科補文學掌故。今不應令,是不中甲科之令,所以止爲掌故。”[58]由丙科出任太常文學掌故，秩百石。後依照“選擇其秩比二百石以上及吏百石通一藝以上，補左右内史、大行卒史”的規定[59]，再補爲平原王文學卒史。由於匡衡才學甚高，爲學界欽慕，多有上書者要求其以“郡國文學”之身份回京任職，如蕭望之、梁丘賀亦贊同衆議，但宣帝長於“綜核名實”，并没有對一個連續九次甲乙科考纔中丙等者輕易提拔，依然堅持要求匡衡回平原國就職。

從匡衡的經歷可以看出，武、宣時對文學之職的使用是嚴格而又謹慎的。所謂的嚴格，在於文學作爲秩百石的低級官吏，其人數既多，職事又卑，多數“文學”之官湮没於大量的吏員之中，不會被輕易提拔。所謂的謹慎，是朝廷對文學的使用，僅限於潤色公文，其能夠得以升遷者，或出於衆人推舉如匡衡，或出於文辭甚明如兒寬，或繼續參加察舉考試而累遷。如蓋寬饒先以明經出任郡文學；後再舉孝廉出任郎官；又被舉爲方正，再對策高第，遷諫大夫。其先後參加甲乙科考、孝廉察舉、方正察舉，依次升職而至諫議大夫。諫議大夫秩六百石，相對於郡文學的秩一百石，其累遷可謂千錘百煉。東漢魏應建武年間在太學隨博士受《魯詩》後，回郡任吏，又舉明經而出任濟陰王文學。永平初以察舉而爲博士，再遷侍中。張玄在建武初舉明經，補任弘農文學；由郡文學再遷陳倉縣丞；繼續研讀經書，後被弘農郡舉爲孝廉，任爲郎；再參加試策，以第一拜爲博士。其皆由文學入職，累遷而高升。

郡國文學若能出任中央機關的屬官，必須有二千石以上薦舉。如韓延壽，先被任爲郡文學，昭帝時“徵郡國賢良文學，問以得失”[60]，其以文學對策，言賞罰應得當。霍光納其言，從郡文學直接升爲諫大夫，算是一鳴驚人。諸葛豐先以明經出任郡文學，貢禹爲御史大夫時，直接任用其爲屬官，再出任侍御史。鄭崇初爲郡文學，後升爲丞相屬員，後因傅喜推薦而出任尚書僕射。霍光、貢禹、傅喜皆位列三公，秩二千石，可以直接薦舉中層官吏，韓延壽、諸葛豐、鄭崇因而得以升遷。没有得到二千石官員的推薦，文學想要升遷，祇能參加察舉。如雋不疑爲郡文學時，得到刺史暴勝之的推薦，朝廷徵召[61]，在其通過對策之後，方出任青州刺史。

部分士人出任文學之後，以其秩謀生，潛心經學而準備察舉。張玄先補弘農文學，再遷陳倉縣丞，“清净無欲，專心經書，方其講問，乃不食終日。及有難者，輒爲張數家之説，令擇從所安”[62]，待其學問累積而成，再次參加策試而爲博士。

楊倫初爲郡文學掾,“元初中,郡禮請,三府并辟,公車徵,皆辭疾不就。後特徵博士,爲清河王傅”[63]。以經學立身,最終徵召而出任博士。

累遷升職、得人薦舉、參加察舉是兩漢“文學”升遷的三個基本路徑,兩漢文學之職基本循此路徑,以經學爲立身之本,以射策作爲進身之途,步入官吏的行列。隨着東漢對甲乙科考的規範,文學與四科策試并列爲兩漢選官的基本路徑。從《續漢書·百官志》注所引《漢官》的記載中,可以看出東漢已經普遍設置“文學”職務:

(大司農)員吏百六十四人,其十八人四科,九人斗食,十六人二百石,文學二十人百石……

(太僕)員吏七十人,其七人四科,一人二百石;文學八人百石……

(廷尉)員吏百四十人,其十一人四科,十六人二百石廷吏,文學十六人百石……

(大行)員吏四十人,其四人四科,五人二百石,文學五人百石……

(大鴻臚)員吏五十五人,其六人四科,二人二百石,文學六人百石……

(衛尉)員吏四十一人,其九人四科,二人二百石,文學三人百石……

(執金吾)員吏二十九人,其十人四科,一人二百石,文學三人百石……

此爲東漢中央行政系統的管理編制。在這其中,“文學”一職仍秩百石,在員吏序列中位次於四科之士。此外,《漢官》記載河南尹設員吏九百二十七人,其中的文學守助掾,即後世的文學掾則有六十人之多,東漢文學已經成爲僅次於四科之士的龐大的官吏群體。

五　東漢對甲乙科考的規範

西漢科考博士弟子、博士如弟子以射策爲主,要求射策者據一經立意,論對政事,既以經術緣飾政事,應試者自然長於政論而短於經學。此弊端積聚日久,使得學者輕經學而重經術。漢明帝永平十四年(71),司空徐防提出以明經代替射策,試圖挽救流弊,其論言:

孔聖既遠,微旨將絶,故立博士十有四家。設甲乙之科,以勉勸學者,所以示人好惡,改敝就善者也。伏見太學試博士弟子,皆以意説,不修家法,私相容隱,開生姦路。每有策試,輒興諍訟,論議紛錯,互相是非……今不依章句,妄生穿鑿,以遵師爲非義,意説爲得理,輕侮道術,浸以成俗,誠非詔書實選本意。改薄從忠,三世常道,專精務本,儒學所先。臣以爲博士及甲乙策試,宜從其家章句,開五十難以試之。解釋多者爲上第,引文明者爲高説;若不依先師,義有相伐,皆正以爲非。《五經》各取上第六人,《論語》不宜射策。雖所失或久,差可矯革。[64]

在徐防看來,射策科考存在兩個弊端:一是各家博士弟子爲了能夠射策成功,不再遵守所師之説,并雜采諸家之説,迎合策論,不顧經學之本義。由於諸博士所傳經義不同,故射策之論不重經説本義,妄自穿鑿,既無助於經學傳承,更無益於學風之端正。二是射策的本意,在於讓“好文學”者能夠接受一經以上的訓練,以提高公文質量,强化儒學對吏事的緣飾。但在實際操作中,却强化政論,而忽略經學。經學駁雜,持論無根。因此,徐防建議射策應提倡對家法的信從,强化對經義的理解。漢明帝將詔書下公卿議論,爲大家贊同,遂頒詔而爲定制,甲乙科考又被稱爲“明經”。

徐防的建議得到批准,標志着明經成爲東漢科考的首要標準。《後漢書·儒林列傳》言“於是制詔公卿妙簡其選,三署郎能通經術者,皆得察舉”云云,甲乙科考重明經而不重策論。受此影響,“永平中,崇尚儒術學,自皇太子諸王侯及臣子弟莫不受經,又爲外戚樊氏、郭氏、馬氏諸子弟立學,號曰四姓小侯。置五經師。酺以明經充焉”[65]。在這種風氣下,明經成爲甲乙科考的唯一科目。漢章帝元和二年(85)五月,因祥瑞而詔曰:“令郡國上明經者,口十萬以上五人,不滿十萬三人。”[66]西漢災異祥瑞常舉賢良、孝廉,東漢則多舉明經,明經已經成爲察舉之制。

順帝起太學,在陽嘉新制中更强化明經的地位[67],對博士弟子、如博士弟子的策試方式進行了調整。陽嘉元年(132),順帝“詔試明經者補弟子,增甲乙之科,員各十人。除京師及郡國耆儒年六十以上爲郎、舍人、諸王國郎者百三十八人”[68],先令郡國舉明經入太學學習,并在每年的甲乙科考中增録員額。其對太學中那些連年積壓而未能中甲乙科考、年歲已高的博士弟子員,比照甲乙科録爲郎、舍人,以緩解太學博士人數衆多的壓力。質帝本初元年(146)夏四月,所下詔書亦言:

令郡國舉明經,年五十以上、七十以下詣太學。自大將軍至六百石,皆遣子受業,歲滿課試,以高第五人補郎中,次五人太子舍人。又千石、六百石、四府掾屬、三署郎、四姓小侯先能通經者,各令隨家法,其高第者上名牒,當以次賞進。[69]

這一詔書,最能看出東漢甲乙科考的運作模式:由郡國選舉的明經之士,年數較大而未能録用者入太學繼續學習。六百石之上官員的孩子可以直接入學受業,一年後參加明經科考,按照科考結果補任郎中、太子舍人等。千石以下官吏及侯官,若參加明經考試而通明經學者,可以升遷,從而使得明經成爲官員升遷的基本技能。

西漢推選博士弟子、如博士弟子者,要求爲“好文學,敬長上,肅政教,順鄉里,出入不悖所聞者”[70],經二千石舉薦,入太學隨博士學習一年,射策而分甲、乙、丙三科出任相應官吏。陽嘉新制則改由郡國試明經,入太學選拔,通過者直接出任官員,下第者補爲博士弟子。這樣一來,一是把西漢“好文學”爲首的標準轉化爲“明經”爲首,削弱了文學職務的文學性而强化了經學特長;二是將百石文學的選用權下放到郡國,太學衹負責升遷考試,從而强化了郡國文學對士人的培養與選拔職責。

東漢科考雖名之爲甲乙科考,科考成績依然分爲三類。如建和初,桓帝下詔舉行科考:“諸學生年十六以上,比郡國明經,試,次第上名。高第十五人、上第十六人爲中郎,中第十七人爲太子舍人,下第十七人爲王家郎。”將科考者録爲三等,分别出任郎中、舍人和王家郎。永壽二年(156)桓帝下詔復課試諸生,以補充郎、舍人,其方式爲:

學生滿二歲,試通二經者,補文學掌故;其不能通二經者,須後試復隨輩試,試通二經者,亦得爲文學掌故。其已爲文學掌故者,滿二歲,試能通三經

> 者,擢其高第,爲太子舍人;其不得第者,後試復隨輩試,第復高者,亦得爲太子舍人。已爲太子舍人,滿二歲,試能通四經者,擢其高第,爲郎中;其不得第者,後試復隨輩試,第復高者,亦得爲郎中。已爲郎中,滿二歲,試能通五經者,擢其高第,補吏,隨才而用;其不得第者,後試復隨輩試,第復高,亦得補吏。[71]

這一制度安排進一步明確了文學掌故、太子舍人和郎中的區别,在於通經的多寡。文學掌故、太子舍人、郎中依次遞進,能通五經者可以補爲更高級别的官吏。這樣一來,甲乙科考由每年一度選舉考試,變成了可以持續升遷的選拔考試,成爲東漢後期朝廷選官的新方式。這樣一來,甲乙科考不再作爲資格考試,而成爲可以連續參加的水準考試,欲升遷職務者,可以循此多次科考而獲得升遷的資格。

六　郡國文學的學術職能

從現存資料看,在元帝時期,各郡國多置五經百石卒史,其大致相當於郡縣學校官吏[72]。東漢的郡國文學已經普遍設置,其承擔着培養士人、推廣教化和學術研究的職能。

東漢諸多官吏、學者出於郡國文學。其中,王尊"事師郡文學官,治《尚書》《論語》,略通大義。復召署守屬治獄,爲郡決曹史",涿郡文學擔負有講學的使命,王尊才可能入學就讀。顔師古曾言西漢"郡有文學官,而尊事之以爲師也"[73],肯定郡國文學的講學傳經功能。東漢初年郡文學作爲建制,可以由郡守設立。被列入雲臺二十八將之一的李忠,於建武六年(30)出任丹陽太守,"以丹陽越俗不好學,嫁娶禮儀,衰於中國,乃爲起學校,習禮容,春秋鄉飲,選用明經,郡中向慕之"[74]。李忠在丹陽建立郡學,選用明經之士爲吏,引導郡中士人讀書、習禮,使丹陽大治。和帝時會稽郡太守張霸,爲"撥亂興治"而"立文學,學徒以千數,風教大行,道路但聞誦聲。百姓歌詠之"[75],先後培養出顧奉、公孫松、畢海、胡母官、萬虞先、王演、李根等名士。

張衡《南陽文學儒林書贊》記述南陽郡文學由太守鮑君設置:"愍文學之弛

廢，懷儒林之陵遲，乃命匠修而新之。崇肅肅之儀，揚濟濟之化。"意在通過郡文學推廣禮樂教化，改正風俗，引導百姓向善。崔瑗所作的《南陽文學頌》，可以看作東漢中葉對郡文學教化功能的理解：

> 民生如何，導以禮樂，乃修禮官，奮其羽籥。我國既淳，我俗既敦，神樂民别，嘉生乃繁。無言不酬，其德宜光，先民既没，賴兹舊章。我禮既經，我樂既馨，三事不叙，莫識其形。

《漢書・韓延壽傳》記述了韓延壽擔任潁川太守時，通過郡學施行教化的做法：

> 潁川多豪强，難治，國家常爲選良二千石。先是，趙廣漢爲太守，患其俗多朋黨，故構會吏民，令相告訐，一切以爲聰明，潁川由是以爲俗，民多怨讐。延壽欲更改之，教以禮讓，恐百姓不從，乃歷召郡中長老爲鄉里所信向者數十人，設酒具食，親與相對，接以禮意，人人問以謡俗，民所疾苦，爲陳和睦親愛銷除怨咎之路。長老皆以爲便，可施行，因與議定嫁娶喪祭儀品，略依古禮，不得過法。延壽於是令文學校官諸生皮弁執俎豆，爲吏民行喪嫁娶禮。百姓遵用其教，賣偶車馬下里僞物者，棄之市道……延壽爲吏，上禮義，好古教化，所至必聘其賢士，以禮待用，廣謀議，納諫争；舉行喪讓財，表孝弟有行；修治學官，春秋鄉射，陳鐘鼓管弦，盛升降揖讓，及都試講武，設斧鉞旌旗，習射御之事。治城郭，收賦租，先明布告其日，以期會爲大事，吏民敬畏趨鄉之。又置正、五長，相率以孝弟，不得舍姦人。

韓延壽治理潁川，提升了郡國文學的教化職能，使之能夠擔負起"教以禮讓"的職責，其中"令文學校官諸生皮弁執俎豆，爲吏民行喪嫁娶禮"，顔師古注："校亦學也。"[76]即韓延壽令郡國文學中的學官帶着各種禮器，幫助百姓在婚喪嫁娶時實行禮儀，久而久之，使得百姓按照儒家的禮儀制度舉行活動，改掉諸多陋習。韓延壽的"修治學官"，乃整修郡國學校；"春秋鄉射"是定期舉行禮儀活動，使百姓懂得禮樂榮辱，形成良好的社會秩序。

王粲《荆州文學記官志》亦詳細記述了荆州文學的職能，并將之歸結爲"設教導化，叙經志業"。此與公孫弘、董仲舒、徐防所言類似，郡文學是太學功能的延續，具有導民向善的教化職能、傳授研究經學的教育功能。建安年間，先後有三百人聚集在荆州文學之中,"遂訓六經,講禮物,諧八音,協律吕,修紀曆,理刑法,六略咸秩,百氏備矣"[77],王粲列出荆州文學對《易》《書》《爾雅》《詩》《禮》《春秋》等典籍的研究,可以看出郡文學作爲一個以經學教育、禮樂教化爲職能的學術機構,還擔負着修訂曆法、制定法規等職責,成爲郡國的學術活動中心。

郡國舉行禮儀活動,多由文學負責。《魯相晨孔廟後碑》記載了建宁元年(168)四月魯地祭祀孔子的情形:

時長史廬江舒李謙敬讓、五官掾魯孔暢、功曹史孔淮、户曹掾薛東門榮、史文陽馬琮、守廟百石孔讚、副掾孔綱、故尚書孔立元世、河東大守孔彪元上、處士孔褒文禮皆會廟堂,國縣員冗,吏無大小,空府竭寺,咸俾來觀。并泮宫文學先生、執事諸弟子,合九百七人。雅歌吹笙,考之六律,八音克諧,蕩邪反正,奉爵稱壽,相樂終日。於穆肅雍,上下蒙福,長享利貞,與天無極。史君饗後,部史仇誧、縣吏劉耽等,補完里中道之周左。

魯國文學及其弟子們作爲重要的參與者,協助各級官員舉行祭孔活動,"雅歌吹笙"乃演奏音樂,"奉爵稱壽"乃舉行祭祀儀式。"於穆肅雍"諸語,則形容此類禮樂活動的氣氛,以及贊頌祭孔活動的文質彬彬。按照《魯相史晨祀孔子廟碑》的記述,魯相史晨"祠孔子以大牢,長吏備爵,所以尊先師重教化也",率領魯國群臣集體祭祀孔子,表明尊師重教。

由此可見,郡國文學擔負着經學教育的功能,是兩漢經學、文學下行的重要通道。從行政職能來説,這些文學"通明經術",在地方承擔起禮樂教化的使命,既使兩漢經學自朝廷博士之官而普及於地方,也使得地方經學之士得以受到指教而能進入太學學習,成爲中央與郡國學術交流的梁津[78]。從文化功能來説,郡國文學能夠協助地方官員起草公文、參贊教化,保證了經學自上至下的一統,并通過郡國文學爲太學的甲乙科考輸送人才,促成了優異人才自下而上的流動。

七 "郡國各修文學"與魏晋文學的繁榮

漢末郡守選用文學掾,不再固守明經之學。《陳留耆舊傳》記載:"太守泠宏召補文學,宏見異之,擢舉孝廉。"[79]言吴佑参加陳留太守冷宏召補文學的面試,直接升爲孝廉。陳寔初"爲郡西門亭長,尋轉功曹。時中常侍侯覽托太守高倫用吏,倫教署爲文學掾"[80],陳寔亦從文學掾之職入仕,其不以明經爲業。這樣一來,郡國文學更多各郡國名士聚集之所。李固《臨荆州辟文學教》曾言:"欲采名珠,求之于蚌;欲得名士,求之文學。或割百蚌不得一珠,不可舍蚌求之于魚;或百文學不出奇士,不可舍文學求之于斗筲也。由是言也,蚌乃珠之所藏,文學亦士之場矣。"肯定了荆州文學中文士的文學才華而不是經學才能。

建安八年(203)秋七月,曹操以爲:"喪亂已來,十有五年,後生者不見仁義禮讓之風,吾甚傷之。其令郡國各修文學,縣滿五百户置校官,選其鄉之俊造而教學之。"[81]其命令各郡國普遍設立"文學",五百户以上的縣必須設立校官,負責對境内才學之士進行培養。此前郡文學是以郡爲單位選拔才俊之士進行培養,曹操此令,一是將人才培養下移到縣一級,使得文學之士的選拔與培養得以下移;二是使得縣令一級能夠設立文學之官,最大限度地籠絡人才。從孔曜《薦管輅於冀州刺史裴徽》來看,刺史可直接徵召名士出任文學:

> (管輅)雅性寬大,與世無忌,可爲士雄。仰觀天文則能同妙甘公、石申,俯覽《周易》則能思齊季主,游步道術,開神無窮,可爲士英。抱荆山之璞,懷夜光之寶,而爲清河郡所録北黌文學,可爲痛心疾首也。使君方欲流精九皋,垂神幽藪,欲令明主不獨治,逸才不久滯,高風遐被,莫不草靡,宜使輅特蒙陰和之應,得及羽儀之時,必能翼宣隆化,揚聲九圍也。[82]

《三國志·魏書·方技傳》記載:"裴徽於是辟爲文學從事,引與相見,大善友之。"管輅最初爲清河太守所召,出任北黌文學之職;後因好友趙孔曜舉薦,出任冀州刺史文學從事。其先後兩次以文學入職,可以看出文學選録已經下移到州縣一級。

文學掾可由郡縣長官選任,使得大量名士以文學掾入職。如司馬懿,"漢建安六年,郡舉上計掾。魏武帝爲司空,聞而辟之……及魏武爲丞相,又辟爲文學掾"[83];王觀,"少孤貧勵志,太祖召爲丞相文學掾,出爲高唐、陽泉、酇、任令,所在稱治"[84]。二人皆因才學爲人稱道,曹操以丞相身份徵辟爲文學掾。曹植清選官屬,以司馬孚爲文學掾;曹丕爲太子時,命鄭冲爲文學,又專設五官中郎將文學,徵辟文學之士,劉楨、徐幹、應瑒、夏侯尚等皆曾出任。

以此爲制,曹魏普遍設立文學掾,太子宫、王侯均設立文學掾。如王昶,"文帝在東宫,昶爲太子文學"[85];李豐、畢軌、荀閎,明帝任太子時"在文學中"[86];毌丘儉爲"平原侯文學"[87];高堂隆則"爲歷城侯徽文學"[88]。魏之"文學"普遍設立,《晋書·職官志》又言"王置師、友、文學各一人",晋之文學成爲定制。

需要强調的是,建安以後,"文學"不再以經學教育、禮樂教化爲尚,轉而崇尚博通之學、著述之事。如曹氏父子推崇的邯鄲淳,精通玄學、經學、史論、策略、文章,"博學有才章,又善《蒼》《雅》、蟲、篆、《許氏》字指",爲一代名士。曹操"素聞其名,召與相見,甚敬異之";曹丕"博延英儒,亦宿聞淳名,因啓淳欲使在文學官屬中";曹植"亦求淳",并與其"評説混元造化之端,品物區别之意,然後論羲皇以來賢聖名臣烈士優劣之差,次頌古今文章賦誄及當官政事宜所先後,又論用武行兵倚伏之勢"[89]。三曹對於邯鄲淳的賞識,體現了他們對"文學"的新認知。荀閎曾爲太子文學掾,"時有甲乙疑論,閎與鍾繇、王朗、袁涣議各不同",以致曹丕在與鍾繇的信中説:"袁、王國士,更爲脣齒,荀閎勁悍,往來鋭師,真君侯之勍敵,左右之深憂也。"[90]稱贊荀閎議論具有强烈的説服力。

由此可見,建安時期的"文學",乃集議論、學識與文章爲一體的複合型人才。曹丕對建安文人的評價中,最能看出其眼中的文學之才,是以著述爲主。其《典論》評價當時文學之士:"粲之《初征》《登樓》《槐賦》《征思》,幹之《玄猿》《漏卮》《圓扇》《橘賦》,雖張、蔡不過也,然於他文未能稱是。琳、瑀之章表書記,今之雋也。應瑒和而不壯,劉楨壯而不密。孔融體氣高妙,有過人者,然不能持論,理不勝辭,至於雜以嘲戲,及其所善,揚、班之儔也。"以文學創作之高下著眼,可見曹丕審視文學掾之高下,重視的是文學著述能力。

建安時期,曹氏兄弟與文學屬官的活動,多爲文學著述。曹丕《與吴質書》言"既妙思六經,逍遥百氏,彈棊間設,終以博弈,高談娱心,哀箏順耳……時駕而游,北遵河曲,從者鳴笳以啓路,文學托乘于後車"云云,説明文學屬官不僅參與諸王的貴遊,而且還進行意氣相投的文學創作。曹魏立國後,文學創作遂轉爲撰述[91]。《三國志·魏書·文帝紀》徑言:"初,帝好文學,以著述爲務,自所勒成垂百篇。又使諸儒撰集經傳,隨類相從,凡千餘篇,號曰《皇覽》。"將著述創作視爲文學之活動,并邀請儒生編纂、撰述、創作。《魏略》便言桓範於"延康中,爲羽林左監,以有文學,與王象等典集《皇覽》"[92],因爲文學才華參與編纂。而曹衮則是:

> 少好學,年十餘歲能屬文。每讀書,文學左右常恐以精力爲病,數諫止之,然性所樂,不能廢也……每兄弟游娱,衮獨譚思經典。文學防輔相與言曰:"受詔察公舉錯,有過當奏,及有善,亦宜以聞,不可匿其美也。"遂共表稱陳衮美。衮聞之,大驚懼,責讓文學曰:"修身自守,常人之行耳,而諸君乃以上聞,是適所以增其負累也。且如有善,何患不聞,而遽共如是,是非益我者。"其戒慎如此。[93]

如果説曹丕、曹植愛好文學到了如癡如醉的地步,曹衮對文學則幾乎是捨生忘死的癡迷,其以讀書、著述出之,體現着魏晋之際文學的新動向。

由此可見,兩漢文學職務的設立,使得文學作爲一項專業技能,通過制度性的安排成爲士人入仕的通道,從而使得文學的特徵得以强化。特别是郡國文學的普及,培養了大量熟知經學且能著述的文學之士,促成了文學群體的交流,文學獨立於經學的特徵不斷被認知,文學著述的功能不斷被强化[94]。隨着靈帝開鴻都門學而不再以經學取士[95],文學不再作爲"緣飾政事"的工具,而成爲抒寫性情、表現才學的創作方式,在建安時期得到了全面的實踐,在這其中,郡縣普遍設立的文學掾以及由此而組成的文學群體,是魏晋文學繁榮最爲根本的制度動因。

(教育部哲學社會科學研究重大課題攻關項目"中華優秀傳統文化的學理建構、價值認同與教育策略研究"[17JZD044]成果)

注　釋

① 《漢書》卷九六《西域傳》,中華書局1962年版,第3913頁。

② 同上書卷六八《霍光傳》,第2940頁。

③ 既往研究多論及士大夫與文人的關係、文學創作與文人群體的形成等,較少注意到文學職務對

文學群體的影響。可參見趙敏俐《讀書仕進與精思著文:論漢代官僚士大夫與文人文學之關係》,《文學遺産》2013 年第 3 期;錢志熙《文人文學的發生與早期文人群體的階層特徵》,《北京大學學報》2009 年第 5 期;侯文學《兩漢作家入仕途徑考察——以探討漢代經學與文學的關係爲目的》,《天府新論》2010 年第 3 期。

④ 《史記》卷六《秦始皇本紀》,中華書局 1959 年版,第 258 頁。

⑤ 同上書卷九九《叔孫通傳》,第 2720 頁。

⑥ 同上書卷八八《蒙恬列傳》,第 2565 頁。

⑦ 曹勝高《周秦文學認知與“文學”的概念生成》,《深圳大學學報》2016 年第 5 期,第 118 頁。

⑧ 《史記》卷八七《李斯列傳》結尾,司馬遷直接評論李斯“知六藝之歸,不務明政以補主上之缺,持爵禄之重,阿順苟合,嚴威酷刑”,認爲李斯明明知道六藝的旨歸何在,而不以六藝之長處補益秦行政的苛刻,反倒爲了一己之私,順承秦始皇的貪酷,因秦弊而身死,殊爲可惜。顯然李斯焚“文學、《詩》《書》、百家語”的提議,要比秦始皇更酷烈。

⑨ 《漢書》卷三〇《藝文志》,第 1721 頁。

⑩ 《古文苑》,中華書局 1985 年版,第 236 頁。

⑪ 同上書,第 236—237 頁。

⑫ 元狩元年(前 122)夏四月,漢武帝公開指責“日者淮南、衡山修文學,流貨賂,兩國接壤,怵於邪説”。其認定淮南王、衡山王“修文學”,便是招致四方遊士著書立説,討論國事,而意欲有所作爲。這個説法延續至漢昭帝時期,《鹽鐵論・晁錯》中,大夫直接蹤述漢武帝之詔言:“日者,淮南、衡山修文學,招四方遊士,山東儒、墨咸聚於江、淮之間,講議集論,著書數十篇。然卒於背義不臣,使謀叛逆,誅及宗族。”在他們看來,淮南王、衡山王的“修文學”,與儒墨之士的“講議集論著書”性質相同。

⑬ 《漢書》卷四八《賈誼傳》,第 2221 頁。

⑭ 同上書卷六二《司馬遷傳》,第 2723 頁。

⑮ 《史記》卷一〇一《晁錯傳》,第 2745 頁。

⑯ 《漢書》卷四九《晁錯傳》,第 2277、2290、2299 頁。

⑰ 《史記》卷一二一《儒林列傳》,第 3118 頁。

⑱ 《史記》卷九六《張丞相列傳》:“張蒼文學律曆,爲漢名相,而絀賈生、公孫臣等言正朔服色事而不遵,明用秦之《顓頊曆》,何哉?周昌,木彊人也。任敖以舊德用。申屠嘉可謂剛毅守節矣,然無術學,殆與蕭、曹、陳平異矣。”言張蒼能撰述文章、制定律曆,與班固所謂的“文學稍進”意思相同。

⑲ 《漢書》卷六五《東方朔傳》,第 2841 頁。

⑳ 同上書,第 2842 頁。

㉑ 《史記》卷一三〇《太史公自序》,第 3318 頁。

㉒ 《漢書》卷六四《嚴助傳》,第 2788 頁。

㉓ 同上書,第 2775 頁。

㉔ 同上書卷六四《朱買臣傳》,第 2791 頁。

㉕ 同注㉒,第 2776 頁。

㉖ 《漢書》卷六五《東方朔傳》曾載漢武帝問東方朔:"方今公孫丞相、兒大夫、董仲舒、夏侯始昌、司馬相如、吾丘壽王、主父偃、朱買臣、嚴助、汲黯、膠倉、終軍、嚴安、徐樂、司馬遷之倫,皆辯知閎達,溢于文辭,先生自視,何與比哉?"東方朔居然對曰:"臣觀其臿齒牙,樹頰胲,吐脣吻,擢項頤,結股脚,連脽尻,遺蛇其迹,行步偶旅,臣朔雖不肖,尚兼此數子者。"不知武帝所言之意,班固認爲"朔之進對澹辭,皆此類也",又言:"劉向言少時數問長老賢人通於事及朔時者,皆曰朔口諧倡辯,不能持論,喜爲庸人誦説,故令後世多傳聞者。而揚雄亦以爲朔言不純師,行不純德,其流風遺書蔑如也。"認爲東方朔名過其實,雖能爲辭賦,却不能有益於政事。故漢武帝不用焉。班固言其好事者多附會其事,爲滑稽之雄而録之。

㉗ 同上書卷六四《吾丘壽王傳》,第 2795—2797 頁。

㉘ 同注⑲,第 2851 頁。

㉙ 《漢書》卷四四《淮南王傳》曾言:"時武帝方好藝文,以安屬爲諸父,辯博善爲文辭,甚尊重之。每爲報書及賜,常召司馬相如等視草乃遣。"武帝所好的藝文,一是合乎六藝之文,其本於經,長在於據典而淵博;二是修飾之文,本於辭,長在於藻飾而精美。年輕的武帝看淮南王劉安、衡山王劉賜等人因"修文學"而文辭甚美,心中嚮往,亦不甘示弱,便在頒行詔書、賞賜文書時,召集司馬相如等人修飾、潤色後纔頒行,唯恐文辭不善,爲諸侯王所輕視。

㉚ 《史記》卷一一七《司馬相如列傳》,第 3046 頁。

㉛ 《漢書》卷五六《董仲舒傳》,第 2498、2514 頁。

㉜ 同上書卷五八《公孫弘傳》,第 2614 頁。

㉝ [南朝梁]劉勰著,范文瀾注《文心雕龍注》卷五《議對》,人民文學出版社 1962 年版,第 439 頁。

㉞ 《史記》卷一一二《平津侯傳》,第 2950 頁。

㉟ 同上書卷一〇三《萬石君傳》,第 2767 頁。

㊱ 《史記》卷一二二《酷吏列傳》:"湯决大獄,欲傅古義,乃請博士弟子治《尚書》《春秋》補廷尉史,亭疑法。奏讞疑事,必豫先爲上分别其原,上所是,受而著讞决法廷尉,絜令揚主之明。"

㊲ 《漢書》卷五八《兒寬傳》,第 2630—2631 頁。

㊳ 《史記》卷一二一《儒林列傳》,第 3119 頁。

㊴ [清]孫星衍等輯《漢官六種・漢官舊儀補遺》,中華書局1990年版,第57頁。

㊵ 《漢書》卷八八《儒林傳》,第3594頁。

㊶ 《漢舊儀》記載爲:“太常博士弟子試射策,中甲科補郎,中乙科補掌故也。”

㊷ 《漢書》卷七八《蕭望之傳》,第3272頁。

㊸ 同上書卷八八《儒林傳》載爲“歲課甲科四十人爲郎中,乙科二十人爲太子舍人,丙科四十人補文學掌故”,此爲武帝時初行甲乙科試時人數。《漢儀》又記載:“弟子射策,甲科百人,補郎中;乙科二百人,補太子舍人,皆秩比二百石。次郡國文學,秩百石也。”

㊹ 閻步克《從爵本位到官本位:秦漢官僚品位結構研究》,生活・讀書・新知三聯書店2009年版,412—418頁。

㊺ 劉躍進《秦漢文學編年史》,商務印書館2006年版,第160頁。

㊻ [清]王先謙《漢書補注》引蘇輿言:“文帝時立此名,武帝興學之後,始定員數,至此復申舊制。”上海古籍出版社2008年版,第318頁。

㊼ 《漢書》卷八一《馬宫傳》,第3365頁。

㊽ 同上書卷八六《何武傳》,第3481頁。

㊾ 同上書卷八六《王嘉傳》,第3488頁。

㊿ 同上書卷八四《翟方進傳》,第3411頁。

51 《史記》卷九六《張丞相列傳》,第2688頁。

52 閻步克《士大夫政治演生史稿》,北京大學出版社1996年版,412—463頁。

53 同注㉛,第2512—2513頁。

54 同注㉛,第2512頁。

55 同注㉜,第2620頁。

56 《史記》卷一二二《酷吏列傳》,第3139頁。

57 《漢書》卷八一《匡衡傳》,第3331—3332頁。

58 同上書,第3332頁。

59 同注㊵,第3594頁。

60 《漢書》卷七六《韓延壽傳》,第3210頁。

61 同上書卷七一《雋不疑傳》,第3035頁。

62 《後漢書》卷七九《儒林列傳》,中華書局1965年版,第2581頁。

63 同上書,第2564頁。

64 《後漢書》卷四四《徐防傳》,第1500—1501頁。

65 [晉]袁宏《後漢紀》卷一四《孝和皇帝紀》,中華書局2002年版,第286—287頁。

⑥⑥ 《後漢書》卷三《肅宗孝章帝紀》,第 152 頁。

⑥⑦ "陽嘉新制"采用閻步克的説法,參見《察舉制度變遷史稿》,遼寧大學出版社 1997 年版,第 62—66 頁。

⑥⑧ 《後漢書》卷六一《左雄傳》,第 2019—2020 頁。

⑥⑨ 同上書卷六《孝質帝紀》,第 281 頁。

⑦⓪ 同注㊳,第 3119 頁。

⑦① [唐]杜佑《通典》卷一三《選舉一》,中華書局 1988 年版,第 318 頁。

⑦② [清]紀昀《歷代職官表》卷五一《元帝好儒郡國置五經百石卒史》,上海古籍出版社 1989 年版,第 521 頁。

⑦③ 《漢書》卷七六《王尊傳》,第 3227 頁。

⑦④ 《後漢書》卷二一《李忠傳》,第 756 頁。

⑦⑤ 任乃强《華陽國志校補圖注》卷一〇《先賢士女總贊論》,上海古籍出版社 1987 年版,第 535 頁。

⑦⑥ 同注⑥⓪,第 3211 頁。

⑦⑦ [唐]歐陽詢《藝文類聚》卷三八《學校》,上海古籍出版社 1982 年版,第 693 頁。

⑦⑧ 王洪軍《漢代博士弟子的政治使命和道術傳播》,《學習與探索》2009 年第 4 期,第 231 頁。

⑦⑨ 《後漢書》卷六四《吴祐傳》,第 2100 頁。

⑧⓪ 同上書卷六二《陳寔傳》,第 2065 頁。

⑧① 《三國志》卷一《魏書・武帝紀》,中華書局 1974 年版,第 24 頁。

⑧② 同上書卷二九《魏書・方技傳》,第 819 頁。

⑧③ 《晋書》卷一《高祖宣帝紀》,中華書局 1974 年版,第 2 頁。

⑧④ 《三國志》卷二四《魏書・王觀傳》,第 693 頁。

⑧⑤ 同上書卷二七《魏書・王昶傳》,第 743—744 頁。

⑧⑥ 同上書卷九《魏書・曹爽傳》,第 289 頁。

⑧⑦ 同上書卷二八《魏書・毌丘儉傳》,第 761 頁。

⑧⑧ 同上書卷二五《魏書・高堂隆傳》,第 708 頁。

⑧⑨ 同上書卷二一《魏書・邯鄲淳傳》,第 603 頁。

⑨⓪ 同上書卷一〇《魏書・荀彧傳》,第 316 頁。

⑨① 曹勝高《中國文學的代際》,商務印書館 2013 年版,第 158—159 頁。

⑨② 同注⑧⑥,第 290 頁。

⑨③ 《三國志》卷二〇《魏書・中山恭王衮傳》,第 583 頁。

⑭ 曹勝高《文學實踐與兩漢文學的形態突破》,《貴州大學學報》2016 年第 1 期,第 155—158 頁。

⑮ 錢志熙《“鴻都門學”事件考論:從文學與儒學關係、選舉及漢末政治等方面著眼》,《北京大學學報》2008 年第 1 期,第 91 頁;曹勝高《鴻都門學的文化功能與歷史誤讀》,《華中學術》第十五輯,華中師範大學出版社 2016 年版,第 105 頁。

繼志、國是與黨禍

——北宋哲宗朝"紹述"論分析

朱義群

【提要】 宋哲宗親政的紹聖、元符時期被定義爲"紹述"時期，掌權的新黨一方面宣稱繼述神宗遺志，一方面積極全面打擊元祐舊黨，甚至企圖將之全部摧毀，最終釀成嚴重的黨禍。本文的研究表明：紹符時期"紹述"內涵有一個前後變化的過程，從最初的相對多元、寬容到其後的偏狹、專斷，其中的關鍵在於蔡卞利用王安石"國是"之説重新詮釋"紹述"，深刻影響了"紹述"政治的運作。不過，雖然蔡卞的"紹述"論在很大程度上主導了哲宗的朝政，但并不具備絶對的宰制性，反對者通過發掘神宗朝"政治遺產"反制蔡卞的行動屢見不鮮，這種情形與紹符後期"黨禍"的發生及諸起"逆案"的興起有莫大關聯。

北宋哲宗朝統治的紹聖(1094—1098)、元符(1098—1100)時期，被稱爲"紹述"時期；"紹述"的字面意思等同於"繼述""繼志述事"，意即繼承先人遺志并恢宏擴大之。在帝制時代，"紹述"被認爲是踐行儒家孝道最重要的表現；而具體到紹符年間，則有着特定且複雜的內涵。一方面，哲宗的"紹述"并不是要"繼述"所有"先帝"的"聖政"，而是特指對乃父即神宗之政的尊崇及奉行。由於神宗去世後的元祐(1086—1094)年間，垂簾聽政的太皇太后高氏起用司馬光等舊黨主政，導致熙豐新法的遽然變更，歷史上稱爲"元祐更化"，故哲宗親政以後毅然召回新黨實行"紹述"，不僅是他的政治選擇，也意味政治路綫上的"撥亂反

朱義群　福建師範大學社會歷史學院

正”。另一方面,哲宗的“紹述”不祇是一句政治宣傳口號,而有着實際的内容和具體的行動。在短短六七年間,朝廷不僅大致恢復了神宗熙寧(1068—1077)、元豐(1078—1085)時期的諸項“新法”,而且在開拓西北邊疆方面完成了神宗未竟之業。雖然開邊帶來一些消極影響,部分抵消了恢復“新法”的成效,但不可否認“紹述”總體上取得了很大的成功。職是之故,在其後的整個徽宗時代,“紹述”作爲一項基本國策,繼續得到貫徹和施行。

然而在北宋末年及其後的整個南宋時期,“紹述”之説逐漸被人們放棄、告别,乃至成爲一種與政治報復、黨同伐異等意涵相關聯的諷刺性話語;時至今日,研究者亦很少肯定“紹述”,往往將之視爲新黨報復舊黨的藉口以及大臣專政擅權的手段[①]。其中的原因或許在於:紹符年間執政的新黨嚴酷打擊元祐舊黨,徽宗時代各地甚至建立臭名昭著的“元祐黨籍碑”,造成了政治上的分裂及許多士大夫的痛苦;宋室南渡以後,政治形勢徹底翻轉,人們將北宋亡國之責歸咎於新黨的專制政策。在此背景下,“紹述”之被否定實屬必然。

從一定的層面説,以往學界對於“紹述”的認識有着堅固的史實基礎,因而是正確的。但僅從政治報復論或新黨復仇論的視角看待“紹述”,存在一定的局限。如果比較元祐和“紹述”兩個時期,當政者打擊政敵的思路及其後果是不一樣的。元祐中雖出現新黨的宰相蔡確貶死嶺南的罕見情形,但舊黨的主要目的并不是想要將新黨全都置於死地,而是運用傳統“君子/小人”之説,要使“君子居於内,小人居於外”[②]。而到了紹符時期,復起的新黨一面宣稱繼述神宗遺志,一面却積極全面打擊舊黨,甚至企圖將之全部摧毁,最終釀成嚴重的黨禍。爲什麽紹聖以後黨争變得如此殘酷?“紹述”何以會走向硬性的威權?顯然,傳統的解釋并不能給出特别合理的答案。

十餘年前,余英時《朱熹的歷史世界》一書指出,熙寧變法時期王安石提出的“國是”之説,紹聖中被蔡卞引入哲宗的朝政,出現所謂的“以紹述爲國是”,於是新黨打壓舊黨便有了合法的依據[③]。這一頗具原創性的論述予筆者以啓發。本文在既有研究基礎上,重新審視紹符時期的政治過程,探究“紹述”在其時政治情境中的内涵流變及運作方式,進一步深化對北宋晚期政治史的認識。

一 “紹述”說最初的内涵

(一) 彰顯繼志之孝

元豐八年(1085)三月宋神宗去世後,臣僚面臨如何對待神宗及熙豐之政的問題,在當時主要有兩種可能的選擇,一種是新黨提出的堅守神宗之政的訴求,一種則是舊黨要求的變更熙豐政事的主張。由於垂簾聽政的太皇太后高氏素來不喜熙豐之政,因此在整個元祐時代,舊黨提出的“更化”主張獲得采用。然而元祐八年(1093)九月高氏去世、哲宗親政後,形勢發生逆轉,部分臣僚觀測時政風旨,漸向哲宗進“繼述”“紹述”之說。如禮部侍郎楊畏上言:“神宗皇帝更法立制以垂萬世,乞賜講求,以成繼述之道。”[④]殿中侍御史來之邵“乞先逐(吕)大防以破大臣朋黨,因疏神宗所簡[拔]之人章惇、安燾、吕惠卿等,以備進用”[⑤]。這些臣僚本身與熙豐之政保持着一定距離,但紹述之論却由他們發起、推動,從側面反映了元祐之政的“失道”[⑥]。事實上,哲宗親政以後,士大夫中主張繼承先帝遺志的聲浪漸起,出現“修復元豐故事,士大夫争獻所聞”的景況[⑦],因此“紹述”一時成爲朝臣的共同訴求。然而,紹聖初期的“紹述”論述主要反映哲宗君臣繼述神宗遺志的願望,具有較爲多元、包容的内涵。

如元祐九年(紹聖元年)二月,哲宗以李清臣爲中書侍郎,鄧潤甫(温伯)爲尚書左丞,史稱“清臣首倡紹述,温伯和之”[⑧]。此年三月,李清臣爲哲宗起草御試策問,首先表達“思述先志”的理想,接着批評元祐政事的紊亂,最後提出“可則因,否則革,惟當之爲貴,夫亦何必焉”的主張。一方面顯示“欲復熙寧、元豐故事之意”,另一方面表達隨時因革、歸於至治的設想[⑨]。又據《宋史·鄧潤甫傳》:“紹聖初,哲宗親政,潤甫首陳武王能廣文王之聲,成王能嗣文、武之道,以開紹述,遂拜尚書左丞。章惇議重謫吕大防、劉摯,潤甫不以爲然。”[⑩]李、鄧二人皆以“孝道”爲説,以寄寓其回向神宗之政的政見。不過,李清臣强調因革損益,鄧潤甫反對重謫元祐宰相,反映“紹述”早期倡導者具有相對理性的傾向和比較寬容的作風。

再如元祐九年四月,哲宗御札改元,以“紹聖”爲年號,其意即紹述先帝之

“聖政”。然此事并非如成書於紹興八年(1138)的《哲宗實録》(“新録”)所説,乃“(章)惇、(蔡)卞等主紹述之説,挾持上下”的結果[11],而是哲宗采曾布建言“先帝政事當復施行之,宜改元以順天意”之產物[12]。更爲關鍵者,改元御札乃舊黨范祖禹所擬,《范太史集》卷三三《翰林詞草·改元御札》有云:“朕荷皇穹之眷命,守列聖之丕基,十年於兹……乃稽仁祖之成憲,思大文考之烈光……宜改元祐九年爲紹聖元年。”[13]可見其時哲宗并未堅决全面摒除舊黨。

改元未久,哲宗召章惇回朝擔任左相[14]。章惇對於元祐的態度值得注意。據載,章惇返朝途中曾與名士陳瓘就元祐之政評價問題展開辯論。章惇認爲元祐臣僚不僅没有“纂紹先烈”,反而推翻神宗的政策,打擊神宗的用人,應該要嚴厲懲罰,而陳瓘指出元祐政事亦有合理之處,當一分爲二看待之。據説章惇聽後頗感“驚異”,“遂有‘兼取元祐’之語”[15]。此事反映章惇對於元祐臣僚存有怨恨、報復的情緒,然對元祐之政的某些合理因素,似無意於一味排斥。

(二) 反思元祐之政

哲宗的紹述之政并不是對神宗之政的直接繼承,而以反思元祐之政爲起點,故元祐年間的一些政治議題仍舊得以延續。元祐中舊黨對新黨某些特定人物厲行高壓,但對其中温和派則有“調停”之舉;又舊黨内部不同勢力習慣用“朋黨”指稱對方,出現諸多“黨名”。此外,由新黨提出的譴責性話語——“誹謗先帝”,成爲舊黨内部政争諸方攻擊對手的藉口,使得這一話題持續升温。至紹聖初期,元祐“舊事”被重新翻出,成爲新黨處置舊黨,開啓“紹述”政治的突破口。

元祐後期有所謂“劉摯黨人”“吕大防之黨”和“川黨”之説。元祐八年御史黄慶基、董敦逸曾指出劉摯之黨已衰,蘇軾、蘇轍的“川黨”復盛,要求“減殺川人太盛之勢”[16],宰相吕大防與御史中丞李之純合作,將董、黄二人重加貶謫[17]。然其時關於吕、蘇結黨擅權的言論頗爲流行。哲宗親政後的元祐九年(紹聖元年)三月,殿中侍御史來之邵逆知時事將變,“乞先逐大防以破大臣朋黨”,促成吕大防的罷相[18];閏四月,監察御史劉拯劾李之純乃蘇軾之黨,致其貶黜[19];七月,監察御史周秩上言“劉摯惡黨已爲吕大防、蘇軾、蘇轍之黨排斥出外,今在朝廷者絶微,竊唯大防惡黨半已出外,半猶在京”云云[20]。從這些事實來看,紹聖初期的朋黨之論,與元祐後期有一脈相承的關聯。不過,其時所謂的“朋黨”,多指“吕大防之黨”“川黨”“劉摯黨人”等“黨名”。它們皆出現、盛行於元祐年間,且有特定之内涵,而“元祐黨”這種籠統、模糊的説法,較少被使用。

元祐八年御史黄慶基指控蘇軾任中書舍人時所草誥詞,涉嫌“誹謗先帝”,要求予以嚴懲。此事引發强烈反響,哲宗親政後仍餘波未平。元祐九年(紹聖元年)三月門下侍郎蘇轍爲阻哲宗轉向“紹述”,在奏章中提及漢武帝之事,被哲宗理解爲意在譏諷神宗“窮兵黷武”,將其罷免;四月,吕惠卿“指陳蘇軾所作誥詞語涉譏訕”,結果蘇軾被奪職、貶黜[21]。自元祐以來,言官多次運用“誹謗先帝”之名奏劾蘇軾,皆以失敗告終,但後者的名聲亦因之受損。哲宗親政後用同樣的罪名貶謫二蘇,説明元祐時的政治議題得到回響。

哲宗親政後起用熙豐新黨主持“紹述”,故紹述之政的展開伴隨對元祐更化的追究;其時對元祐臣僚的指控,主要體現在“廢法”(廢除熙豐新法)、“棄地”(廢棄西北四寨及渠陽寨)、“謗史”(神宗實録涉嫌誹謗)和“車蓋亭詩案”(蔡確貶死嶺南)諸事上,以元祐核心臣僚爲具體之責任人。

(三)“紹述”政治中的兩種取向

紹聖初期宰執更替頻繁。如紹聖元年二月以李清臣爲中書侍郎,鄧潤甫爲尚書左丞,三月罷左相吕大防、門下侍郎蘇轍,四月罷右相范純仁,同時任命章惇爲新的左相,閏四月除安燾門下侍郎,五月罷簽書樞密院事劉奉世,同月鄧潤甫去世,六月曾布同知樞密院事。宰執班子的重建大體完成了。高氏後期的執政中,知樞密院事韓忠彦、尚書右丞鄭雍繼續留用;而門下侍郎安燾屬於元祐前期的執政[22]。這樣的安排,對於元祐臣僚的處理有重要影響。

三省宰執之間在如何處置元祐臣僚問題上産生分歧。前已提及,鄧潤甫反對章惇“重謫吕大防、劉摯”,然不久病逝。鄭雍元祐中“事上有體”,“紹聖初,治元祐衆臣,雍頓首自列,哲宗明其亡他心,論使勿去”,他有時礙於身份,或向章惇阿意取容,然其内心同情元祐,則是無疑的[23]。而安燾,《東都事略》本傳説:“時章惇用事,貶謫元祐舊臣,燾陰爲開釋。”[24]至於李清臣,《宋史》本傳稱:

> (章)惇入相,(清臣)復與爲異。惇既逐諸臣,并籍文彦博、吕公著以下三十人,將悉竄嶺表。清臣曰:“更先帝法度,不爲無過,然皆累朝元老,若

從惇言,必大駭物聽。”帝曰:“是豈無中道耶？合揭榜朝堂,置餘人不問。”[25]

據以上材料,哲宗組建的三省宰執中,唯有章惇主張重謫元祐臣僚;而安燾、鄭雍曾是元祐執政,李清臣、鄧潤甫乃元祐中被“調停”之人[26],皆主張從輕處置,這對章惇形成制衡。紹聖元年七月戊午(十九日)哲宗下《敕榜朝堂詔》:

> 司馬光、吕公著、吕大防、劉摯等,各已等第行遣責降訖……除已行遣責降人外,其餘一切不問,議者亦勿復言。所有見行取會《實録》修撰官已下,及廢棄渠陽寨人,自依別敕處分。[27]

史稱,“時司馬光既貶,上謂刑惟厥中,故有是詔”[28]。事後章惇指出“既榜朝廷,衆論以爲寬”,哲宗則云:“據其罪狀甚可誅,然不欲究其事,乃用輕典,聊示薄責爾。”[29]顯然此詔是兩派爭執不下,哲宗采取折中主義的結果。

大體而言,朝廷對元祐諸臣的懲處貶謫以元祐領袖(宰執、侍從、臺諫)爲主,其中司馬光、吕公著爲舊黨之魁,死後皆奪所贈榮銜;吕大防、劉摯、蘇轍被視爲諸“朋黨”之領袖,皆於荆湖居住,蘇軾乃唯一被編管嶺南之高級文臣;對内臣的處置,則以陳衍及其周圍人士爲主,因他們交結外朝臣僚吕大防等[30]。這次貶謫的程度和範圍皆有限度。

紹聖元年七月的“敕榜”宣布停止奏劾、貶謫元祐之人,但尚在審查中的“廢棄渠陽寨人”“《實録》修撰官”除外。其後未久原荆南帥唐義問以及原荆湖統兵官胡田、李備和原勾當公事官余卞、歐陽中立等人皆以棄寨事被責[31]。此年十二月,《神宗實録》修撰官范祖禹、趙彦若、黄庭堅皆降授散官,分别於永州、澧州、黔州安置。紹聖二年正月,吕大防特追兩官,范祖禹、趙彦若、黄庭堅再追一官,林希、曾肇、陸佃各追一官,林希以在職日淺不予深究,曾肇、陸佃皆與小郡。其中對吕大防的處理似經曲折,右正言劉拯説:

> (范)祖禹等纂修先帝實録,擅敢增損,厚加誣毁,爲臣不忠,不可赦,止以散官安置善地,屈法多矣。吕大防實董其事,書成則冒賞轉官,罪敗則責罰不及,非所以正賞罰、示勸懲也。望先追奪所轉官,仍(王)[正]誣毁之罪。竊慮朝廷以礙“敕榜”爲難,況“敕榜”未出,已有臣僚論列大防罪,誠無所礙。[32]

吕大防兼任《神宗實録》提舉官，然“赦榜”規定“已行責降人”不再追究，劉拯“慮朝廷以礙赦榜爲難”，故舉出必須再行處置的理由。事實上，在此後相當一段時間中，基本未見貶謫元祐臣僚的行動。由此可見，“赦榜”確實發揮了一定的效力，不完全是一紙空文。

對於元祐時期的具體措置，其時哲宗亦没有完全排斥之意。例如，紹聖元年四月，哲宗令户部商議恢復元豐役法事宜，其後朝廷下詔“府界、諸路復免役法，并依元豐八年見行條約施行，仍自指揮到日爲始”，同時將免役寬剩錢由原來的二分减爲一分，另官户、女户、單丁、寺觀以及坊郭人户助役錢仍依元祐之制，减半征收[33]。可見哲宗重新恢復神宗朝的役法，原則上雖采熙豐雇募之制，但内容不盡相同，特别在役錢一事上，并不完全以“紹述”自囿，而排斥元祐之政的合理因素。再如，紹聖元年十月：

> 左朝奉郎、權發遣開封府推官常安民爲監察御史，中丞黄履薦也。安民先召對垂拱殿，上曰：“今日如何？”安民對曰：“元祐中進言者以熙寧、元豐之政爲非，而當時爲是；今日進言者以元祐之政爲非，而熙寧、元豐爲是，皆爲偏論……願陛下公聽并觀，是者行之，非者改之，無問新舊，惟歸於當。”上深然之，謂執政曰：“安民議論公正，無所阿附。”[34]

根據以上引文并結合前面討論可知，哲宗因有憾於元祐諸臣，遂遷怒於元祐時的種種紛更，毅然轉向“紹述”，但他對於熙豐與元祐兩朝的一些具體政策，似乎并無定見。元祐用事之臣被貶後，哲宗的怨怒情緒有所消解，於是，他對常安民提出的公平對待熙豐、元祐之政，“無問新舊，惟歸於當”的主張，持相對開放的態度。

前已指出紹聖初年組建的三省宰執分爲兩派，一派以中書侍郎李清臣、門下侍郎安燾爲主，一派以左相章惇爲主，尚書右丞鄭雍徘徊兩端，而實同情元祐之人。章惇雖顯得孤立，但畢竟地位特殊，周圍逐漸聚集一批人，形成政治勢力，成員有蔡卞、蔡京、張商英、林希、周秩、翟思、范鏜、朱服等。這些人以侍從、臺諫官爲主，主張激進“紹述”，持强硬態度對付元祐之人，同時主張嚴格遵行熙豐路綫，而傾向排斥元祐之政。而李清臣、安燾諸人，主張柔性“紹述”，反對重謫元祐之人,對於熙豐、元祐具體政策的利弊,亦相對理性看待之。因此"紹述"一開始就面臨權力之争與路綫抉擇。

據載,章惇爲改善其在三省中的孤立,曾力引吕惠卿回朝擔任右相,但遭李清臣、曾布、韓忠彦諸人强力抵制[35]。但他還是依憑哲宗的支持,以及本身的强勢,逐步把持進退士大夫的權柄。例如:"自上親政,修復元豐故事,士大夫争獻所聞,吏部尚書彭汝礪一無所論,而知壽州朱服賀改元表力詆元祐變法。時章惇欲專黜陟之柄,乃出汝礪爲寶文閣直學士、知成都府,而召服爲中書舍人。"[36]因此曾布説:"(章)惇專恣弄權,日甚一日。"[37]然這些都不是根本之策,據説:

> 章惇之貶斥元祐舊臣,皆以白帖子行遣。安燾、李清臣與惇争論不已,上亦疑惇,惇甚恐。(鄭)雍私謂惇曰:"用白帖子有王安石故事。"惇大喜,取其案牘白上,惇遂安。議者謂雍欲以此結惇也。[38]

可以看出,章惇的權力受到諸多的制約,又面臨來自安燾、李清臣的競争。然最重要的,則是哲宗的意向不甚明確。如果哲宗對章惇的倚重僅建立在報恩或賞功的層面,那麽後者的權力基礎隨時可能會動摇;同樣,如果哲宗對"紹述"的追求僅出於對神宗之政的向往,及對元祐之人的反感,而在具體政策選擇上"無問新舊,惟歸於當",則"紹述"政治的走向就存在多重可能性。

綜合以上討論,哲宗親政之初,諸臣鑒於元祐政事之失,紛紛擁護"紹述"之議。然其時"紹述"説祇是一種旨在彰顯繼志之孝、反思元祐之政的政治主張,哲宗起用新黨,恢復新政,但并不意味嚴懲舊黨、掃蕩元祐;又執政臣僚之間對於"紹述"政治的構想以及如何處置元祐臣僚意見不一,兩派皆没有絶對優勢。因此"紹述"最初呈現相對多元、寬容之内涵,與紹符後期"國是"論籠罩下的情形,有較爲明顯的區分。

二　"紹述"内涵的流變:"國是"論下的"紹述"新説

"紹述"説最初呈現相對多元的特徵,然而,紹聖二年十月蔡卞晋升尚書右丞(四年閏二月再遷尚書左丞[39])後,引入了一個强而有力的論述——"國是"

論,這一狀況開始發生變化。蔡卞與宰相章惇相互奥援,且在乃兄蔡京等人協助下,牢牢掌握朝政。"國是"之論不但影響了哲宗的判斷,而且讓原本包含不同指向的"紹述"説被賦予"國是"之新意。據元符末年陳瓘講:"紹聖以來,蔡卞造作姦言,假托經義,厚誣神考,輕欺先帝,唱爲'國是',以行其私。凡(章)惇之行事爲天下害者,其謀皆發於卞,干紀紊政,其事不一。然原其乖悖之始,則不過妄論'紹述'兩字而已。"[40]《宋史》説,蔡卞"專托紹述之説,上欺天子,下脅同列"[41]。蔡卞爲什麽有這麽大的權威?他的"國是"論的依據是什麽?又如何影響"紹述"?以下就此話題展開討論。

(一) 蔡卞晋升執政的分析

蔡卞是章惇集團的核心人物,他的入參大政,是章惇一派取得政治優勢的體現。自紹聖二年初貶謫元祐史官後,對元祐臣僚的處置基本告一段落,而紹述神宗政策的行動逐步展開。特别是紹聖二年七月,户部尚書蔡京、淮南轉運副使莊公岳等人紛紛提出全面恢復熙豐法度的建言[42];此年八月,哲宗又采章惇的拓邊進築之策,中止在熙河等路與西夏劃分地界,同時命知熙州范純粹趁機進築汝遮寨,"開邊自此始"[43]。在此過程中,章惇一派逐漸掌握"紹述"主動權,而知樞密院事韓忠彦、門下侍郎安燾等人因反對開邊而漸失哲宗信任。至紹聖二年十月,尚書右丞鄭雍罷,增補右丞蔡卞、左丞許將;十一月安燾罷;紹聖三年正月,韓忠彦罷[44]。鄭雍、安燾、韓忠彦三人罷政事由不盡相同,然皆具元祐執政背景,且不從屬章惇一派,則是相同的。伴隨這一過程的,則是元祐臣僚命運的沉浮。紹聖二年八月,吕大防等元祐臣僚責降年限已及一年,具備"期叙"的資格,又次月將行明堂大禮,責降人又遇"赦恩叙復"之機。中書侍郎李清臣"令中書檢舉議復"[45],然章惇"奏大防等難從恩宥"[46]。其後,曾布試探哲宗:"大禮恩宥在近,去歲貶謫人,不知何以處之?"哲宗答以"莫不可牽復!"也就是不可以牽復。於是詔"吕大防等永不得引用期數及赦恩叙復"[47]。由此可見,紹聖二年下半年以後,哲宗的態度發生了變化,開始放棄中間路綫,傾向支持章惇一派的激進"紹述"主張。

蔡卞能夠晋升執政,不僅出於章惇的汲引,還與其特殊身份有密切關聯。余英時指出蔡卞有獨特優勢:"他是王安石的女婿,長期從之受學,又收藏了安石的《熙寧奏對日録》孤本。因此他對於‘新法’的背景的闡釋得到了新黨中人的普遍接受。根據熙寧變法的歷史講‘紹述’,蔡卞在當時確是最有權威性的專家”[48]。事實上,王安石有二子二女,長子王雱英年早逝,卒於熙寧九年;次子王旁“不慧,有心疾”,卒於紹聖年間;長女嫁吴充之子吴安持,次女嫁蔡卞[49]。然蔡卞似不同於一般的女婿,元祐中御史林旦曾有“舍居婿蔡卞”之謂[50]。王雱去世後,蔡卞成爲王安石晚年的重要依靠,有《懷元度四首》等詩爲證[51]。王安石去世後,其夫人吴氏即“寓蔡卞家”[52]。因此“王安石女婿”是蔡卞重要的身份標識。

蔡卞不僅是王安石之婿,亦是其得意門生。《清波雜志》作者周煇説:“煇在金陵,見老先生言,荆公嘗謂:‘元度(按即蔡卞)爲千載人物,卓有宰輔之器,不因某歸以女憑藉而然。’”[53]王安石的經術有天下盛名,蔡卞作爲得意門生,在紹符年間被認爲得荆公真傳;而蔡卞頗自負,心氣很高,有一種追迹荆公,舍我其誰的氣概,“以安石自任,俯視儕輩”,“其意以謂深得安石之道者唯我一人,可以爲先帝(按指哲宗)不召之臣者亦莫如我”[54]。在新黨中人看來,熙寧年間王安石以“不召之臣”的身份輔佐神宗,用經術指導政治,創法立制,中經元祐之亂,致使神宗大有爲的理想功虧一簣,因此“紹述”既是一種事業,亦是一種使命。對此蔡卞很自信,毅然以“紹述”爲己任,因爲他有獨特的優勢:“自謂經義之大旨他人莫曉,《日録》之本意唯我獨知”[55]。蔡卞不僅對於熙寧變法背後的“指導思想”——“荆公新學”有很高的造詣,而且獨家藏有《熙寧奏對日録》的手稿,熟悉新法的背景與運作。因此,蔡卞確實是當時最具權威性的理論專家,他的晋升執政,是順其自然的事。

(二)神宗朝“國是”説新證

章惇、蔡卞等人能夠掌握“紹述”主導權,與蔡卞提出的“國是”論有很大的關係。余英時已揭出宋代“國是”之説首先創立於神宗朝。據宋人林進説:“自王荆公變法,而患舉朝議者之異己也,於是取孫叔敖‘國是’之言,以塞一時之議。”[56]在王安石的“訓導”下,神宗亦引“國是”之説與司馬光争辯,認爲:“今天下洶洶者,孫叔敖所謂‘國之有是,衆之所惡’也。”[57]王安石“國是”論的核心意涵被余英時歸納爲“最高國策或正確路綫”及“不能容許異論相攪”[58];不過,若藉用王安石原話,所謂“國是”乃“邪正、是非之辨”或“邪正、是非所在”。例如,熙寧三年六月,神宗以江淮等路發運使薛向爲天章閣待制,御史中丞馮京論之,認爲薛向乃興利之臣,若對其褒獎過重,則有違朝廷"德教政治"[59]。馮京表面反對薛向,實際反對王安石的理財新法,此事已然驗證王安石所謂"京燭理不明,若鼓以流俗,即不能自守"的預言。其後神宗以馮京奏疏示安石:"試觀馮京奏疏,恐不宜使久處言職,慮群邪益譸張爲幻,當如何處置?"安石回應説:

> 臣伏奉手詔示以馮京奏疏,使得參預處置之宜……陛下赫然獨斷,發中詔暴其所奏,明其不知邪正、是非,必撓國政,而罷黜之,則内外自知服矣。即疑未有可代,使知雜御史攝事,乃是先朝典故,徐擇可用,固未爲晚。若示人以疑,取決於外,必有遷延其事以待衆姦之合,而衆姦知陛下於邪正、是非之辨未能果也,必復合而譸張以亂聖德而疑海内,如陛下所料無疑也。若陛下未欲卒然行此,則且委曲訓諭以邪正、是非所在,觀其意若可開悟則大善,若度其不可開悟,臣以謂除事之害,莫如早也。近陛下累宣諭胡宗愈事,既已盡其情狀,涵而不決,令久在耳目之地,亦非難壬人、勝流俗之道也。願陛下并慮及此。若陛下以謂如此者衆,不可勝誅,則臣恐邪説紛紛,無有已時,何有定國事乎?[60]

王安石此論表達如下意思:(一)指出馮京附會"流俗",頻發"異論",已誤入迷途,不適合繼續擔任御史中丞,應果斷罷免之,可由侍御史知雜事暫行攝事。(二)揭示各種"壬人""流俗"産生的根源在於"不知邪正、是非",衹有明確宣示"邪正、是非所在",纔是"難壬人、勝流俗之道";(三)諷諫神宗"於邪正、是非之辨未能果",若任由"邪説紛紛",長此以往,"定國事"將遥遥無期。此處的"國事",與"國是"的含義是相當一致的[61]。

總體而言,王安石"國是"之説的核心意涵是"邪正、是非所在"或"邪正、是非之辨":前者主要體現在政策層面,指稱以"新法""新學"爲主體的方針、政策,它們不是王安石的私人設計,也超越神宗的喜怒好惡,而代表"正確路綫"或"最高國策";後者體現在人事層面,就是在具體決策過程中,根據邪正、是非之辨的原則處理官員的升黜。由此看來,王安石的"國是"之説藴含一種二元對立的思想傾向。

不過,神宗、王安石對"國是"的理解存有分歧。熙寧三年七月,因代吕公弼爲樞密副使的問題,神宗與執政大臣曾公亮、韓絳、王安石有一番辯論。曾公亮、韓絳主張起用司馬光,神宗認爲可行,而王安石反對,因爲怕他成爲"異論"或"流俗"的"宗主"。曾公亮抬出真宗"且要異論相攪"的祖訓,王安石則以"若朝廷人人異論相攪,即治道何由成"反駁之,神宗於是表態"要令異論相攪,即不可"。余英時視此事爲"新法正式定爲國是的開端"[62]。不過值得注意的是,神宗雖放棄起用司馬光,但終以御史中丞馮京爲樞密副使,很快又提升他爲參知政事,從此"凡士大夫不逞,以馮京爲歸"[63]。李燾説:"安石論京如此,而京卒得改,足明神宗於安石未始專任之也。"[64]可見,神宗雖原則上承認不能容許"異論相攪",但在實際施政中并非如此。鄧廣銘先生曾指出,神宗對王安石的態度,并非如一般人認爲的那樣:得君之專,信任之篤,在北宋一代的宰相中無人能及。例如,王安石屢屢批評祖宗以來讓臣僚"異論相攪"的做法,希望神宗不要效仿,然神宗依然要運用這條家法,不僅不肯認真對反對派進行打擊,還要保留異議之人如馮京、文彦博等人於樞密院,形成對變法派的牽制[65]。熙寧五年七月,編修三司條例官郭逢源上言:"陛下固以師臣待安石……而遇師臣之禮,未極優異。"又言:"今王安石居宰輔之重,朝廷有所建置於天下,特牽於樞府而不預,則臣恐陛下任安石者蓋不專矣。"事後神宗"甚不悦",而王安石則誇逢源"人才難得"[66]。據載,郭逢源"熙寧初,從王文公遊,文公器之"[67],是荆公門人。由此看來,王安石及其追隨者對於神宗的一些做法似頗有微詞。熙寧時代王安石與神宗的屢次分歧及其後的兩次罷相,當與此有一定的關聯。

儘管如此,神宗仍然是王安石變法的有力後盾。熙寧九年王安石罷相之後,宰相吴充曾一度"欲有所變革",司馬光還親自去信,表達廢法的期盼[68]。然神宗仍然堅持"新法"的"國是"地位——作爲最高國策和正確路綫——不動摇。在其後的元豐時代,表面上是神宗"事皆自作",獨運萬機,王安石退隱江寧,十年不召,而事實上"所運者乃安石之機","安石之身若不用……其心未嘗不用矣"[69]。元豐四年六月,神宗明確表達"定國是"的決心:

> 有上書乞審擇守令者,上謂輔臣曰:"天下守令之衆,至千餘人,其才性難以遍知,惟立法於此,使奉之於彼,從之則爲是,背之則爲非,以此進退,方

有準的,所謂朝廷有政也……朝廷惟一好惡,定國是,守令雖衆,沙汰數年,自當得人也。”[70]

神宗心目中的“國是”,主要强調“新法”作爲“朝廷法度”的權威,地方官員必須嚴格遵行。然而,對於被王安石點名批判的異議之人,神宗還是念念不忘,在人事安排上,經常萌生參用新舊的設想。例如:

元豐初,官制將行,裕陵以圖子示宰執,於御史中丞、執政位牌上,貼司馬温公姓名。又於中書舍人、翰林學士位牌上,貼東坡姓名。其餘與新政不合者,亦各有攸處。仍宣諭曰:“此諸人雖前此立朝議論不同,然各行其所學,皆是忠於朝廷也,安可盡廢!”[71]

神宗一方面延續王安石制定的大政方針,另一方面仍然傾向讓臣僚之間“異論相攪”,而他則站在皇帝的高度,居於一切議論之上,以示大公至正,兩不偏廢。可見,神宗雖支持政策層面的“國是”,但對於運用二元思維處理人事的原則,仍舊没有完全服膺。這些“隱情”顯示神宗之政藴含複雜的“政治遺産”。

(三)蔡卞“國是”論與“紹述”新説

蔡卞的“國是”論可以追溯自神宗時代,主要有兩個特點。其一,蔡卞宣稱其説源於王安石,并得到新黨内部的承認:“自謂出於安石,孰敢不信!名曰國是,孰敢不從!”[72]與此同時,他利用王安石“國是”説中的二元思維重新詮釋“紹述”,使其内涵發生變化,而注入“國是”之新意,此即余英時所謂的“以紹述爲國是”。“紹述”新説專指繼述神宗之政,“建隆以來凡所施爲,皆棄而不講,獨指熙寧、元豐,號爲紹述”[73];在此基礎上,神宗之政與元祐之政并不被定義爲政治方針的不同選擇,而被構建爲“正/邪”“是/非”的二元對立。從此理論出發,唯有嚴懲元祐年間誹謗“先帝”、變更法度的官員,纔能彰顯對神宗的“繼志之孝”,如陳瓘所説:“元祐章疏,皆是當日臣僚納忠之言,(蔡)卞以私意諷諭,請降於外,取捨簡擇,專任己見,以言爲罪,公然行遣……以謂章疏之言,譏毁神考,理訴之事,行迹先朝,必須如此施行,方名繼述之義。”[74]

其二,由於蔡卞的執政身份及其與章惇、蔡京諸人的合作,“國是”論對“紹述”政治發生了切實的影響,可以孫諤論役法事爲證。

前已指出,紹聖初年制定的役法吸收了元祐役法的合理因素,至紹聖三年五月,左正言孫諤上書再論役法,認爲在役額、納錢問題上,元祐法較元豐法有諸多優點:"在官之數,元豐多,元祐省,雖省,未嘗廢事也,則多不若省;散役人之直,元豐重,元祐輕,雖輕,未嘗廢役也,則重不若輕。"孫諤還指出,免役法之所以在熙豐時期飽受非議,元祐年間遭遇變更,乃"以其不能無弊也"。因此他提出"大綱立矣,隨時不能無損益者,衆目也",以及"博采群言,無以元豐、元祐爲間"的主張。

然而,孫諤的這些論點,遭翰林學士承旨蔡京的嚴厲批判。蔡京稱,孫諤所做的元豐、元祐比較,顯示其秉持"以爲元豐之法不若元祐"的立場;孫諤認爲神宗役法有弊,則反映其懷有以"元祐之變法爲革弊,而陛下今日亦不當紹而復之"的私意。蔡京强烈反對孫諤的"損益"和"無間"之説,認爲"苟以爲隨時損益,則元豐之法未必是,而元祐之法未必非矣","諤欲無間,是欲伸元祐之姦,惑天下之聽,則昨日積斥元祐亂政之人,亦當無間矣"。蔡京還表示,"諤於陛下追紹之日,敢爲此言,臣切駭之","諤之意,蓋欲因此以疑朝廷繼述之志耳"。其後,哲宗采蔡京之言,罷孫諤言職[75]。

平心而論,孫諤衹是就事論事,并没有明顯的政治向背,却被蔡京統統納入邪/正、是/非之辨的框架,定性爲"疑朝廷繼述之志",最終將之趕出朝廷。可見蔡卞"國是"論深刻影響"紹述"政治的運作。

三　政治運作中的"紹述"論:挑戰與回應

(一) 蔡卞"紹述"論遭遇的挑戰

蔡卞在將"國是"論引入"紹述"政治的過程中,取得了很大的成功,同時遇到各種挑戰及難題,這是接下來將要討論的話題。

哲宗親政後,蔡卞歷任中書舍人、翰林學士,同時充任國史院修撰官,主持重修《神宗實録》。由於元祐修成的《神宗實録》以"盡書王安石過失,以明非神宗之意"爲宗旨,因此蔡卞在修史過程中,用獨家收藏的王安石《熙寧奏對日録》,

作爲修正《實録》的主要依據[76]。其用意是要突出熙寧之政,抬高王安石的歷史地位;同時增重身爲荆公傳人的政治資本。蔡卞在施政路綫上支持章惇,然他周圍亦聚集自己的黨羽,如林自、薛昂、常立、鄧棐諸人,他們皆屬中下層官員,因與王安石有較深淵源,故相互唱和,聲氣相通,同時推尊荆公,宣傳"國是"之説。

例如林自,元豐五年以太學兩優釋褐,哲宗親政後爲太學正,"(林)自以主張國是自任,爲蔡卞所厚";薛昂,早年與王安石有過從,哲宗親政後爲太學録,與林自"皆蔡卞之黨也"。紹聖之初,陳瓘爲太學博士,與林自、薛昂共事。由於蔡卞深恨元祐學術,而薛昂、林自與之聲氣相通,"競推尊荆公而擠排元祐,禁戒士人不得習元祐學術"。但陳瓘於元祐之學情有獨鍾,因此與蔡卞等人意見不同。據説,蔡卞、林自意欲銷毁國子監藏《資治通鑑》印板,陳瓘聞之,在某次策題中特引神宗所作序文,"以明神考有訓",蔡卞不得不放棄此意。陳瓘曾主持太學考試,"林自謂蔡卞曰:'聞陳瓘欲盡取史學,而黜通經之士,意欲沮壞國是,而動摇吾荆公之學也。'卞既積怒,謀將因此害公,而遂禁絶史學"。陳瓘遂於前五名盡取用荆公之學者,"然五名之下,往往皆博洽稽古之士",蔡卞的計謀又未得逞[77]。

陳瓘於紹聖元年五月獲章惇舉薦,任太學博士,然"久乃赴官",三年八月升秘書省校書郎,四年四月出爲滄州通判[78]。他在太學的經歷當發生在蔡卞晋升執政前後,時"國是"之説始在太學等小範圍内傳播。陳瓘親歷其事,是最早警覺此種言論之人。他敢於挑戰蔡卞,除因後者尚未完全得勢外,也與和章惇有舊且獲曾布支持有一定的關係。

蔡卞、林自諸人最初似有偏激言論,他們站在荆公門人的立場,對熙寧時代的君臣之隙仍有介懷。據陳瓘講,林自升太學博士後,"用蔡卞之意,倡言於太學曰:'神考知王荆公不盡,尚不及滕文公之知孟子也。'士大夫皆駭其言"[79]。蔡卞對神宗亦有怨言:"謂熙寧所棄之士,皆是流俗;謂神考不能知人,後復收用,致使老姦之類,共成元祐之惡。"[80]蔡卞以神宗未能領會王安石"國是"説的深意,以致留下元祐更化的惡果,爲此深感痛惜;故其"國是"論强調以王安石的"國是"之説爲依歸,不僅堅決執行王安石確定的國策,而且運用"邪正""是非"的原則分别敵我。蔡卞認爲,元祐更化中的用事之人,亦即熙寧中被王安石批評的流俗、異議之士,故須回到王安石的立場,援引邪正、是非之辨的模式對待之。

然而,蔡卞流露出的以王安石爲唯一準繩的傾向,給他的反對者留下口實和把柄。如陳瓘向曾布透露不滿之意:"卞但以安石爲準繩,安石所是者必欲進,而不喜者必欲黜,立安石爲準的,以羅織士類,此最爲害政。況安石之所是非,與先帝不同者非一,豈有但以安石爲據?"[81]又向章惇表達質疑:"主上聖孝,篤於繼述,然今日廟堂之所謂繼述者,述神考乎?述荆公乎?"[82]

此外,由曾布一手策劃的"常立事件",險些影響蔡卞的仕途。常立是常秩之子,後者是王安石的友人、同調,熙寧年間得神宗重用;王安石罷相,常秩隨之去職,於熙寧末去世。哲宗親政後,常立依附蔡卞、章惇,以"紹述"自任,宣稱"青苗、免役事須立乃能推行",蔡卞薦其爲秘書省正字、諸王府説書、侍講。紹聖三年,蔡卞又薦常立爲崇政殿説書,既上殿,又請除諫官。時曾布甥婿葉濤在國史院,得元祐中由常立主導、常秩門人趙冲執筆的《常秩行狀》,内有誣詆神宗之語,曾布遂報告哲宗。哲宗下令調查,見《行狀》中説:"自安石罷相以來,民在塗炭。"又説:"自秩與安石去位,而識者知政事必敗。"哲宗怒"其諂厚安石而詆薄神考如此",既責章惇知而不報,又斥蔡卞爲何薦之,惇、卞皆"錯愕謝罪"[83]。其後,常、趙二人皆受重責。至於蔡卞,哲宗雖置而不問,然已經受到嚴重警告,據説自此以後"惶恐改意","神考知王荆公不盡"之語,再也不敢宣言於衆[84]。

前已指出,蔡卞"紹述"論仍以儒家之孝道爲理據,"欲一二以循熙豐之迹,不然則爲不孝"[85]。爲此陳瓘向哲宗表達異議:

> 秘書省校書郎陳瓘奏曰:臣聞"善繼人之志,善述人之事"者,天子之孝也,武王是矣。"不改父之臣與父之政"者,卿大夫之孝也,孟莊子是矣。神考之初,當百年宜改之運,改英祖者多矣,乃所以爲"善繼""善述"也。《書》曰:"一人有慶,兆民賴之。"此神考之大孝也。[86]

按,所謂"繼述",確實源於孔子關於"孝"的論述,見《中庸》及《論語》。然陳瓘指出,兩部經典中"繼述"含義及其指涉對象不盡相同,《論語》所謂"孟莊子之孝也,其他可能也;不改父之臣與父之政,是難能也"云云[87],强調教條地遵行父政,不敢逾違,是孟莊子之孝,而孟莊子衹是魯國的一名大夫而已;然《中庸》所稱

"武王、周公,其達孝矣乎! 夫孝者,善繼人之志,善述人之事"云云[88],强調靈活地施行父政,擇善而從,這是武王的"孝",值得天子效仿。一言以蔽之,"天子之孝"的核心是"善繼""善述",而"上大夫之孝"的主旨爲"不改",二者含義不同。陳瓘通過解讀經典,影射蔡卞"紹述"新説不是真正的"天子之孝"。不過,對於陳瓘的觀點,哲宗或有"感悟"之意,然"執政聞而恨之",陳瓘已成打擊的目標,遂於紹聖四年四月請辭外任了[89]。

前已提及,紹聖三年五月蔡京在與孫諤争論役法時,不僅反對對神宗之政進行損益,而且給孫諤扣上"元祐黨"的帽子。對此曾布指出:"今日在朝之人設此羅網,以爲中傷、羅織之術,凡有人言及朝廷政事所未安,即便以爲非毁朝廷,黨助元祐。"[90]紹聖四年三月,曾布和蔡京在御前就"損益"話題展開辯論,前者以"事有適於事變,近於人情,固當損益"及"使先帝在位至今,聞有可增損,亦當隨宜損益"爲據,證明"損益先帝法度"爲合理,後者則宣稱"先帝則當損益,陛下方紹述先志,不當損益",但未能舉出具體的理由。其後樞密院獨班奏事,曾布斥蔡京之論爲"膠柱而鼓瑟",并向哲宗反復申説神宗勵精,隨宜損益的用心;同知林希亦稱:"法度無不損益之理,如編敕,熙寧中修成,元豐中又修,今復重修,若不可損益,即第當檢熙寧、元豐敕遵行,何用更修? 其他法令,亦皆類此。"哲宗不僅欣然聽納,而且還表示,對於神宗之法,"第不失大意即可矣"[91]。

如何看待神宗之政顯然是蔡卞"紹述"論的一個難題。反對者的觀點是,不相信有一成不變的法度;即便是神宗所立之法,亦須隨宜損益,擇善而從。其隱含之意也可理解爲,神宗之政或有弊端,元祐之政容有可取。這種意見在朝臣中應有相當的基礎,就連哲宗也做出頗具彈性的表態。從此論點出發,久而久之,就可能會在神宗、元祐之中,創造重疊、模糊的空間,進而削弱"紹述"論的合理基礎,因此構成對蔡卞的挑戰。蔡卞爲此苦思對策,遂於紹聖四年五月,藉中書舍人沈銖封還吴居厚除命詞頭之機,説服哲宗誡飭在位臣僚。

(二) 蔡卞對挑戰的回應:吴居厚事件發微

吴居厚是神宗朝的理財能臣,元豐中歷任京東路轉運判官、副使,他奉行新政,力主榷鐵之法,因職事修舉,政績卓著,神宗擢其爲天章閣待制、京東路都轉運使,并親下褒詔:"内外理財之臣,未有出其右者。"[92]然吴居厚施政苛刻,引起諸多民怨。元豐末年,御史劉摯等劾其聚斂掊克,責成州團練副使,黄州安置[93]。哲宗親政以後,吴居厚得到任用,一路提拔爲户部侍郎。然他仍是争議人物,紹聖四年五月,吴居厚除權户部尚書,起居郎兼中書舍人沈銖以"居厚頃使京東,坐聚斂罷,不可以長地官"爲由,繳還詞頭,於是朝廷改付中書舍人蹇序辰。蹇序辰是蹇周輔之子,後者元豐時在江西、福建推行鹽法,與吴居厚一樣苛刻、聚斂,元祐中爲御史所劾,父子俱責。哲宗親政後,蹇序辰成爲蔡卞之黨,遂共同謀劃藉吴居厚事件,以扭轉時局。

蹇序辰根據蔡卞"國是"論定性沈銖繳奏事。他認爲,吴居厚因獲神宗表彰,故遭元祐臣僚迫害,沈銖反對吴居厚,就是反對神宗,黨同元祐,有違"今日紹述之志"的"國是"。蹇序辰之論乃蔡卞之意,他們藉此小題大做,并非僅爲打倒沈銖,更是欲哲宗"明示好惡"。據説,因元祐初章惇曾批吴居厚聚斂,蔡卞、蹇序辰遂脅迫之:"若謂居厚京東所行非是,則先帝褒詔亦非是矣。"章惇"噤不能語","於是從序辰所請降詔榜云"[94]。

在章惇配合下,蔡卞、蹇序辰成功説服哲宗"詔榜示朝堂",《宋大詔令集》題作《誡飭在位敕榜》,誡飭對象是在位臣僚,尤其針對朝中"紹述"論的挑戰者。"敕榜"以哲宗口吻,首先稱頌神宗,痛批元祐,接着批評反對者是非不分:"念今在廷之臣,鮮知事君之義,崇鄉原以爲善士,造虚譽以進無能。以交私合黨相先,以奉法守公爲諱……端亮勁挺有特立之操者,不見容於衆人;媕阿回遹持兩可之説者,必得名於流俗。"特别不點名批評以沈銖爲代表的部分臣僚:"乃陰懷私恩,顯廢公議。以姦臣所斥逐爲當罪,所變更爲得宜;以先帝所建立爲不然,所褒擢爲非當。借譽餘黨,幸復甄收,務令舊章,未能淳一。扇爲是非不定之論,欲開善否更用之端。浸長小人之道於難知之中,以疑天下之聽於未孚之際。幸時事之中變,庶人情之翕從。"最後,警告這些臣僚洗心革面,"繼自今日,爾其自新,式懲厥愆,畢趨於正。示以好惡,非曰苟然,其或怙終,必罰無赦"[95]。"敕榜"内容的主旨一言以蔽之:誡飭在朝之臣,切勿動摇"國是"。"敕榜"尤其反對所謂"兩可之説"或"是非不定之論",强調"舊章"的"淳一",意謂"國是"乃唯一選擇,神宗、元祐之間,没有任何調和的餘地。此事可視爲蔡卞回應挑戰之取得階段成果的重要標識。

"敕榜"的發布,嚴重擠壓朝中"異論"的空間,這引起知樞密院事曾布的警覺。由於沈銖因"敕榜"事受批判,不久罷中書舍人職事。曾布抱不平,待樞密院獨班奏事時,他小心地試探哲宗:"竊聞沈銖近以繳吴居厚詞得罪?"然哲宗却予以否認,稱"止罰金"。曾布接着問:"又聞有敕榜?"哲宗降低調子,稱"止降詔"。曾布又説:"以吴居厚、蹇序辰爲君子,以沈銖爲小人,恐人情不服。"哲宗不置可否,僅稱"不曾指名"。曾布於是直言:"詔榜無益於事,兼如此乃是欺罔聖聽!"哲宗竟然顧左右而言他。哲宗的這種態度,頗耐人尋味:明明在"敕榜"中嚴飭是非、邪正之辨,但當曾布問及此事時,又表現得有所回避。可見,對支持"敕榜"的哲宗而言,他需要章惇、蔡卞幫助他實現"紹述"之理想,而他的内心深處,并没有完全服膺蔡卞的"國是"論;他知道朝中兩派大臣爲此事鬥争不已,故他的態度保持適當的彈性,隨之遊移,似乎有意操弄此矛盾。

哲宗的這種心理,顯然爲曾布所知。其後數日,曾布再次針對"敕榜"發表看法。他指出,蹇序辰等所謂"流俗之人黨助元祐姦黨,冀其復用"的情況并不存在,"誠令與三省異論之人皆是小人,緣小人用心惟利是視,豈可捨今日權要大臣不肯附麗,却一向黨附海外編管安置之人……其術無乃太疏乎?"哲宗没有回應。曾布於是再次舉出神宗保護"異論者"的"故事":

> (布曰)"臣每蒙陛下開納如此,益不敢循默,然願陛下更賜采納。臣自初秉政,即嘗奏陳,以爲先帝聽用王安石,近世罕比,然當時大臣,異論者不一,終不斥逐者,蓋恐上下之人與安石爲一,則人主於民事有所不得聞矣。此何可忽也?"上曰:"馮京輩皆是。"布曰:"非獨京輩,先帝曾諭臣:'王珪雖不言,亦未必不腹誹也。'今三省無一人敢與惇、卞異論者,許將輩見差除號令有不當,但鬱悒而已。如序辰輩多端劫持驚恐在位之人,使不敢與三省違戾。衹如有文字云:'元祐大臣,非其死黨,不得爲執政。'許將見此一語,爲之破膽……今上下人情如此,願陛下以先帝御安石之術爲意。"[96]

曾布指出,當年神宗與王安石之間的君臣遇合,誠屬罕見,然神宗依然運用"異論相攪"的舊制,保全異論之人,"蓋恐上下之人與安石爲一",可謂用心良苦。

現在章惇、蔡卞把持朝政,蹇序辰又用話語暴力脅迫大臣,因此當效仿神宗御王安石之術。

對於這種建言,哲宗大約爲之所動。自此之後,在人事任免、官員評價等方面,哲宗經常徵詢曾布意見,以示對"異論"的重視。特别是,哲宗不久用"中批"形式,任命沈銖爲中書舍人兼侍講[97]。此舉顯然有損"敕榜"的權威,故給事中徐鐸以沈銖得罪先帝、黨同元祐爲由,駁回了這項除命。曾布於是痛批徐鐸"知畏大臣而不知畏陛下","此乃所謂附下罔上,法之所必誅也"。其後,御史中丞邢恕侍讀經筵,哲宗詢其對此事的看法,邢恕秉持曾布的見解,認爲:"此蓋緣沈銖繳吴居厚詞頭,今既出牓朝堂,以元豐末居厚在京東事爲是,則自然以沈銖爲非也。然此乃臣下分朋黨、争勝負爾。陛下爲人君父,天覆平施,則天下幸甚!"哲宗又問其具體意見,邢恕表示,以吴居厚的資歷擔任户部侍郎,并無不可,故沈銖"不消繳還","至於後來出牓朝堂,却以居厚元豐間京東所爲爲是,則章惇當垂簾之初,自曾有劄斥言居厚:'京東之人,恨不食其肉。'曾經葉濤進,陛下所知,則今日焉得却以爲是?天下之人,豈可如此蓋壓也!"哲宗表示"卿言極是"。"已而,沈銖除命復下"[98]。

邢恕將"敕榜"體現的原則性問題,理解成臣僚之間争强好勝的現象,建議哲宗以"爲人君父,天覆平施"的立場看待之,又以章惇奏劄爲據,否定"敕榜"合理性。可見,雖然蔡卞、蹇序辰成功策劃"敕榜"以申飭"國是",然曾布、邢恕從皇權高度看待黨争的建言,部分抵消了"國是"論的效力,沈銖除命的復下就是最好的證明。看來曾布重提"異論相攪"之舊制,已然打動了哲宗,從而爲異議人士争取到一席之地,在一定程度上突破"國是"論對"紹述"話語的壟斷。

根據以上討論,蔡卞"國是"論確實深刻影響"紹述"政治的運作,經過重新詮釋的"紹述"新説充斥於主流政治話語之中,不僅牽動哲宗的判斷,而且讓最初相對多元的"紹述"政治逐漸被一種偏狹、專斷的力量所裹挾。然而,"國是"論并不具備全面的宰制性,無論是陳瓘的"述神考乎""述荆公乎"之疑,及其"繼述"含義之辨,還是曾布的"隨宜損益"和"異論相攪"之論,皆代表時臣對"國是"論籠罩下的"紹述"新説之異議。實際上,它們的發生和持續性存在,構成對章惇、蔡卞等執政派的挑戰,這種情勢與紹符後期黨禍的發生有莫大關聯。

四 "紹述"論視野下的"黨禍"

(一)"黨禍"與"紹述"論的關係

紹聖以後對元祐之人的打壓具有明顯的階段性。紹聖初期,哲宗出於"刑惟厥中"的設想,對元祐臣僚"乃用輕典,聊示懲責";又將元祐諸臣與宣仁太后兩分,認爲"方利亮陰之不言,殊非慈闈之本意"[99]。然至紹聖後期以及元符年間,形勢急轉直下,不僅黨禍全面升級,而且出現所謂"宣仁之誣"。

紹聖二年十二月開始的編類元祐臣僚章疏運動,是黨禍的先聲。這可説是對紹聖元年《敕榜朝堂詔》的反動,其初始動機大概有三:一是系統排查元祐臣僚的既往言行,解決"元祐之人多漏網者"的問題;二是從嚴處置元祐領袖及用事之臣,以消釋"衆論以爲寬"的質疑;三是提供鑒别臣僚政治立場的參考,爲正在開展的"紹述"掃除障礙。至紹聖四年初,編類章疏成果初現,朝廷對元祐諸臣施行進一步貶謫。二月,首先追貶已逝宰執司馬光、吕公著等,奪贈有差;接着竄吕大防、劉摯、蘇轍、梁燾於嶺表,文彦博、范純仁以下三十餘人皆黜責有差;閏二月,前執政韓忠彦降職,鄭雍、安燾落職,剛被黜的韓川、孫升、王覿再黜,已逝的孔文仲、鮮于侁、吴處厚追貶,身在嶺南的蘇軾、范祖禹、劉安世再貶[100]。三月,中書舍人蹇序辰又請在編類章疏基礎上,建立"姦臣"檔案:"將貶責姦臣所言、所行事狀并取會編類,人爲一本,分置三省、樞密院,以示天下後世之大誡。"[101]無論是編類的章疏還是事狀,都爲責降臣僚提供了依據,"由是縉紳之禍,無一得脱者"[102]。元符元年六月,御史中丞安惇又建議設"管勾看詳訴理所",重審元祐舊案,將衆多曾因批評新法受罰而獲平反的官員再行定罪,士大夫緣訴理事得罪者,有近千人[103]。

有學者説紹符黨禍的發生和升級,源於新黨對舊黨的報復性傾軋[104],亦有學者指出,紹符"政治整頓"乃因北宋中期士大夫共同標榜的目標:"一道德、同風俗",經王安石變法以來的歷次實踐,逐漸異化爲政治上的清洗[105]。實際上,被蔡卞"國是"論重新詮釋的"紹述"論本身,即蘊含黨禍的因子。

首先,如前所論,蔡卞的"紹述"論有一個突出特點,就是將神宗之政視爲一種不可變更的"聖政",而不是一種爲了因應某種時間、空間需要而制定的政策,一種可以"隨宜損益"的政策。在神宗之政已經被無限上綱的情況下,執政派的使命就是采取一切可用的手段執行"紹述",并道德化其間所有的施爲。如針對紹聖四年初大規模貶謫元祐臣僚的行動,成書於徽宗大觀(1107—1110)年間、由蔡京進呈的《哲宗實録》就説:"上親政三年,追述先志,審度考核,姦臣誣詆,迹狀方顯,斷以不疑,皆正典刑,於是繼述之孝彰矣。"[106]紹符後期章惇、蔡卞利用編類章疏、看詳訴理進行政治清洗,同樣打着"繼述"的旗號,"以謂章疏之言,譏毁神考,理訴之事,行迹先朝,必須如此施行,方名繼述之義"[107]。很明顯,面對朝中各種反對勢力,"神宗"是執政派屢試不爽的藉口,"但所不喜,即以詆毁神宗爲言"[108];"繼述"更是無堅不摧的利器,"凡有所請,必以繼述爲説,稍違其意,則欲以不忠之名加於上下"[109],"欲一二以循熙豐之迹,不然則爲不孝"[110]。

其次,蔡卞"國是"論影響下的"紹述"新説本質是一種以"邪正""是非"觀念爲内核的二元論,其成立的基礎不能僅僅建立在儒家孝道理念上,光有傳統倫理是不夠的;對於執政派來説,祇有不斷提供反映元祐臣僚反對神宗的事實證據,纔能顯現元祐與神宗的對立,進而增强"國是"論成立的合理性,這是黨禍升級的深層次根源。

此外,黨禍的升級還與蔡卞"紹述"論面臨合理性危機有很大的關係。由於它在理論上是講不通的,在政治上是教條的,因此給各種"異論"反攻的機會;即使章惇、蔡卞企圖通過政治權力壓迫異議,然"異論相攪"的家法始終構成"國是"論的阻力。職是之故,執政派想出釜底抽薪之策,這就是紹聖四年以後審理的諸起"逆案"的部分起源。

(二)"紹述"論影响下的"逆案"

執政派利用"逆案"對付元祐臣僚,有其固有脈絡。由於神宗生前并未完成建儲一事,立延安郡王趙煦爲太子是在神宗臨終之際倉促確定的,因而出現皇權争奪的疑似之迹;左相王珪與右相蔡確之間,神宗親弟趙顥與延安郡王趙煦之間,甚至太皇太后高氏與朝臣之間,都有可能發生明争與暗鬥。雖最終由趙煦繼位,但"元豐末命"之事依然留下隱患。蔡確山陵使事還朝後,"以定策自居",爲御史劉摯、王巖叟所劾;蔡確被貶後,其黨人邢恕到處散布流言,暗示高氏、王珪、趙顥在哲宗繼位之際有"逆謀",蔡確、章惇、黃履、邢恕排除"異議",纔建立定策之功[111]。元祐四年出現"蔡確詩謗",諫官梁燾、吴安詩、劉安世、范祖禹極論之,高氏乃藉此事置蔡確於死地,其後蔡確貶死嶺南[112]。哲宗親政後,蔡確之子蔡渭、御史劉拯爲蔡確申冤,朝廷爲詩案平反,追贈蔡確左諫議大夫,又復觀文殿大學士,但未及定策之事[113]。至紹聖二年四月,知青州邢恕入對,見哲宗時聲淚俱下:"臣不謂今日復得見陛下!"又"自謂有定策功",可能是希望留在朝廷,但哲宗"不樂","遂令赴青州"[114];大約在此前後,在邢恕誘導下,蔡確母明氏向三省陳訴,稱梁燾元祐中曾對懷州致仕人李洵言:"若不誅(蔡)確,於徐邸(即趙顥)豈得安便!"然中書侍郎李清臣等封狀不發[115]。

蔡卞晋升執政後,情况發生逆轉。紹聖二年十一月,諫官劉拯論蔡確有定策功,及王珪潛懷二心,請"究珪之罪、録確之功",於是蔡確追贈太師,謚忠懷;其後的十二月,邢恕自青州調回開封爲刑部侍郎。此二事反映邢恕宣傳的蔡確定策之説獲執政派支持[116]。與此同時,蔡京又製造楚王趙顥不利哲宗的輿論,如"車駕不可幸楚邸","上比來已覺察楚王二婿,盡罷翰林司御廚,此輩豈可使居此地?"又稱"天下根本未正"云云,"意謂不誅楚邸,則未安爾";紹聖三年五月趙顥去世,蔡京受命撰墓志銘,被後者"固辭"[117]。此外,紹聖三年八月,執政派重提元祐四年劉安世、范祖禹論禁中覓乳母事,指控二人構造誣謗,用心險惡,於是劉、范皆貶嶺南[118]。可以看出,哲宗親政之初,朝中就出現一股力量,力倡蔡確定策之説,然未獲支持;隨着章、蔡之黨的勢盛,不僅邢恕一派的聲音得到采信,而且執政派利用"逆案"打擊元祐臣僚之部署初露端倪。

紹聖四年前後是黨禍升級的時期,不僅發生大規模貶謫元祐臣僚的罕見情形,而且接連出現多起"逆案",轟動一時。與此同時,蔡卞的"國是"之論甚囂塵上,而與之針鋒相對的異議之説亦紛擾不已。種種現象雜糅在一起,顯示它們之間的密切關聯。而元豐末命事的核心人物之一邢恕,又成爲黨禍風波中的關鍵之人。紹聖四年正月,邢恕改吏部侍郎,五月權吏部尚書,七月兼侍講,十月遷御史中丞,其職務的頻繁變動,正是他扮演重要角色之折射[119]。

例如,紹聖四年四月,邢恕告訴章惇,稱元豐末年神宗去世時,范祖禹自洛陽赴京,司馬光送行,有云"方今主少國疑,宜訓事不可不慮"。章惇認爲司馬光竟然“憂慮”高氏有廢立之意，屬造謡生事，“謂光志在傾摇”；據邢恕後來講，章惇并不滿足，又曲解司馬光所説的“慮”爲“思慮”“幸願”，意謂司馬光藏有“禍心”，“有凶悖之意”，特追貶其爲朱崖軍司户參軍，又以吕公著同謀，特追貶爲昌化軍司户參軍[120]。

再如，紹聖四年初，黄履稱其元豐八年二月曾上奏章，揭露神宗臨終之際，宰相王珪陰結宣仁族叔高遵裕，托高遵裕子士充傳話，以及建儲時遲疑觀望、含糊不決的行迹；然曾布告哲宗，黄履奏章“乃追爲之，非當日所奏”，其真實性存疑。紹聖四年二月，邢恕對高遵裕養子高士京講“王珪爲相，欲立徐王（按即趙顥），遣公兄士充傳道語言於禁中”云云，并誘導後者上書，證明黄履所言非虚；其後給事中葉祖洽要求正王珪之罪。因此，王珪罪名成立，於紹聖四年四月追貶爲萬安軍司户參軍，同時剥奪恩例，禁錮子孫，没收賜宅[121]。

又如，邢恕入朝後可能屢屢提及蔡確定策事，很大程度上影響了哲宗的看法。例如紹聖四年五月，哲宗對曾布講：“巖叟用心極可罪，當時貶蔡確意不在確，蓋有傾摇之意。”於是曾布回應：“此臣所不知，此必有人言蔡確定策有功，逐確則有廢立之意。”[122]此處“有人”當指邢恕之流無疑。

紹聖四年以來的諸起舊案，曾布日記有云：

> 三省先論司馬光等陰謀廢立，故不逾兩旬，再行降制追貶；於是又發揚王珪觀望，以明定策之功，追貶王珪；又言巖叟等其意初不在蔡確。特借此以感動上耳，自謂不避怨怒，敢誅戮謀逆者，以爲忠藎，故上亦欣然納之。凡作姦無不如意，或有異論，即指名“逆黨”，欲以鉗天下之口。籲，可畏也！布但悒悒，爲之寢食不安而已。林希亦語布曰：“貶竄者未足道，但設此言以離間宣仁，使上於宣仁不能無疑，致其骨肉間有芥蒂，此尤爲可憤。”[123]

據此可知，執政派利用邢恕重翻舊案，有三重目的：一是彰顯執政派的定策功勞及其對哲宗的忠誠；二是凸顯元祐臣僚的凶悖及宣仁太后的嫌疑；三是用“逆黨”之名，鉗“異論者”之口。通過追究“逆案”，執政派希望告訴哲宗，元祐臣僚不僅是反對先帝的“姦黨”，而且還是威脅皇權的“逆黨”。聯繫到這年五月哲宗下《誡飭在位敕榜》的事實，我們不難得知執政派利用“逆案”强化“國是”論述的真正動機。

他們的策略顯然奏效了,但還没有盡其全功,於是便有紹聖四年八月前後的“同文館獄”。先是,元祐舊黨劉唐老對文彦博之子文及甫説“時事中變,上臺當赤族,其他執政奉行者梟首,從官當竄嶺南”云云。蔡確之弟蔡碩從乃婿文康世處獲知,向蔡京告發[124]。其後,蔡確之子蔡渭接連爆料兩事:一是揭出文及甫書信事,稱其叔父蔡碩曾於邢恕處見文及甫元祐中寄邢恕書,有云“司馬昭之心,路人所知,又濟之以粉昆,朋類錯立,欲以眇躬爲甘心快意之地”,認爲此信暗藏元祐臣僚“大逆不道”的秘密;二是重提紹聖初其祖母明氏從邢恕處獲知的“徐邸”事。哲宗令翰林學士承旨蔡京、吏部侍郎安惇就同文館置獄究治[125]。

蔡京等在審案過程中,獲文及甫口供,後者稱親聞乃父臨終密語,謂劉摯等意圖謀反,另立皇叔趙顥;信中“司馬昭”指劉摯,“粉昆”爲王巖叟、梁燾,“眇躬”即哲宗[126]。有學者指出,紹聖四年接連出現多起“逆案”,并非偶然,個中玄機可能是趙顥已於紹聖三年九月去世,章惇等人便肆無忌憚,翌年四月便炮製宣訓事、王珪事;而文彦博於同年五月去世,章惇等人便引誘其子揭發此案。换言之,同文館獄是執政派肆意炮製的結果[127]。然哲宗却相信此事,并加深了對元祐之人的惡感。紹聖四年九月,哲宗因星變宣布大赦,但“元祐餘黨及别有特旨之人”却排除在外,曾布向哲宗問及此事,哲宗回應稱:“劉摯等安可徙!”曾布在日記中感嘆道:“上嘗宣諭西府,以及甫等所言爲可信,又云惇亦曾以書招彦博,殆與(邢)恕所言吻合。然則摯等何可有望於寬貸也!”[128]

哲宗表示不會寬待元祐人,然蔡京、蔡卞及其同黨的訴求不滿足於此。紹聖四年九月星變時,哲宗下詔求言,蔡京的門客方天若應詔上書:“欲誅戮元祐之人,且欲埽除邪黨異論者。”蔡卞之黨、御史鄧棐亦上書:“埽除異意之人,足以應除舊布新之象。”[129]在此前後,蔡京親自撰文,指出“人主單立於萬物之上,所以鼓舞群動、役使萬物者,以能生、能殺、能與、能奪故也”,希望哲宗不惜操生殺予奪之權,誅殺元祐領袖,以絶後患[130]。

在此思想指導下,蔡京積極究治同文館獄,徹查劉摯、梁燾的“反狀”。由於文彦博已死,文及甫所言又“没有顯狀”;另外,明氏訴狀中所謂“徐邸”事,乃出自邢恕,邢恕稱得之於尚洙,尚洙稱得之於李洵,而李洵説:“實聞(梁)燾此語。”

然紹聖四年十一月末,梁燾暴卒於廣南西路的化州,十二月初,劉摯亦卒於廣南東路的新州[131]。諸人皆死,未及取證,蔡京、章惇進呈劉摯、梁燾事目時,哲宗問:"元祐人果如此乎?"京、惇答:"誠有是心,然反形未具。"[132]其後,蔡京等拷問高氏身邊的内侍張士良,"欲使證宣仁聖烈皇后果有廢立意",但張士良僅供稱御藥院官陳衍有亂政之狀,而拒絶指認宣仁。由於紹聖四年以來的諸起"逆案",皆與高氏有連,而哲宗又以諸事爲可信,故宣仁不能擺脱"有廢立意"之嫌。據説,章惇、蔡卞建議追廢高氏爲庶人,哲宗猶豫未决,其後向太后、朱太妃泣諫,加上張士良拒不招供,"追廢之議由是得息",但宣仁的聲譽已然受損[133]。

雖然劉摯、梁燾"謀逆"的證據不足,但蔡京仍以文及甫等人的供詞爲據,認定二人有罪。元符元年五月,蔡京指出"人臣有司馬昭之心,大逆無以加此",請"正其典刑,以及其子孫",於是詔"摯、燾諸子并勒停,永不收叙,仍各於原指定處居住"[134]。此年七月,蔡京又上言:"伏聞劉摯、梁燾已有處分,其餘顯著之人,未有指揮",不僅要求處分元祐中早逝的王巖叟,還重提范祖禹、劉安世、朱光庭論乳母事,於是詔:"范祖禹移化州安置,劉安世移梅州安置,王巖叟、范祖禹、劉安世、朱光庭諸子并勒停,永不收叙。"[135]

紹聖四年以後審理的諸起"逆案",特别是對"同文館獄"的追究,嚴重打擊了元祐領袖,事實上也否定了高氏;最重要的是,元祐臣僚被認爲是威脅皇權的"逆黨",讓哲宗的朝政對元祐之人、事徹底關閉了大門。哲宗朝試圖以"無問新舊、惟歸於當"的精神,探討"紹述"前景的可能性徹底消失了;這就是執政派爲强化"國是"論述而實行釜底抽薪之策所導致的必然結果。

五　結　論

紹符時代的新舊黨争及其發展,最終導致了嚴酷的黨禍,這與元祐時期的情形構成較爲鮮明的對比。以往的研究僅從"新黨復仇"論的視角解釋黨禍的發生,存在一定的局限。余英時對宋代"國是"問題的討論,有助於深化相關議題的認識。本文在既有研究基礎上,揭示"紹述"内涵的前後演變軌迹,闡述蔡卞利用王安石"國是"之説詮釋"紹述",由此深刻影響"紹述"政治的運作。本文還就紹符政治的運作狀況提出一己之見;蔡卞的“紹述”論雖在很大程度上主導了哲宗的朝政,但并不具備絶對的宰制性,時臣通過發掘神宗朝“政治遺産”反制蔡卞的行動接連不斷,這種情形與紹符後期“黨禍”的發生及“逆案”的興起有莫大關聯。

回到本文開頭提出的問題,即紹符黨争爲何變得如此嚴酷,以及“紹述”爲何會走向硬性的威權?此前有學者指出北宋新舊黨争是“被共同語言所分化”的政争,元祐和紹符兩個時期,新舊雙方立場互異,但都使用相同的語言,以道德詞彙區分彼此[136]。本文的研究結果則表明,紹符年間甚囂塵上的“邪/正”“是/非”話語與元祐時期流行一時的“君子/小人”之説存有深刻的差異。其中的關鍵在於“紹述”作爲一種政治主張的提出,以及蔡卞“國是”論對於“紹述”内涵的滲透。一方面,哲宗對乃父有深厚情感,對熙豐政事的功績亦充滿向往,“紹述”作爲一種政治理想可以令其獲得某種“子承父業”“繼志述事”的想象,同時神宗留下的“新人”及“新政”,使哲宗可以選擇依靠的力量和取法的資源。另一方面,蔡卞“國是”論對於“紹述”政治的干預,導致神宗之政被無限上綱,不但朝政易被執政派的語言暴力所挾制,而且令新黨壓迫舊黨擁有合法的基礎;同時,執政派炮製的諸起“逆案”,在很大程度上加劇了哲宗對元祐臣僚的惡感,從而固化了“國是”論述中的二元對立。總體而言,哲宗朝的“紹述”論給北宋晚期政治史留下了深深的印迹。

(本文的寫作得到北京大學鄧小南教授的指導,謹致謝忱)

注　釋

① 相關研究參考王菡《宋哲宗》,吉林文史出版社 1997 年版,第 96—180 頁;羅家祥《朋黨之争與北宋政治》,華中師範大學出版社 2002 年版,第 180—212 頁;汪天順《章惇研究》,河北大學博士論文,2002 年,第 61—71 頁;楊小敏《蔡京、蔡卞與北宋晚期政局研究》,中國社會科學出版社 2012 年版,第 69—76 頁;涂美雲《北宋黨争與文禍、學禁之關係研究》,臺北,萬卷樓圖書公司 2012 年版,第 242—251 頁。

② 羅家祥《朋黨之争與北宋政治》,第 192 頁。

③ 余英時《朱熹的歷史世界》,生活 · 讀書 · 新知三聯書店 2004 年版,第 250—267 頁。余先生的

觀點引起學者較多關注，但目前宋史學界似未作出充分、深入地回應，李華瑞《宋神宗與王安石共定"國是"考辯》(《文史哲》2008 年第 1 期，第 73—78 頁)一文是目前爲數不多的專門討論"國是"問題的作品，然其主旨乃就"國是"的一些具體論點與余先生商榷。

④ ［宋］楊仲良《續資治通鑑長編紀事本末》（簡稱《長編紀事本末》）卷一〇〇《逐元祐黨上》，元祐八年十一月庚寅條，北京圖書館出版社影印宛委別藏本 2003 年版，第 3213 頁。

⑤《宋史》卷三五五《來之邵傳》，中華書局 1985 年版，第 11182 頁；《長編紀事本末》卷九九《朋黨》，紹聖元年三月乙亥條，第 3176 頁。

⑥ 方誠峰《北宋晚期的政治體制與政治文化》，北京大學出版社 2015 年版，第 91—101 頁。

⑦ ［宋］陳均《皇朝編年綱目備要》卷二四，紹聖元年閏四月，中華書局 2006 年版，第 585 頁。

⑧《長編紀事本末》卷一〇〇《紹述》，紹聖元年二月丁未條，第 3177 頁。

⑨ 同上書，紹聖元年三月乙酉條，第 3178 頁。

⑩《宋史》卷三四三《鄧潤甫傳》，第 10912 頁。

⑪《長編紀事本末》卷一〇〇《紹述》，紹聖元年四月癸丑條，第 3188 頁。

⑫ 同上書卷一三〇《久任曾布》，紹聖元年四月庚戌條，第 4060 頁。

⑬ ［宋］范祖禹《范太史集》卷三三《翰林詞草・改元御札》，《儒藏》（精華編）第 219 册，北京大學出版社 2014 年版，第 435 頁。

⑭《長編紀事本末》卷一二〇《逐惇卞黨人》，紹聖元年四月壬戌條，第 3709 頁。

⑮ ［宋］李燾《續資治通鑑長編》（以下簡稱《長編》）卷四八五，紹聖四年五月乙未條，中華書局 2004 年版，第 11530—11531 頁。

⑯《長編》卷四八二，元祐八年三月己丑條，第 11467 頁；卷四八二，元祐八年三月條，第 11477 頁。

⑰ 同上書卷四八四，元祐八年五月辛卯、丙申條，第 11495—11505 頁。

⑱《長編紀事本末》卷九九《朋黨》，紹聖元年三月乙亥條，第 3176 頁。

⑲ 同上書卷一〇五《二蘇貶逐》，紹聖元年閏四月乙酉條，第 3412—3413 頁。

⑳ ［宋］彭百川《太平治迹統類》卷二四《元祐黨事本末下》，紹聖二年正月，《叢書集成續編》影印"適園叢書"本，第 40 册，上海書店 1994 年版，第 488 頁。

㉑《長編紀事本末》卷一〇〇《紹述》，紹聖元年三月丁酉條，第 3179—3186 頁；卷一〇五《二蘇貶逐》，紹聖元年四月壬子條，第 3410 頁。

㉒《宋史》卷二一二《宰輔表三》，第 5494—5502、5507 頁。

㉓ 同上書卷三四二《鄭雍傳》，第 10899—10900 頁。

㉔ ［宋］王稱《東都事略》卷七九《安燾傳》，齊魯書社 2000 年版，第 821 頁。

㉕《宋史》卷三二八《李清臣傳》，第 10563 頁。

㉖ 方誠峰《元祐"調停"與哲宗紹述前夜》,《中華文史論叢》2013年第112期,第87—117頁。

㉗ 《宋大詔令集》卷一九五《政事·敕榜朝堂詔》,中華書局1962年版,第717頁。

㉘ 《長編紀事本末》卷一〇一《逐元祐黨上》,紹聖元年七月戊午條,第3237頁。

㉙ 同上書,紹聖元年七月庚申條,第3237頁。

㉚ 同上書,第3207—3237頁;[清]徐松《宋會要輯稿》職官六七,上海古籍出版社2014年版,第4850—4852頁。

㉛ 《宋會要輯稿》職官六七,第4852頁。

㉜ 《皇朝編年綱目備要》卷二四,紹聖元年十二月,第590—591頁;[宋]黄罃《山谷年譜》,《宋人年譜叢刊》第5册,四川大學出版社2003年版,第3077頁。

㉝ 《宋會要輯稿》食貨六五,第7832—7833頁。參考聶崇岐《宋役法述》,中華書局1980年版,第49頁。

㉞ 《長編紀事本末》卷一〇〇《紹述》,紹聖元年十月庚寅條,第3193—3194頁。

㉟ 《長編》卷四九八,元符元年五月癸酉條,第11681—11682頁;《長編紀事本末》卷一三〇《不用吕惠卿》,第4052—4054頁。

㊱ 《皇朝編年綱目備要》卷二四,紹聖元年閏四月,第585頁。

㊲ 《長編紀事本末》卷一二〇《逐惇卞黨人》,紹聖元年十月己巳條,第3711頁。

㊳ 同上書卷一〇六《錢勰罷内翰》,紹聖二年十月甲子條,第3423—3424頁。

㊴ 《宋史》卷二一二《宰輔表三》,第5508、5509頁。

㊵ 《長編紀事本末》卷一二〇《逐惇卞黨人》,元符三年五月甲午條,第3730頁。

㊶ 《宋史》卷四七二《蔡卞傳》,第13729頁。

㊷ 《長編紀事本末》卷一一〇《青苗》,紹聖二年七月己亥條,第3588—3591頁。

㊸ [宋]李埴撰,燕永成校正《皇宋十朝綱要校正》卷一三,中華書局2013年版,第364頁;《皇朝編年綱目備要》卷二四,紹聖二年八月,第592頁。另參李華瑞《宋夏關係史》,中國人民大學出版社2010年版,第74—75頁。

㊹ 《宋史》卷二一二《宰輔表三》,第5508—5509頁。

㊺ [宋]晁補之《雞肋集》卷六二《資政殿大學士李公行狀》,《景印文淵閣四庫全書》第1118册,臺灣商務印書館1986年版,第929頁。

㊻ [宋]李之儀《范忠宣公行狀》,《范忠宣公集》卷二〇,《宋集珍本叢刊》影印元刻明修本,第15册,綫裝書局2004年版,第521頁。

㊼ 《長編紀事本末》卷一〇一《逐元祐黨上》,紹聖二年八月甲申條,第3238—3239頁。

㊽ 同注③,第264頁。

㊾ 参考湯江浩《北宋臨川王氏家族及文學考論》,人民文學出版社 2005 年版,第 226—245 頁。

㊿ 《長編》卷四九四,元符元年正月壬申條,第 11734 頁。

51 [宋]王安石《臨川先生文集》卷三六《懷元度四首》,王水照主編《王安石全集》第 5 册,復旦大學出版社 2017 年版,第 708—709 頁。

52 [宋]曾布《曾公遺録》卷七,元符二年五月甲辰,《全宋筆記》第一編(8),大象出版社 2003 年版,第 96 頁。

53 [宋]周煇撰,劉永翔校注《清波雜志校注》卷三《七夫人》,中華書局 1994 年版,第 130 頁。

54 [宋]陳瓘《又論蔡卞疏》《再言蔡卞狀》,原皆誤作任伯雨上,《歷代名臣奏議》卷一八一,上海古籍出版社 1989 年版,第 2374、2376 頁。

55 陳瓘《再言蔡卞狀》,原誤作任伯雨上,《歷代名臣奏議》卷一八一,第 2376 頁。

56 [宋]佚名《群書會元截江網》卷二〇《國論》,《景印文淵閣四庫全書》第 934 册,第 270 頁。

57 《長編》卷二一〇,熙寧三年四月甲申條,第 5114 頁。

58 同注③,第 255—256 頁。

59 《長編》卷二一二,熙寧三年六月辛巳條,第 5155—5156 頁。

60 同上書卷二一三,熙寧三年七月壬辰條,第 5167—5168 頁。

61 "國是"與"國事"含義本不盡相同,但在北宋後期某些語境中,二者似可通用。例如,《長編紀事本末》卷一二〇《逐惇卞黨人》,元符三年十月己未,詔:"若夫曲學偏見,妄意改作,妨功擾政,以害吾國是者,非惟朕所不與,乃公議之所不容,亦與衆棄之而已。"(第 3738—3739 頁)《宋史》卷一九《徽宗本紀一》則作:"(元符三年十月)己未,詔禁曲學偏見、妄意改作以害國事者。"(第 360 頁)

62 《長編》卷二一三,熙寧三年七月壬辰條,第 5169 頁;余英時《朱熹的歷史世界》,第 255—256 頁。

63 《長編》卷二五一,熙寧七年三月戊午條,第 6126 頁。

64 同上書卷二一三,熙寧三年七月壬辰條注,第 5168 頁。

65 鄧廣銘《北宋政治改革家王安石》,河北教育出版社 2000 年版,第 292—294、365 頁。

66 《長編》卷二三五,熙寧五年七月條,第 5721—5722 頁。

67 [宋]黄裳《演山集》卷三三《朝散郭公墓志銘》,《景印文淵閣四庫全書》第 1120 册,第 224 頁。

68 《宋史》卷三一二《吴充傳》,第 10240 頁。

69 [宋]朱熹《晦庵先生朱文公文集》卷七〇《讀兩陳諫議遺墨》,《朱子全書》第 23 册,上海古籍出版社、安徽教育出版社 2002 年版,第 3380 頁。

70 《長編》卷三一三,元豐四年六月甲子條,第 7586 頁。

㉑ [宋]朱弁《曲洧舊聞》卷二《裕陵晚欲用司馬光温公與東坡》,中華書局 2002 年版,第 102 頁。
㉒ 陳瓘《又論蔡卞奏》,《歷代名臣奏議》卷一八一,第 2374 頁。
㉓ [宋]吕好問《上欽宗論紹述》,趙汝愚編《宋朝諸臣奏議》卷一一九,上海古籍出版社 1999 年版,第 1312 頁。
㉔ 陳瓘《六論蔡卞奏》,原誤作任伯雨上,《歷代名臣奏議》卷一八一,第 2377 頁。
㉕ 《宋會要輯稿》食貨六五,第 7836—7837 頁。
㉖ 參考蔡崇榜《宋代修史制度研究》,臺北,文津出版社 1991 年版,第 83—85 頁;顧紹勇《蔡卞研究》,河北大學 2007 年碩士論文,第 13—18 頁。
㉗ 《三朝名臣言行録》卷一三之三《諫議陳忠肅公》引《遺事》,《朱子全書》第 12 册,第 824—825 頁。
㉘ [元]陳宣子《陳了翁年譜》,《宋人年譜叢刊》第 6 册,第 3858 頁;《長編紀事本末》卷一二〇《逐惇卞黨人》,紹聖三年六月辛未、八月甲子條,第 3714 頁;《長編》卷四八五,紹聖四年四月乙未條,第 11529 頁。
㉙ 《長編》卷四八五,紹聖四年四月乙未條,第 11529 頁。李燾指出,林自以太學博士除正字爲紹聖三年二月二十三日,"滕文公"之説,必在三年二月之前也。(11529 頁)
㉚ 陳瓘《再言蔡卞狀》,《歷代名臣奏議》卷一八一,第 2375 頁。
㉛ 《長編紀事本末》卷一〇六《常立以誣詆貶責》,紹聖三年六月癸未條,第 3433—3434 頁。
㉜ 《長編》卷四八五,紹聖四年四月乙未條注,第 11530 頁。
㉝ 《長編紀事本末》卷一〇六《常立以誣詆貶責》,紹聖三年六月癸未條,第 3432 頁。
㉞ [宋]陳瓘《宋忠肅陳了齋四明尊堯集》卷五,《續修四庫全書》第 448 册,上海古籍出版社 2002 年版,第 380 頁。
㉟ [宋]楊時《龜山集》卷一二《語録三》,《景印文淵閣四庫全書》第 1125 册,第 224 頁。
㊱ 《歷代名臣奏議》卷一〇,第 139 頁。
㊲ 楊伯峻《論語譯注・子張篇第十九》,中華書局 2009 年版,第 200 頁。
㊳ 王文錦《大學中庸譯注》,中華書局 2008 年版,第 24 頁。
㊴ 《三朝名臣言行録》卷一三之三《諫議陳忠肅公》引《遺事》,第 824—825 頁。
㊵ 《長編紀事本末》卷一〇〇《紹述》,紹聖四年三月癸亥條,第 3202 頁。
㊶ 同前注。
㊷ 《宋史》卷三四三《吴居厚傳》,第 10921 頁;《長編》卷三三九,元豐六年九月戊申條,第 8161 頁。
㊸ 《長編》卷三六〇,元豐八年十月丁丑條,第 8608 頁。

⑭ 同上書卷四八八,紹聖四年五月辛未條,第 11589 頁。

⑮ 《宋大詔令集》卷一九五《政事・誡飭在位敕榜》,第 717 頁;《長編》卷四八八,紹聖四年五月辛未條,第 11578 頁。

⑯ 《長編》卷四八八,紹聖四年五月,第 11579—11582 頁。

⑰ 同上書卷四九二,紹聖四年十月戊申條,第 11690 頁。

⑱ 同上書卷四九三,紹聖四年十一月癸丑條,第 11693—11695 頁。

⑲ 《長編紀事本末》卷一〇一《逐元祐黨上》,紹聖元年七月戊午、庚申條,第 3236、3237 頁。

⑩ 同上書卷一〇二《逐元祐黨下》,紹聖四年二月、閏二月,第 3251—3265 頁。

⑩ 同上書卷一〇二《逐元祐黨下》,紹聖四年三月壬午,第 3265—3266 頁。

⑩ 《宋史》卷三二九《蹇序辰傳》,第 10606 頁。

⑩ 《長編》卷四九九,元符元年六月壬寅條,第 11886 頁;方誠峰《"文字"的意義——論宋哲宗親政時期的修史、編類章疏與看詳訴理文字》,《北京大學學報》2010 年第 2 期,第 96—104 頁。

⑩ 同注②,第 180—195 頁。

⑩ 同注⑥,第 141—144 頁。

⑩ 《長編紀事本末》卷一〇二《逐元祐黨下》,紹聖四年二月庚辰,第 3260 頁。

⑩ 陳瓘《六論蔡卞奏》,原誤作任伯雨上,《歷代名臣奏議》卷一八一,第 2377 頁。

⑩ 《曾公遺録》卷九,元符三年三月,第 267 頁。

⑩ 陳瓘《上徽宗論蔡京交結外戚》,《宋朝諸臣奏議》卷三五,第 351 頁。

⑩ 楊時《龜山集》卷一二《語録三》,第 224 頁。

⑪ 《宋史》卷三四二《王巖叟傳》,第 10892 頁;《長編》卷三六二,元豐八年十二月甲戌條,第 8671—8672 頁;卷四二八,元祐四年五月丁酉條,第 10338—10346 頁。

⑫ 參金中樞《車蓋亭詩案研究》,宋史座談會編《宋史研究集》(第 20 輯),臺北,編譯館 1989 年版,第 183—256 頁。

⑬ 《長編紀事本末》卷一〇七《蔡確詩謗》,紹聖元年六月甲戌條,第 3478 頁;《長編》卷四九〇,紹聖四年八月丁酉條注:"紹聖元年四月十三日,蔡渭訴確冤,追贈左諫議大夫,此時但論作詩,非謗訕耳。"第 11632 頁。

⑭ 《長編紀事本末》卷一〇七《蔡確詩謗》,紹聖二年四月壬午條,第 3478—3479 頁。

⑮ 《長編》卷四九〇,紹聖四年八月丁酉條,第 11628—11629 頁;卷四九四,元符元年二月壬午條,第 11743—11744 頁;卷五〇〇,元符元年七月庚午條注,第 11919 頁。

⑯ 《長編》卷四八六,紹聖四年四月丁未條,第 11549—11550、11543 頁;卷四九〇,紹聖四年八月丁酉條注,第 11636 頁;《皇朝編年綱目備要》卷二四,紹聖二年十二月,第 594 頁。

⑪⑦ 《長編》卷四八六,紹聖四年四月丁未條,第 11554—11555 頁。

⑪⑧ 《長編紀事本末》卷一〇一《逐元祐黨上》,紹聖三年八月庚辰,第 3249 頁;任伯雨《論章惇蔡卞狀》,吕祖謙編《宋文鑑》卷六一,中華書局 1992 年版,第 913 頁。

⑪⑨ 《長編》卷四九〇,紹聖四年八月丁酉條注,第 11636 頁。

⑫⓪ 同上書卷四八六,紹聖四年四月辛丑條及注文,第 11538—11544 頁;《長編紀事本末》卷一二〇《逐惇卞黨人》,元符三年六月乙巳條,第 3730—3731 頁。

⑫① 同上書卷四八六,紹聖四年四月丁未條,第 11549—11557 頁。

⑫② 同上書卷四八八,紹聖四年五月乙亥條,第 11589 頁。

⑫③ 同上書卷四八六,紹聖四年四月丁未條,第 11554 頁。

⑫④ 同上書卷四九〇,紹聖四年八月壬辰條,第 11625—11626 頁。

⑫⑤ 同上書卷四九〇,紹聖四年八月丁酉條,第 11628 頁。

⑫⑥ 同上書卷四九〇,紹聖四年八月丁酉條,第 11628 頁。

⑫⑦ 梁思樂《北宋後期黨争與史學 ——以神宗評價及哲宗繼位問題爲中心》,"十至十三世紀中國史國際學術研討會暨中國宋史研究會第十七届年會"参會論文,2016 年 8 月。

⑫⑧ 《長編》卷四九一,紹聖四年九月丁巳、癸亥條,第 11650、11655 頁。

⑫⑨ 同上書卷四九一,紹聖四年九月,第 11667 頁。

⑬⓪ 同上書卷四九〇,紹聖四年八月癸未條,第 11619—11620 頁。

⑬① 同上書卷四九三,紹聖四年十一月丁丑條,第 11705 頁;卷四九三,紹聖四年十二月癸未條,第 11709 頁。王巖叟已卒於元祐八年七月,見《宋宰輔編年録校補》卷一〇,第 599 頁。

⑬② 同上書卷四九五,元符元年三月戊午條,第 11775 頁。

⑬③ 同上注。

⑬④ 同上書卷四九八,元符元年五月辛亥條,第 11841—11842 頁。

⑬⑤ 同上書卷五〇〇,元符元年七月庚午條,第 11917—11923 頁。

⑬⑥ Ari Daniel Levine, *Divided by a Common Language: Factional Conflict in Late Northern Song China*, Honolulu, University of Hawaii Press, 2008. pp. 1-180.

《漢紀》明正德本研究

張宗品

【提要】《漢紀》是我國重要的編年體史著,《史通》將之列爲《左傳》家之首,《資治通鑑》對之亦多有采摭。但時至今日,該書的一些重要版本問題仍然未能釐清。明正德十六年(1521)本爲該書存世最早的刊本,《四部叢刊》本及中華書局點校本皆以明嘉靖黄姬水本爲底本,多有訛誤。本文擬就"荀悦曰"、子注、音切、行格、吴下故家本等相關問題,將正德本之文獻價值予以表出。

《漢紀》三十卷,後漢荀悦(148—209)撰。悦字仲豫,潁川潁陰(今河南許昌)人,獻帝秘書監、侍中。《後漢書》悦本傳稱《漢紀》"辭約事詳,論辯多美"[①]。唐劉知幾《史通》將之列爲《左傳》家之首,司馬光修《資治通鑑》時對之亦多加采摭[②]。但時至今日,該書的一些重要版本問題却仍然未能釐清。現今通用的本子如《四部叢刊》本及中華書局2002年點校本,皆以明嘉靖二十七年(1548)黄姬水刊本爲底本[③],對現存最早的刻本即明正德十六年(1521)刊本却關注不足。這種忽略不僅造成重要的錯誤如"荀悦曰"的沿襲,也令讀者對《漢紀》早期流傳過程中的版本問題缺乏正確的認識。有鑒於此,本文擬就《漢紀》正德本的相關問題略陳管見。

一 正德本之前的《漢紀》傳本

《漢紀》自問世以來,即爲學人推重,乃至"歷代寶之,有逾本傳"。唐人試

張宗品 陝西師範大學歷史文化學院

士,亦"以悦《紀》與《史》《漢》爲一科"[④]。影響所及,隋唐時期已流播日本,如九世紀的藤原佐世《日本國見在書目録》第十二"古史家"即著録"《漢紀》卅卷。原注:魏秘書監荀悦撰"[⑤]。《隋志》及兩《唐志》,皆著録爲三十卷,宋代公私書目并同。

刻本之前,現存的《漢紀》寫本殘片主要有兩種:一爲吐魯番出土公元五世紀寫本《漢紀·孝武皇帝紀》殘片 80TBI:001(a)。寫本殘長十一釐米,寬七点五釐米,紙本正面書寫,存四行三十字。字體隸意濃厚,捺筆尤爲明顯。根據編號,該殘片爲 1980 年由吐魯番地區文物保護所在柏孜克里克千佛洞崖前下層堆積中發現,現藏吐魯番地區博物館[⑥]。一爲新疆出土唐寫本《漢紀·孝成皇帝紀》(編號:LM20_1455_07_01)殘片,僅存二十字,字體近柳體,有重文符。約爲"8世紀遺物"[⑦]。殘片爲日本大谷探險隊發掘,余欣推測其出土地點亦爲吐魯番,圖版見《旅順博物館藏新疆出土漢文佛經選粹》[⑧]。上述殘片所存文字不多,基本未涉及重要異文,兹不轉録。

新疆吐魯番地區舊屬高昌,麴氏高昌重經史,多向中原地區求借《五經》、諸史,置學官弟子相傳授[⑨]。而唐人取士亦用《漢紀》,此地能見其殘片,可證"大行於世""有逾本傳"之言不虚。高昌一地出土的《漢紀》寫本殘片既涵蓋了不同時段,則相應時間的文化中心長安、洛陽、建康等地傳播《漢紀》的情形不難推測。

降及有宋,《漢紀》與科舉關係漸疏,士人對其重視程度也相應降低。據王國維《五代兩宋監本考》,兩宋監本遍及四部,而此書未收録其中[⑩]。地方機構雖開始刻印《漢紀》,但訛誤頗多,甚或不能卒讀[⑪]。明嘉靖黄姬水刊本《兩漢紀》所録南宋紹興十二年(1142)王銍《重刻兩漢紀後序》云:

> 右荀悦《前漢紀》三十卷,袁宏《後漢紀》三十卷,祥符中刊版於錢塘,版廢幾百年。今始合二書,用諸家傳本校其異同,撥其訛誤,稍條然可讀,遂再刻之。[⑫]

又,元馬端臨《文獻通考·經籍考》"漢紀"條載:

> 巽岩李氏曰:某家有寫本一、印本一,寫本不計其時,而印本乃天聖間益州市所摹刻者。大抵皆差誤而印本尤甚,衍文助語,亂布錯置,往往不可句

讀。或又增以子注、音切,并非所當有。而近歲江浙印本,號爲曾經校讎,其實與天聖市刻相似,間用班固書竄改悦語,而又非固書本文。[13]

據上述文獻,《漢紀》早期刻本主要有以下三種:宋王銍所云北宋真宗大中祥符年間(1008—1016)杭州刻本,李燾所稱北宋仁宗天聖年間(1023—1032)蜀刻本和南宋高宗紹興十二年(1142)浙東刊本[14]。上述諸本又以北宋真宗時杭州刊本較早,紹興本當屬祥符年間杭州本一系[15]。

《漢紀》諸宋刻本今不可見,唯國家圖書館藏有明人抄宋本《漢紀》(編號:03392),略存宋本樣貌。《鐵琴銅劍樓書目》徑云此本乃據紹興間錢塘刻本影寫[16]。

《漢紀》三十卷,明抄本,半頁十三行,行二十二字至二十五字,以二十四字居多。行格緊湊,字體略古拙扁方。無界欄,三册。目録頁鈐有"葉氏箓竹堂藏書"圓形印,"鐵琴銅劍樓"方形印,知其曾先後爲葉、瞿二氏所藏[17]。

抄本前爲"漢紀目録并序",後接正文。每卷或小題在上(卷一之後多省大題),或大題在上。大題下多有雙行小注,并有尾題。如卷一題"高祖本紀第一漢紀荀氏",尾題"漢紀卷第一",大題下雙行小注云:"顔師古曰:紀,理也。統理衆事而繁(今按:当"繫"之訛)之於年月也。"荀悦發論部分皆提行另寫,以"論曰"二字(嘉靖本作"荀悦曰"三字)總領下文。正文雖有明顯誤字,但可訂正今本者較多。

此本首頁題"影宋舊抄、别本附"(原注:十一、九十八行)。卷七、卷一六篇首殘缺,卷一一有抄配。原本裝訂又有訛誤,如卷一"豈樂爲人臣哉,顧其"下脱三頁,在卷二之三至五頁。卷二"齊王趙將"下頁誤接"勢初定且以長幼",而"勢初定"句下應在卷一,皆爲裝訂舛誤所致[18]。(參表一)

表一　抄宋本闕文及行格信息

闕　文	行格異同	備　注
抄本留有空白以示闕文。卷二"漢之取天下可以萬全。大王不與萬全之□□自託於危已之楚"。	有文句不缺而行末留一二空白,當求與底本字句行格一致。如卷一二所列西域諸國,每行六國,各國名間有空格,彼此對齊。後各國介紹各爲一段。	卷四《高祖紀》四末"本志曰"帖籤:"藝文十二引荀悦漢紀論曰高祖開建大業統畢元初度量規矩不可尚矣天下初定庶事草創故韶夏之音天下未聞焉。"

續 表

闕文	行格異同	備注
卷六《高后紀》三年"其水洪範爲水不潤下"後空數字,當有闕文。	卷二五所列九家,各家間空一格。	
卷九孝景中元元年"胡王爲偶人像都令騎射莫能中其見憚如"下空五格接"釋之太后以臨江王"。	抄本或留三角形空白,當底本有殘缺之形。如卷一〇頁8B、頁9A上、下右頁角,卷三〇第五頁下中間部位等皆類似。	
卷一六闕開篇,起自"衛人子上使公卿中二千石"。		

二　明正德本《漢紀》發微

元初時,馬端臨所見諸本多不精善;到了明代,《漢紀》傳本已不易得。正德年間(1506—1521),吕柟《漢紀校正序》稱"曩予在史館,數問荀氏書,獲《申鑒》未獲《漢紀》",又稱"是書抄本無副"[⑲]。現存《漢紀》的明刊本大致有兩個系統:一爲正德本系統,含明正德本和萬曆二十六年(1598)南京國子監本;一爲嘉靖本系統。嘉靖本是嘉靖二十七年(1548)黄姬水號稱據宋本梓行。由於該本對正德本明顯的誤字加以删改,行世漸廣,《四部叢刊》所收《漢紀》即爲此本。而實際上,正德本纔是當時刊行最早的本子,且與《漢紀》早期文本的面貌更爲接近。

正德本《漢紀》三十卷。半頁十行,行二十四五字,白口,單魚尾,左右雙邊。版心上槧書名卷次,下記頁碼。除卷一〇將次行内容併入首行下,其他各卷首行題書名卷數;次行上題"荀悦著",下鐫"吕柟校正"四字;第三行書卷名及卷次。卷末并有尾題。前爲何景明、吕柟二序,後爲"漢紀目録并序",次《漢紀》荀氏原序。

國内正德本《漢紀》分藏國家圖書館[⑳]、北京大學圖書館(殘)[㉑]、中央民族大學圖書館、上海圖書館、南京圖書館和江西省圖書館等。大陸之外的正德本在日本的静嘉堂文庫和尊經閣文庫俱有典藏[22]。其中，静嘉堂文庫藏本原係陸心源十萬卷樓舊藏，四册。尊經閣文庫藏本原係江户時代加賀藩主前田綱紀舊藏，共六册。

據序文，正德本刊於明正德十六年(1521)，是現存最早的《漢紀》刻本[23]。該本保存了《漢紀》早期形態的重要信息，對我們認識古書流傳過程中出現的一些文獻特徵也頗有助益。現就正德本涉及的"荀悦曰"、子注與音切、行格、吴下故家本等相關問題論列如次：

(一)"荀悦曰"與"論曰"[24]

明嘉靖二十七年黄姬水本及以之爲底本的諸多刻本，荀悦所論部分皆稱"荀悦曰"，而正德本皆作"論曰"。我們認爲《漢紀》原文當作"論曰"而非"荀悦曰"，理由如下：

一、"荀悦曰"不合當時著書體式。《後漢書·荀悦傳》稱，《漢紀》是應漢獻帝的要求而作，退一步説，正如陳啓雲所論："即使後來變了他標出'論'的方式，正確的表述也不是'荀悦曰'，而應是'臣悦曰'，這纔是作者自己恰當的口吻。"[25]

二、荀悦《漢紀》已表明其書中作"論"，而非"荀悦曰"。《漢紀》卷三〇末諸本皆稱：

> 凡《漢紀》，其稱年、本紀、表、志、傳者，書家本語也。其稱論者，臣悦所論，粗表其大事，以參得失，以廣視聽也。[26]

可知《漢紀》原本當作"論曰"。

三、唐代劉知幾所見本皆作"論"。《史通·論贊》論及先代史書論贊方式，云：

> 《春秋左氏傳》每有發論，假君子以稱之。二傳云公羊子、穀梁子，《史記》云太史公。既而班固曰贊，荀悦曰論，《東觀》曰序，謝承曰詮，陳壽曰評，王隱曰議，何法盛曰述，揚雄曰譔，劉昞曰奏，袁宏、裴子野自顯姓名，皇甫謐、葛洪列其所號。史官所撰，通稱史臣。其名萬殊，其義一揆。必取便於時者，則總歸論贊焉。[27]

所謂“荀悦曰論”,唐劉知幾所見《漢紀》諸本,可爲旁證。且劉氏明言自“袁宏、裴子野自顯姓名,皇甫謐、葛洪列其所號”,荀悦當時并未自標姓名亦可知。

四、明代以前書籍徵引《漢紀》荀悦之語多作“荀悦論曰”或“荀悦《漢紀》論曰”。如《漢書》卷三二《張耳陳餘傳》“乃仰絶亢而死”句下注云:“荀悦論曰:貫高首爲亂謀,殺主之賊,雖能證明其主,小亮不塞大逆,私行不贖公罪,《春秋》之義大,居正罪無赦可也。”[28]以上正見於今本《漢紀》之《高祖皇帝紀》卷四“荀悦曰”下[29]。

作“荀悦《漢紀》論曰”者,如《文選》卷一〇潘岳《西征賦》“擄天位其若兹亦狼狽而可滑”句,注云:“荀悦《漢紀》論曰:周勃狼狽失據,塊然囚執。”見於今本《漢紀》之《孝文皇帝紀下》[30]。又杜佑《通典》卷一《食貨一》、卷七《食貨七》、卷一九二《邊防八》俱言“荀悦論曰”;《初學記》卷二〇《政理部・赦第一》、《藝文類聚》卷一二《帝王部二》亦明確提到“荀悦《漢紀》論曰”。

五、其他典籍中的“荀悦曰”衹是表明徵引内容出自《漢紀》,而非其中的議論。查檢舊籍,我們發現“荀悦曰”三字比比而是,但這并不意味着荀悦原書作“荀悦曰”,而衹能表明古人徵引舊籍的習慣不同而已。如《漢書》卷一至一二顔師古注皆引荀悦之言,俱稱“荀悦曰”。這些注文都不見於今本《漢紀》“荀悦曰”的議論部分。這些“荀悦曰”如同《漢書》以及其他古書中所引前人舊注“文穎曰”“師古曰”“應劭曰”一樣,衹是徵引前人言論,非謂其中議論原文皆作“某某曰”。又如《資治通鑑》卷二九“漢紀二十一”撮舉荀悦《漢紀》卷二二《孝元皇帝紀中》“荀悦曰”者,衹是標明出於《漢紀》而已[31]。

六、今存的《漢紀》早期版本中,“荀悦曰”皆作“論曰”。如中國國家圖書館藏明人所抄宋刊本《漢紀》、明正德十六年刊本《漢紀》、明萬曆二十六年南京國子監刻本《漢紀》,書中“荀悦曰”皆爲“論曰”。此爲版本依據。

七、今見傳本中改“論曰”作“荀悦曰”,始於明嘉靖黄姬水本。今天所見最早作“荀悦曰”的本子爲明嘉靖二十七年黄姬水刊本。該本雖誤字較少,但以意校改之處甚多。此後清刻本(其中影響較大者如康熙年間蔣氏樂三堂本)多以之爲底本,未加辨别,遂沿其誤,皆作“荀悦曰”。今通行的《四部叢刊》本及中華書局點校本,皆以明嘉靖二十七年黄姬水本爲底本,此處并誤。

由此,《漢紀》正文中所有"荀悦曰"皆當爲"論曰"。明正德刊本無疑是現存刻本中保存"論曰"字樣的最早的刻本。而明嘉靖二十七年黄姬水刊本及以之爲底本而校勘增改之本皆作"荀悦曰",其中《四部叢刊》影印本及中華書局點校本影響尤巨,乃至今人徵引多稱"荀悦曰",遂與原文不符。

（二）子注與音切

前揭馬端臨《文獻通考・經籍考》"漢紀"條稱巽岩李氏曰某家有寫本和印本時,特别强調印本"乃天聖間益州市所摹刻者,大抵皆差誤而印本尤甚,衍文助語,亂布錯置,往往不可句讀。或又增以子注、音切,并非所當有"[32]。關於《漢紀》版本中之子注與音切,當屬前人讀書時的批注[33]。後人鮮有論及[34],李燾所見宋代《漢紀》文本中的子注、音切之狀貌遂不可問。而此本文中多有雙行小注,間有注音。其子注和音切約有以下幾種,現略依類,臚列如次:

1. 子注。

(1)標題注。標題下的雙行小注或明帝王名字,或記在位年歲,或釋改元因由,如卷二"高祖二第二"題下云:"漢祖十月至霸上故以十月爲歲首也。"卷五"孝惠第五"云:"韓盈　字曰滿高帝子在位七年。"[35]卷九"孝景第九"云:"文帝子母竇皇后名啓。"卷一〇"孝武一第十":"景帝太子母王夫人名徹。"[36]卷一六"孝昭第十六"云:"諱弗之字不應武帝少子也。"卷一七"孝宣帝第十七"云:"諱詢在位二十五年年四十五年號大始地節元康神雀五鳳甘露各四年黄龍一年。"卷一"高祖一第一"、卷六"高后第六"題下無注。(詳見表二抄宋本相關注文)

以上注文多參校《漢書》而作批注,如"孝昭第十六"云:"諱弗之字不應武帝少子也。"《漢書・昭帝紀》"孝昭皇帝",注云:"荀悦曰:'諱弗之字曰不。'應劭曰:'禮謚法聖聞周達曰昭。'"[37]正德本的注文中對《漢書》的正文和注文皆作采摭,但誤將下文"應劭"之姓與昭帝之字連讀。可見作批注者學養有限。

(2)正文注。正文注或記異文,如卷一二頁八第九行"四曰翕侯"下雙行小注云:"又作聑(眲)顧翕侯也。"或記缺略,如卷一六頁一第四行"始元元年"下小注云"自此年至四年皆缺"。或補録闕文,如卷一頁八第二十行"乃晨朝宋義"至"曰宋義與齊王謀反"中間雙行小注:"即入帳中斬宋義頭以出,令軍中。"

2. 音切。

其釋字音者,亦有數例。如卷一二頁七 A 第八行“有五翕侯”句“翕”下雙行小注曰:“音劫。”明正德本與明人在小注和音切上與抄宋本基本一致,可知此本多承宋浙東刊本。明正德刊本則基本保存了李燾所見多有“子注、音切”的文本,猶爲宋時面目,真如吕柟序中所云:“雖一字不敢加也。”今國圖所藏明人抄宋本中皆有以上注文,可知宋刻本亦未曾删削注文,子注與音切來源甚古。現存刻本中最早删削注文始於明嘉靖二十七年黄姬水刊本,此後以嘉靖本爲底本的諸家刻本中已無緣得見。

表二　抄宋本相關小注與音切表

批注位置(抄宋本)	注　文	備　注
卷一“高祖第一 漢紀”大題題下	顔師古曰紀理也統理衆事而繁(繫)之於年月也	出《漢書》顔注,正德本無此題注
卷一頁八第二十行“乃晨朝宋義”下	即入賬中斬宋義頭以出,令軍中	補録闕文。抄宋本文字不缺,但誤將此部分内容裝於卷二頁七
卷二“高祖二第二”下	漢祖十月至霸上故以十月爲歲首也	正德本同
卷五“孝惠卷第五”下	諱盈之高帝子在位七年字曰滿	正德本作:“韓盈 字曰滿高帝子在位七年。”
卷九“漢紀孝景帝卷第九”下	文帝子母竇皇后名啓	正德本同
卷一〇“漢紀孝武帝一卷第十”下	景帝太子母王夫人名徹	正德本同
卷一六“孝昭第十六”題下	諱弗之字不應武帝少子也	抄宋本闕此標題頁,僅正德本有
卷一六頁一第四行“始元元年”	自此年至四年皆缺	闕文信息,抄宋本無注文,但所闕内容相同,又無標題,當有脱頁
卷一七“漢紀中宗宣帝之一卷第十七”下	諱詢在位二十五年年四十五年號太始地節元康神雀五鳳甘露各四年黄龍一年	正德本同
卷二八“漢紀哀帝上卷第二十八”下	成帝弟定陶王子	正德本同
卷一二頁七 A 第八行“有五翕侯”下	音劫	正德本作“音却”,俱爲直音
卷一二頁七 A 第九行“四曰翕侯”下	又作聉顧翕侯也	正德本同,載異文
卷一三首頁第四行“出隴西逾烏□”下	音戾	正德本同,直音
卷一三首頁第五行“合短兵鏖”字下	烏曹反	正德本同,反切

(三) 行格與校訂

正德本《漢紀》於漢朝每年之始必另起一行頂格書寫。而景帝三年“四月”前空三格,或所據抄本每月亦當提行,校刻時爲節省版面,遂於每月前不空格。國圖藏明人抄宋本多有每月刻寫提行之例,可爲佐證。又卷二五載“五經”源流,每一經已,則空一格;卷一二記西域各國,每國之末皆空一格。而黄姬水本及此後各本基本連寫無空格。復檢國圖明抄本,行格與正德本多同,而所載“五經”及西域各國的空格更多,形式也更爲疏朗,知此本多存舊式。卷一七頁八“論曰”另起一行,而明人抄宋本則基本每卷“論曰”皆提行。從行格上看,正德本較之嘉靖本更近於宋本。

此外,該本部分空格多有闕如之意。如卷二四頁一“無功而侯非高祖之約故天爲見異以譴之”至“上以爲然”之間空兩格,他本此處正闕二字而無空格,若未能校出,後人遂不知此處有所缺略。又他本此處“之約”爲“失約”,“上”爲“者”。卷一七頁八,“意以爲穿”下空一格,各本作“穿鑿”,此付闕如,可見其慎。

另有以多個空格標志内容的缺省之例。如卷一六頁一第五行“五年春正月”下空七格,下接“有男子乘黄犢車”,與存有該段文字的黄姬水本相校,此處缺省文字頗多。而值得注意的是明抄本中,此處也爲闕文,可知二者所據爲同一底本系統。

正德本中又存有大量的墨釘,多爲校勘之迹:

有經删削而與他本相合者:如卷三頁十一“遣軍補其處非上所詔命”,“處”“非”“上”下各削去一字,與他本合;“距滎陽數年”,“數”下删一字。卷五頁一“林良使者皆視百石”,“視”下删兩字;元年冬後“終日常春兮與死同”,“日”“兮”下各削去一字,與他本同。卷一七頁十“顧謂望之曰不肯碌碌”,“肯”下削去一字,與他本同。又卷二〇頁十一“不當死枉誅咎儻在是乎”,此本在“枉”“誅”“咎”下各削去一字,削去後之文字與各本同。卷二四頁二有二墨釘,卷二五頁七兩處各抹去一字,復與他本同。

有删削之後與他本不同者:如卷一二頁八“條支國”下“去長安萬兩千三百里”,削去“三”;“張騫使大夏之後窮河源”至“所謂昆侖者乎”之間删去三字,黄姬水本作“隱悉”,南監本、學海堂本、據《漢書》西域傳,改作“惡覩”。卷一三頁六，黄姬水本作“此盜賊所以難容也”，此處削去“難”字；“不聞弓矢以爲禁”，削去“禁”字；“大夫出疆有可以安社稷”，削去“以”。卷一六頁六削去“天子”二字，各本有。卷一七頁十“非策之得者也今後出人情不能相遠也”，“今”下削去一字；“今後出”，他本俱作“今兩侯已出”。卷二〇頁二“刻責豈 之”，“豈”下削去兩字，而《漢書》作“其負”，黄姬水本空四格，此或初校者據《漢書》補而爲復校者删；第九行抹去三字，而《漢書·循吏傳》此處正有三字，所以抹去，當爲初校者補入而抄本無之，故復校者依抄本抹去；第十行亦抹去“乃”，爲他本所有，亦當爲復校者抹去。卷二六永始二年下“御史大夫王”下削去一字，而他本皆無之，龍溪本、學海堂本補“駿”字；頁六“相”下削去“慎”字，他本有。

此本經删削之文與他本或同或異，均爲校勘之迹，以存底本之真。其中不乏可據《漢書》補入或删改之處，而此本不加補改，足證吕柟之語不虚：“故今所校正，其闕漏紕繆者，意苟可揆法，如《孟子》之引《詩》《書》；事若難求，竊比於郭公夏五，雖一字不敢加也。”

行格以外，正德本於内容上也不無補益。如卷一〇頁四第十九至二十行黄姬水本缺略，而此本全存，卷二一頁十第四行黄姬水本脱“四年春正月”以下八十三字，此本及明抄本皆有。

（四）所謂“吴下故家”本

正德本《漢紀》何景明序稱：

> 往在京師，嘗觀荀氏《漢紀》……是書余得之侍讀徐子容氏。徐子謂吴下故家録此書珍藏之而恪於傳，以故世無刻本云。余至關中，涇野子吕仲木氏移書求之，乃遂請吕子校正而付高陵令翟清氏刊布焉。

吕柟《漢紀校正序》亦云：

> 曩予在史館，數問荀氏書，獲《申鑒》未獲《漢紀》。今陝西提學何子仲默獲之於侍讀徐子子容，子容獲之於吴下家人。予從何子借觀，何子乃移予縣尹翟汝揚板行，而以校正問我。然是書抄本無副，且其體綜表志，錯紀傳，繫歲月，附論贊，與《漢書》多所出入損益。

明萬曆二十六年南監刻本馮夢禎《序兩漢紀》:“又其傳之不廣也,乃索吴中舊本,參校再三,鏤板南太學。”據此,明代該書刻本不存,除“吴下”抄本,并未見有第二個傳本。序文所云“吴中舊本”究竟爲何本?

據前文所論,《漢紀》的早期刻本主要有以下三種:宋王銍所云北宋真宗大中祥符年間(1008—1016)杭州刻本,李燾所稱北宋仁宗天聖年間(1023—1032)蜀刻本,南宋高宗紹興十二年(1142)王銍所序浙本。元馬端臨《文獻通考·經籍考》云:“而近歲江浙印本,號爲曽經校讎,其實與天聖市刻相似,間用班固書竄改悦語,而又非固書本文。”[38]李燾所稱益州本,淵源不明,也不排除“摹刻”祥符本的可能。據今存明人抄宋本卷尾校勘者相關信息(參表三),此本當校刻於紹興府,當即馬端臨所稱“近歲江浙印本”。

南宋紹興元年始升越州爲紹興府,治所會稽、山陰兩縣,至元十三年(1276)改爲紹興路。此本刊刻當於這一時段。校勘者既有紹興府治所縣丞,又有兩浙東路提舉茶鹽司屬官,則抄本之底本或屬茶鹽司刻本。校勘者莊革、張寔,事迹不詳。鄭若谷,據宋羅濬所撰寶慶《四明志》,爲紹興五年進士[39],紹興十二年左右任“左迪功郎紹興府山陰縣主簿兼主管文字”,亦合情理。則其所校《漢紀》當即王銍所序紹興十二年浙東刊本。

表三　抄宋本所記宋人校勘者信息

卷　次	尾題所附校勘者信息
卷五	右通直郎特添差充紹興府會稽縣丞莊革校正
卷一〇	左迪功郎紹興府山陰縣主簿兼主管文字鄭若谷
卷一五	右迪功郎充兩浙東路提舉茶鹽司幹辦公事張寔校正
卷二〇	右迪功郎充兩浙東路提舉茶鹽司幹辦公事張寔校正
卷二五	右通直郎特添差充紹興府會稽縣丞莊革校正
卷三〇	右通直郎特添差充紹興府會稽縣丞莊革校正

另由上文“子注、音切”“論曰”闕略及行格可知,今國圖藏明人抄宋本的底本和明正德十六年刊本、明萬曆的南監本底本俱爲同一版本系統,即前揭南宋紹興年間刊刻之浙本。以地緣與版本特徵相校,此“吴下故家”本,當即源於王銍

刊本的明抄本[40]。

傅增湘《校漢紀書後》稱:"萬曆戊戌國子監刻本,視前二本差勝,未知所據爲何本,以時代測之,當出祭酒馮夢禎手。"[41]準上文,則其所據之本可知。明嘉靖黄姬水本稱其所據爲宋刻本,而文字與行格改易較多,與"吴下故家"系統的本子面貌差異較大,失去了不少早期文本的特色。

嘉靖黄姬水本所謂宋刻除王銍序文外,别無依據。而上述文獻表明,王銍刻本與明人抄宋本或南監本一致,與嘉靖本的面貌差距較大。傅增湘氏對嘉靖本的底本已然有疑:

> 顧有不可解者,黄姬水序稱,得宋本於云間朱氏,按朱氏名大韶,字象玄,其家横經閣藏書最富(原注:余别藏宋本《方言》、宋本陸放翁《劍南詩稿》皆有横經閣印),且相傳有以美婢易放翁諸公手評袁氏《後漢紀》之事,是碻有宋本無疑。黄氏父子仍世以文章名吴中,鑒别要自有真,乃翻刻此書,其沿誤不異於諸本。尤可異者,卷二一元帝四年全年事,凡八十二字,吕本、監本咸完備無缺,黄刻乃獨逸去,豈黄氏所得乃别一宋刻陋本耶?抑委之鈔胥,任其佚漏,而不及寓目耶?昔人謂明代刻書,輕改古式,竄易字句,往往"刻一書而書亡",殆未可目爲過激之論矣。[42]

傅增湘氏將不可解處歸結爲明人輕改古式,而未能細究朱氏以美婢所易爲《後漢紀》,而非《漢紀》。且黄姬水刊本《漢紀》序中言其得宋本《漢紀》經過頗具傳奇色彩。明代中期,尤其是嘉靖年間,以蘇州爲中心的江南地區翻刻宋本成風,或此時黄氏所見爲時人僞造之宋本也不無可能。

三　餘論:明刊本價值之再認識

近人論《漢紀》版本多推明嘉靖黄姬水刊本,而正德本之價值遂多被忽略。嘉靖本的底本頗存疑問,該本不但删去了子注、音切等,還改去了有早期寫本特色的字形,漏掉或者誤删了原本當存的字句。同時,嘉靖本也對之進行了一定程度的校訂,改正了正德本的若干明顯誤字。

子注和音切正是寫本文獻在傳寫和閱讀中存在的特定現象,即由閱讀者不斷添加的閱讀痕迹。或憑記憶,或查閱典籍,將互相參證的内容批注在旁。音切也是爲了便於閱讀,類似今天的學生在生僻字旁標記拼音和釋義。在後人不斷删削力圖接近古籍原貌的同時,我們距離遠古的"原貌"已不可以道里計,即便是"近古"的面貌也越來越遠。

據上文所記,明正德本是現存刻本中最接近宋本原貌,同時也是更接近荀悦本原貌的本子,保存了不少早期文本的形制。雖然其中不乏脱訛誤字,但這正是其源於寫本的一大標志。尤其是其中"論曰"各條提醒我們,此後徵引《漢紀》時"荀悦曰"皆當作"論曰"。唐劉知幾在《史通》中將漢荀悦的《漢紀》列爲"二體"之一,稱"班、荀二體,角力争先","歷代褒之,有逾本傳"[43],而今人稱引多失其真。關注正德本不僅在其能提供更正確的文字,更在於我們通過對正德本的考察,可進一步窺探《漢紀》何以演變成今本,而今本又可能會出現哪些方面的問題。

昔日多稱明人刻書而書亡,以明本《漢紀》揆之,又不可一概而論。明代中後期的部分坊刻及家刻之本,固多粗陋。但前期的刻書尤其是官刻本多有善本,其中不乏據宋元抄本刊刻的本子。今天存世的宋本較爲有限,諸多古籍端賴明人得以流傳。時至今日,不少古籍的初刊本即爲明本。作爲歷史必經的一個時段,我們無法繞過。清人雖多番校讎,但如"荀悦曰"這類明顯的訛誤却依然傳衍至今,這種現象值得深思。

(本文爲陝西師範大學中央高校專項基金項目"東漢校書考"[15SZYB02],陝西師範大學歷史文化學院青年學術團隊項目"漢魏六朝'帝制社會'變遷研究"子課題"東觀與東漢校書研究"的階段性成果)

注　釋

① 《後漢書》卷六二《荀悦傳》,中華書局 1965 年版,第 2062 頁。

② 關於司馬光等對《漢紀》的采摭,詳見[清]永瑢等《欽定四庫全書總目》卷四七,中華書局 1997 年版,第 647 頁。

③ 參上海涵芬樓影印《四部叢刊》本;張烈點校本《兩漢紀》,中華書局 2002 年版。目前較系統的

《漢紀》版本研究,也見於此書的點校前言,又見於作者《〈兩漢紀〉及其版本問題》,《古籍整理研究學刊》1990 年第 6 期,第 25—28 頁。今國家圖書館藏明黄姬水刊本,二十册,白口,左右雙邊,半頁十一行,行二十字,編號 43。此本有黄丕烈校并跋及孫潜校,馮舒、傅增湘、周叔弢跋,更加强了黄本最佳的錯覺。

④ 同注②。

⑤ 〔日〕藤原佐世《日本國見在書目録》,清光緒年間黎庶昌、楊守敬《古逸叢書》影日本舊鈔本,收於賈貴榮輯《日本藏漢籍善本書志書目集成》,北京圖書館出版社 2003 年版,第 472 頁。

⑥ 殘片首見於吐魯番地區文物管理所《柏孜克里克千佛洞遺址清理簡記》(《文物》1985 年第 8 期,第 49—65 頁),後見於柳洪亮《新出吐魯番文書及其研究》(新疆人民出版社 1997 年版,第 127 頁),皆定名爲《漢書・西域傳》;又收於新疆維吾爾自治區吐魯番學研究院、武漢大學中國三至九世紀研究所《吐魯番柏孜克里克石窟出土漢文佛教典籍》(文物出版社 2007 年版,第 330 頁),始定名爲"晋寫本東漢荀悦撰《前漢紀》《前漢孝武皇帝紀》"。見余欣《寫本時代知識社會史研究》,載榮新江主編《唐研究》第 13 卷,北京大學出版社 2007 年版,第 465—467 頁。

⑦ 參見余欣《寫本時代知識社會史研究》,第 470—471 頁。

⑧ 旅順博物館、日本龍谷大學合編《旅順博物館藏新疆出土漢文佛經選粹——旅順博物館藏出土漢文仏典斷片選影》,京都,法藏館 2006 年版,第 174 頁。轉引書目同注⑦。

⑨ 《北史》,中華書局 1974 年版,第 3214—3215 頁。

⑩ 王國維《五代兩宋監本考》,《王國維遺書》,上海古籍書店 1983 年據商務印書館 1940 年版影印,第 11 册。

⑪ [元]馬端臨《文獻通考》卷一九三《經籍二十》,中華書局 1986 年版,第 1631 頁。

⑫ 《後漢紀》卷三〇,《四部叢刊》影印明嘉靖本《兩漢紀》及明萬曆二十六年(1598)南京國子監刻本《兩漢紀》書末均附有此文。

⑬ 同注⑪,標點爲筆者所加。

⑭ 王銍《重刻兩漢紀後後序》稱該書爲編修王公出使浙東所刻,此距真宗時杭州刻本時代與刊刻地域極近,或多沿襲真宗本。巽巖李氏,即宋代史學家李燾(1115—1184)。

⑮ 王國維《兩浙古刊本考》,也僅據王銍序稱有祥符年間杭州本,對浙東刊本并未言及。見王國維《兩浙古刊本考》(卷上),《王國維遺書》,第 12 册,第 14 頁 a 面。

⑯ 參看瞿鏞編纂,瞿果行標點,瞿鳳起覆校《鐵琴銅劍樓書目》卷九"史部二"編年類,上海古籍出版社 2000 年版,第 220 頁。

⑰ 同上書,第 221 頁。

⑱ 詳參該本卷一、二相關文句下整理者附纸批注。

⑲ 見明正德十六年刊本《漢紀》前序文。

⑳ 國圖藏本卷一上有“雲輪閣”“荃孫”“曾在周叔弢處”印。卷二一闕四至五頁,卷二四缺卷首一頁。相關著録參見翁連溪編校《中國古籍善本總目》“史部”,綫裝書局2005年版,第二册,第272頁。

㉑ 北京大學圖書館藏本存二十六卷,十册。此本裝訂問題頗多,如將《漢紀》原序竄入吕柟《漢紀校正序》與何景明《漢紀序》之間,顛倒失次。又該本止二十六卷,當爲殘本。殊爲可怪者,書中徑將舊題荀悦所作《漢紀序》“凡三十卷,數十餘萬言”中“三十卷”改爲“二十六卷”,給人造成此本原刊即爲二十六卷的誤導。檢《隋書·經籍志》、兩《唐志》、《郡齋讀書志》《直齋書録解題》《崇文總目》《四庫全書總目》及歷代公私書録所載《漢紀》皆爲三十卷,未聞有二十六卷之説。復案國家圖書館所藏明正德十六年刊本《漢紀》序作“三十卷”。且此前何景明、吕柟二序中并未言所據底本爲殘本,可知并無所謂二十六卷的《漢紀》刻本。細觀“二十六卷”數字紙色略深,當爲重修之迹,或爲書賈見衹剩二十六卷殘本,爲求善價而妄自挖改。卷一〇首行題“漢紀卷之十”中“荀悦著”下“吕柟校正”併爲一格。此卷版印較爲清晰疏朗,字體大小劃一,當爲熟手,或爲後之補刻。卷一八頁八字體疏陋,與前後頁風格不類,當爲補刻。此本卷六首行題下鈐陽文朱印,曰“曾在新安鮑家”,知其曾爲鮑廷博所藏。

㉒ 〔日〕河田羆編《静嘉堂秘笈志》史部“編年類”,《日本藏漢籍善本書志書目集成》據日本大正六年(1917)刻本影印,同注⑤,第439頁。

㉓ 正德年間又有《申鑒》,文字較佳。此本亦有嘉靖覆刻本,見黄永年《跋明正德刊本〈申鑒〉》,《黄永年古籍序跋述論集》,中華書局2007年版,第24頁。

㉔ 此條的部分相關内容另見拙文《今本〈漢紀〉“荀悦曰”辨》,限於篇幅,文多省略,《中國史研究》2012年第21期,第114頁。

㉕ 陳啓雲已先啓其疑。囿於當時條件,作者未能目驗明抄本、正德本及明南監本,故與版本上的依據失之交臂,對於其他旁證也關注不足。〔美〕陳啓云《荀悦著述文本問題考證:〈漢紀〉與〈申鑒〉》,馮天瑜主編《人文論叢》(2004年卷),武漢大學出版社2005年,第318頁(原載*Monumenta Serica*, vol,27)。

㉖ [漢]荀悦著,張烈點校《漢紀》,中華書局2005年版,第547頁。

㉗ [唐]劉知幾撰,[清]浦起龍釋《史通通釋》卷四《論贊》第九,上海古籍出版社1978年版,第81頁。

㉘ 宋慶元本、清武英殿本《漢書》皆有此注文,今中華書局點校本删之,可怪。參見《漢書》,中華書局1963年版,第1842頁;《北京大學圖書館藏宋元珍本叢刊》本之慶元本《漢書》卷三二,綫裝書局2003年版,第10b—11a,總第1079b—1080a頁。

㉙ 同注㉖,第 49 頁。

㉚ 《漢紀》原文無"周勃"二字,因係論周勃,故引文將之標出。同上書,第 119 頁。

㉛ 《資治通鑑》所引《漢紀》荀悦議論多有節略,參[宋]司馬光《資治通鑑》,中華書局 1997 年版,第 254 頁;《漢紀》,第 387 頁。

㉜ 同注⑪。

㉝ 今按,孫猛《日本國見在書目録詳考》之"考證篇"稱《新唐書·藝文志》著録二條,其一有應劭等注;《史記索隱》引"荀悦云"多爲注文而非本文。孫氏同時指出,此注當爲後人取應劭《漢書》注而爲之。詳參孫猛《日本國見在書目録詳考》(上),上海古籍出版社 2015 年版,第 597—599 頁。

㉞ 對《漢紀》版本記述較爲詳細的是傅增湘《校漢紀書後》,但未曾言及早期《漢紀》文本中的"子注、音切"的現象。參傅增湘《藏園群書題記》,上海古籍出版社 1989 年版,第 110—114 頁。

㉟ 今按:"韓"字,國圖藏明人抄宋本作"諱",語意乃通。"盈"字下空一格 ,抄本作"之"。

㊱ 今按:據《漢書·武帝紀》,武帝母當爲"王美人"。

㊲ 《漢書》,第 217 頁。

㊳ 同注⑪。

㊴ 鄭若谷在南宋"紹興五年汪應辰牓",見[宋]張津等《乾道四明圖經》卷一二,中華書局 1990 年影印清咸豐四年(1854)煙嶼樓校本,頁 13B(總第 4985 頁)。

㊵ 傅增湘謂王銍所序紹興十二年刻本,"即李氏所稱爲浙江印本者"。同注㉞,第 110 頁。

㊶ 同上書,第 111 頁。

㊷ 同上書,第 111—112 頁。

㊸ 同注㉗,第 29 頁。

論《四庫全書總目》的稱名問題

張宗友

【提要】《四庫全書總目》問世之後,學界對其稱名不一。王重民主張使用"《四庫提要》"一詞作爲簡稱,引起崔富章的質疑與論辨。考清高宗弘曆君臣在纂修此目過程中,有三類稱名方式,分别以"《總目》""《提要》""《總目提要》"爲核心語彙,并分别能够冠以"四庫全書""全書"等前綴。《總目》是本稱,源於館臣編纂辦理圖書總目的提議;《提要》是代稱,注重《總目》提要考辨學術源流之功用;《總目提要》則屬同義複指。《總目》問世後,學人開始使用"四庫提要"一詞,先是用以指稱書前提要、《總目》提要,後又用以指稱《總目》全書;晚清以降,"四庫提要"一詞又被用作《四庫全書總目提要》的省稱。今日使用"四庫提要"一詞,宜作廣、狹二義之區分:廣義的用法是指在《四庫全書》纂修過程中撰寫的各種提要,狹義的用法(標作"《四庫提要》")則專指《總目》。

清代乾隆時期,高宗弘曆下令纂修《四庫全書》,是古代中國規模宏大的文獻整理與纂修盛舉,由紀昀等總其成的《四庫全書總目》(以下爲論述方便,有時采用其本稱"《總目》"一詞),是其中最令人矚目的代表性成果之一。該目係提要目録,不僅著録宏富,體例完備,尤能"抉奥提綱,溯源徹委"[①],實集古代目録之大成,被視爲讀書治學之門徑。該目問世以後,學界續補、訂正、研究之作,繼踵而興,蔚爲大觀,成爲四庫學研究中最重要的學術分支。但是,有關該目的一些基本問題,例如本文將要討論的稱名問題,學界尚有不同的認識,仍然有待於

張宗友　南京大學文學院

釐清史實,深入辨析。

一　稱名問題之提出

《四庫全書總目》問世後,學界對其稱名不一,或謂之《四庫全書總目提要》,或簡稱《四庫提要》《總目》等(見下文所考);但在具體語境中,都是指由清高宗弘曆下令編寫、由紀昀等經紀其事并總其成的多達二百卷的同一部目録名著。1964年,王重民發表了《論〈四庫全書總目〉》一文(以下簡稱"王文"),對其成書背景、纂修歷程、著録原則、思想内容及學術影響等進行了綜合研究,是當時學術語境下的代表之作。在王文題注中,專門談到了《四庫全書總目》的稱名問題:

> 《四庫全書總目》是原來的書題,但依當時的習慣和後世的通稱,都稱爲《四庫全書總目提要》。考《辦理四庫全書檔案》,乾隆三十八年五月初一日的上諭,衹稱"繫以提要,輯成總目",是由於還没有定出正式名稱。乾隆三十九年七月二十五日上諭,直稱"現辦《四庫全書總目提要》,多至萬餘種",可見當時的擬名是作《四庫全書總目提要》的。因爲刊行本的書題僅作《四庫全書總目》,所以本文内一般都用這個名稱;有必要時亦加"提要"二字,或簡稱《四庫提要》。這些名稱雖説稍有不同,都是代表着《四庫全書總目提要》的意義。②

王重民在刊行本書題"僅作《四庫全書總目》"的前提下,采用了三種指稱方式:甲、"一般都用"《四庫全書總目》("原來的書題");乙、"有必要時"使用《四庫全書總目提要》("依當時的習慣和後世的通稱");丙、或者簡稱爲《四庫提要》(作爲《四庫全書總目提要》的簡稱)。

王重民上述對《四庫全書總目》稱名問題的説明與處理,在學界産生了不小的反響,不僅有規仿與因襲者③,也引起了質疑與討論。2004年,崔富章發表《關於〈四庫全書總目〉的定名及其最早的刻本》(以下簡稱"崔文")一文④,對王文部分觀點進行了商榷。崔文主要集中在兩個問題上:一是"《四庫全書總目》與《四庫提要》的關係問題";二是"'浙本翻刻殿本'誤説"的問題。對後一問題,崔先生先後有數篇文章加以討論，力證浙本之底本爲文瀾閣寫本，浙本之刊印問世尚在武英殿刻本之前[⑤]，由此許多問題得以釐清，啓迪新知，成就令人矚目[⑥]。而前一問題，是崔先生從上述王氏題注中歸納出來的問題，於文中首闢一節專予討論。其討論有以下幾點：

首先，崔先生列舉了經其目驗的《總目》存世諸本的題名形式，指出乾隆時期的七種傳本，卷端（以及每卷）皆題“欽定四庫全書總目”，唯浙本增一扉頁，題“欽定四庫全書總目提要”；十九世紀的七種刊印本，卷端（以及每卷）均題“欽定四庫全書總目”，扉頁及封面或作“官板四庫全書總目”，唯福建刊本扉頁題“欽定四庫全書提要”；二十世紀的十種印本，除兩種排印本外，卷端皆題“欽定四庫全書總目”（或無“欽定”二字），而扉頁、封面的籤題，題“四庫全書總目”者一種，題“欽定四庫全書總目”者三種，題“四庫全書總目提要”者五種，題“欽定四庫全書總目提要”者一種。總體趨勢是：“加‘提要’二字者略占優勢，集中出現在二十世紀前期的二十餘年間。”基於上述事實，崔先生認爲：“根據名從其朔暨書名以卷端所載爲準之著録條例，我們不得不將‘四庫全書總目提要’一名排除在外，至多在卡片或書本目録之附注項下加小字注‘扉頁題××’而已。”[⑦]這一見解，無疑否定了王重民對《四庫全書總目提要》這一稱名形式的認可。

其次，崔先生認爲：“我理解王先生自注的基本精神是：《四庫全書總目》與《四庫提要》是同書異名，起碼也是異名同實。這一見解，跟事實不相符合。”基於對此一“基本精神”的歸納，崔先生即從四庫纂修的史實出發，加以辯駁。其理據是，在《四庫全書總目》之外，還有多種圖書提要的存在，諸如《武英殿聚珍版書》《四庫全書薈要》以及七閣所藏《四庫全書》的書前提要，有别集傳世的邵晋涵、翁方綱、姚鼐、戴震、周永年、任大椿等纂修官的提要分纂稿等。如此種類不同的提要成於衆人之手，同後來定稿的《四庫全書總目》内的提要（《總目》提要）存在很多差異，但因其“撰作謄録年代較早”，“不少訛誤闕失被後來的《總目》定稿本所修改補正”，同時“遭受查辦禁書的影響較小”，故“保存原作精神較多，具備特殊文獻價值”。因此，“《四庫提要》與《四庫全書總目》不能混爲一談”[⑧]；“兩者既有區别，又互相聯繫……四庫學者有責任做出準確的説明，示讀者以門徑，避免陷入誤區，事倍功半，甚至勞而無功”[⑨]。回顧史實可知，清高宗弘曆"在纂修《四庫全書》之初,就想到需要撰集一部目録學專著以考鏡源流,此書定名曰《總目》,即《四庫全書總目》"[10]。崔先生復指出,"目録"之本義與"録"同,兼包篇目(目)、指意(叙)二者,無須在題名中"大寫'提要'兩字來彰顯其份量,以收廣告宣傳之功"[11]。

崔先生上述討論,的確糾正了王先生的一些錯誤之處。例如,上述刊本中題名作《四庫全書總目提要》的事實,可證王先生"刊行本的書題僅作《四庫全書總目》"的表述,便不盡準確。對王先生"當時的擬名是作《四庫全書總目提要》"的論斷,崔先生在分析弘曆上諭後指出:"其實,'多至萬餘種'者,不是《總目》,而是《提要》,《總目》中的《提要》。"[12]這一基於纂修事實之上的駁論,極爲精彩,因爲它訂正了學界一個長期的誤識(例如1997年出版的《纂修四庫全書檔案》,也誤將此處"提要"二字置入書名號内)。

崔富章欲將《四庫全書總目提要》一稱,從《四庫全書總目》的稱名中"排除在外",這一學術見解,早在其1980年發表的質疑中華書局1965年影印《四庫全書總目》之"出版説明"的論文中,即有相應論述。該文第二節標題作"《四庫全書總目》不應'又稱《四庫全書總目提要》'",内稱:

> 《總目》凡例第九則云:"今於所列諸書,各撰爲提要,分之散弁諸篇,合之則共爲總目。"由此可知,"總目"者,諸書提要之共名也。……"提要"是《總目》的重要内容,但遠非全體……後人不察,於《總目》之後續增"提要"二字,將"總目""提要"連稱(乾隆有時亦"總目提要"連稱,但不多見。弘曆雖尊崇無比,究非目録學家,不必小題大作,據以淆亂凡例),就如同在一座建筑物的名稱後面附加了某種建筑材料的名字一樣,弄得不倫不類,實無必要。我們不應繼續沿襲這類不準確的某些人的習慣用法。(《四庫全書提要辨證》等當不在此例。它没有同時使用"總目"二字,而是一個新書名,作者僅就"提要"發表意見,名實也是相副的。)[13]

綜上,王重民、崔富章兩位先生均論及《四庫全書總目》的稱名問題。王先生認爲《四庫全書總目提要》一名是通稱,并據此對其文内如何指稱該目做了説明。崔先生認爲《四庫全書總目》不應又稱爲《四庫全書總目提要》,後者是"不準確的某些人的習慣用法”，應排除在《總目》稱名之外；《四庫提要》與《四庫全書總目》存在諸多差異，不是同書異名（或異名同實）的關係，强調二者“不能混爲一談”。

那麽，王先生在上述題注内指稱《四庫全書總目》的三種方式，是否允妥？“四庫全書總目提要”一稱，是否應如崔先生所説，要排除在《總目》的稱名之外？王先生題注的“基本精神”，能否概括爲《四庫提要》與《四庫全書總目》是“同書異名”或“異名同實”的關係問題？二名之間，有其必然之關聯，還是“不能混爲一談”？這些疑問，都指向如何指稱《四庫全書總目》的問題；這一問題，看似簡單，其實却與其編纂歷程、學人稱引之情形密切相關，實有正本清源，再予探析、釐清的必要。

二 《四庫全書總目》纂修時的稱名形式

《四庫全書總目》集中國古代目録之大成，係由上諭、凡例、各部總序、各類小序及圖書提要等組成的有機整體，是《四庫全書》纂修工程的重要成果。但該目之編纂與刊刻，并非一蹴而就，而是有一個較長的編撰、修訂過程，幾與全書的纂修、删補歷程相始終。因此，回顧該目纂修之歷程，考察弘曆君臣指稱該目的形式，將有助於了解各種稱名形式的史源、變動及内在聯繫。

乾隆三十七年（1772）正月初四日，徵書上諭發布，要求各省在送呈圖書的同時，還要上奏簡明提要目録，“注係某朝某人所著，書中要指何在，簡明開載”[⑭]，以備取進。各地有簡明進呈書目，即溯源於此；進呈書目内的簡明提要（以下稱爲“采進提要”），即是後來四庫館臣撰寫的各書叙録（提要）之先聲。同年十一月二十五日，安徽學政朱筠上奏，建議仿照漢代劉向、歆父子至唐、宋集賢校理故事，“詔下儒臣，分任校書之選，或依《七略》，或準四部，每一書上必校其得失，撮舉大旨，叙於本書首卷，并以進呈，恭俟乙夜之披覽”[⑮]。建議爲每書撰寫叙録，載在本書上呈。這就是後來所通稱的書前提要[⑯]。乾隆三十八年二月初六日，大學士劉統勳等上奏，以“恐群書浩如淵海，難以一一概加題識”爲由，否定了朱筠此項建議；同時建言“俟各省所采書籍全行進呈時，請敕令廷臣詳細校定,依經史子集四部名目,分類彙列,另編目録一書,具載部分卷數,撰人姓名,垂示永久”[17],也就是僅編一部簡明目録(圖書清單)而已。同日,弘曆下達詔命,要求“應俟移取各省購書全到時,即令承辦各員將書中要指檃括,總叙厓略,黏貼開卷副頁右方,用便觀覽”[18],實際上肯定了朱筠的建議。從此,爲辦理各書撰寫叙録(本書提要),就成了《四庫全書》纂修盛業中既定任務之一。同月十日,弘曆再次下詔,確認采用經史子集四分法,并要求根據價值高下,將《永樂大典》輯佚之書分成三類:甲、不予采録者;乙、叙列目録候裁者;丙、注出略節佐訂者[19]。後兩類大致相當於後來《四庫全書總目》中的著録書與存目書,其叙録(提要)因此也有詳略之别。二月二十一日,弘曆正式將未來辦理圖書的成果,命名爲《四庫全書》。其後不久,四庫館即告成立[20]。

乾隆三十八年閏三月十一日,辦理四庫全書處諸臣上奏排纂全書事宜,首稱“遵旨排纂《四庫全書》,仰蒙皇上指示,令將《永樂大典》内原載舊本酌録付刊,仍將内府所儲、外省所采以及武英殿官刻諸書,一并彙齊繕寫,編成四庫,垂示無窮”[21]。據此可知,館臣辦理圖書之來源有三:(一)内府藏書(“内府所儲”之書,包括《永樂大典》);(二)“外省所采”,即各直省督撫、學政采進之書;(三)“武英殿官刻諸書”。諸臣上奏四條辦法,第一條談編纂總目事宜:

> 《永樂大典》内所有各書,現經臣等率同纂修各員逐日檢閲,令其將已經摘出之書迅速繕寫底本,詳細校正後即送臣等復加勘定,分别應刊、應抄、應删三項。其應刊、應抄各本,均於勘定後即趕繕正本進呈,將應刊者即行次第刊刻。仍均仿劉向、曾鞏等目録序之例,將各書大旨及著作源流詳悉考證,詮疏崖略,列寫簡端,并編列總目,以昭全備。即應删者,亦存其書名,節叙删汰之故,附各部總目後。凡内廷儲藏書籍及武英殿官刻諸書,先行開列清單,按照四部分排,彙成副目。此外,或有向係通行并非應訪遺書,而從前未歸插架者,亦應查明開單,另爲編録。至於纂輯總目,應俟《永樂大典》采撮完竣及外省遺書開送齊全後,再行彙辦進呈。[22]

這條辦法,在談及大典本辦理流程之後,即談“纂輯總目”的問題,且因著録對象而異:(一)編纂大典本應刊及應鈔書總目,分類編列。這是一個簡明總目。

(二)編纂大典本應刪書總目,附於前述總目各部之後。這部分總目有簡明提要,用以説明“節叙删汰之故”。(三)編纂内廷藏書及武英殿官刻諸書之簡明書目,分部編排,作爲前述總目的副目。這三項構成了一個包括正目(大典本應刊、應鈔本總目)、附目(大典本應删總目)、副目(内廷藏書、刻書總目)在内,但體例不一的中央藏書總目。(四)編録未入藏、非應訪遺書的通行本簡明總目。(五)最後,纂輯包括以上各目及外省進呈圖書目録在内的辦理圖書總目。其體例雖未論及,當仍采用前述簡明形式,而且按四部分類。從著録範圍上看,這一構想中的辦理總目,是超過後來的《四庫全書總目》的。諸臣所奏第四條辦法則是奏請選派紀昀、陸錫熊總辦其事,并選姚鼐、翁方綱、戴震等充任纂修官。

同年五月初一日,内閣發布上諭云:

> 朕幾餘懋學,典册時披,念當文治修明之會,而古今載籍未能蒐羅大備,其何以裨藝林而光策府?爰命四方大吏,加意采訪,彙上於朝。又以翰林院署舊藏明代《永樂大典》,其中墜簡逸篇,往往而在,并敕開局編校,芟蕪取腴,每多世不經見之本。而外省奏進書目,名山秘笈,亦頗裒括無遺。合之大内所儲,朝紳所獻,計不下萬餘種。自昔圖書之富,於斯爲盛。特詔詞臣,詳爲勘核,釐其應刊、應抄、應存者,繫以提要,輯成《總目》,依經史子集部分類衆,命爲《四庫全書》,簡皇子、大臣爲總裁以董之。[23]

這是清高宗弘曆在四庫館臣建議編纂辦理圖書總目之後,正式下令編纂《總目》,且明確其著録對象爲“應刊、應抄、應存”之書[24],體例上則是一部有提要的四部分類目録。從此,《總目》之名稱因此得以確定,相關編纂事務開始步入正軌。對弘曆君臣而言,《總目》就是本稱,因此在其後纂修全書歷程中,屢有稱述。如乾隆四十二年四月十二日上諭内稱:“前經降旨,令將各省進到書籍,於每書面頁注明年月姓氏,押以翰林院印,交總裁等詳校,分别應刊、應鈔,其餘則止存書名,彙爲《總目》。”[25]又乾隆四十六年二月十三日上諭内稱:“至閲其《總目》,特載朕前後修書諭旨及御題四庫諸書詩文爲卷首,所辦未爲盡協。《四庫全書》體大物博,將來書成之日,篇帙浩繁,舉何爲序?所有歷次所降諭旨,列之《總目》首卷以當序,事屬可行。”[26]

《總目》是規模浩大的《四庫全書》纂修工程的附帶成果，因此在其指稱上，又可冠以前綴，稱爲《全書總目》或《四庫全書總目》（“全書”係“四庫全書”之省）。可作參照的是，《四庫全書薈要》《四庫全書考證》《四庫全書簡明目録》的稱名原則，實與此同貫。稱《全書總目》者，如乾隆四十七年七月十九日，軍機處上奏内稱：“《全書總目》《簡明書目》及《考證》各部，現在進呈者衹係稿本，應俟發下後，另行趕繕正本各四分，預備陳設，應即令原派《總目》《考證》上行走之謄録二十九名、供事十二名，上緊趕辦，俟四分正本完竣後，再行咨部銓選。”[27]朱珪爲紀昀所撰墓志銘稱：“公綰書局，筆削考核，一手刪定爲《全書總目》，裒〔裒〕然巨觀，弆之七閣，真本朝大手筆也。”[28]

《四庫全書總目》一稱出現更早，首見於乾隆三十九年七月二十五日上諭中：

> 辦理四庫全書處進呈《總目》，於經史子集内，分晰應刻、應抄及應存書名三項。各條下俱經撰有提要，將一書原委，撮舉大凡，并詳著書人世次爵里，可以一覽了然。較之《崇文總目》，蒐羅既廣，體例加詳，自應如此辦理……今進到之書，於纂輯後，仍須發還本家，而所撰《總目》，若不載明係何人所藏，則閲者不能知其書所自來，亦無以彰各家珍弆資益之善。著通查各省進到之書，其一人而收藏百種以上者，可稱爲藏古之家，應即將其姓名附載於各書提要末；其在百種以下者，亦應將由某省督撫某人采訪所得，附載於後。其官板刊刻及各處陳設庫貯者，俱載内府所藏，使其眉目分明，更爲詳備。至現辦《四庫全書總目》，提要多至萬餘種，卷帙甚繁，將其抄刻成書，繙閲已頗爲不易，自應於提要之外，另列《簡明書目》一編，衹載某書若干卷，注某朝某人撰，則篇目不煩而檢查較易。俾學者由書目而尋提要，由提要而得全書，嘉與海内之士，考鏡源流，用彰我朝文治之盛。[29]

“現辦”的《四庫全書總目》就是上述弘曆下令編纂的《總目》，該名出現在《總目》初稿進呈之後[30]。弘曆要求“另列”的《簡明書目》，就是後來的《四庫全書簡明目録》（見下引乾隆四十七年七月十九日永瑢等奏文）。

需要辨析的是，上引文中“提要”一詞出現了六次，而所指不盡相同。前三次，均指《總目》内的各篇提要（爲示區別，本文或稱爲“《總目》提要”）；後三次，并非指單篇提要，而是就總體而言，實則代指《總目》全書，屬於由部分而指代全體之性質。“由書目而尋提要，由提要而得全書”，即“由《簡明目録》而《總目》，由《總目》而《四庫全書》”之意。因此，“提要”一詞，在書前提要[31]、《總目》提要的意義之外，又可以代指《總目》全書，成爲後者的另一指稱（用作此義時，宜加書名號，標作“《提要》”）。

“提要”既可以指代《總目》全書，那麽，以之爲核心詞語，冠以前綴，則又有《全書提要》《四庫全書提要》等名稱。如乾隆四十二年四月初七日，弘曆下令將其題詩添冠朱彝尊《經義考》卷首[32]，而於詩注内指陳朱氏之失：

> 至卷首冠以我朝世祖《御注孝經》、聖祖《日講解義》，自屬體制應爾。若臣工著述，則當按時代先後。彝尊於編次時，亦未及詳訂。即如本朝成德所著之《大易集義粹言合訂》列於前，而朱子《元亨利貞説》立於後，殊爲參錯。第以刊布成書，難以改刻，惟令於《四庫全書提要》内聲明，以正體例。[33]

其書既已刊布，“難以改刻”，此“《四庫全書提要》”并非指書前提要，而是指《總目》而言。同年五月二十一日，英廉等上奏云：“查有前經奉旨派在四庫館總纂之王太岳，該處《全書提要》將次辦完，現無接手專辦之事。”[34]此“全書提要”，即指《總目》全書。

後來成書的《總目》，是包含上諭、部序、類序、各書提要等在内的有機整體。“提要”能夠代指《總目》，當與中國學術特别看重提要（解題）的傳統有關，因爲目録學之宗旨，即在“辨章學術，考鏡源流”，故以有提要者爲貴[35]。乾隆四十一年九月三十日上諭中，弘曆即將“總目”與“提要”對舉：

> 前經降旨，令將《四庫全書總目》及各書提要，編刊頒行。所有諸書校訂各簽，并著該總裁等另爲編次，與總目、提要，一體付聚珍版排刊流傳。既不虚諸臣校勘之勤，而海内承學者，得以由此研尋。凡所藏書，皆成善本，亦以示嘉惠士林至意。[36]

文中前一處“總目”與“提要”對舉，就是爲了突出提要的重要性（此時“總目”有偏重於“目”［即“圖書清單”］的意義傾向[37]）。後一處將“總目”“提要”并提，但細審文意,二者既不是并列關係,分指不同的内容;也不是從屬關係,作"《總目》提要"之理解;而是同義複指關係,用以指稱《總目》。所以,此處應加上書名號,標作《總目提要》,以與前述"所有諸書校訂各簽"(即後來彙刊之《考證》)相對。這是以前述《提要》可以代指《總目》爲基礎的,突出了提要在《總目》中的重要地位。自此,《總目提要》又成爲《總目》的另一指稱形式。如陸錫熊云:"宋曾鞏校史館書,僅成目録序十一篇。臣等承命撰次《總目提要》,荷蒙指示體例,編成二百卷,遭際之隆,實遠勝於鞏。"[38]

同上述《總目》《提要》稱名系列相似,以《總目提要》爲核心語彙,冠以前綴,則有《全書總目提要》《四庫全書總目提要》等稱名形式。如乾隆四十六年二月十三日上諭:"據四庫全書總裁奏進所辦《總目提要》内,請於經、史、子、集各部,冠以聖義、聖謨等六門,恭載列聖欽定諸書及朕御製、御批各種。"[39]其時《總目》已編竣上呈,故弘曆又於同月十六日下令從優議叙有功之臣:"《四庫全書總目提要》現已辦竣呈覽,頗爲詳核,所有總纂官紀昀、陸錫熊著交部從優議叙,其協勘查校各員,俱著照例議叙。"[40]三日後復下令:"此次所進《總目提要》,并王太岳、曹錫寶所辦黄簽《考證》,將來書成時,俱著列於《四庫全書》之首。"[41]又如乾隆四十七年七月十九日,永瑢等上奏:

> 臣等前經欽奉諭旨:以《全書總目提要》卷帙甚繁,繙閲不易,應别刊《簡明書目》一編,俾學者由書目而尋提要,由提要而得全書,考鏡源流,用昭文治之盛……其《總目提要》及《考證》全部,臣等均擬繕寫正本,於文淵閣中間東西御案上次第陳設。此係全書綱領,未便仍分四色裝潢,應請用黄絹面頁以符中央土色,俾卷軸森嚴,益昭美備。其文源、文津、文溯三閣,俟書成後照此辦理。至《總目提要》及《簡明目録》二書,均係仰稟聖裁,折衷考訂,兼綜百氏,苞括群書,洵足嘉惠藝林,應請交武英殿刊刻頒行,垂示萬世。[42]

由上舉諸例,可得以下幾點認識:

(一)《總目提要》數見,均指《總目》,故能同《簡明目録》《考證》等書并舉。

(二)《四庫全書總目提要》《全書總目提要》二稱,係以"《總目提要》"爲核心語彙,冠以前綴而成。

(三)《四庫全書總目提要》一稱,出現在《總目》編撰完成之後。

(四)《四庫全書總目提要》一稱,并非在《四庫全書總目》之後加上“提要”二字,而是在“《總目提要》”之前冠以“四庫全書”之前綴而成。這一結構形式,符合弘曆君臣指稱該目的慣例,其間實有内在理路可尋(并非如前引崔富章所云之“不倫不類”)。

綜上所考,由弘曆下令編纂、紀昀等經紀其事并總其成的《四庫全書總目》一書,其遠源可上溯至弘曆徵書詔中要求各地進呈的簡明提要目録;弘曆復采納朱筠的建議,下令爲辦理圖書撰寫叙録(本書提要);在辦理諸臣奏請編纂包羅甚廣的辦理圖書總目的基礎上,弘曆正式下令編纂《總目》,并規定了其著録範圍、分類原則及提要體例。在編纂及至成書的過程中,弘曆君臣對《總目》的稱名形式,有以下三個系列:

(一)《總目》系列。《總目》係本稱。以《總目》爲核心詞語,冠以前綴,遂有《全書總目》《四庫全書總目》等指稱。《四庫全書總目》一稱出現於《總目》初稿進呈之後,是後來《總目》傳本的主要題名形式。

(二)《提要》系列。基於對《總目》内提要的重視,在具體語境中,又以《提要》代指《總目》,屬於以部分指代全體的性質。以此爲基礎,復有《全書提要》《四庫全書提要》等稱名形式。

(三)《總目提要》系列。《總目提要》之名,屬於《總目》與《提要》之同義複指。以此爲基礎,復有《全書總目提要》《四庫全書總目提要》等稱名形式。

上述稱名形式雖然繁多(計九種),要以《總目》爲本稱、《提要》爲代稱最爲關鍵。至於所冠前綴“四庫全書”及其省稱“全書”,僅用以表明該目因纂修《四庫全書》而成之性質。

《總目》成書後,其傳本之稱名形式,已見前揭崔富章之總結。綜覽各種題名形式,可以得出以下兩點認識:(一)《四庫全書總目》是最爲核心的稱名形式(“欽定”二字用以表明該目係清高宗弘曆下令編纂的性質,具有時代性);(二)二十世紀以後,《四庫全書總目提要》的稱名形式開始占優勢。但無論是哪一種稱名形式,都没有超出上述纂修歷程中弘曆君臣的稱述範圍,都有其前承可考。

《四庫全書總目提要》這一稱名形式,既有歷史淵源,又有傳本事實,而且還爲今人所沿用[43],因此,從尊重稱名傳統出發,實不宜將其"排除在外"(前述崔富章之觀點);而應按約定俗成之慣例,并用無妨。

二十世紀以降,四庫學勃興,漸成顯學。作爲這門學問的奠基人,陳垣的研究頗具開創性與典範意義。筆者統計後發現,陳先生論著中對《總目》的稱名形式有以下數種:(一)《總目》,(二)《提要》,(三)《總目提要》,(四)《四庫全書總目提要》;(五)《四庫總目》,(六)《四庫總目提要》,(七)《四庫提要》[44]。前四種稱名形式,不出弘曆君臣稱名成例之外;第五、第六兩種形式,其核心詞語分屬前述第一、第三系列,而"四庫"作爲前綴,顯係"四庫全書"之省,同前述"全書"爲"四庫全書"之省相類。第七種,亦非陳先生首創,而且除指稱《總目》外,另有不同的意義指向(具見下文分析)。由此可知,在四庫學勃興之時,《總目》的稱名形式往往無定,但其核心形式并無變化,稱名原則仍然紹承弘曆君臣前緒。

三　"四庫提要"與《四庫全書總目》

通過上述考察,可知王重民對《四庫全書總目》稱名問題的表述,其中有不盡準確之處。王先生認爲無論從"當時的習慣""後世的通稱"還是"當時的擬名"出發,《四庫全書總目》都可稱作《四庫全書總目提要》,這是不符合史實的,該稱衹是諸多稱名形式中的一種。至於王先生提出的三種稱名方式,其中《四庫全書總目》《四庫全書總目提要》二稱,弘曆君臣在纂修《總目》時均有使用,前承可溯,自無不可。而《四庫提要》一稱,能否作爲《四庫全書總目提要》的簡稱?它與《四庫全書總目》的關係,是否如崔先生所概括的"同書異名,起碼也是異名同實"的關係?二者之間,是否如崔先生所云"不能混爲一談"?這些問題應予以釐清。

考"四庫提要"一詞,弘曆君臣在纂修《總目》的歷程中,并未使用。但在《總目》全書問世不久,學人即開始使用此詞。例如:

黄丕烈(1763—1825)《士禮居藏書題跋記》卷三"《何博士備論》一卷"條:"丁丑仲秋,湖賈以閩中所刻書數種求售,此《何博士備論》其一也。書爲浦城祝氏留香堂開雕,首載四庫提要,末有祖之望跋,謂鈔自翰林院所藏四庫副本。"[45]

阮元(1764—1849)《揅經室集·續集》卷二:"陳啓源字長發,鶴齡同縣人,著《毛詩稽古編》,爲唐以前專門之學。"附注其依據爲"四庫提要"[46]。

周中孚(1768—1831)《鄭堂讀書記》卷一六"《西漢年紀》三十卷"條:"此本爲南沙席氏取武英殿原本較梓,前載四庫提要一篇。"[47]又卷五六"《湛淵静語》二卷"條:"元白珽撰……今就倪、錢二《志》所載,《經子類訓》二十卷、《集翠裘》二十卷,俱見類書類。别集類今存一卷,見《四庫提要》。《湛淵文集》二十卷、《詩集》二十卷計之,則是書當存有二十卷,方符百卷之數。"[48]按:《四庫全書總目》卷一六六著録有白氏"《湛淵集》一卷"。

方東樹(1772—1851)《漢學商兑》卷上:"伏讀《四庫提要》,《近思録》下曰:'朱子之學,大旨主於格物窮理,由博反約,根株六經,而条觀百氏。'"[49]又卷中之下:"《四庫提要·凡例》曰:'黄諫之流,欲使天下筆札皆改篆體;顧炎武之流,欲使天下言語皆作古音,迂謬已極。'"[50]又方氏《考槃集文録》卷五《書嘉定黄氏日知録集釋後》:"伏讀《四庫提要》,於閻若璩、沈僴、趙執信,一一致譏,獨謂此書或迂而難行,或愎而過鋭,則顧氏應亦頫首於地下。"[51]

龔自珍(1792—1841)《己亥雜詩》第六十七首:"十仞書倉鬱且深,爲夸目録散黄金。吴回一怒知天意,無復龍威禹穴心。"自注:"年十六,讀《四庫提要》,是平生爲目録之學之始。壬午歲,不戒於火,所蒐羅七閣未收之書,燼者什八九。"[52]

上引黄丕烈例中"四庫提要"一詞,所指乃書前提要(本書提要);阮元例中,"四庫提要"可作兩解,一指《總目》提要,一指《總目》全書;周中孚二例,前例指書前提要,後例顯指《總目》;其下方東樹、龔自珍所用諸例,均指《總目》。因此,"四庫提要"一詞,先是用以指稱單篇提要(書前提要、《總目》内各篇提要),後來則用以指稱《總目》全書。

至於明確以"四庫提要"作爲《四庫全書總目提要》之省稱的,最早可能要推晚清名臣張之洞(1837—1909)。光緒元年(1875),張氏(時任四川學政)指導諸生讀書,倡論"讀書宜有門徑":

> 此事宜有師承。然師豈易得?書即師也。今爲諸生指一良師,將《四庫全書總目提要》(是一書名,省文可稱《四庫提要》)讀一過,即略知學問門

徑矣。析而言之,《四庫提要》爲讀群書之門徑。(《提要》較多,未必人人能置一編,别有《四庫簡明目録》,乃將《提要》約撮而成書,止一帙。大抵初學,須先將經、史、子、集四種分清,何書應入何類,於此了然,則購書、讀書皆有頭緒。然《簡明目録》太略,書之得失亦未詳説,且《四庫》未收者,《提要》尚列存目於後。《簡明目録》無之,不得誤認爲世間所無也。略一翻閲,然後可讀《提要》。)[53]

張之洞明確將《四庫提要》視爲《四庫全書總目提要》的省稱(在自注内又使用《提要》一稱),而指稱對象仍是《總目》全書,强調《總目》提要對於讀書治學的門徑作用。至此,"四庫提要"在書前提要、《總目》提要及《總目》全書等義之外,又增加了新的用法。

二十世紀以降,"四庫提要"一詞,更廣泛地爲學人所使用,不少學術論文或專著即以該詞題名。兹舉例如次:

1922 年,孫德謙(1869—1935)發表《四庫提要校訂》一文,云:"《四庫提要》者,官家目録之書也。其論析是非,折衷去取,昌黎所謂'鉤元提要',誠無愧乎是言。惟於分别部居,尚有未盡確當者。"[54]其文專糾《總目》"分别部居"(即分類)之失,并不涉及具體提要,顯以"《四庫提要》"作爲《總目》全書的指稱(文内又進一步簡稱爲"四庫")。

1924 年,陳垣(1880—1971)撰文討論《大唐西域記》的四庫底本問題,稱:"(祖)之望蓋當時繕書處之分校官,名見《四庫提要》卷首。""《四庫提要》(地理類四)未檢校宋、元、明藏本,僅以理想推定自'今之錫蘭山'句起,至'無量功德'句止,三百七十字,爲明人附記之語,此館臣之疏略也……此爲吴氏西爽堂刊本,《四庫提要》所稱爲吴刊本者是也。"[55]此段《四庫提要》凡三見,第一處指《總目》全書,後二處均指《總目》提要(即《大唐西域記》提要)。陳先生後來論及"四庫提要",均不出上述二義,如《四庫提要中之周亮工》《四庫提要釋家類正誤》等[56]。

1932 年,余嘉錫(1884—1955)開始發表《總目》提要考辨文章(首辨賈誼《新書》提要),而以"四庫提要辨證"爲總題[57]。余先生自稱其治學歷程,在張之洞"將《四庫全書提要》讀一過,即略知學問門徑矣"一説之啓發下,對該書"窮日夜讀之不厭。時有所疑,輒發篋陳書考證之,筆之上方,明年遂録爲一册,此余從事《提要辨證》之始也”[58]。其名著《四庫提要辨證》考辨的對象,既有《總目》提要,也有小序(如小學類小序、五經總義類小序),且深受張之洞前説之影響,故其書題中“四庫提要”一詞,顯指《四庫全書總目提要》。

張舜徽(1911—1992)有《四庫提要叙講疏》,自序云:“往余爲大學文科講授‘國學概論’,即取《四庫全書總目提要叙》四十八篇爲教本。昔張之洞《輶軒語》曰:‘將《四庫全書總目提要》讀一過,即略知學問門徑矣。’余則以爲此四十八篇者,又門徑中之門徑也。”[59]其立意及講疏,均受張之洞前説之影響。但《講疏》專爲闡發《總目》部序與類序(合計四十八篇)而作,實與《總目》提要關係不大,故其書題中“四庫提要”,亦指《四庫全書總目提要》而言。在“四庫提要”可以指代《總目》全書(《四庫全書總目提要》)的問題上,張舜徽此例尤具説服力。

至於今人所整理的胡玉縉《續四庫提要三種》,“其書均爲先生續《四庫全書總目提要》(以下簡稱《提要》)而作”[60],則其書名中“四庫提要”所指,仍爲《四庫全書總目提要》。二十世紀晚期,李裕民有《四庫提要訂誤》,據其初版前言[61],知書名中“四庫提要”亦指《四庫全書總目提要》。惟崔富章於1990年出版的《四庫提要補正》一書,同上述各家有異。崔氏《叙例》稱:“今續爲《補正》,但論《提要》,於《總目》結撰之體製,不能贊一詞”[62],則書名中“四庫提要”一詞,專指《總目》提要,而非全書[63]。

綜上可知,在學術史上,“四庫提要”一詞之意義指向,有以下幾種:

(一)書前提要(本書提要);

(二)《總目》提要(《總目》内各書提要);

(三)《總目》(成書多題《四庫全書總目》);

(四)《四庫全書總目提要》(《四庫全書總目》另一指稱形式)之省稱。

在後兩個意義上,《總目》《四庫全書總目》《四庫全書總目提要》《四庫提要》等名稱,雖然形式不同,而所指均同,其實就是同實異名的關係。王重民在其論文内用“《四庫提要》”指代“《四庫全書總目》”,其内在理據,因此昭然。

但是,正如崔富章所揭示的,在本書提要、《總目》提要之外,還有其他各種類型的、在纂修《四庫全書》過程中撰寫的四庫提要存在。《四庫全書》分藏七閣,每一種書(有時幾部著作合爲一種)前都有一篇書前提要(學界通常稱爲“庫書提要”或“閣書提要”等)。那麽,能否用“四庫提要”一詞,來指稱如此各不相同的提要呢?

根據上述纂修實際與稱名傳統,筆者認爲,“四庫提要”一詞,可以有廣、狹二義。狹義的“四庫提要”,可視作《四庫全書總目提要》的省稱,指代《總目》(《四庫全書總目》);用作此義時,宜加書名號。廣義的“四庫提要”,則指館臣在《四庫全書》纂修過程中撰寫、修改的各類提要。從編纂流程上看,大致有分纂提要、進呈提要、庫書提要(閣書提要)、《總目》提要、撤出書提要、抽燬書提要等不同類别;從存在形式上看,可以分單篇提要與匯總提要兩類。單篇提要,指書前提要(即本書叙録,又稱本書提要、原書提要、原撰提要等),由館臣分别纂就;匯總提要,指因不同的需要而匯總在一起的單篇提要之集合,如《四庫全書初次進呈存目》《欽定四庫全書薈要提要》、《總目》提要(包括著録書提要與存目書提要),以及保存於各纂修官别集中的提要稿等。廣義的“四庫提要”并非專指某種著述,不可以加書名號。至於在纂修《四庫全書》之前後形成的、未經四庫館臣之手的提要,諸如采進提要、未收書提要、續修提要等,則不能視作“四庫提要”。

“四庫提要”一詞之能指,略如表一所示:

表一

<table>
<tr><td rowspan="3">廣義</td><td>從編纂流程上分</td><td colspan="2">分纂提要、進呈提要、庫書提要(閣書提要)、《總目》提要、撤出書提要、抽燬書提要等</td></tr>
<tr><td rowspan="2">從存在形式上分</td><td>單篇提要</td><td>書前提要(又稱本書提要等)</td></tr>
<tr><td>匯總提要</td><td>《四庫全書初次進呈存目》《欽定四庫全書薈要提要》、《總目》提要(含著録書提要、存目書提要)、纂修官分纂提要稿等</td></tr>
<tr><td>狹義</td><td colspan="3">標作《四庫提要》,可視爲《四庫全書總目提要》之省稱,指代《總目》(《四庫全書總目》)</td></tr>
</table>

總之,通過考溯《四庫全書總目》的纂修歷程與稱名傳統,可知弘曆君臣對該目的指稱有三種系列,即《總目》系列、《提要》系列以及《總目提要》系列。後世對《四庫全書總目》的稱名形式(包括簡稱),大都不出上述範圍。至於學人經

常使用的"四庫提要"一詞,可以有廣、狹二義之區分,狹義的《四庫提要》,可視爲《四庫全書總目提要》之省稱,指代《四庫全書總目》(《總目》是其本稱);廣義的"四庫提要",則指在《四庫全書》纂修過程中形成的各類提要。

注　釋

① [清]阮元《揅經室集》,中華書局1993年版,第678頁。

② 王重民《論〈四庫全書總目〉》,《北京大學學報》1964年第2期,第61頁。

③ 如李常慶《〈四庫全書〉出版研究》第二章題爲"《四庫全書總目提要》的編纂",即取《四庫全書總目提要》作爲正式名稱,并於注中説明:"《四庫全書總目》又稱《四庫全書總目提要》。乾隆六十年(1795)十一月十六日,曹文埴的奏折裏説:'爲刊刻《四庫全書總目》竣工',可見最初刊印本的名稱爲《四庫全書總目》。然而,早在乾隆三十九年七月二十五日的上諭裏却稱:'至現辦《四庫全書總目提要》,多至萬餘種',這裏首次出現了《四庫全書總目提要》的名稱。儘管有正式的刊印本名稱,但也許是《四庫全書總目提要》的名稱更能反映該書的内涵,以後許多學者更願意使用《四庫全書總目提要》的名稱,如余嘉錫的《四庫全書總目提要辨證》,胡玉縉的《四庫全書總目提要補正》等。鑒於這種情況,本文采用的正式名稱爲《四庫全書總目提要》,簡稱《四庫提要》,都是代表着《四庫全書總目》的意義。"(中州古籍出版社2008年版,第43頁)但余嘉錫先生著作,出版時所用書名及其《序録》(1954年撰)内自題,均作《四庫提要辨證》,此處稱"《四庫全書總目提要辨證》",顯然未確。

④ 崔富章《關於〈四庫全書總目〉的定名及其最早的刻本》,《文史》2004年第2輯(總第67輯),第245—255頁。該文後收入崔氏《版本目録論叢》(中華書局2014年版),主要内容又見於崔氏《二十世紀四庫學研究之誤區——以〈四庫全書總目〉爲例》一文(《書目季刊》第36卷第1期,2002年,第1—19頁)。

⑤ 崔先生論及該問題的文章另有:《〈四庫全書總目〉版本考辨》,《文史》1992年第35輯,第169—173頁;《〈四庫全書總目〉武英殿本刊竣年月考實——"浙本翻刻殿本"論批判》,《浙江大學學報》第36卷第1期,2006年,第104—109頁;《〈四庫全書總目〉傳播史上的一段公案——從傅以禮的〈跋〉談起》,《文史知識》2007年第12期,第44—49頁;《四庫提要諸本分析——以〈四庫全書總目〉本爲優》,《文獻》2012年第3期,第3—17頁。諸文均收入崔氏《版本目録論叢》。

⑥ 2013年,夏長樸先生發表《〈四庫全書總目〉"浙本出於殿本"説的再檢討》一文(《臺大中文學報》第40期,2013年,第249—290頁),通過提要比勘,他進一步指出:浙本底本并非殿本,而是文瀾閣鈔本,同時也參考了通過館臣録副渠道流出的《總目》最新修訂稿本。

⑦ 同注④,第 246 頁。

⑧ 同上書,第 247 頁。

⑨ 同上書,第 248 頁。

⑩ 同上書,第 248—249 頁。

⑪ 同上書,第 249 頁。

⑫ 同前注。

⑬ 崔富章《〈四庫全書總目〉體例和〈四庫全書〉的關係——中華書局影印組〈出版説明〉質疑》,《圖書館工作與研究》1980 年第 2 期,第 5 頁。按:本段末尾自注有誤。余嘉錫《四庫提要辨證》(并非崔氏所稱"《四庫全書提要辨證》"。見前注③所辨)對小學類小序等也有辨證,并非僅僅針對提要(見本文下節討論)。

⑭ 中國第一歷史檔案館編《纂修四庫全書檔案》,第 1 條,上海古籍出版社 1997 年版,第 2 頁。

⑮ 同上書,第 13 條,第 21 頁。

⑯ 按:書前提要的性質,實爲一書之目録,按劉向、歆父子校書奏上之故事,當稱"本書叙録"。爲同收入《總目》内的提要相對,遂有書前提要之稱;學界又有本書提要、原撰提要、閣書提要、庫書提要、卷前提要等不同之指稱。

⑰ 同注⑭,第 31 條,第 54 頁。

⑱ 同上書,第 32 條,第 56 頁。

⑲ 同上書,第 34 條,第 57—58 頁。

⑳ 按:三月二十三日,内閣所奉上諭中,出現了名爲"辦理四庫全書處"的機構,則至遲不晚於此日,專門纂修全書的機構已經建立。按照慣例,這一修書機構又被稱爲四庫館。參《纂修四庫全書檔案》,第 42 條,第 66—67 頁;張升《四庫全書館研究》,北京師範大學出版社 2012 年版,第 29—32 頁。

㉑ 同注⑭,第 49 條,第 74 頁。

㉒ 同上書,第 49 條,第 74—75 頁。

㉓ 同上書,第 66 條,第 107—108 頁。

㉔ 按:"應刊、應鈔"即著録書,"應存"即存目書,是《總目》著録圖書的兩大分野。五月十七日,弘曆復有指示云:"所有進到各書,并交總裁等,同《永樂大典》内現有各種詳加核勘,分別刊鈔。擇其中罕見之書,有益於世道人心者,壽之梨棗,以廣流傳,餘則選派謄録,彙繕成編,陳之册府。其中有俚淺訛謬者,止存書名,彙爲《總目》,以彰右文之盛。此采擇《四庫全書》本指也。"(同注⑭,第 74 條,第 116—117 頁)再次明確了著録書、存目書的分別。

㉕ 同上書,第 377 條,第 584 頁。

㉖ 同上書,第 757 條,第 1289—1290 頁。

㉗ 同上書,第 897 條,第 1605 頁。

㉘ [清]朱珪《經筵講官太子少保協辦大學士禮部尚書管國子監事謚文達紀公墓志銘》,《知足齋文集》卷五,嘉慶九年(1804)阮元刻增修本,《續修四庫全書》,上海古籍出版社,2002 年版,第 1452 册,第 333 頁。

㉙ 同上書,第 171 條,第 228—229 頁。

㉚ 按:臺北圖書館藏有一部《四庫全書初次進呈存目》,據夏長樸先生考證,這部書稿彙整的時間是乾隆四十年五月至四十一年正月之間,同弘曆此諭中所稱的進呈《總目》,可能不是同一部書稿。詳夏撰《〈四庫全書初次進呈存目〉初探——編纂時間與文獻價值》(載《漢學研究》第 30 卷第 2 期,2012 年 6 月,第 165—198 頁)。

㉛ 在纂修全書過程中,"提要"一詞,本用以指稱書前提要。如乾隆四十年十一月十六日上諭:"至現在纂輯《四庫全書》……如宋《穆脩集》,有《摻帳記》,語多稱頌,謬於是非大義,在所必删,而全集或録存,亦不必因此以廢彼。惟當於提要内闡明其故,使去取之義曉然。"(同上書,第 306 條,第 473 頁)又乾隆四十五年三月初九日,王杰上奏,"請旨令原總纂官紀昀等將此無印書籍及將來該提調賠繳之書,與原撰提要逐一核校,仍交翰林院鈐印移送,以便發寫"(同上書,第 683 條,第 1157 頁)此"原撰提要"亦指載在各書之前的本書提要。

㉜ 同上書,第 376 條,第 583 頁。

㉝ [清]朱彝尊著,林慶彰、蔣秋華、楊晋龍、馮曉庭主編《經義考新校》,上海古籍出版社 2010 年版,第 10 頁。

㉞ 同注⑭,第 388 條,第 619 頁。

㉟ 余嘉錫解釋劉向、歆父子《别録》《七略》之見重云:"向之《别録》,每書皆有叙録,歆之《七略》,群篇并舉指要,於書之指歸訛謬,皆有論辨,剖析條流,至爲詳盡,有益學術,故極推崇。"余嘉錫《目録學發微》卷一,巴蜀書社 1991 年版,第 2 頁。

㊱ 同注⑭,第 343 條,第 537—538 頁。

㊲ 乾隆三十八年五月初一日,弘曆下令纂修《四庫全書薈要》,五年後告成,附有《欽定四庫全書薈要總目》《欽定四庫全書薈要提要》,前者係簡明總目,僅交代書名、卷數、撰著者、所依底本及參校本等;後者則爲彙録《薈要》各書前提要而成,每條提要之前,僅簡列書名。前者所重在"目",後者所重在"録"。若以此相況,則後來紀昀等纂成之《四庫全書總目》,在形式上頗相當於"總目"與"提要"兩部分之集合體。余嘉錫先生在其名著《四庫提要辨證》之《序録》中,數次將"《總目》"與"《提要》"對舉,也是爲了突出提要的重要性。(中華書局 1980 年版,第 46—52 頁)

㊳ [清]陸錫熊《恭和御製經筵畢文淵閣賜宴以四庫全書第一部告成庋閣内用幸翰林院例得近體四律首章即疊去歲詩韵元韵》詩第四首下自注,《篁村集》卷九,道光二十九年(1849)陸成沅刻本,《續修四庫全書》第1451册,第249—250頁。

㊴ 同注⑭,第757條,第1289頁。

㊵ 同上書,第760條,第1292頁。

㊶ 同上書,第764條,第1295頁。

㊷ 同上書,第896條,第1602—1603頁。

㊸ 例如,臺灣商務印書館影印殿本《欽定四庫全書總目》之《弁言》云:"清高宗於乾隆三十八年敕纂四庫全書……而各書提要彙合起來,經總纂紀昀、陸錫熊增删潤色,使其文氣條理一貫,即是這部'四庫全書總目',又稱'四庫全書總目提要'。"(《景印文淵閣四庫全書》第1册,臺灣商務印書館1983年版,第1頁)將《四庫全書總目提要》視爲《四庫全書總目》之别名。又《纂修四庫全書檔案》之前言云:"《四庫全書》是我國古代規模最大、卷帙最多的一部綜合性叢書。……由紀昀等人編著的《四庫全書總目提要》二百卷,對書中收録以及不予收録而存其目的全部古籍,總計一萬零二百二十三種,都簡要地作了介紹和評論。"(同注⑭,第1頁)視《四庫全書總目提要》爲正式名稱。又如,李常慶《四庫全書出版研究》一書,取《四庫全書總目提要》作爲"正式名稱"(參前注③)。

㊹ 上述稱名形式,據《陳垣四庫學論著》統計而得(陳智超編,商務印書館2012年版。各稱散見於第5、7、10、12、26、27、36、37、45、46、49—73頁等)。通過對民國時期研究《四庫全書總目》的期刊論文題名的考察,知其稱名形式,以《四庫全書總目》《四庫提要》《四庫總目》爲主,不出陳垣先生使用之範圍。(據《民國期刊資料分類彙編·四庫全書研究》之"總目提要"類[孫彦、王姿怡、李曉明選編,國家圖書館出版社2010年版,頁3—4]。該類中《四庫全書目録板本考》一文,係對所收書的目録著録、版本著録之考察,與《總目》無關,編者誤置此類,并非有"四庫全書目録"一稱。)

㊺ [清]黄丕烈《士禮居藏書題跋記》,《國家圖書館藏古籍題跋叢刊》第6册,北京圖書館出版社2002年版,第169頁。

㊻ 同注①,第1030頁。

㊼ [清]周中孚《鄭堂讀書記》,《續修四庫全書》第924册,第233頁。

㊽ 同上書,第925册,第54頁。

㊾ [清]方東樹《漢學商兑》,《續修四庫全書》第951册,第549頁。

㊿ 同上書,第592頁。按:方氏所引爲《凡例》第十四則,末句本作"迂謬抑更甚焉"(《欽定四庫全書總目》[殿本],臺灣商務印書館1983年影印,第1册,第38頁)。

⑤1 [清]方東樹《考槃集文録》,《續修四庫全書》第1497册,第345頁。

⑤2 [清]龔自珍《龔自珍詩集編年校注(下)》,劉逸生、周錫䪖校注,上海古籍出版社2013年版,第656頁。

⑤3 [清]張之洞《輶軒語・語學第二》,《張之洞全集》第12册,河北人民出版社1998年版,第9791頁。

⑤4 孫德謙《四庫提要校訂》,《亞洲學術雜志》第1卷第4期,1922年,第1頁。

⑤5 陳垣《大唐西域記之四庫底本》,《陳垣四庫學論著》,第26頁。

⑤6 同上書,第36—42、49—70頁。《四庫提要釋家類正誤》後改名《中國佛教史籍概論》。

⑤7 [清]余嘉錫《四庫提要辨證・新書十卷》,《國學叢編》第1卷第6期,1932年,第5—31頁。

⑤8 同上書,第46頁。

⑤9 張舜徽《四庫提要叙講疏》,臺灣學生書局2002年版,第1頁。

⑥0 胡玉縉《續四庫提要三種》前言,上海書店2002年版,第1頁。

⑥1 李裕民《四庫提要訂誤》(增訂本),中華書局2005年版,第1頁。

⑥2 崔富章《四庫提要補正》,杭州大學出版社1990年版,第1頁。

⑥3 按:崔先生近文《劉向、紀昀文獻學成就比較分析》中"《四庫提要》",仍是此種用法(載《國學研究》第三十五卷,第250—251頁)。

《新鍥湯先生批評空同文選》文獻價值述評

郝潤華

【提要】 《新鍥會元湯先生批評空同文選》五卷，是一部關於“前七子”領袖李夢陽的散文選本，由萬曆時期文人湯賓尹選録并評點，福建建陽書林詹聖澤刊刻。由於評選者與刊刻者的特殊身份、複雜的成書背景、評點者的水平及評語質量，該書雖屬於科舉盛行時代的商業出版物，但所具有的文獻價值不容忽視。其價值總體有三方面：李夢陽散文研究價值、文學理論價值以及其他方面價值。

《新鍥會元湯先生批評空同文選》（下簡稱《空同文選》）五卷，明書林詹霖宇刻本，是明代萬曆時期文人湯賓尹選評“前七子”作家李夢陽（1473—1530）散文的一部選集，也是唯一一部明人評點的李夢陽文選。

湯賓尹（1568—？），字嘉賓，號睡庵，別號霍林，宣州（今安徽宣城）人。明萬曆二十二年（1594）舉人，萬曆二十三年會試第一名，殿試一甲第二名，授翰林院編修，“内外制書詔令多出其手，號稱‘得體’，神宗每加獎賞”[①]。萬曆三十四年，遷右春坊右中允，三十六年爲左春坊左諭德，三十八年會試爲同考官，後晋南京國子監祭酒。三十九年因涉韓敬科場案罷官，寓居南京。與湯顯祖、袁宏道、潘之恒、鍾惺諸人均有交遊，也與書商往來密切。崇禎元年（1628）後卒[②]。湯賓尹生平事迹散見《明史》《明實録》《（嘉慶）宣城縣志》等文獻。

湯賓尹最善科舉時代的“時文”創作，在明中晚期頗負盛名，“初以制舉業名天下，至今無不稱‘湯宣城’云”[③]。湯顯祖評其“道與文新，文隨道真”[④]。故明

郝潤華　西北大學文學院

總集多選其文,如賀復徵《文章辨體彙選》即録湯文六篇。湯亦作詩,但人論其“以制舉業名天下,詩非所長”[⑤]。清朱彝尊亦云:“嘉賓以黨論受攢譏,終以不振。詩派近俚,罕足録者。”[⑥]據明清書目著録,湯賓尹著有《睡庵稿》二十五卷、《宣城集》八卷、《明狀元圖考》二卷、《元朝捷録旁訓》四卷等。至清初,湯賓尹著作被列爲禁書[⑦],但其《睡庵稿》今存有萬曆刻本,有文集二十五卷、詩集十一卷。湯賓尹或因創作與科舉需要,十分喜愛“前後七子”的文章,曾下功夫選評“前後七子”領袖李夢陽、李攀龍、王世貞的文集。

《空同文選》係“湯會元注釋四大家文選評林”之一。《中國古籍善本書目》著録該書,卷首有湯賓尹序,後題“宛陵湯賓尹撰”。正文首頁題“北郡空同李夢陽著,宛陵霍林湯賓尹批,書林霖宇詹聖澤梓”,刻於萬曆二十五年。《全明分省分縣刻書考》著録云:“明李夢陽撰,明湯賓尹評。明崇禎福建省芝城書林詹聖澤刊本。半頁十行,行二十二字,白口,四周雙邊。”[⑧]按“崇禎”當爲“萬曆”之誤;“芝城”,即福建建甌,但筆者所經眼萬曆丙午刻本則作“書林詹霖宇”,《中國古籍善本書目》亦作“建陽書林詹霖宇刻”。詹聖澤,字霖宇,建陽書林(今福建建陽書坊鄉)人[⑨]。今國内現存《空同文選》版本僅此一種,國家圖書館、西安博物院、甘肅省圖書館、常熟圖書館等均有藏。疑《全明分省分縣刻書考》著録文字有誤。

據現存收録作品最完善的萬曆三十年鄧雲霄、潘之恒校刻六十六卷之《空同集》,李夢陽現存各體文章有三百餘篇,《空同文選》選録一百二十七篇,幾近一半,包括序、記、傳、碑、銘、書、雜文等,并每篇有評語。從書名、編選者、刊刻者可知,此書編選目的主要是爲科舉考試練習作文提供文章範本,是當時科舉應試背景下的産物,但其中也能反映李夢陽散文創作、文學理論以及明代評點學、文學風氣以及明中後期文人對李夢陽的接受情況等,故其文獻價值不容忽視。然而,此書作爲研究李夢陽散文乃至明代文學的重要文獻,迄今并未引起海内外學者注意,有學者説“此本存目一卷”[⑩],并似以爲全書已佚,且卷帙亦有誤。故本文在充分考察湯評《空同文選》基礎上,就其成書背景、内容體例、文學價值三方面問題略作探討。

一　成書背景探析

《空同文選》卷首載湯賓尹所撰序,其中講到選編此書的目的:

> 獻吉崛起於北地,仲默頡頏於伊洛,其它華陰道上吴會客,亦翩翩比肩而至,主盟藝壇。無論寄妍媸於衆目,即世多炎慧法門,希不辟易數君,而推轂獻吉,乃即逐響之夫,遺其玄珠,求食於母,比櫛字句,幅尺之間,方且踴躍厠足先秦之家,方且詆建安而下無當一吷,而神理不傳,情采弗章,徒敖然是吾技,窮日之力爲之,不知忘其越雞,强以伏鵠卵,而俚俗并陳,風斯在下矣。[11]

此段文字是説由於李夢陽在當時文壇具有很高地位,因此,不少人紛紛學習他的作文之法,但終究却未學到家,以至於所作文章“神理不傳,情采弗章”,原因是他們根本未認識到李夢陽文章的特點與根柢所在,因此又説:

> 乃世之論獻吉者,或曰痦,或曰古而樸,或曰是能退周、秦間,或曰鏟蕪祓穢,則文品果無定矣。要以鎔意於所神,執規於周、漢,不節拊而毛修,不傍籬而拾唾,跬步先哲,辟塗側矣。與夫□白騰黑,自筵楹也。浸假生熟,變化之機,臻超妙之理,僅賈、司馬造堂室哉?

對於李夢陽文章當時看法較多,莫衷一是,湯賓尹認爲李夢陽文章“浸假生熟,變化之機,臻超妙之理”。然而,這種評價似乎比較抽象,需結合其評點纔能窺知其内涵。總之,湯賓尹作爲一個“乙未冠南宫,廷對第二”的科舉成功人士,他選録并評點李夢陽文的最直接目的就是爲準備參加科考的士子們推薦一部範文。當然,也與李夢陽在當時文壇的巨大影響力有關。

李夢陽的文學成就及其復古運動,不僅在其生前,即使在其身後的嘉靖文壇都具有極大影響力,如“嘉靖八才子”中的李開先、趙時春、陳束等人即十分推崇李夢陽詩文創作。趙時春(1509—1567)云:“夫曩弘治、正德之間,中州君子嗜古宏雅者,蓋彬彬乎顯且盛矣,奪驪龍之珠而完趙室之璧者,人自以爲無與讓。則我有明之風化,巍乎炎漢、盛唐之間,而上戛乎姬周者,抑諸君子實有功焉。”[12]

文中"中州君子"顯指生活於中原地區的李夢陽、何景明諸人,趙氏對他們的創作以及文學改革帶來的文學風氣的轉變給予了極大的贊揚。活躍於隆慶、萬曆年間的"後七子"的創作思想同樣受到李夢陽的影響,《四庫全書總目》卷一七二《滄溟集》提要云:

> 明代文章自前後七子而大變,前七子以李夢陽爲冠,何景明附翼之;後七子以攀龍爲冠,王世貞應和之。後攀龍先逝,而世貞名位日昌,聲氣日廣,著述日富,壇坫遂躋攀龍上。然尊北地,排長沙,續前七子之焰者,攀龍實首倡也。⑬

李攀龍對於李夢陽推崇備至,文學理論與創作也受到他的啓迪。萬曆前期,主盟文壇的仍是王世貞等"後七子"成員,萬曆中後期,"三袁"崛起,"公安派"在反對一味模擬古人的基礎上提倡具有創新精神的"獨抒性靈"理論,但是,以鍾惺爲代表的"竟陵派"却并不反感"前七子"的文學復古。就文章創作而言,萬曆時期的文壇,尊崇的依然是李夢陽。如朱睦㮮(1520—1587)論曰:

> 文豈易言哉!班固《自叙》惟稱司馬遷、相如而已,即雄、誼、向、歆之屬亦所不論。至唐三百年僅得昌黎、柳州二子……明興,青田劉公伯温、金華宋公景濂、王公子充遭際昌辰,秉筆蘭署,鋪揚鴻業,黻黼皇猷,猗嘆盛矣。永、宣之際,則有楊文貞,成化以來,則有李賓之、謝鳴治,各擅一時之譽。雖氣存淳樸,而體沿卑靡,要亦習俗使然也。弘治間,北郡李公獻吉始變文體,力追元古,以蕩滌金、元之習,文稱左、遷,賦尚屈、宋,詩擬漢、魏,兼法李、杜,海内學士大夫翕然趨之,誠一代之宗工也,鬱鬱彬彬,後雖有作,弗可尚已。⑭

這段文字幾乎是對明代萬曆以前文章創作的一個總結,對李夢陽文章成就的褒揚,雖不能反映全部文人的看法,但因朱睦㮮是朱明皇族,其觀點在當時具有一定的代表性。萬曆、天啓時期的吴縣人姚希孟(1579—1636)在其《重刻夢澤集序》中稱"昔孝、武之間,李獻吉以文章雄於世,嘗條上封事論貴戚,爲敬皇帝所矜宥","獻吉文沿秦漢,而詩宗少陵",對李夢陽的人格與文章也倍加稱贊。又嘉、萬時期的海鹽人王文禄(約1584年前後)在其《文脈新論》中説:

《李空同集》刻多矣。予問黄五嶽,曰:"空同自定,不復增損。"予曰:"删之,過韓、柳矣,有秦、漢風。詩,魏、晋、唐兼有之,奇才也。"……予曰:"《空同子》八篇,氣勁語精,二《疏》忠藎,非志古名賢弗能。[15]

黄五嶽,即黄省曾,蘇州人,嘉靖時期作家與詩人,也是李夢陽《空同集》嘉靖九年(1530)初刻本的刊刻者。可見,明中後期的文人仍然推崇李夢陽爲文章高手。年輕文人的作文學習需要、科舉考試的閲讀需要,促成了《空同文選》的産生與行世。在這樣的背景與環境下,湯賓尹評選李夢陽文符合時代的要求。

由於文獻無徵,不能盡知湯賓尹選評李夢陽文章的具體背景與經過,止得從湯賓尹本人的身世及當時的文化背景出發考察此書的編選過程。湯賓尹既是萬曆二十三年會元,又是殿試的榜眼,他在當時絶對是一位聞名天下的科舉成功人士,而中進士時他纔二十八歲[16]。此書的完成刊刻則在萬曆二十五年,當時湯賓尹在朝廷任翰林院編修,那麽此書的編成就可能有兩個動機:一是書商爲牟利,與名揚全國的會元、榜眼、翰林院編修湯賓尹合作,請其出面選評李夢陽、李攀龍、王世貞等人文集,以暢銷全國。這并非没有可能,據學者金文京研究,當時由福建、江西兩地余姓、詹姓、劉姓、鄭姓書商刻印的署有"湯賓尹""湯會元""湯學士"的著作(嚴格説屬教輔讀物)就有四十四部[17],如果這些著作均爲湯氏所編著的話,那麽所著時間是在他二十八歲至六十歲之間,即是説在這漫長的人生歲月裹,湯賓尹一直在與書商合作出書,可以説是一個典型的足踏政、商、文三界的特殊人物[18]。而且當時的書商爲了牟利,也願意與科場名流合作出書,如清范邦甸《天一閣書目》卷四之三"集部"即著録《秦漢文評林》四卷,其小注云:"刊本,明蘭嵎朱之藩選,同科孫慎行校,湯賓尹訂。"而朱之藩、孫慎行、湯賓尹三人正是萬曆二十三年殿試的狀元、榜眼、探花。二是湯賓尹尊奉"前後七子"的李夢陽、李攀龍、王世貞的文章,爲給坊間士子作文提供優秀範本,下功夫選評李夢陽等四人文章(無何景明,有汪道昆),并交由書林(今屬福建)書商詹聖澤付梓,書成,商家爲宣傳之用題爲"湯會元注釋四大家文選評林"[19]。詹聖澤作爲明中後期書商,書坊號静觀堂,曾刊刻過《春秋胡傳》《新刊鳳洲先生簽題性理精纂約義》(萬曆三十四年刻)、《明代通俗日用類書》(萬曆三十六年刻)、《新鍥焦狀元彙選注釋續九子全書》等書,是萬曆時期福建建陽有名的書商[20]。詹氏抑或在南京開有分店,故有機會與湯賓尹合作。

其實,此書的完成,以上兩方面的原因應該都有,在湯賓尹選評過的作家文集中,屬於明代的就衹有此四人,一方面説明他對李、王等人文章的尊崇與厚愛,另一方面又説明當時社會上對此四人文章的高度認知與接受。科舉考試需要作時文,而時文的創作也不都是空有形式,空談性理,它既需要士子們掌握一定的寫作方法與技巧,同時也需要他們熟悉一定的文學理論,而李、王等人在"文必秦漢"理論指導下所創作的文章,正好可以滿足坊間士子們學習作文的需要。另外,"當時的科舉參考書絶大多數是商業性的出版品"[21],明代中葉以後,商業繁榮,刻書業發達,希望依賴出書而牟利的書商恰恰是看中了湯賓尹的身份、地位、影響力以及他的作文能力,因此,湯賓尹成爲了明後期與書商合作最多的文人。這即是此書的成書背景。

二　體例與内容概述

《空同文選》五卷,每卷按文體編排:第一卷選録李夢陽詩文之序二十篇,第二卷選録贈序、壽序二十六篇、記十篇,第三卷選録傳七篇、碑十五篇,第四卷選録墓志銘十六篇、疏三篇,第五卷選録論文與雜文二十三篇、書信七篇。

據筆者考察,《空同文選》一書具有較高的質量。首先,該書對李夢陽文的選録除壽序選録過多外,其餘文體的選擇則比較客觀公允,大體能夠凸顯李夢陽散文的總體特色與成就,如對李夢陽著名的《與徐昌穀論文書》《再與何仲默論文書》二文均有選録批點,可見湯賓尹的文學眼光。

其次,該書本文中間或有簡略注釋,但并無特色,故湯賓尹對李夢陽文的評點即成爲此書最重頭的内容,也是該書最爲有價值的部分。評語主要書寫於該書的天頭與地脚,屬眉批。大多時候一篇文章有若干條批語,如卷一《刻戰國策序》,湯賓尹首先評曰:

空同之文,蒼古若翠壁淩霄,響亮如玄鶴淚空,豪宕若巨鼇卷浪。

下頁又評：

句法妙品，其傳神《左》《國》乎？

次頁又評：

談盡《戰國策》之謬處，所謂李夫人匕首，當不入乎？

文末評：

終篇盡駁《戰國策》之譎詭，至此又推到周末文勝之流弊，大是根極議論。

最末又評：

以"因以爲戒"一句結，末解王君刻《策》之意。百尺竿頭，進一步矣。

據此文文意，嘉靖二年，河南省刻成《戰國策》一書，閑居開封的李夢陽應邀寫成此序。認爲《戰國策》的貢獻在於："録往者，迹其事；考世者，證其變；攻文者，模其辭；好謀者，襲其智。"强調其書的記事、考史、文辭、謀略四方面特點，因此"采之足以備史，資之足以弘識"。然而，此書也有荒謬之處，致使"狙詐者理其緒，揣摩者竊其矩，陷擠者規其險，謬詖者程其欺"，大有悖於儒家思想，需引以爲戒。可見李夢陽對《戰國策》評價比較客觀全面，湯賓尹的五條評點又起了畫龍點睛的作用，對於我們理解李夢陽此文及其思想内涵具有積極引導意義。

湯賓尹雖然以創作"時文"著名，"時文"多重形式而輕内容，但細讀此書，發現其評點既重視文章的構思與技巧，也關注文章的思想與内涵。《空同文選》評點内容大致可概括爲如下幾類：

1. 總評藝術特色。如：

雄詞電發，閎議風生。（卷一《陳思王集序》）

上截就圖中抒思，其詞備；下截就圖外布格，其意高。（卷一《萍會圖序》）

末引古人之言，更見奇偉。（卷二《送右副都御史臧公序》）

以梁地影出宋都事，由宋都影出南渡事，由南渡影出土木變。立格高古，構意周匝。（卷三《少保兵部尚書于公祠重修碑》）

情真、境真、事真、語真。(卷四《明故博平王教授蕭君墓志銘》)

終篇悼真樂翁之無聞易民,而末以不幸之幸、無聞之聞,而歸之於積善餘慶,誠具到,意生情來,機凑也。(卷四《真樂翁墓碑》)

2. 語言特點及修辭手法。如:

句法字法典《左》《國》,方軌而馳。(卷一《贈劉大夫序》)

句煉字剔。(卷二《琴峽居士序》)

文經白練,句出千錘。(卷三《何公四圖詩序》)

句句鍛煉,字字飛舞。(卷五《題琴竹詩後》)

字字金石,語語珠璣。(卷五《月塢癡人對》)

以字喻文,更直截簡約。(卷五《駁何仲默論文書》)

3. 敘事手法。如:

敘事亦自妙品。(卷一《方山子集序》)

敘事簡切,蓋本其大而略其細。(卷三《尚書黄公傳》)

敘事如畫。(卷三《太康縣安氏塋碑》)

敘事婉致有情,且曲折周悉。(卷四《明故奉訓大夫代州知州邊公合葬墓志銘》)

敘事大有體。(卷四《封宜人亡妻左氏墓志銘》)

敘事周悉,情悲婉。(卷四《梅山先生墓志銘》)

4. 文章構思與表現。如:

末以"不系世類"結,又是一種奇意。(卷一《陳思王集序》)

詞章與論思并奇。(卷一《刻朱子實紀序》)

變化處如風如雲,雄武處如劍如戟。(卷三《釣台亭碑》)

馮生之舌,董生之筆,《左》《國》之文。(卷三《盱江書院碑》)

起句雄而雅。(卷四《明故趙府教授封吏部考功司主事王公合葬墓志銘》)

誦之行雲流水,聽之金聲玉振。(卷四《灃亭先生墓志銘》)

5. 主題或思想内容。如：

終篇盡駁《戰國策》之譎詭，至此又推到周末文勝之流弊，大是根極議論。（卷一《刻戰國策序》）

空同文字多指陳指摘弊端，而復引歸其人之善，大都剛直處俖多，以故大落莫世途也。觀者當合此公奏疏，覽之始得。（卷二《送嚴世臣序》）

壽親而歸之心，誠哉真珍！誠哉真樂！空同此文，大有關於名教，雕蟲云乎哉！（卷二《鮑母八十壽序》）

始陳開封之難治，繼以寬嚴之迭文，以百姓之敖敖，終引包、歐以爲證。此蓋救時之言，所謂有用文章也。（卷二《贈郭侯序》）

言許君修嘯臺，欲借孫登以愧貪儒，有得激揚風世之意。（卷三《嘯台重修碑》）

首論清軍之所由設，次談軍政之所由弊，三談諸御史久而閑，閑而病，病而歸，睹斯《碑》也，誠足以證往而勸□。（卷三《河南清軍察院名碑》）

6. 對先秦兩漢文的繼承。如：

純是先秦聲。（卷一《刻諸葛孔明文集序》）

字剔句練，駸駸先秦、兩漢風度。（卷三《宗儒祠碑》）

馮生之舌，董生之筆，《左》《國》之文。（卷三《盱江書院碑》）

文體平正通達，至談弊處，激切不諱其伯仲，賈生之《治安策》乎？（卷四《上孝宗皇帝書稿》）

大似蒙莊寓言。（卷四《虚里子對》）

錚錚古色，風骨在先秦之際。（卷四《直臣字義》）

7. 作家才性與品質。如：

才酣八斗，氣陵三峽。（卷二《送按察使房公序》）

談守之弊以贈，誠得友朋相規之義矣。獻吉非徒以文雄以當世者。（卷二《送梁處州序》）

末段有感時憂世之志，真如上林名花，簇簇呈奇。（卷二《姜翁夫婦八

十壽序》）

不隱惡，蓋以李君之不飾善。（卷三《族譜·大傳》）

識體如賈長沙，鯁直如汲長孺。此皇朝有用文章。（卷四《上孝宗皇帝書稿》）

爲國爲民，肝口俱赤。（卷四《上孝宗皇帝書稿》）

《空同文選》的眉批所涉内容豐富，不限於以上七類，兹不一一列舉。可以看出，湯賓尹的批點具有一定的系統性與完整性，而且評點也很專業内行，顯示出較高的文學批評質量。由於是建陽坊刻，此書對於李夢陽文未經認真校勘，文字錯誤甚夥，不足作校勘之資，這是該書的缺點。

三　文獻價值解析

湯賓尹本身具有較深厚的文章學與文學素養，又深諳評點之學，因此在《空同文選》中的評語大都言簡意賅，往往寥寥數字便能切中要害。通過他精當的評論，李夢陽的文章特點及思想、性格都更清晰地呈現在讀者面前。因此該書對於李夢陽文學研究具有較高文獻參考價值，此外，該書也具有文學史、文體學、文化史方面的研究價值。據筆者考察，其文獻價值具體體現在李夢陽散文研究價值、文學理論價值以及其他價值三個方面。以下試作具體分析：

（一）李夢陽散文研究價值

據今存幾種嘉靖、萬曆本《空同集》統計，李夢陽生平創作有二千餘首詩，三百餘篇文章，但是歷來選評李夢陽詩歌的人較多，就明代而言，有楊慎、謝榛、鍾惺、譚元春、陳子龍及雲間派詩人、王夫之等，而爲李夢陽文章作評點的人却并不多，筆者所知，今存的明代作品也僅湯賓尹所著一種。因此，《空同文選》一書就爲研究李夢陽散文提供了不可多得的資料。

李夢陽的文章各體兼擅，風格多樣，但歷來評判不一。王世貞曰："獻吉文，如《譜傳》《于肅滑》《康長公碑》、封事數章佳耳，其他多涉套，而送行序尤率意可厭。"[22]明清文人對李夢陽的態度較爲複雜。客觀地講，李夢陽散文風格追步秦漢,頗有特色,遊記、序、傳記、墓志等題材較他體爲盛,語言雖偶有模古,但也有自然活潑、新穎别致的作品。有學者認爲:《空同集》中的三百零二篇古文,除字義、解、對等幾篇短文内容空洞、無藝術性可言外,其餘絶大多數都有比較充實的内容,有不少篇章思想深刻,筆墨洗練,章法講究,值得重視[23]。湯賓尹對李夢陽文章極盡贊揚,意見究竟是否中肯,態度是否客觀,除了細讀李夢陽作品之外,還需查考其觀點與時人、後人的觀點是否相合。

近代以來學界對於李夢陽的評價一仍清代,包括對其散文的評價,認爲其成就不高。當代學者在重新審視明代復古文學的基礎上,試圖對李夢陽文學成就作出更加客觀的評價。考察湯評,其評語大多也較爲客觀。

首先表現在文章的選録上。有學者説:"以他爲親友所作的墓志銘爲例,這種嚴肅的文體在李夢陽筆下,却較有生氣和變化,其思想内容與藝術形式都提供了新的東西。"[24]李夢陽的墓志銘創作的確比較有特色,這一點湯賓尹也有所發現,《空同文選》選録其墓志、碑志二十一篇,占《空同文選》的百分之十六。其中選録如《蕭君墓志銘》《邊公合葬墓志銘》《梅山先生墓志銘》《亡妻左氏墓志銘》《族譜・大傳》《尚書黄公傳》等文均是比較優秀的傳記作品,可見湯氏眼光。這些文章文風樸實,敘事性强,語言詼諧,與之前的明人古文實有不同。萬曆、天啓時的陳宏緒(1597—1665)引茅坤語評李夢陽之文曰:"以予觀之,特所謂詞林之雄耳,其餘古六藝之遺,豈不湛滌淫濫而互相剽裂已乎?'剽裂'二字,深中北地膏肓,固不獨千子之力詆也。然其集中如《左宜人墓志銘》《族譜・大傳》《陳思王集序》,要自不可磨滅,讀者分别而去取之,無以耳食而隨聲可耳。"[25]也承認李夢陽的墓志、傳記文的成就與價值。

由於吸收了《左傳》《史記》的優秀敘事傳統,并注意避免"臺閣體"文風,李夢陽傳記文的語言風格十分活潑生動,最典型的是其《梅山先生墓志銘》一文:

> 正德十六年秋,梅山子來。李子見其體腴厚,喜握其手,曰:"梅山肥邪?"梅山笑曰:"吾能醫。"曰:"更奚能?"曰:"能形家者流。"曰:"更奚能?"曰:"能詩。"李子乃大詫喜,拳其背曰:"汝吴下阿蒙邪?别數年而能詩、能醫、能形家者流。"李子有貴客,邀梅山。客故豪酒,梅山亦豪酒。深觴細杯,窮日落月。梅山醉,每據床放歌,厥聲悠揚而激烈。已,大笑,觴客;客亦

大笑，和歌，醉歡。李子則又拳其背曰："久别汝，汝能酒，又善歌邪！"客初輕梅山，於是則大器重之，相結内。

文章描寫輕鬆和緩，人物對話自然活潑、幽默有趣，有學者認爲這篇散文，"與充斥當時文壇的'皆欲合道'的'志傳'相比，已散發出一股清新的氣息，若純從藝術表現的角度觀察，與'臺閣體'那種刻板的描寫程式及平衍、拖遝的語言風格亦大異其趣"[26]。湯賓尹注意到此文的特點，他説："叙事周悉，情悲婉。"又説："兼此八善，梅山高乎哉！"與梅山的往來舊事歷歷在目，表明作者對他的思念之情十分深重。

《空同文選》選録李夢陽各類序文四十六篇，占全書的百分之三十六，包括詩文序、贈序、壽序，其中如《刻戰國策序》《贈劉大夫序》《詩集自序》《缶音序》《送右副都御史孫公序》《送石庵先生歸序》等，均是李夢陽文章中的精品，具有較高的文學價值，也可見湯賓尹的選文眼光與水準。

其次體現在評點上。湯賓尹對李夢陽文章風格特點的評價大多與時人的觀點相一致，并未爲求新而標新立異。如，"雄"字是湯評中運用較多的字眼，據筆者統計總共出現過十三次，最多的是"雄詞"，出現了四次，如，評《陳思王集序》云："雄詞電發，閎議風生。"評《送右副都御史臧公序》云："雄詞雅調，不出《南華》下矣。""氣雄"出現了二次，其餘如"雄辯""雄峻""雄宕""雄武""雄風"等，均有出現。其實在此之前的作家早已總結出李夢陽詩文的這一風格特點，如與夢陽同時的顧璘（1476—1545）就説："國朝自弘治間詩學始盛……有集傳世者三人：李獻吉、何仲默、徐昌穀。三人各有所長。李氣雄，何才逸，徐情深。皆準則古人，鍛琢成體，純駁優劣，可略而言。大抵皆作家也。"[27]認爲李夢陽的創作風格是"氣雄"，這裏雖然是專就其詩歌而言，但亦可以推之於文章。明人何良俊（1506—1573）明確稱："《李空同集》中，如《家譜》《大傳》《黄尚書傳》《康長公墓碑》《河上草堂記》《徐迪功集序》諸篇，極爲雄健。一代之文，罕見其比。"[28]指出李夢陽爲文"雄健"的特色。

此外，湯賓尹評論中全書涉及"情"的字眼有二十五處，如"得情""有情""才情""情致""情境""情詞""情真"等，可見他看中李夢陽作品重情的特點，并加以挖掘呈現。如李氏紀念亡妻的《封宜人亡妻左氏墓志銘》就很典型：

> 李子哭語人曰:“妻亡而予然後知吾妻也。”人曰:“何也?”李子曰:“往予學若官,不問家事,今事不問不舉矣。留賓酒食,稱賓至,今不至矣,即至,弗稱矣。往予不見器處,用之具,今器棄擲弗收矣,然又善碎損。往醯醬鹽豉弗乏也,今不繼舊矣。雞鴨羊豕時食,今食弗時,瘦矣。妻在内,無嘻嘻,門,予出,即夜弗扃也,門今扃,内嘻嘻矣。予往不識衣垢,今不命之澣,不澣矣。縫剪描刺,妻不假手,不襲巧,咸足師,今無足師者矣,然又假手人。往予有古今之慨,難友言,而言之妻,今入而無與言者。故曰:‘妻亡而予然後知吾妻也。’”

左氏生長貴族之家,其母爲周定王曾孫女。弘治三年(1490)左氏在開封與夢陽成婚,婚後生有一子,正德十一年(1516)病卒,時方四十二歲。李夢陽在此文中不厭其煩地叙寫妻子死後他生活中的種種不便與不適,如器具無人收拾,油鹽醬醋無人添買,雞鴨羊豕不能按時餵養,晚上外出無人爲其留門,衣服無人洗,不會縫紉也無人教授,想説的話無人傾聽。儒家對人的情感的要求是“發乎情,而止乎禮義”,所以,在文中我們看不到多少表達悲痛的辭藻與典故,但透過這些平淡瑣事的叙寫,我們體會到作者“妻亡而予然後知吾妻也”的情緒,感受到李夢陽在妻子離世後的落寞、凄凉以及他對妻子的深深思念。正如湯賓尹所評,“如泣如訴、如怨如慕”;“凄凄切似秋夜塞笳,一聲一淚”。

湯評中另有一些對李夢陽文章特色的闡發是我們今天所未注意到的,如李夢陽文與《莊子》的關係,在湯評中即有多次提及。如:

> 雄詞雅調,不出《南華》下矣。(卷二《送右副都御史臧公序》)
> 變幻豪宕,《南華》之舌也。(卷二《鮑母八十壽序》)
> 蒙莊讓其寓言。(卷三《釣台亭碑》)
> 借物爲喻,大中肯綮。其傳神蒙莊耶!(卷三《真樂翁墓碑》)
> 大似蒙莊寓言。(卷五《虚里子對》)
> 蒙莊之寓言,不過是也。(卷五《詒古鏡書》)
> 《南華》聲口。(卷五《蛤雀論》)

蒙莊,即莊周,《南華》即《南華真經》,亦即《莊子》。雖然李夢陽積極提倡學習先秦、兩漢之文,但他并未明確表示過對《莊子》有所繼承,明清時期的其他文論中也并未論及二者的聯繫,因此,湯賓尹對此二者之間關係的揭示對於我們研究李夢陽文章淵源與藝術風格頗有啓示意義。

有學者總結説:“李夢陽的散文,力追秦漢,取材廣博,雄深遒麗,文采富贍。”[29]這種評價比較客觀中肯。綜合考察湯賓尹對李夢陽文章的種種評價與總結,與我們今天對李夢陽散文的看法基本一致,甚至其中一些評論足以改變我們對李夢陽散文創作的一些成見,至少能令我們進一步深入思考。

(二)李夢陽文論研究價值

前人總結明代文學理論,一般認爲以李夢陽爲代表的“前七子”,其文學理論是提倡“復古”,那麼,究竟真實、具體的情形如何呢?在此有必要結合湯評對此問題加以闡發。

據筆者統計,在約八千字的湯賓尹評語中,“古”字的使用頻率最高,用了三十五次,其中“蒼古”出現了五次,“千古”有四次,“簡古”二次,“古色”三次,其餘“古意”“古雅”“古氣”等均出現過。説明湯賓尹評李夢陽文,特别重視其文學對古人與古文的繼承關係,甚至將是否“古”作爲一種判定標準。這個“古”可以從兩個方面來看:一是在内容方面,李夢陽的文章是否真的繼承和發揚先秦兩漢文章的傳統?另一方面,從文章風格上説,是否有先秦兩漢古文的那種質樸無華、自由灑脱?湯評顯然很好地解答了這一問題。他評《刻戰國策序》説:“句法妙品,其傳神《左》《國》乎?”又説《刻諸葛孔明文集序》:“純是先秦聲。”《贈劉大夫序》是“句法、字法典《左》《國》,方軌而馳”。《直臣字義》是“錚錚古色,風骨在先秦之際”。《上孝宗皇帝書稿》是“文體平正通達,至談弊處,激切不諱其伯仲,賈生之《治安策》乎?”諸如此類贊語在《空同文選》中比比皆是。可見,以湯賓尹爲代表的明後期學者認爲李夢陽在其復古理論下的創作實踐也是“以古爲準”。

然而,李夢陽文章的“古”并非是“襲古”“擬古”,而是有所變化,有所超越。理由何在?無獨有偶,湯評中出現最多的字詞,“古”之後就是“奇”字,在文中出現了三十次。除了“詞章與論思并奇”(《刻朱子實紀序》)、“愈出愈奇”(《李君升按察司僉事兵屯潁上序》)、“又生一翻議論,愈出愈奇”(《説農贈薇山子》)等單獨使用“奇”字之外,他如“奇詞”“奇偉”“奇觀”“新奇”“瑰奇”“奇思”“稱奇”

等皆有出現,而"奇意"有五次,"奇特"有二次。如評其《禹廟碑》曰:"以功切於思,故人之廟宇而不廟曆,又是一種奇思古意。"奇,是奇思妙想,是新奇,是新變。不僅僅是創作實踐,李夢陽在其文學主張中也積極提倡出奇。他曾說:"篤古者,驗乎志;尚友者,存乎識;奇發者,本諸身;謙虛者,卜其受。"[30]篤古、尚友、奇發、謙虛是李夢陽爲人、爲學的基本準則,"奇發"這裏可以解釋爲"奇異的發見"。衹有性格如此好"奇"之人,希望有"奇發"之人,纔會有革新思想與創新意識。李夢陽在評價好友張光世時說:"落筆千萬,言奇字爛,錯綺文輝,奕觀者咸謂子安再生、文考復出。"[31]可見"言奇字爛",是他對文學語言的追求。不僅在文中,"奇"字在其詩歌中也經常出現,如"束髮懷幽奇,覽籍冀有遇"[32]"嗜奇忘登頓,緣危肆探討"[33]"弱齡負奇節,志欲凌海岳"[34]等等,不勝枚舉,可惜的是這一點未曾被以後的文學評論家所闡發。指責其一味復古,豈不冤枉?

此外,李夢陽創作重"情",故在文章中多次强調"情"的作用。如《梅月先生詩序》就指出:"情者動乎遇者也……故遇者物也,動者情也……天下無不根之萌,君子無不根之情。憂樂潛之中,而後感觸應之外,故遇者因乎情,詩者形乎遇。"同時還進一步論及"情"與"理"的關係。主張"情"可突破"理"的束縛,不認"理"對"情"的統制,由此在文章創作中融注了强烈的思想情感。湯賓尹留意到李夢陽作品對"情"的表現,如他評《代劾宦官狀疏》曰:"理在言中,情溢詞表。忠君憂國之誠具見矣!"這是愛國之情。評《答左使王公書》云:"談境若盡,談情如訴。"這是朋友之情。湯賓尹認爲文章應該情與詞、情與境俱佳。如其評夢陽爲妻所作《結腸操譜序》:"末以妻之能琴而不忍聽陳生之琴,其情更悲,其詞更慘。"又如評《送陳公赴貴州序》:"以遐方險途狀貴陽之難,而又以君子不以夷險異懷狀貴陽之易,情境兩到矣。"强調情與境的二重美感意義。

李夢陽重情理論,也受到當代學者的注意,如陳建華即指出:李夢陽"理欲同行"的情欲觀和以"真情"爲核心的文學理論與晚明文學思潮是相通的,因此可以説李夢陽是晚明文學的先驅[35]。

綜上,李夢陽的散文理論應該不僅是"復古""的古",應該還有"尚奇""重情"等較爲合理的文學觀,湯評雖是評其創作風格,但從中透露出的這些文學理論角度也應引起我們的關注,否則對李夢陽及"前七子"的文學理論研究就不會客觀。

（三）其他方面的研究價值

除了研究李夢陽本身的文學價值之外,《空同文選》還具有其他方面的研究價值,也頗值得關注。

首先,前文已經論述,《空同文選》主要是供場屋之用的商業出版物,因此我們可以利用此書來研究明中後期科舉與文學、文學與商業、科舉與商業之間的關係。明代中葉伴隨着商業經濟的不斷發展,刻書業、出版業高度發達,科舉考試的學習用書充斥市場,主要以四書五經與文章選本爲主。文章選本除秦漢古文之外,就是當代著名作家的文章,士子們爲了應試,理應進行創作練習,故需閱讀大量文章,而商人因此獲得了大量刻印文集選本和評本的契機。所以文學與商業相互促進,互爲因果,説明了文學與商業、科舉之間存在着緊密聯繫。考察李夢陽作品,他生平與商人多有往來,尤其與居住在開封的徽商鄭、鮑、汪三家來往頻繁,他認爲這些商人是"隱之市而處乎商者也。出遊者四十年,無卑行焉。乃今六十,無污名焉"[36],是具有良好品質和素養的商人。他與他們雅集酬唱、出遊狩獵,甚至爲他們的父祖輩撰寫傳狀、墓志,《空同文選》中有不少爲商人所作的墓志、傳記、序文或詩作。李夢陽的這種行爲,除本人所具有的"庶民性"之外[37],其實也是明中期商業經濟繁榮的表現。"商業發展,商人的社會地位提高,商人與文人交往成一普遍現象。"[38]關於明中晚期商業經濟與文學發展的關係,已有學者關注,此不贅述[39],但《空同文選》聯繫商業與文學的媒介作用,學界恐并未措意。另一方面,鄉試第一、二十一歲即中進士的李夢陽,作爲一代文章領袖,其散文作品當時成爲年輕士子學習的樣本,必然也被當時的選家和出版商所看重,《空同文選》就是研究這三者之間關係的最佳範例。

其次,據《全明分省分縣刻書考》《中國古籍善本書目》著録,湯賓尹與詹聖澤合作,另出版過《新鍥會元湯先生批評滄溟文選評林》五卷、《新鍥會元湯先生評林弇州文選》四卷、《新鍥會元湯先生批評南明文選》四卷,係明代作家李攀龍、王世貞、汪道昆的文集選評本[40]。透過《空同文選》,并結合另外幾種"評選"本,可以考察明後期文學"評點學"的風尚。作爲一種特殊的文學批評形式,明代的"評點學"異常發達,這自然與當時嚴格、規範而大規模選拔人才的科舉考試制度有關,更與明代文學的發展與進步有關。明代文學的發達不僅在於作家大量涌現、作品樣式與數量更加豐富,還在於明人對文學批評與理論的高度重視。由於科舉與"心學"的推動,明人十分重視文章的實用性,自然留意文章的句法、章法,因此在文學批評中作爲後起的"評點學"是明代文學史上的亮點。湯賓尹的幾種明代作家散文選評本,作爲明代文學批評的代表性著作之一,也作爲明代"評點學"的範本之一,它一方面反映出明代文人對佳文、善文的看法與審美標準,另一方面也體現出"明人評明文"的文學風尚與文學批評觀。

最後,通過湯賓尹評選的今存李夢陽、李攀龍、王世貞文集,探知明後期對"前後七子"文章的接受與批評情況,從而推進學術史的研究。考察一般明代文學史,可知明代中後期文人對於"前後七子"基本采取認可與稱揚的態度,但具體到各種文本文獻與各個作家,其態度恐怕不盡一致。無論如何,湯賓尹選評的幾種文學文獻,暢銷當時社會,可以説代表了絶大多數文人的觀點與看法。至於具體觀點如何,幾部選本中的具體評語會給我們比較滿意的答案。以《空同文選》爲例,對於李夢陽的評點,其内容即較爲豐富,評點水平亦不可低估。湯賓尹從科舉應試的角度十分推崇李夢陽散文,排除如前所述其他人的評論,僅從他對李夢陽的接受來看,恐怕當時大多數作家也持同樣態度。我們通常説一葉知秋,一部由明中後期"科舉達人"選評的《空同文選》,定會給我們傳遞明後期文人對李夢陽的接受與批評的很多信息。

綜合以上三個方面,筆者以爲此書的文獻價值不容忽視。

(此文屬國家社科基金項目"李夢陽詩文集校箋與研究"階段性成果,項目號:13BZW075)

注 釋

① [清]陳受培《(嘉慶)宣城縣志》卷一七,清嘉慶刻本。

② 湯賓尹評點《陸宣公全集》二十四卷,刊刻時間標爲崇禎元年(1628);《湯睡庵太史論定一見能文》前有湯賓尹作於崇禎元年的序。可見,湯賓尹卒年當在崇禎元年之後。

③ [清]陳受培《(嘉慶)宣城縣志》卷一七,清嘉慶刻本。

④ [明]湯顯祖《睡庵文集序》,《玉茗堂文》卷二,清刻本。

⑤ [明]陳田《明詩紀事》“庚籤”卷一八,清陳氏聽詩齋刻本。

⑥ [清]朱彝尊《静志居詩話》卷一六,清嘉慶扶荔山房刻本。

⑦ 姚覲元《清代禁毀書目四種・全毀書目》著録湯賓尹《睡庵集》八本,又《軍機處奏准全燬書目》著録其《鹿裘石室全集》。

⑧ 杜信孚、杜同書《全明分省分縣刻書考》第五册,綫裝書局2001年版,第36頁。

⑨ 瞿冕良《中國古籍版刻辭典》云詹聖澤乃南京人,誤。詹氏實爲福建建陽書商,或在南京開店,故得以與湯賓尹合作出書。

⑩ 劉坡《李夢陽與明代詩壇》,南京大學出版社2013年版,第223頁。

⑪ [明]湯賓尹《空同先生文選序》,《新鍥會元湯先生批評空同文選》卷首,萬曆二十五年(1597)書林詹霖宇刻本。

⑫ [明]趙時春《樊子集後叙》,《浚谷集》卷三,明萬曆八年(1580)周鑑刻本。

⑬ [清]紀昀等《四庫全書總目》卷一七二,中華書局1965年版,第1507頁。

⑭ [明]朱睦㮮《空同先生傳》,《空同先生集》卷末,明嘉靖十一年(1532)曹嘉刻、三十一年(1552)朱睦㮮增修本。

⑮ [明]王文禄《文脈》卷三,《四庫全書存目叢書》本,齊魯書社1997年版。

⑯ [明]張弘道《明三元考》卷一三:“會元湯賓尹,直隸宣城人,字嘉賓,號霍林,治易年二十八,甲午舉人,廷試一甲第二名,累官祭酒。”《景印文淵閣四庫全書》本。

⑰ [韓]金文京《湯賓尹與晚明商業出版》,臺灣“中研院”中國文哲研究所2001年發行,第89頁。

⑱ 關於湯賓尹與書商合作出版之史事,詳見章宏偉《明代科舉與出版業的關係——以湯賓尹爲例》,《學習與探索》2013年第12期。

⑲ 《中國古籍善本書目》集部别集類著録《新鍥會元湯先生批評空同文選》五卷、《新鍥會元湯先生批評滄溟文選評林》五卷、《新鍥會元湯先生評林弇州文選》四卷、《新鍥會元湯先生批評南明文選》四卷,係李夢陽、李攀龍、王世貞、汪道昆的文集選評本,均爲書林詹聖澤(霖宇)刻本。

⑳ 見謝水順、李挺《福建古代刻書》,福建人民出版社1997年版;方彦壽《建陽刻書史》,中國社會科學出版社2003年版。

㉑ 同注⑰,第90頁。

㉒ [明]王世貞《藝苑卮言》卷六,鳳凰出版社2009年版。

㉓ 南玉印《李夢陽古文評價》,《蘭州大學學報》1984年第3期。

㉔ 陳建華《晚明文學的先驅——李夢陽》,《學術月刊》1986年第8期。

㉕ [明]陳宏緒《江城名迹》卷一,《景印文淵閣四庫全書》本。

㉖ 章培恒、駱玉明《中國文學史》第七編“明代文學”,復旦大學出版社1996年版,第239頁。

㉗ ［明］顧璘《與陳鶴論詩》，《息園存稿文》卷九，《景印文淵閣四庫全書》本。

㉘ ［明］何良俊《四友齋叢説》卷二三"文"，中華書局 1959 年版。

㉙ 田南池、馬樟根《明代散文選譯·前言》，鳳凰出版社 2011 年版，第 7 頁。

㉚ ［明］李夢陽《刻誨愚録序》，《空同集》卷五一，萬曆三十年潘之恒、鄧雲霄校刻本。

㉛ ［明］李夢陽《張光世傳》，同上書，卷五八。

㉜ ［明］李夢陽《覽遊百泉乃遂登麓眺望二首》其一，同上書，卷一三。

㉝ ［明］李夢陽《香山寺》，同上書，卷一五。

㉞ ［明］李夢陽《酬伊陽殷明府追憶見寄十四韵》，同上書。

㉟ 同注㉔。

㊱ ［明］李夢陽《汪子年六十鮑鄭二生繪圖壽之序》，同注㉚，卷五七。

㊲ 参見〔日〕吉川幸次郎《李夢陽の一側面——古文辭の庶民性》，《吉川幸次郎全集》第 15 卷，筑摩書房 1969 年版。

㊳ 羅宗强《明代文學思想史》，中華書局 2013 年版，第 276 頁。

㊴ 陳書録《士商契合與明清性靈思潮的演變》，《南京師範大學學報》2004 年第 6 期。

㊵ 湯賓尹是否評選過何景明文集，待考。

《十道志》佚文新拾

馮　雷

【提要】《十道志》是唐人梁載言所撰的一部地理總志,此書廣記備言,頗可觀,傳於時,後佚。清以降自王謨始,先後有六家對《十道志》進行過輯佚,然仍有缺漏。本文對《十道志》相關史料進行了竭澤而漁式地蒐集,在借鑒了《十道志》已有輯本及他書優秀輯本經驗的基礎上,對《十道志》佚文進行了一次徹底補輯,并對所輯條目進行了初步校釋,以期對《十道志》佚文的全面整理與研究有所助益。

《十道志》,唐梁載言撰。載言,博州聊城人,高宗上元二年(675)進士,歷任清要,"終懷州刺史"①。是書亦名《十道四蕃志》,"以十道爲本,而以州縣圖志附列其下"②,"廣記備言,頗可觀"③,"傳於時"④,《初學記》⑤《大唐新語》⑥等唐代典籍已有徵引,後之公私書目屢有著録,然自《絳雲樓書目》⑦後,公私書目再無著録。據此,《十道志》亡佚的時間上限是被《絳雲樓書目》登録在册時,其亡佚下限則不可考。王謨⑧、杜文瀾⑨、王仁俊⑩、郝黼華⑪、唐雯⑫、夏婧⑬,先後對《十道志》進行過輯佚,然載籍甚衆,遺珠難免。筆者最近在梳理《十道志》相關史料的過程中,發現了數量甚衆的不見於上述六家輯本的《十道志》佚文。有鑒於此,筆者認爲有必要在《十道志》已有輯本的基礎上對《十道志》佚文進行一次徹底補輯。本文在借鑒《十道志》已有輯本及他書優秀輯本經驗的基礎上,新輯了一百一十條佚文,至此,《十道志》存世佚文已基本齊備,可爲《十道志》佚文的全面整理與研究奠定基礎。

馮　雷　陝西師範大學歷史文化學院

一　關内道

1. 關已東七道凡二百一十一州。([唐]杜甫撰,[宋]王洙、趙次公等注《分門集注杜工部詩》卷一四之葉二正《兵車行》,北京圖書館出版社 2003 年影印中國國家圖書館藏宋刻本[中華再造善本-298],第 17 册)

2. 灞水爲荆溪、狗枷二水之下流。([清]劉於義等監修,[清]沈青崖等編纂《[雍正]陝西通志》卷九之葉五三正,臺灣商務印書館 1986 年《景印文淵閣四庫全書》第 551 册,第 489 頁)

3. 長安故城南似南斗形,北似北斗形。([唐]杜甫撰,[宋]蔡夢弼箋注《杜工部草堂詩箋》卷三九之葉一三正《秋興八首》,北京圖書館出版社 2006 年影印中國國家圖書館、北京大學圖書館藏宋刻本[中華再造善本-299],第 14 册)

4. 晋《太康地記》:"池陽縣有鬼谷。"今三原縣即古池陽也,裴秀《雍州記》亦云在池陽,而司馬彪乃云鬼谷在嵩山,未詳孰是也。(《[雍正]陝西通志》卷九之葉六六正,《景印文淵閣四庫全書》第 551 册,第 496 頁)

5. 關内道名山曰九嵕。([清]許鳴磐《方輿考證》卷三三之葉二九背,濟寧潘氏華鑑閣本,第 12 册)

6. 關内道名山曰梁山。([清]高士奇《春秋地名考略》卷五之葉二背,《景印文淵閣四庫全書》第 176 册,第 541 頁)

7. 關内道大川曰涇水。(《方輿考證》卷三七之葉二一背,第 14 册)

8. 雍州有渭南。注:本漢新豐縣,苻姚置。([高麗]釋子山夾注,查屏球整理《夾注名賢十抄詩》卷中趙嘏"趙渭南詩"之"解題",上海古籍出版社 2005 年版,第 75 頁)

9. 永安元年,移扶風郡於文學城,領槐里、始平、盩厔三縣,屬雍州。([宋]宋敏求撰,辛德勇、郎潔點校《長安志》卷一四,三秦出版社 2013 年版,第 424 頁)

10. 茂陵當不隸郡也。守陵溉樹掃除凡五千人,陵令屬官各一人,寢廟令一人,園長一人,門吏三十三人,候四人。([清]顧聲雷《[乾隆]興平縣志》卷七之葉三正至葉三背,清光緒二年[1876]刻本)

11. 太平峪水有清渠,又東北入長安縣界。(《[雍正]陝西通志》卷三九之葉七〇正,《景印文淵閣四庫全書》第553册,第269頁)

12. 馮翊縣東南□(八)里有泉,九穴同流。([清]陸心源《唐文續拾》卷七之葉一三正至葉一三背蔡曙《新修南溪池亭及九龍廟等記》,清光緒十四年陸心源刻潛園總集本,上海古籍出版社2002年版《續修四庫全書》第1652册,第277頁)

〔校〕"八"字原闕,今據《太平寰宇記》卷二八("九龍泉,在〔馮翊〕縣東南八里。有九穴,同爲一注,因名九龍,今謂之鵝鴨池"⑭)補。

13. 〔太姒塚、城祠廟〕在同〔州〕之河西〔縣〕。([宋]羅泌《路史》卷二七之葉一六背,《景印文淵閣四庫全書》第383册,第318頁)

14. 〔微,〕子爵。本扶風郿陽,今岐之郿縣有郿鄉,紂徙畿内則在聊城。(《路史》卷二七之葉三八正,《景印文淵閣四庫全書》第383册,第329頁)

15. 隴州有隴山。(《分門集注杜工部詩》卷四之葉二一正《秦州雜詩十七首》)

16. 陰密屬鶉觚。(《路史》卷二四之葉三三背,第270頁)

17. 蕭關在平涼郡。(《方輿考證》卷三八之葉一六正,第15册)

二 河南道

18. 河南大川曰洛水。([清]顧祖禹撰,賀次君、施和金點校《讀史方輿紀要》卷四六,中華書局2005年版,第2112頁)

19. 邙山在偃師縣北二里。([唐]杜甫著,[清]錢謙益箋注《錢注杜詩》卷一六《熟食日示宗文宗武》,上海古籍出版社1979年版,第560頁)

20. 〔曲河驛〕以洛水之曲爲名。([唐]韓愈撰,[宋]文讜注,[宋]王儔補注《新刊經進詳注昌黎先生文》卷六之葉八背《食河曲驛》,北京圖書館出版社2004年影印中國國家圖書館藏宋刻本[中華再造善本-305],第六册)

21. 河南名山曰嵩高。([清]吴卓信《漢書地理志補注》卷一二,《二十五史補編》第一册,開明書店1937年版,第615頁之上欄)

22. 九曲在壽安。([宋]司馬光《資治通鑑考異》卷九之葉五背,北京圖書館出版社 2003 年影印中國國家圖書館藏宋紹興二年[1132]兩浙東路茶鹽司公使庫刻宋元遞修本[中華再造善本-113],第五册)

23. 汝州崆峒山。注:黄帝訪道處。(《夾注名賢十抄詩》卷中曹唐《黄帝詣崆峒山謁容成》,第 123 頁)

24. 大梁有師曠、蒼頡吹臺,漢梁孝王增築曰明臺,孝王常案歌吹於此,亦曰吹臺。([宋]晁載之《續談助》卷二,商務印書館 1939 年據十萬卷樓叢書本排印,第 29 頁)

25. 河南道有宋州、亳州、潁州。(《夾注名賢十抄詩》卷中馬戴《河曲》,第 83 頁)

26. 孟豬澤在今虞城縣。([清]桂馥《説文解字義證》卷四之葉四〇背,上海古籍出版社 1987 年影印陝西師範大學圖書館藏清連筠簃叢書本,第 92 頁)

27. 戎本國號,已氏其姓,今楚丘已氏城也。(《路史》卷一六之葉七正,第 139 頁)

28. 嵩渚山亦名小徑山。(《續談助》卷二,第 32 頁)

29. 河南道有潁川。(《夾注名賢十抄詩》卷上許渾《潁川從事西湖亭》,第 58 頁)

三　河東道

30. 涉縣有令狐塚。([清]陳夢雷等原編,[清]蔣廷錫等重加編校《古今圖書集成·方輿彙編》職方典卷四〇五,上海中華書局 1934 年影印雍正四年[1726]武英殿銅活字本,第 94 册之葉四二背之上欄)

四　河北道

31. 白溝水,煬帝通爲永濟渠,亦名御河。(《續談助》卷二,第 38 頁)

32. 河北大川曰漳水。(《讀史方輿紀要》卷一〇,第 423 頁)

33. 河北道名山曰井陘。(《讀史方輿紀要》卷一〇,第 426 頁)

34. 封龍,河北之名山也。(《讀史方輿紀要》卷一四,第601頁)

35. 《漢志》:"濕沃屬千乘郡。"([清]桂馥《晚學集》卷一之葉九背《論考·漯水考》,上海圖書館藏清道光二十一年[1841]孔憲彝刻本,《續修四庫全書》第1458册,第652頁)

36. 〔聞雞臺,〕中山郡南有此臺,即燕太子丹聞雞處。中山,今定州。([明]李賢等《大明一統志》卷三之葉一三背,三秦出版社1990年影印明天順五年[1461]刻本,第55頁)

37. 漢置深澤縣,屬中山國,今縣治是也;又於滹沱河南置南深澤縣,屬涿郡,此城是也。後漢廢深澤縣,而南深澤如故;後魏改爲深澤縣,北齊廢;隋復置縣於滹沱河北,即漢故深澤縣,而南深澤遂廢。(《漢書地理志補注》卷二六,第704頁之上欄)

38. 〔仵清〕水味鹹,又甚澄清,冬夏不變。([清]胡淦《[乾隆]滄州志》卷一五之葉一正,清乾隆八年[1743]刊本)

39. 居庸關,亦名薊門關。(《讀史方輿紀要》卷一〇,第430頁)

五　山南道

40. 〔武鄉谷〕在府東北三十里,蜀封諸葛亮爲侯國。(《[雍正]陝西通志》卷一一之葉五背,《景印文淵閣四庫全書》第551册,第558頁)

41. 商洛山在商縣東南九十里,亦名楚山。([唐]杜甫著,[清]仇兆鰲注《杜詩詳注》卷八《寄張十二山人彪三十韵》,中華書局1979年版,第658頁)

42. 襄州得春秋羅國之地。([宋]程公説《春秋分記》卷三一之葉二二背,《景印文淵閣四庫全書》第154册,第339頁)

43. 白狗峽在歸州,兩崖如削,白石隱起,其狀如狗;黄牛峽在夷陵州(峽州),石色如人牽牛之狀,人黑牛黄。(《杜詩詳注》卷一二《奉送崔都水翁下峽》,第982頁)

〔校〕夷陵州　考之《大明一統志》:"夷陵州　後周又改峽州,隋初郡廢,後改州爲夷陵郡,唐初復爲峽州,天寶初改夷陵郡,乾元初復爲峽州,宋因之,元改爲峽州路,本朝初爲峽州府,洪武九年改爲夷陵州。"[15]又《杜工部草堂詩箋》:"《十道志》:'〔黄牛峽〕在峽州。'"[16]綜上所述,夷陵州乃明洪武九年(1376)改峽州府置,此處《十道志》本作峽州。

44. 歸〔州〕有空舲峽,又有大沱水,沱之崖産花紋石,土人采爲硯。(《分門集注杜工部詩》卷一一之葉二四背《宿花石戍》,第14册)

45. 夔州,古庸國。(《杜詩詳注》卷一三《揚旗》,第1140頁)

46. 忠州有夏禹祠。(《夾注名賢十抄詩》卷下羅隱《送辨光師》,第189頁)

六　隴右道

47. 昧谷在秦州西南,亦謂之兑山,亦曰崦嵫。([清]徐文靖著,范祥雍點校《管城碩記》卷一四,中華書局1998年版,第257頁)

48. 隴右道名山曰空同。(《方輿考證》卷三九之葉二〇背,第15册)

七　淮南道

49. 揚州有大銅山,吴王濞鑄錢之所,又有冶山,亦其地也,下有爐鞲遺迹。([清]舒位撰,曹光甫點校《瓶水齋詩集》卷一六《吴王濞鑄錢鑪鞲》,上册,上海古籍出版社1991年版,第676頁)

50.〔春江亭、澄月亭、懸鏡亭〕在〔江都〕縣南二十里揚子宫西,并隋煬帝建。([明]張寧《(萬曆)江都縣志》卷一三之葉一一背,明萬曆刻本)

51.〔鳳凰樓,〕隋煬帝建。([明]楊洵《[萬曆]揚州府志》卷二一之葉七正,明萬曆刻本)

52. 淮南道真(揚)州以五月五日江心鑄鏡入貢。([清]李光地等奉敕撰《御定月令輯要》卷一〇之葉一四正,《景印文淵閣四庫全書》第467册,第363頁)

〔校〕真州　據《容齋隨筆》五筆卷九、《困學紀聞》卷一四、《白孔六帖》卷四及《古今事文類聚》前集卷九等書之相關記載,唐世淮南道五月五日於江心鑄鏡以貢的是揚州,當據改。

53. 〔豐山,〕豐沛人遷居於此,故名豐山。([清]熊祖詒《[光緒]滁州志》卷三之四六正,清光緒二十三年刻本)

54. 豐亭山山上有漢高祖祠,又有飲馬池,世俗妄傳漢高祖曾飲馬於此。([明]宋濂《文憲集》卷二之葉三正至葉三背,《景印文淵閣四庫全書》第1223册,第258頁)

55. 八石山,即淮南八公憩石之處也。([宋]王象之《輿地紀勝》卷四二之葉九正,中華書局1992年影印清道光二十九年刻本,第1735頁)

56. 〔横〕山四面皆横,故名;又名踞湖山,背臨太湖,若箕踞之勢。([明]盧熊《[洪武]蘇州府志》卷二之葉七正,明洪武十二年刊本)

57. 〔横〕山多玄熊赤豹,大士化之,不復出也。([明]胡宗憲《[嘉靖]浙江通志》卷六之葉一九背,明嘉靖四十年[1561]刊本)

58. 洛(安)州有雲夢澤。(《夾注名賢十抄詩》卷下韓琮《水》,第158頁)

〔校〕洛州　據《元和郡縣志》卷二八、《太平寰宇記》卷一三二等書之相關記載,雲夢澤在淮南道的安州,當據改。

八　江南道

59. 〔胥城,〕子胥所築者,在晉陵縣。(《輿地紀勝》卷六之葉八背,第360頁)

60. 〔姑幕〕縣有青城。([清]和珅等奉敕撰《欽定大清一統志》卷六〇之葉二〇正,《景印文淵閣四庫全書》第475册,第206頁)

61. 黄〔公〕山有龍泉灣。([明]劉廣生《[萬曆]常州府志》卷二之葉四七正,明萬曆四十六年[1618]刻本)

62. 〔垂脚嶺,〕行人陟嶺多重趼,一名懸脚嶺。(《古今圖書集成・方輿彙編》職方典卷七〇九,第117册之葉三九正之下欄)

63. 昔有吏丁於長塘湖中見一青衣少婦,初方懼,俄没波中化爲獺,衣即荷葉。抑以湖多魚,乃有獺以毆之耳。([清]高龍光《[乾隆]鎮江府志》卷五四之葉六〇正,清乾隆十五年增刻本)

64.〔善權洞〕産丹砂鐘乳。洞凡有三:曰乾洞,乃石室;曰大小水洞,泉深無底,雖旱不枯。([宋]史能之《咸淳毗陵志》卷一五之葉一八正至葉一八背,中華書局1990年影印清嘉慶二十五年[1820]趙懷玉刻李兆洛校本,《宋元方志叢刊》第3册,第3088頁)

65.秦望〔山〕有刻碑。([明]蕭良幹《[萬曆]紹興府志》卷四之葉二一正,明萬曆刻本)

66.江南道有越州。(《夾注名賢十抄詩》卷上張祜《將之越州先寄越中親故》,第67頁)

67.〔越州〕〔禹以會稽名郡〕　越州(會稽郡),《禹〔貢〕》揚州之域。春秋屬越國。《春秋元命苞》:"牽牛流爲揚州,分爲越國。"《吴志》:"會稽連南山萬里,北帶浙江。"《吴越春秋》:"禹巡行天下,歸還大越會稽修國之道,以會稽名郡云。"又曰:"剡縣屬會稽。"《南史》:"張稷爲剡令,至嵊亭生子,因名嵊,子(字)四山。"《會稽志》:"龜山之下有東武里,即琅邪東武縣,山一夕移於此,東武人皆從此故里不動。"(佚名《錦繡萬花谷》卷五之葉二〇背,北京圖書館出版社2003年影印中國國家圖書館藏宋刻本[中華再造善本-255],第7册)

〔校〕子四山　《南史》卷三一《張嵊傳》("嵊字四山。稷初爲縣令,至嵊亭生之。因名嵊,字四山。"⑰)作"字四山",當據改。

68.〔穀來嶺,〕舜耕於此,天降嘉穀之處,嶺以此名。([宋]沈作賓修,[宋]施宿等纂《[嘉泰]會稽志》卷九之葉一七背至葉一八正,中華書局1990年影印清嘉慶十三年刻本,《宋元方志叢刊》第7册,第6864頁)

69.翁洲,一名翁山,在海中,徐偃王所居。(《[嘉泰]會稽志》卷一〇之葉六背,第6881頁)

70.越州蘭亭,王逸少會處。([宋]桑世昌《蘭亭考》卷一之葉一正,清《知不足齋叢書》本)

71.〔句章縣〕在太平山,隋開皇九年平陳,縣廢。([宋]張津等《乾道四明圖經》卷二之葉二四正,中華書局1990年影印清咸豐四年[1854]宋元四明六志本,《宋元方志叢刊》第5册,第4893頁)

72.〔栟櫚,〕會稽有椶,剡山谷多植。([宋]史安之修,[宋]高似孫纂《剡

録》卷九之葉四正,中華書局 1990 年影印清道光八年李式圃刻本,《宋元方志叢刊》第 7 册,第 7257 頁)

73. 義婦祝英台與梁山伯同塜。(《乾道四明圖經》卷二之葉二六背,第 4894 頁)

74. 雞鳴山在鄮縣,山有石井,上有銅瓶,着石有大石雞,云從浮梁上飛來,今猶鳴,應扶桑曉。([清]錢維喬修,[清]錢大昕纂《[乾隆]鄞縣志》卷三之葉一三正至葉一三背,清乾隆五十三年刻本,《續修四庫全書》第 706 册,第 57 頁)

75.〔金華山〕山頂有鳥,名槖馳,羽毛五色。(《古今圖書集成·方輿彙編》山川典卷一二七,第 193 册之葉二七背之中欄)

76.〔金華山〕脈自西域來。(《古今圖書集成·方輿彙編》山川典卷一二七,第 193 册之葉二七背之中欄)

77.〔婺州〕〔天文婺女名郡〕 〔婺州〕(東陽郡,)禹貢揚州之域。春秋爲越之西界,秦屬會稽,漢初置荆、吴二國。《郡國志》:"婺州正得東越之地,漢時其地屬會稽,爲東陽州。吴寶鼎元年始分會稽置東陽郡,隋平陳爲婺州,蓋取地爲天文婺女之分野。"《異苑志》:"東陽顔烏以純孝著名,群烏助銜土成墳,烏口皆傷,一境以爲至孝所致,因以縣名烏傷。"(《錦繡萬花谷》前集卷五之葉二四正,第 7 册)

78. 新定〔郡〕隸江南道。([清]曾華蓋《[康熙]新修壽昌縣志》目録之葉一一背,清康熙刻本)

79.〔徽州〕〔因晋孔愉,故名新安郡〕 歙州(新安郡)屬揚州,春秋時屬越,秦屬丹陽郡。《漢志》:"黟縣屬丹陽郡,浙江出焉。師古曰:'黟音伊。晋孔愉字敬宗,會稽人,永嘉之亂避地入新安山谷,以稼穡讀書爲業,信著鄉里,後奄忽而去,人皆以爲神,爲立廟孔靈村。'"《梁書》:"任昉爲新安守,諷楓香二石,始入三兩便止,不欲遺之後人,及下,任昉惟有桃花米二十石。"《圖經》曰:"歙州婺源縣,本晋休寧縣。"《東陽記》:"上應婺女星,故名。"(《錦繡萬花谷》前集卷五之葉二九正,第 7 册)

80.〔魯顯水〕有廟祀梅知岩。([明]陳俊《[萬曆]寧國府志》卷六之葉一二正,明萬曆刻本)

81. 〔魯顯水〕宛陵有清水，昔魯宗之父顯領部曲來戍此，因以爲名。（［清］陳受培《［嘉慶］宣城縣志》卷二九之葉二〇背，清嘉慶刻本）

82. 宣州楚王城，即伍子胥鞭平王屍處。（《古今圖書集成·方輿彙編》職方典卷八〇三，第124册之葉一〇背之下欄）

83. 梅根監歲鑄四萬貫。（《輿地紀勝》卷二二之葉三正，第983頁）

84. 宣州有銀冶。（《方輿考證》卷四九之葉五正，第20册）

85. 江南大川一曰贛水。（［清］魏瀛《［同治］贛州府志》卷六之葉二一背，清同治十二年［1873］刻本）

86. 覆笥山在興國，東望金精，西望芙蓉，北接青原，南瞰章貢，爲邑山之宗。（［明］陳仁錫《潛確居類書》卷二一之葉三〇背，明崇禎刻本）

87. 崆峒在虔州城南六十里，一名空山。自南康宛延而來，章、貢二水夾以北馳，一郡之望也。山巔有湖，湖有鯿鱧底，人或動之，風雨立至。（［清］查慎行著，王友勝校點《蘇詩補注》卷三八《鬱孤臺》，上册，鳳凰出版社2013年版，第1154頁）

88. 上洛山有木客，形似人，語亦似人，遥見分明，近則藏隱。自言秦時造阿房宫采木者，食木實得不死。能砍杉枋，與人交市，易人刀斧，交關者置物枋下，却走避之，木客尋來取物，下枋與人，隨物多少，甚信直不欺。有死者亦哭泣殯葬，嘗有山人行遇其葬日，出酒食啖人，山有石墨可書。（［清］崔國榜《［同治］興國縣志》卷四六之葉一正，清同治十一年［1872］刻本）

89. 南康有五色鯉。（［清］謝旻等監修《［雍正］江西通志》卷一三之葉三二背，《景印文淵閣四庫全書》第513册，第435頁）

90. 〔撫州〕〔隋平陳置州〕　〔撫州〕（臨川郡，）禹貢揚州〔之域〕。春秋吴地；秦九江郡；漢立南昌縣，後漢分南昌立臨汝縣；吴太平二年分豫章之臨汝、南城縣立臨川郡，即今州也；隋平陳置撫州。晋王羲之爲臨川内史，宅於郡城東偏。荀伯子《臨川記》曰："右軍故宅，其地爽塏，山川若畫，每重陽日二千石多萃於斯，舊宅及墨池猶存。"《漢地理志》："高帝六年，大將軍灌嬰立洪州，其年分洪州南境之南城縣，以其在郡城之南，故曰南城。"（《錦繡萬花谷》前集卷五之葉三二背至葉三三正，第7册）

91. 臨川有趙簡子鞅墓。(《古今圖書集成·方輿彙編》職方典卷八八八,第130册之葉五五背之中欄至下欄)

92. 靈帝末,揚州刺史劉遵上書分立二郡。([宋]王應麟撰,張保見校注《通鑑地理通釋校注》卷二,四川大學出版社2009年版,第50頁)

93. 溢水有青盆山。([宋]朱熹撰,[清]玄烨批《御批資治通鑑綱目》卷二三之葉四〇正至葉四〇背,《景印文淵閣四庫全書》第690册,第262頁)

94. 湘水有空舲灘。(《杜詩詳注》卷二二《次空靈岸》,第1964頁)

95. 雲陽氏,古之仙人。(《路史》卷三之葉一一正,第15頁)

96. 纜船洲在武陵縣南,漁郎見桃花,纜船入洞,故名。([清]應先烈《[嘉慶]常德府志》卷四之葉二〇背,清嘉慶十八年刻本)

97. 〔郴州〕貢赤錢。(《古今圖書集成·方輿彙編》職方典卷一二九三,第162册之葉三八背之中欄)

98. 臨武縣,夏之綸邑,魏孝文于綸氏置潁陽縣。(《路史》卷二七之葉一七背,第318頁)

99. 陽山縣有銅。(《輿地紀勝》卷九二之葉七背,第2950頁)

100. 黔中,雜以蠻夷,率多勁悍。([清]瑭珠《[乾隆]沅州府志》卷二三之葉二正,清乾隆刻本)

九 劍南道

101. 〔相如縣,〕相如有别業於此。(《輿地紀勝》卷一五六之葉九背,第4238頁)

102. 〔鶴鳴山,〕劍南道名山之一。(《方輿考證》卷六五之葉二五正,第28册)

103. 青城山有黄帝壇。([唐]杜甫撰,[宋]黄鶴集注,[宋]蔡夢弼校正《黄氏集千家注杜工部詩史補遺》卷二《丈人山》,清光緒黎庶昌刻古逸叢書本,《續修四庫全書》第1307册,第301頁)

104. 邛山在路湯縣北。(《分門集注杜工部詩》卷三之葉六正《熟食日示宗文宗武》,第6册)

105. 劍南道名山有峨眉。([清]黄廷桂等監修,[清]張晋生等編纂《[雍

正]四川通志》卷二五之葉六正,《景印文淵閣四庫全書》第 560 册,第 404 頁)

106. 劍南道名山曰岷山。(《讀史方輿紀要》卷六六,第 3107 頁)

十　嶺南道

107. 〔靈洲山,〕嶺南道名山之一也。([清]戴肇辰《[光緒]廣州府志》卷一〇之葉三背,清光緒五年刊本)

108. 嶺南名山之一曰黄嶺。(《讀史方輿紀要》卷一〇一,第 4604 頁)

109. 容州有瘴江。春謂之春草瘴,秋謂之黄茅瘴。(《夾注名賢十抄詩》卷上張祜《冬日登越臺懷鄉》,第 72 頁)

110. 果然之獸,行有先後,食有長幼。([元]毛應龍《周官集解》卷八之葉二一背,《景印文淵閣四庫全書》第 95 册,第 897 頁)

(本文係陝西師範大學中央高校基本科研業務費專項資金資助項目[Supported by the Fundamental Research Funds for the Central Universities][2017TS105]之階段性成果)

注　釋

① 《新唐書》卷二〇二《文藝中》,中華書局 1975 年版,第 5753 頁。

② [宋]王應麟《玉海》卷一五之"唐郡國志 十道志 地理志"條,北京圖書館出版社 2006 年影印中國國家圖書館藏元至元六年(1340)慶元路儒學刻本(中華再造善本-647),第七册。

③ [宋]陳振孫撰,徐小蠻、顧美華點校《直齋書録解題》卷八,上册,上海古籍出版社 2015 年版,第 239 頁。

④ 《舊唐書》卷一九〇中《文苑中》,中華書局 1975 年版,第 5017 頁。

⑤ [唐]徐堅等《初學記》卷八,中華書局 1962 年版,第 177 頁。

⑥ [唐]劉肅撰,許德楠、李鼎霞點校《大唐新語》卷九,中華書局 1984 年版,第 135 頁。

⑦ [清]錢謙益《絳雲樓書目·補遺》,國家圖書館藏清嘉慶二十五年(1820)劉氏味經書屋鈔本,《續修四庫全書》第 920 册,上海古籍出版社 2002 年版,第 424 頁。

⑧ [清]王謨《漢唐地理書鈔·梁載言十道志》,中華書局 1961 年版,第 267—290 頁。

⑨ [清]杜文瀾輯,周紹良校點《古謡諺》卷二六《十道志逸文》,中華書局1958年版,第391頁。

⑩ [清]王仁俊《經籍佚文·子編·十道志佚文》,上海圖書館藏稿本,《續修四庫全書》第1211册,第785頁。

⑪ 郝黤華《朝鮮刻本〈樊川文集夾注〉中所輯〈十道志〉佚文》,《文獻》2004年第1期,第108—117頁;郝黤華《〈十道志〉輯佚的新資料》,《圖書館雜志》2004年第3期,第74—76頁。

⑫ 唐雯《晏殊〈類要〉研究》下編《〈類要〉所引珍秘文獻考》第四章,上海古籍出版社2012年版,第171—175頁。

⑬ 夏婧《唐梁載言〈十道志〉輯校》,《國學研究》第三十卷,北京大學出版社2012年版,第311—378頁。

⑭ [宋]樂史撰,王文楚等點校《太平寰宇記》卷二八,中華書局2007年版,第595頁。

⑮ [明]李賢等《大明一統志》卷六二之葉二背,三秦出版社1990年影印明天順五年(1461)刻本,第943頁。

⑯ [唐]杜甫撰,[宋]蔡夢弼箋注《杜工部草堂詩箋》卷五〇之葉七正《奉使崔都水翁下峽》,北京圖書館出版社2006年影印中國國家圖書館、北京大學圖書館藏宋刻本(中華再造善本-299),第17册。

⑰ 《南史》卷三一《張裕傳》,中華書局1975年版,第819頁。

北京大學國學研究院大事記

（2017 年 7—12 月）

9 月 10 日

北京大學國學研究院（下簡稱“國學院”）博士班新學期開始，本學期爲學生開設的“中國古代專書研讀”，由中國社會科學院劉甯教授爲大家講授《古文辭類纂》，“中國傳統文化研討”課則安排如下：鄧小南（“宋代的資訊管道及得失”）、李四龍（“南北朝譯經與講經”）、張學智（“周敦頤《通書》講讀”）、閻步克（“歷代服飾等級制概述”“歷代車駕等級制概述”“古禮復興運動中的《周禮》六冕”）、曹傑（“宋代武階研究”）、張亦冰（“博士論文寫作中的教訓與經驗：以北宋三司研究爲例”）。按照慣例，每學期最後一節課都將特别請國學院院長袁行霈先生與大家一起討論“國學的意義”，并聽取同學們的期末研究報告。

9 月 22 日

國學院 2017 級開學典禮在大雅堂舉行。國學院博士生導師嚴文明、樓宇烈、袁行霈、鄧小南、張學智、閻步克六位教授，以及國學院其他老師和同學參加了開學典禮。國學院副院長李四龍教授主持典禮。

國學院院長袁行霈教授首先致辭，歡迎 2017 級新同學加入國學院，希望新同學儘快融入國學院的學術氛圍中，沉潛静定，做好中華優秀傳統文化的研究和弘揚工作。袁先生一如既往地囑咐同學們，在國學院要完成好兩份“論文”，一是做學問的學術論文，二是做人的道德修養的“論文”。副院長鄧小南教授向同學們介紹了國學院的整體情況。北大國學院具有前沿的學術理念、扎實的學術功底、獨特的辦學體制和優雅的學習環境，這一切都是不可複製的。副院長李四龍教授著重介紹了國學院博士生的培養情況，向大家説明國學院的導師隊伍、教學理念、培養方案、學術實踐和畢業去向等，特别是國學院的導師都是文、史、哲、考古各學科的學術帶頭人，德高望重，學養深厚，希望同學們一定要珍惜時光，刻苦學習,平時多向導師請教,努力提高自己的學術水準。

今年是國學院成立二十五周年,老師和同學們一起觀看了國學院成立以來的簡短回顧視頻。袁先生動情地指着一張老先生們的集體合影,一一説出了當時參與成立北京大學中國傳統文化研究中心的領導和老師,感覺到歲月之久深、時間之飛速。照片中大多數老先生都已作古,袁先生的情意深深感染了在場的每一位師生。各位導師按傳統的"序齒"先後致辭,鼓勵同學們要認真學習和研究傳統文化,爲中華優秀傳統文化的傳承發展作出貢獻。新生代表和畢業生代表也分别發言,向各位老師彙報了自己的學術理想和工作收穫,表達了對國學院和導師的深深感謝。國學院常務副院長吴同瑞教授作最後總結,談到北大悠久的歷史傳承、深厚的人文底藴、豐富的古今藏書、廣闊的交流空間、優秀的學者和優良的學風,爲同學們提供了最好的學術環境,希望同學們保持定力,甘於寂寞,矢志不渝地從事傳統文化的研究工作。

11 月 3—5 日

以"文明的和諧與共同繁榮——變化中的價值和秩序"爲主題的第十四屆北京論壇於 2017 年 11 月 3—5 日在北京大學召開。北京大學國際漢學家研修基地承辦了分論壇"中華文明的國際傳播",共有來自中國、美國、英國、奥地利、澳大利亞、加拿大、日本、韓國、印度、馬來西亞等十二個國家和地區的三十一位學者出席了會議。北京大學國際漢學家研修基地主任、國學院院長袁行霈教授在會議首日進行了主旨發言,他期待這次會議能夠推動中華文明國際傳播史的研究,這將有助於我們更加全面地認識中國文化自身,也將爲今後的中外交流提供借鑒。在爲期三天的會議中,各國學者從文學、歷史學、考古學、文獻學、哲學、宗教學等多個學科視角發表了三十篇專題學術論文,展開了深入的討論,充分體現出北京論壇寬廣的國際視野。

11 月 21 日

國學院與中國教育圖書進出口有限公司簽訂合同,委托其從日本潮出版社購進五十套《中華文明史》的日譯本。此次購書主要是作者購書,少部分用作國學院的教學和科研資料。

11 月 26 日

國學院與中華書局簽署出版協定，包括《詩經》《論語》《莊子》《孫子兵法》共四部典籍的新注本，作爲《新編新注十三經》項目的第一批出版著作，將由中華書局陸續出版。

12 月 25 日

今年是國學院成立二十五周年，國學院召開專項院務會議，總結討論國學院多年來的博士培養工作。參加會議的有國學院院長袁行霈教授、常務副院長吴同瑞教授、副院長鄧小南教授、副院長李四龍教授、班主任何晋教授、秘書長耿琴、秘書程蘇東副教授。大家就國學院傳統文化博士班的培養方向、課程設置、教學方式、學生反饋、培養成果、優化改革等方面深入交流意見，探討了課程優化、教學改革等事項的可行性。國學院將以北京大學“雙一流”建設爲契機，爲研究和弘揚傳統文化，繼續做好教書育人工作。

徵稿啓事

一、本刊由北京大學國學研究院中國傳統文化研究中心主辦。

二、本刊爲綜合性學術刊物，旨在弘揚中華民族優秀的傳統文化，倡導實事求是的學風，鼓勵在學術問題上大膽探索，努力創新。

三、本刊登載有關中國傳統文化的學術論文，跨學科的綜合研究與各學科的專題研究并重。内容涉及以下學科：古代文學、近代文學、古代文論、文字學、音韵學、訓詁學、目録學、版本學、校勘學、古代史、近代史、史學史、敦煌吐魯番學、思想史、哲學史、宗教史、法律思想史、政治思想史、經濟思想史、軍事思想史、科技史、美學史、倫理學史、文化史、考古學、中外文化比較研究、中外文化交流史等。

四、來稿請按本刊所登"書寫格式"的要求一律用中文書寫，務請認真核對引文，并請附中文提要一份，提要限二百字以内。

五、本刊熱誠歡迎國内外學者賜稿。

六、來稿均由編委會送呈校内外至少兩位具有權威性的學者審閲，審稿人寫出審稿意見書，編委會逐一討論决定是否采用。撰稿人與審閲人之姓名互不透露。

七、編委會對準備采用之稿件有删改權，或提出修改意見，退作者自行修改，或徑作必要的編輯加工。如作者不願删改，請事先説明。

八、稿件如涉及版權問題由作者負責。

九、來稿如被采用，將及時通知作者。若半年後仍未收到采用通知，作者可自行處理。

十、來稿請注明姓名、工作單位、通信地址、電話及傳真號碼，以便聯繫。

十一、請勿一稿多投。

十二、本刊自 2002 年起，每年出版兩卷，每卷約四十萬字。

十三、來稿刊出後，贈刊物一册、抽印本二十册。稿酬從優。

十四、來稿請寄：

郵編 100871

北京市海淀區頤和園路 5 號北京大學大雅堂(原化學北樓)

《國學研究》編輯部　收

电话：010－62758984

E-mail：skbgq@ pku. edu. cn

《國學研究》編輯委員會

來稿書寫格式

一、采用繁體書寫，字體規範。

二、作者姓名置於論文題目下，居中書寫。作者姓名、單位寫在文章首頁下端。

三、各章節或內容層次的序號，一般依一、(一)、1、(1)……順序表示；個別專業可依該專業的習慣排列。

四、一律使用新式標點符號。

(一) 除破折號、省略號各占兩格外，其他標點符號各占一格；

(二) 書籍、文件、報刊、文章等名稱，均用書名號《　》；

(三) 書名和篇名連用時，中間加間隔號，例如：《史記・趙世家》；

(四) 書名或篇名之中又含有書名或篇名的，後者加單角括號〈　〉，例

如:《從水滸戲看〈水滸傳〉》;

(五)正文中的引文用雙引號“　”;如果引文中又有引文,後者用單引號‘　’。

五、正文每段第一行起首空二格;文中獨立段落的引文,首行另起空四格,回行空二格排齊。獨立段落的引文首尾不必加引號。

六、第一次提及帝王年號,須附加公元紀年,不必出“公元”二字,例如:漢武帝元狩二年(前121),宋仁宗皇祐五年(1053)。

七、所有圖表必須清晰,并標明編號,例如:圖一,圖二……或表一,表二……;同時須在正文第一次提及時,隨即列出,或注明圖表編號,如:(見圖一),(見圖二)……或(見表一),(見表二)……圖内文字請用繁體。

八、注釋采取篇末注形式,注釋號碼用阿拉伯數字表示,如:①、②……

九、注釋號碼位置規定如下:注各句者,注釋號碼置於各句標點符號前;注引文者,如引文爲完整段落,則注釋號碼置於句號、引號之後。

十、注釋應采用下列格式:

(一)引用古籍,應標明著者、書名、版本卷數,例如:

[明]毛裿《初唐四子集》卷四〇,明崇禎十三年(1640)張燮、曹佺刻本。

[清]王夫之《唐詩評選》卷二,民國間《船山遺書》本。

(二)引用專書及新版古籍,應標明著者、書名、章節或卷數、出版者及版次、頁碼,例如:

朱自清《詩言志辨·賦詩言志》,《朱自清全集》第六册,江蘇教育出版社1990年版,第144頁。

任繼愈主編《中國佛教史》第三卷第一章第二節,中國社會科學出版社1988年版,第22—25頁。

王叔岷《古籍虛字廣義》,臺北,華正書局1990年版,第430頁。

[明]胡震亨《唐音癸籤》卷四,上海古籍出版社1981年版,第29頁。

Joseph Needhan, *Science and Civilisation in China*, Volume Ⅱ, Cambridge University Press, 1956, pp. 10-13.

（三）引用期刊論文，應標明期刊名、年代卷次、頁碼，例如：

聞一多《東皇太一考》，《文學遺産》1980年第1期，第3頁。

張岱年《中國古代哲學中關於德力、剛柔的論争》，《國學研究》第一卷，北京大學出版社1993年版，第3頁。

（四）引用報章論文，應標明報章名稱、發行日期和版面，例如：

錢仲聯《清詩簡論》，1983年12月27日《光明日報》第3版。

（五）爲避免繁複，再次徵引時可用下列方式表示：

1. 用簡化方式處理，例如：

① 王利器《文鏡秘府論校注》，中國社會科學出版社1983年版，第10頁。

② 同前注。（書名、頁碼完全相同。）

③ 同上書，第9頁。（書名相同，頁碼不同。）

2. 如果再次徵引的注不接續，可作：

④ 同注①，第11頁。（與注①書名相同，頁碼不同。）